2018年度江苏高校哲学社会科学研究重点项目
"海州义德医院遗址的历史价值与再利用研究"
（编号：2018SJZDI043）成果

张家超 著

印象海州
——以二十世纪初海州影像为背景的考察

THE IMPRESSION OF LIANYUNGANG BIOGRAPHY
——An Observation Centered on the Background of Lianyungang Photographs in the Early 20th

东南大学出版社
·南京·

图书在版编目(CIP)数据

印象海州：以二十世纪初海州影像为背景的考察/张家超著．—南京：东南大学出版社，2020.11
 ISBN 978-7-5641-9211-2

Ⅰ.①印… Ⅱ.①张… Ⅲ.①区(城市)－地方史－连云港－20世纪 Ⅳ.①K295.34

中国版本图书馆 CIP 数据核字(2020)第 223386 号

印象海州——以二十世纪初海州影像为背景的考察
Yinxiang Haizhou——Yi Ershi Shijichu Haizhou Yingxiang Wei Beijing De Kaocha

著　　　者：	张家超
出 版 发 行：	东南大学出版社
出　版　人：	江建中
社　　　址：	南京市四牌楼 2 号(邮编：210096)
网　　　址：	http://www.seupress.com
责 任 编 辑：	张绍来
经　　　销：	全国各地新华书店
印　　　刷：	江苏凤凰数码印务有限公司
开　　　本：	787 mm×1092 mm　1/16
印　　　张：	20.75
字　　　数：	330 千字
版　　　次：	2020 年 11 月第 1 版
印　　　次：	2020 年 11 月第 1 次印刷
书　　　号：	ISBN 978-7-5641-9211-2
定　　　价：	68.00 元

本社图书若有印装质量问题，请直接与营销部联系。电话(传真)：025-83791830

谨以此书献给我挚爱美丽的妻子——盖莉

To My Beloved and Beautiful Wife——GAI Li

凡 例

Notes

一、照片的"主题""描述"以及部分照片上面的标注或标签都是慕赓扬夫妇的长子卡雷尔根据自己的回忆以及慕赓扬夫妇在照片正面或背面的标注整理而得,照片的"尺寸"是耶鲁大学神学院图书馆提供的。

二、照片的"说明"是本书作者解读的。在作者前期的有关学术论文中,因资料所限,某些内容有所偏差,以本书为准。

三、"说明"中首先指出该张照片可能的具体拍摄时间。因时间久远,卡雷尔提供的照片拍摄年代和地点常常有误。

三、除了对慕赓扬拍摄的照片进行解读外,"说明"中对慕赓扬所处的时代及海州(今连云港市)的历史人文地理也进行了相关的解读。

四、照片的顺序首先按照医院、社会等大类排序,然后按相似事件排序,最后大致按照本书考证的拍摄时间排序。

五、本书人名、地名用惯用字,外文中有对应汉语翻译者直接采用,无则音译。

六、碑刻或文物中字迹漫漶无法辨识者,以"□"代替;肯定有字,但不能确定有多少字的情况,以"⋯"代替;经作者考证拟补入者,以加边框代替,如"补";根据上下文判断可能有字但残泐无法确定者,以"■"代替;空白处以"○"代替;用加括号的数字表示对前面文字释义的编号,如"(1)";以"/"代替换行,并适当添加标点符号。

七、附录"人名地名英汉对照"中,英文 Dr., Mr., Mrs., Miss 及定冠词 the 等不计,以后面的实词为序。

目 录

Contents

凡例	1
Notes	
引言	1
Foreword	
一 海州义德医院	21
The Ellen Lavine Graham Hospital	
二 家庭生活	71
Family Life	
三 社会生活	121
Social Life	
四 百姓疾苦	217
Common People's Sufferings	
五 海州城乡全景	239
Urban and Rural Panorama of Haizhou	
人名地名英汉对照	293
Table of English-Chinese Comparison of Names and Places	
主要参考文献	313
References	
后记	323
Postscript	

引言
Foreword

1860年第二次鸦片战争之后,清政府与各西方国家签订了众多不平等条约,其中《北京条约》中有传教士可以自由进入中国内地传教的条款,各国传教士随之蜂拥而至。海州(今连云港市)地处中国东部海岸腹部,也同样受到这股传教运动的影响。无论是天主教还是基督教,都在这里安营扎寨,建立总堂和传教站,开展传教活动。①

　　基督教虽然有其普世主义的价值取向,强调对世人的博爱,但也"有着'拯救'全人类,征服一切异教的勃勃雄心"②,具有征服性宗教的本质,试图排除异己,征服世界。为此,在近代中国,西方传教士于直接建立教堂传教之外,更多地采用创办学校教育、出版报纸宣传、设立赈灾慈善机构、创建医院行医等措施和手段,以西方文化来影响国人,以达到吸收信徒、传播教义的目的。教会为这些机构提供经费,学校为传教培养人才,书报为传教提供喉舌,慈善赈灾医院等为传教笼络人心。在海州地区,西医也随着西方传教士的进入而风行,由美南长老会[American Presbyterians（South）,PS]医学传教士慕赓扬博士（Lorenzo Seymour Morgan, MD, 1875.8.15—1955.6.10）③于1912年创建的义德医院就是在这种形势下应运而生的。

一、义德医院在海州的创建与发展

　　基督教新教传教士于19世纪初来华传教,美国基督教南长老会于1867年进入中国,直到1952年全面撤出中国内地。美南长老会第一个传教基地选择在浙江省会杭州,

---

① 按：引言部分内容以学术论文的形式发表过,本书有增删。详见张家超、石荣伦、刘凤桂：《义德医院创办与近代连云港地区西医的传入与发展》,《连云港职业技术学院学报》2019年第4期,第15—19页；张家超、石荣伦：《西方传教士与海州地区近代教育》,《连云港师范高等专科学校学报》2017年第3期,第91—96页；张家超：《海州义德医院创办及西医传教士在海州活动情况研究》,载连云港山海文化研究所编：《连云港山海文化文集》,南京：南京大学出版社,2015年,第401—409页；张家超：《"海州义德医院英文记事碑"考证》,《档案与建设》2013年第4期,第46—49页。

② 胡卫清：《普遍主义的挑战：近代中国基督教教育研究(1877—1927)》,上海：上海人民出版社,2000年,第33页。

③ 按：这是慕赓扬名字的最初字样,在他所留存照片（见图1-21）上的署名可以作证,也可以在连云港市档案馆内所保存的有关义德医院档案文件中查证。但地方文献中,都将其写作"慕庚扬"。经查询,首次使用"慕庚扬"字样的是牧师李云汉,以后有关文章均沿用此名。极有可能误认为"庚"是"赓"的简化字。根据四川辞书出版社、崇文书局2010年出版的《汉语大字典》(第二版),"赓"是"继续、连续"的意思。而"庚"有四个意思：一是天干的第七位,用作顺序第七的代称；二是"赔偿、偿还",如庚偿,即抵偿的意思,以及"变更、更换",如庚邮,即更换递送的驿邮的意思；三是年龄,如贵庚,即询问年龄多大了的意思；四是用于姓氏。显然,这是两个不同的汉字,"赓"也没有简化字,不能用"庚"代替"赓"。另：徐州地方史志文献指出,徐州传教士中有个医生慕庚扬,不过他的英文名字是Linford L. Moore(莫医生),与妻子一起于1898年到徐州,1900年开办男科医院"博济医院",后易名"基督医院"。过了几年,慕庚扬幼小的孩子在徐州得了天花而不幸夭折,而他的身体也不如以前,于是于1904年返美休养。而海州的慕赓扬1904年才刚刚从约翰斯·霍普金斯大学医学院取得博士学位。《全本徐州府志》亦将二人混淆了。详见李云汉：《海州基督教会概况》,载政协江苏省连云港市委员会文史资料研究委员会：《连云港市文史资料：第一辑》,1983年(内部资料),第38—43页；徐州市地方志编纂委员会：《徐州市志》,北京：中华书局,1994年,第2132页；赵明奇：《全本徐州府志》,北京：中华书局,2001年,第345页。

以后沿京杭大运河逐步向北扩展,于1883年在镇江建立了传教站。镇江成为向苏北扩张的重要基地,1905年成为江北教区的中心,海州传教站也于1908年正式建立。美南长老会差派在清江浦(今淮安)传道的牧师米德安(Rev. Archie Dean Rice,1872—1919)夫妇①、在清江浦仁慈医院行医的医学传教士慕赓扬博士夫妇和在宿迁传道的牧师闻声(Rev. John Walker Vinson,1880—1931)夫妇来海州传教。牧师米德安负责建立并管理海州传教站,慕赓扬负责筹建医院进行医学传教,牧师闻声协助他们事工。慕赓扬于1909年4月22日抵达海州②,同是医学博士的妻子白露德(Ruth Bennett,MD,1877.9.20—1955.3.9)一个月后也来到海州。

慕赓扬到达海州后,利用美南长老会提供的经费,在海州西门外石狮巷17号租借当地人相金奎家一排8间民房开办西医诊所,这是海州地区西医之肇始。诊所开办初期就设立了门诊和病房,虽然医护人员较少,医师只有慕赓扬夫妇二人,勤杂人员只是雇佣的几个信徒,药品也很紧缺,医疗器械非常简单,但已经能够诊治发热、头疼、牙疼、眼病等常见病,也能做一些脓包切开等小手术。尤其是眼病,因为卫生条件的限制,"在海州整个农村",眼病的发病率非常高,治愈率低,严重者致盲。老百姓为了治疗眼病,往往求助于"对眼光菩萨特殊的祭祀活动。人们既是为了求神灵保佑眼睛健全,又为了能医治眼疾。如果为了治疗眼病,则在家门口的杆子上挂上灯笼,许下誓言要点上三十二支蜡烛,来祭拜眼光菩萨"③。慕赓扬的西医诊所开办后,针对眼病的治疗非常有效,吸引了海州及周边地区大量的眼病患者,同时也吸引了其他病患。随着门诊量的增加,诊所的医护人员和医疗器械显著缺乏,慕赓扬博士利用返美休假(1911.9—1912.9)的机会,不仅到母

---

① 按:由于地方文献和档案缺失,传教士的材料难以获得,只在地方志和政协文史资料中有片段的介绍,但大多语焉不详。作者前期并没有将米德安与其英文名字(Archie Dean Rice,简写为 A. D. Rice)对应起来,而是将英文名字按音译翻译成了"赖斯",从而,将一个人分成了两个人,并且将其来海州的时间提前到了1904年(张家超:《"海州义德医院英文记事碑"考证》,《档案与建设》2013年第4期,第46-49页)。经过认真比对生卒日期、籍贯、来华时间、特殊事件、中英姓名的特点,并参考后来发现的《良牧道范》纪念碑,认为米德安的英文名字就是 Archie Dean Rice。"米"是姓氏"Rice"(大米的意思)的意译,"德安"分别是名字首字母"D"和"A"的音译。米德安还为自己起了一个字,为"爱琴",是英文名字"Archie"的音译[张家超:《〈东海县耶稣堂美国南长老会牧师米公实颂纪念碑〉释读》,载连云港市重点文物保护研究所:《连云港文物研究(第二辑)》,北京:中国文史出版社,2014年,第139-152页]。某些地方志和政协文史资料中出现的"未德安"(淮阴市地方志编纂委员会:《淮阴市志》,上海:上海社会科学院出版社,1995年,第2082页)、"朱德安"(连云港市海州区地方志编纂委员会:《海州区志》,北京:方志出版社,1999年,第470页)、"米得安"[陈振义:《基督教的传入及东海县最早的教堂》,载政协东海县委员会文史资料委员会:《东海文史资料(第五辑)·东海之最》,1993年(内部资料),第170-173页]、"米安得"(罗时叙:《人类文化交响乐——庐山别墅大观》,北京:中国建筑工业出版社,2005年,第244-245页)等,显然是认读或书写失误造成的;"日艾斯"(罗时叙:《人类文化交响乐——庐山别墅大观》,第244-245页)是姓氏 Rice 的另外一种音译。

② 按:1909年1月9日,慕赓扬从清江浦写给美国家人的信中,回答了大姐布兰奇(Blanche Juliana Morgan)关于"如何去海州的问题",说从清江浦"到海州大约100英里(注:约160公里)",没有"交通问题"。这说明在这之前他已经告知家人要去海州的信息了,因此,以往的地方志、文史资料中说"1908年被差派海州"是有据可查的,但只有到1909年,慕赓扬才第一次来海州。1909年4月22日,慕赓扬从海州写给还在清江浦的妻子白露德的信中提到,他"上午11点左右抵达海州",乘坐的是"手推车"——一种当地的独轮车,途中慕赓扬还在灌云县的龙苴镇见到先行在此传道的牧师米德安,他们两家与牧师闻声一家都是1908年接受美南长老会差遣到海州的。详见耶鲁大学神学院图书馆馆藏档案"The Lorenzo and Ruth Bennett Morgan Papers (Record Group No. 126):Series I. Family Correspondence," box 1, folder 61, 1909 Jan-Jun, Yale University Library, Divinity School Library.

③ [法]禄是道:《中国民间崇拜(第十卷)·道教仙话》,[英]芬戴礼英译,王惠庆译,上海:上海科学技术文献出版社,2014年,第43页。

校约翰斯·霍普金斯大学医学院(the Johns Hopkins University School of Medicine)重新进修了外科手术课程,而且直接向美南长老会海外传教理事会(American Southern Presbyterian Foreign Mission Board)提出在海州建立医院的申请。他向理事们列举了许多因缺乏医疗设备而遭受痛苦的令人心碎的例子,诊所里也没有足够的手术台[1];他还讲述了一个小男孩心脏停止跳动的故事,白喉夺去了他的生命,只是因为缺少购买抗毒素和食物的资金,否则,在医院里就可以治愈[2]。海外传教理事会在1912年5月14日的理事会议上批准了慕赓扬博士的申请,将南卡罗来纳州格林维尔县(Greenville County)的实业家嘉尔翰(Charles Edgar Graham, 1854—1922)所捐助的5 000美元用于在慕赓扬医生所在的传教站中国海州创建一所医院[3]。埃诺里长老会(the Enoree Presbyterian)还负责稍后派遣一名护士去那里事工[4]。慕赓扬于9月17日从旧金山乘坐大北方航线(Great Northern Line)"明尼苏达(Minnesota)"号轮船返回海州后[5],在原有诊所的基础上进行规模扩张,购地6 660平方米,创建医院。为纪念捐赠人,医院的英文名用捐赠人的姓名命名为"Ellen Lavine Graham Hospital",中文名为"义德医院"[6]。1914年医院落成后,在医院大门的两侧分别立石碑纪念。之后,美南长老会继续增资至100 300美元,医院面积扩大至13 099平方米。相继建有门诊室、生化室、放射科、手术大楼和病房大楼等。1918年,义德医院还只有慕赓扬博士夫妇2位医生、1个中国医生助理、7个中国护士,而入院病人已有191人,主要手术50例,诊疗6 500余人,治愈7 500余人,收入达3 213美元[7]。

清末民初,海州地区地瘠民贫,自然灾害频发,水患连年,黑热病、伤寒、白喉等各类传染病时常暴发,加之缺医少药,百姓苦不堪言。尤其是黑热病,病人会长期出现不规则发热、全身无力、消瘦、贫血、鼻和齿龈出血、肝脾肿大、血细胞减少等症状,劳动力几近丧

---

[1] IRVINE M D, ESATWOOD A L. *Pioneer Women of the Presbyterian Church*, *United States*. Richmond, VA: Presbyterian Committee of Publication, 1923, p.305.

[2] COBBS A T. *Presbyterian Women of the Synod of Alabama*, *U.S.* Richmond, VA: Presbyterian Committee of Publication, 1935, p.36.

[3] *The Missionary Survey*, 1915, 4(2). Richmond, VA: Presbyterian Committee of Publication, 1915, pp.301-304.

[4] IRVINE M D, EASTWOOD A L. *Pioneer Women of the Presbyterian Church*, *United States*. Richmond, VA: Presbyterian Committee of Publication, 1923, pp.304-305.

[5] *The Missionary Survey*, 1912, 2(12), p.853.

[6] "义德"二字来源于基督教新教的基本教义。马丁·路德在宗教改革中反对罗马教皇对各国教会的控制,强调《圣经》才是信仰的最高准则,主张信徒可通过《圣经》与上帝直接交流而无须通过作为中介的神父,要在上帝面前被视为义人,即所谓"因信称义";另外仍然秉承基督教伦理道德,学习耶稣对世人的博爱,尊重一切生命的价值。当然"义德"二字也与中国传统伦理道德相契合,医院的名字"取了儒家习用的两个字——义德。义:一般指正义、情义。统治阶级为了回避阶级矛盾、阶级对立,常以'义气'二字来论述人与人之间的情谊。比如清代统治阶级主要是满族人,为了调和满族、汉族之间的矛盾,抬出关公长来,倡导兴建关帝庙,以调和民族矛盾,便于清室一统天下。德:一般指道德、德行。儒家把它解释为统治者与被统治者之间的伦理道德,即统治者以仁德教化人民,并以德政作为颂扬帝王的标准。对劳动人民,则要求唯帝王之命是从,就像草一样,顺风顺从。慕庚(赓)扬等人潜心用'义德'二字,其意自明"。详见李云汉:《海州基督教会概况》,载政协江苏省连云港市委员会文史资料研究委员会:《连云港市文史资料·第一辑》,1983年(内部资料),第38-43页。

[7] WOODBRIDGE S I. *Fifty Years in China: Being an Account of the History and Conditions in China and of the Missions of the Presbyterian Church in the United States There from 1867 to the Present Day*. Richmond, VA: Presbyterian Committee of Publication, 1919, pp.217-218.

失。因在肿胀的肚子外面用手可以摸到硬块,故而民间称之为"痞块病"。该病由白蛉传播引起,是一种慢性地方性传染病,无特效药物。20世纪20年代末30年代初,西医传教士正好摸索出治疗黑热病的方法,义德医院在医院西部专辟一个病区用于收治黑热病患者,采用注射美国进口药品吐酒石(酒石酸锑钾)的方法,一个疗程(约一个月)后基本治愈,所以老百姓称该院为"痞块医院";又因该病区的病房内设置的都是"三等病床",价格低廉,收治的主要是贫苦病人,老百姓又称其为"三等医院"[①]。

至新中国成立前夕,义德医院的科室门类齐全、诊疗设备先进、医生医术精湛,成为苏北鲁南地区最为先进的西医综合医院,其中的外科和发热门诊更是深得民众的信任;新中国成立后,其所有的财产被清点封存,交由新海连市人民政府接管,先后更名为中华基督教会新海连市私立义德医院、新海连市市立医院(1951年)、新海连市海州人民医院(1957年);1958年,在城内幸福路161号购地90亩(约合6万平方米)重建,并先后更名为连云港市海州人民医院(1961年,1967年搬迁)、连云港市第一人民医院(1977年)、连云港市海州医院(1980年)、连云港市第二人民医院(1986年至今)。

二、义德医院的管理与诊疗技术

慕赓扬在创办诊所时就将西方先进的医院管理技术和诊疗技术应用于临床实践。

一是挂号和病历档案管理制度的建立。慕赓扬在创办西医诊所伊始就设立了挂号和病历档案管理制度,为每一位来诊所诊治的病患建立病案。挂号的目的有二:一是收取诊疗服务费,诊所及义德医院的运行经费大部分来源于教会,但也针对病患收取少量的诊费和药费来缓解经费短缺的压力;二是维持秩序,利用病患候诊的时间进行传道,只有听完传道的病患才能进入门诊室看病。除了普通病历外,还有有针对性地对病理切片进行标本制作的传统。如1921年2月21日的《申报》曾报道"海州义德医院,一月二十七日有一男子伴其二十五岁之妻到院求治",经检查,原来该女子"得卵巢瘤症,生在小腹右偏,已近十年",于是"该院西医施手术开割……见瘤生右卵巢口上,八寸,浑圆,重可三磅"。出于对医学研究的重视,"该院已将此瘤装入玻璃瓶内,保存之,以作标本,惟此种特殊构造及割后能否生产,不无发生疑问,特志之,以供生理学家之研究"[②]。

二是分设男女病房,分别由男女护士负责,护士长负责统筹管理诸如注射、换药、监护、卫生等,并建立交接班和查房制度。

三是注重吸纳医学院校的优秀毕业生前来工作。义德医院创办人慕赓扬除了具有约翰斯·霍普金斯大学医学博士学位外,其诊疗技术也非常精湛,曾于1918年受召到山西大同帮助扑灭那里的流行性鼠疫,因而获得政府颁发的"六等嘉禾章"[③]。他尤善外科,

---

[①] 连云港市第二人民医院院志编纂委员会:《连云港市第二人民医院院志:1908—2000》,徐州:中国矿业大学出版社,2004年,第2页。
[②] 《海州义德医院切除卵巢瘤症》,《申报》民国十年(1921)二月十一日,第4版。
[③] 内务总长钱能训呈:《大总统办理防疫出力之各国医员拟请分别给予勋章文(附单)》,政府公报第937号,1918-09-03。

在白喉症流行时期,采用气管切开术抢救患病儿童;因器材短缺,为了治疗骨折患者,他竟然从旧的包装箱上拆下不锈钢圆箍,用锉刀和钻孔机塑造成合适的连接件,然后和一块镀镍炉用螺栓绑一起,将骨折处绑定①。其学术水平也相当高,在美出版《外科感染》一书;发表在中华医学会杂志《博医会报》(The China Medical Journal)上有关治疗黑热病和疟疾的学术论文都得到了当时医学界的高度重视②。1920年与妻子一起来到海州的美南长老会外科医生芮义德博士(John H. Reed, Jr., MD),也毕业于约翰斯·霍普金斯大学医学院。美国1940年《外科年报》上的一篇论文记载:"有一个老年乞丐生病了,住进了海州义德医院,芮义德博士为他诊治。老人抱怨说自己的左手前臂肿胀得厉害,只是几个月以前皮肤受了轻微的擦伤。""在前臂和手指上做了几次直线的切口,从中排出了一部分透明的液体。在医院经过短暂的治疗之后,肿胀完全消退,也不再有脓液流出。"③还有一位毕业于约翰斯·霍普金斯大学医学院的美南长老会医学传教士吴凯利博士(Caspar Ligon Woodbridge, MD, 1894—1963),于1923年来到义德医院,他1894年7月生于镇江,其父为著名的美南长老会早期(1882年)来华传教士吴板桥(Rev. Samuel Isett Woodbridge, MD, 1856—1926)。

义德医院的中国籍医师,也都出身国内有名的医学院校。1930年来院的钟品梅博士(P.M. Chung, MD)毕业于上海圣约翰大学医学院,任妇产科医师;马吉人毕业于济南齐鲁大学医学院;余泽民医生毕业于广东中山大学④。1932年来院的女医生帅崇文博士(Shuai Chung-wen, MD)毕业于上海基督教女子医学院,擅长妇产科,该校1924年建校即向美国华盛顿哥伦比亚特区注册立案,得授医学博士学位;同年来院的徐宪明医生(Hsu Hsien-min, MB)毕业于济南齐鲁大学医学院,医学学士,擅长医疗放射科诊治⑤。1936年来院的朱明曙医生(1905—1985)毕业于私立南通医学专门学校(今南通大学医学院),该校由清末状元张謇于1912年初创办。

四是引进较为先进的诊疗技术和医疗器械。西医进入海州地区以前,妇女生育皆采用旧法接生,即产妇取蹲式,婴儿生于盆内或桶内,在自家内由产婆或年长者接生。由于所用褥单、剪刀等接生工具甚少消毒,常见产褥热及新生儿破伤风。更有甚者,产妇因难产死亡或留下产后病症。西医诊所开设后即采用新式接生法,大大降低产褥热、破伤风的发病率。后期还能进行剖宫产手术。义德医院创办初期即配置1台检验用单目显微镜,后来又添置1台双目显微镜、1台手摇离心机、1台冰箱。1926年,经上海引进较为先进的美国产"胜利(VICTORY)"牌100毫安X射线机1台,开始胸、四肢X射线透视、摄片,该X射线机配有柴油发电机一台,直到1980年才被淘汰,使用寿命长

---

① "Medical Missions Offer Large Field—To Students Interested in Missions." *The Davidsonian*, 1930-05-08, p.6.
② MORGAN L S. "Neostibosan in the Treatment of Kala-Azar(乙胺治疗黑热病)." *The China Medical Journal*(博医会报), 1931, 45(1), pp.24-27; MORGAN L S. "Report on Malaria Control in Grenada(格林纳达疟疾防治报告)." *The China Medical Journal*, 1933, 47(3), pp.58-61.
③ WILLIAMS C. "Hysterical Edema of the Hand and Forearm." *Annals of Surgery*, 1940, 111(6), pp.1056-1064.
④ *The Chinese Medical Directory*, 1937, p.368.
⑤ *The Chinese Medical Directory*, 1932(3), p.148, p.113.

达54年。

五是设立自己的药房。初期主要是美南长老会捐赠,后来也逐步采购英、美、法、日、瑞士等国名牌药品。同时也能采用单冲压片机等简单制药工具,用外国原料药制造西药片剂,并配制一些酊水剂、外擦剂等自用。

三、义德医院高级护士学校

西医教育随着西医的传入而兴办,第一所西医学校是美国长老会来华医学传教士嘉约翰(John Glasgow Kerr, MD, 1824—1901)于1866年在其所建广州博济医院内设立的博济医校(又称博济医学校)。起初,教会医院因为患者增加、医护人员不足,招收并训练贫苦的信徒子弟充当医疗助手;而后,为了培养能独立开展医疗工作的本土化医学人才,逐步设立了西医学校并广泛发展起来。义德医院护士学校的创办和发展也是基于相同的路径。海州义德医院于1912年开始建造,1914年基本落成,在治疗发热、头疼、牙疼、眼病等常见病,以及脓包切开等一些小型外科手术方面有很好的效果,赢得了当地百姓的信任,因此病患逐年增多。这些繁重的诊疗和护理工作仅仅依靠2名医生(慕赓扬夫妇)、1个中国医生助理、7个略懂医护知识的护理人员以及聘用的几个负责日常勤杂的辅助人员,是远远不能满足病人需求的。为此,慕赓扬院长开始筹划建立护士学校,来培养自己的专业护士。1916年,慕赓扬在教会的支持下,在义德医院内创办了高级护士学校,慕赓扬亲自担任校长,学制5年,这是海州地区唯一的西医学校。之后,根据国民政府的要求,学校在教育厅进行了备案①。

护士学校的招生条件是信仰基督教,忠厚老实,作风正派,不喝酒、不吸烟,初中文化程度。学员由教会或医院介绍,经几个主要医生审核后决定录取。首批学员是从崇真中学[Chung Djeng Middle School(boys)]等海州地区几所教会学校和孤儿院选拔出来的,一共12名。随着医院门诊和住院量的增加,护理学员的工作量巨大,对体力的要求也比较高;加之当时海州地区风气未开,重男轻女思想严重,妇女出来工作尚属鲜见,因此所招收的学生以男生为主。从目前掌握的资料看,这在当时的全国护士学校中几乎是仅有的。首批学员留下姓名的只有王健之(女)、庄耀华、王振华(女)、孙耀庭、张香兰(女)等5人。崇真中学是美南长老会牧师顾多马(Rev. Thomas Buie Grafton, 1878—1963)1916年创办的,学生皆为他上一年从徐州孤儿院带来的十几名孤儿。首届学员于1922年毕业,之后每隔1~3年招收一批新学员,每批2~10名不等(见表1)。学员主要来自海州地区,也有来自徐州的邳县(今邳州市)、铜山以及山东的临沭、滕县(今滕州市)、枣庄等教区的。从创办到1948年11月海州解放前夕停办,护士学校持续办学30余年,招收学员12批共90余名,其中男生70余名、女生20余名,因当时国内政局动荡、日伪统治等原因,学成毕业者仅40余名。部分毕业生被义德医院留用,大多数走上社会从事医务工作,这是海州地区最早的西医队伍,也是海州地区西医发展的骨干力量。

---

① [民国]内政部年鉴编纂委员会:《内政年鉴·卫生篇》,上海:商务印书馆,民国二十五年(1936),第(G)203页。

表1　海州义德医院护士学校历届学生一览表

批次	起止时间	学生姓名
1	1916—1922年	王健之(女)、庄耀华、王振华(女)、孙耀庭、张香兰(女)等12人
2	1923—1928年	陈经古、相恩奎等5人
3	1925—1930年	江希铭、孙继谟等10人
4	1928—1933年	李立志、李立沼、周万浦①等5人
5	1931—1936年	徐晓非、朱明伦、董阴南等6人
6	1932—1937年	朱文干、孙光宗、孙启明等5人
7	1933—1938年	张景辉、汤从灵(林)、汤从光、汤从爱(女)、周窈贵(女)、周窈文(女)等10人
8	1936—1943年	孙秀杰、马君等2人
9	1940—1947年	孔宪东、谢振亚、胡安邦、李玉兰(女)、葛锦英(女)、胡玉珍(女)等8人
10	1942年(未按时毕业)	许维德、胡惠如、姚宝顺、朱耀东、朱荣生、詹兆铭、王恩荣、刘方均等10人
11	1944年(未按时毕业)	江恒年、谢振环等4人
12	1947年(未按时毕业)	吴廷栋、王瑞华(女)、王同欣、张英华(女)、闫宏珍(女)等5人

数据来源：连云港市卫生志编纂委员会：《连云港市卫生志》，北京：方志出版社，1998年，第216-217页。

办学初期校长为慕赓扬，后为慕赓扬的妻子、医学博士白露德。1942年后，由1938年毕业、后任护士长的周窈贵女士担任。

护士学校不仅不收学费，还负担学员的生活费。抗日战争胜利前，每位学员每月发1元银圆补贴费，供购买衣服、手巾、肥皂、牙刷等日用品。抗日战争胜利后，因国民政府货币贬值、物价波动悬殊，补贴费改为每月每人1斗(约15千克)小麦实物②。

护士学校教学采用工读结合、以工为主的方式进行。学员每天均在医院年资较深的医护人员带领和指导下执行医嘱，从事测量体温、脉搏、呼吸、肌肉、皮下、静脉注射，灌肠、热敷、换药等护理及其他各项实践技能课程③。理论课一般按医院工作忙闲情况随机安排，若诊务繁忙，一天也可不上课，授课由医师、护士长担任，每次2小时。课程除了"注册护士"所必须开设的人体解剖学、生理学、产科学、内科学、外科学、细菌学、饮食学、药物学、护理学、英语对话等专业课之外，还有宗教课。学习期间不考试，待期满后由中

---

① 周万浦(1907.4—1976.2)，后改名周孟还，江苏省响水县周集乡毕圩村人。1930年9月离院在沭阳县龙庙街开设私人医院。1940年4月在江苏省灌云县加入中国共产党，同年9月参加革命工作。1941年之后，历任滨海大队医官处主任、医务所长，淮海军区独立二团卫生队队长，军分区休养所所长等职。新中国成立后，转业地方历任山东省第六、第三、第四康复医院院长，山东济宁精神病防治院院长。详见济宁精神病防治院：《济宁市精神病防治院志：1952—1989》，1992年(内部资料)，第302页。

② 连云港市卫生志编纂委员会：《连云港市卫生志》，北京：方志出版社，1998年，第216-217页。

③ 连云港市第二人民医院院志编纂委员会：《连云港市第二人民医院院志：1908—2000》，徐州：中国矿业大学出版社，2004年，第141页。

华护士学会命题,由医院负责组织进行考试,试卷寄中华护士学会批阅,合格者由该会颁发毕业证书(注册护士证)。

四、义德医院捐赠人爱伦·丽芬及其父亲嘉尔翰

义德医院是捐赠人嘉尔翰代其早夭的女儿爱伦·丽芬(Ellen Lavine Graham,1888.8.23—1910.8.08)捐赠的。爱伦生于北卡罗来纳州,因病卒于南卡罗来纳州格林维尔县格林维尔镇,年仅22岁,后葬于格林维尔镇的斯普林伍德公墓(Springwood Cemetery)。爱伦之所以在临终前能够将善款捐献出来,主要有两个方面的原因:一是她的家族在当地非常显赫,从祖辈开始几代人都是虔诚的基督徒,是基督教美国南长老会的忠实成员①;二是她的出生地北卡罗来纳州是传统的棉花种植区,父亲嘉尔翰在棉花种植、棉纺织生产和商业销售方面取得了巨大成功,积累了丰厚的家族财富②。

爱伦认为,东半球的亚洲国家和地区,特别是朝鲜半岛和中国非常贫穷落后,原因是这些国家和地区缺少西方宗教,不能享受到上帝带来的福音。她希望用自己的金钱和努力,来拯救这些没有宗教信仰而误入迷途的羔羊们,教他们行善、敬人、赞美上帝。因此,她在临终前立下遗嘱,将她自己名下财产的一部分捐赠给美南长老会,委托他们在亚洲这些国家兴办教会医院,用于拯救人们的肉体和灵魂③。

美南长老会根据爱伦的遗嘱,于1911年在朝鲜半岛光州(Gwangju,今韩国光州广域市)创办了嘉尔翰纪念医院(the Graham Memorial Hospital)。这所医院是在医学传教士纳兰博士(Dr. J. W. Nolan)于1905年11月20日创办的诊所基础上发展起来的,后来被命名为光州基督医院④。医院屡遭磨难但一直延续到现在。1933年曾被大火毁灭,一年后重建;1940年9月被日军强行关闭;1951年重开;1965年被认定为实习医师培训和综合医院;目前有职员800多位,其中医师150位、志愿者50位,有床位600张,有心内、心外、内外科等29个专业科室,每年诊疗近50万人;不仅在当地提供各类医学服务和公共卫生服务,而且还传播基督福音,提供医学培训和教育⑤。海州义德医院也几乎是按照这个模式创建的。

爱伦家族的兴旺首先起源于奶奶艾伦(Ellen Lavine Murdoeh,1830.8.13—1900.7.10)的默多克家族(Murdocks-Mordahs)。默多克家族早年来到北卡罗来纳州艾尔德尔县(Iredell County),是当地的名门望族。爷爷托马斯(Thomas Cowan Graham,

---

① FLYNT W, BERKLY G W. *Taking Christianity to China*: *Alabama Missionaries in the Middle Kingdom*. Tuscaloosa: University of Alabama Press, 1997, p.138.

② GRAHAM R L. *Grahams of Rowan & Iredell Counties, North Carolina*. Bloomington, IN: Authorhouse Press, 2011, pp.77-120.

③ FLYNT W, BERKLY G W. *Taking Christianity to China*: *Alabama Missionaries in the Middle Kingdom*. Tuscaloosa: University of Alabama Press, 1997, p.138, p.424.

④ DIETRICK R B. *Modern Medicine and the Missions Mandate*. Woodville, TX: Medical Benevolence Foundation, 1999, p.1.

⑤ Kwangju Christian Hospital(KCH),发表日期:2011年8月10日,http://kch.or.kr/eng/,访问日期:2012年9月20日。

1812.9.8—1881.11.4),生于北卡罗来纳州罗文县(Rowan County),卒于北卡罗来纳州卡托巴县(Catawba County)牛顿镇(Newton);奶奶艾伦是爷爷托马斯的第三任妻子,生于北卡罗来纳州艾尔德尔县,卒于田纳西州的约翰逊市(Johnson City)。他们于1853年9月14日在北卡罗来纳州罗文县结婚,婚后共育有8个子女,嘉尔翰是其长子。爱伦的高祖父约翰(John Graham,1740—1795.2.1)和妻子莎拉(Sarah Wood,1740—?)均出生于宾夕法尼亚州,他们于1760年在北卡罗来纳州罗文县结婚,并终老于此。爱伦的曾祖父摩西(Moses Graham,1780.2.9—1848.5.11),生于北卡罗来纳州罗文县米尔桥镇(Milbridge),卒于北卡罗来纳州罗文县;摩西的妻子安娜(Anna Cowan,1782.3.11—1857.2.5),生于北卡罗来纳州罗文县,也终老于此。他们于1804年5月31日在罗文县结婚。

其次主要得益于父亲嘉尔翰的聪慧、眼光和勤劳。南、北卡罗来纳州盛产棉花,当时棉纺织业利润很高,嘉尔翰果断进入该行业,从事生产和销售,一生坐拥十几家棉纺织工厂和销售公司。

嘉尔翰生于北卡罗来纳州卡托巴县牛顿镇,晚年长期患病卧床不起,卒于北卡罗来纳州班康县(Buncornbe County)阿什维尔镇(Asheville)巴特利公园酒店(Battery Park Hotel),享年68岁,去世时安详平静,妻子和家人围在身边①。爱伦的母亲苏姗(Susan Jordan,1856—1939.9),出生于南卡罗来纳州的切斯特镇(Chester),卒于南卡罗来纳州格林维尔县格林维尔镇。1883年6月6日,嘉尔翰夫妇在北卡罗来纳州卡托巴县结婚,婚后育有4个子女,爱伦排行老三。长子埃伦(Allen Jordan Graham,1884.3.30—1931.11.29)从出生到去世一直都住在南卡罗来纳州格林维尔县格林维尔镇;长女苏珊(Susan Jordan Graham,1886.9.13—?)后来迁居到新泽西州萨米特县(Summit County);小女儿玛莎(Martha Graham,1890—1939.2.7)出生后一直住在南卡罗来纳州格林维尔县格林维尔镇,死后葬在该镇的斯普林伍德公墓。

嘉尔翰最初于1890年从事棉花种植业,他住在阿什维尔镇栗木路(Chestnut)244号,后来搬到海伍德公园(Haywood Park)边。内战结束后,在希克里(Hickory)一家公司工作并成为合伙人,后来辗转来到夏洛特(Charlotte)、阿什维尔等地,在阿什维尔镇创办并运营了以他的名字命名的百货公司。

在观察到棉纺织业生产和销售的巨大利润之后,他筹措资金创建了阿什维尔棉纺织厂。1891—1892年大萧条期间,他卖掉了棉纺织厂,然后移居到南卡罗来纳州的格林维尔镇。在1904年,筹措资金购买了休格内特(Huguenot)、坎普顿(Camperdown)和瓦迪(Vardy)等地的三个棉纺织厂。后来他将休格内特的工厂出售,旋又购回,并更名为恩加西棉麻制造公司(Nucjasea),对原有设备进行了大量更新,使得生产效率和棉纱质量都大大提高。他把五弟威廉(William Jefferson Graham,1860.11.9—1905.2.18)和七弟罗伯特(Robert Lee Graham,1865.10.3—1915.5.16)也招到自己手下一起管理,七弟罗伯特后来成为恩加西制造公司的经理。后来,嘉尔翰和长子埃伦接管了坎普顿的棉纺织厂,五弟威廉成为喷泉酒店制造公司(Fountain Inn Manufacturing Co.)的经理。接着,嘉尔翰

---

① FLYNT W, BERKLY G W. *Taking Christianity to China: Alabama Missionaries in the Middle Kingdom*. Tuscaloosa: University of Alabama Press, 1997, p.424.

先生又将南卡罗来纳州伊斯利镇(Easley)的埃利斯(Alice)和埃诺里镇的两家棉纺织厂兼并到他的连锁企业里来。他的六妹夫克尔(Kerr Wilson, 1858.4.15—1954.1.7)和六妹艾达(Ada Goster Graham, 1862.8.2—1912.3.18)夫妇一起来到格林维尔,加入管理队伍中来。后来他又收购了纽约翰特生产和销售棉纺织公司(the Firm Hunter Manufacturing and Commission),让他的大女婿里夫斯(Rechard Early Reeves, 1876—?)管理。

嘉尔翰因在商业营销和企业运营上的巨大成功,以及长期非常慷慨地资助海外传教士、教会慈善和其他长老会的工作,而受到当地教区、社区居民的极大尊重。

作为格林维尔的市民,在经商办企业的同时,嘉尔翰非常关心城市的公用事业和慈善事业。他作为格林维尔第一长老会的成员,经常捐款修建道路和桥梁,也不遗余力地捐助基督教青年会(YMCA)、女青年会(YWCA)和其他组织的慈善事业。在去世前几年,他建立了一个信托基金,将收入所得全部贡献给这些组织。也是在那个时候,他以70万美元的价格收购了位于佛罗里达州杰克逊维尔(Jacksonville)的赫特国际银行大楼(Hurt National Bank Building),然后以净值30万美元捐给了美南长老会海外传教理事会。

在最后的几年里,因病魔缠身,嘉尔翰在企业中只担任监督职务,长子埃伦成为这些企业的实际掌控人。每年冬天,嘉尔翰在佛罗里达州的奥兰多(Orlando)度过;夏天,在北卡罗来纳州的阿什维尔和蒙特利特(Montreat)度过,在那里他建造了一所舒适的夏宫;春秋天,他在格林维尔待上几个星期。

在他去世后,当地媒体给予他很高的评价,称他是一名卓越的棉花生产商和销售商,是当地棉纺织工业界的先驱之一。说他无论在美南长老会还是在棉纺织工业界都是非常卓越的人才。他的不幸去世,虽然并不出乎意料,但还是震惊了成百上千对他密切关注的市民,因为很多人受其恩惠;也震惊了整个棉纺织工业界,同仁们为失去这样一位卓越的人才而悲痛;也震惊了美南长老会,因为失去了这样一位慷慨的捐助人和上帝忠实的仆人①。

五、义德医院创办人慕赓扬

慕赓扬,昵称劳恩(Loren),医学传教士、博士,生于美国伊利诺伊州亨利县(Henry County)加尔瓦镇(Galva)附近,卒于新泽西州帕赛克县(Pasaic County)韦恩镇(Wayne)。父亲约翰(John Norris Morgan)和母亲玛丽(Mary McKinny)皆为美以美会(the Methodist Episcopal Church)积极分子,慕赓扬从小受到宗教训练。兄弟姊妹8人,他排行老五,其他人分别是大姐布兰奇、二姐范妮(Fannie)、大哥诺里斯(Norris)、二哥威利斯(Willis)、三妹珍妮(Jennie)、三弟哈罗德(Harold)以及四妹莫莉(Mery)。16岁前在当地乡村学校上学,之后进入加尔瓦高中就读,1895年6月毕业后做过一年教师,其后又进入诺克斯学院(Knox College)学习。其间,正值美国学生志愿海外传教运动(Student

---

① GRAHAM R L. *Grahams of Rowan & Iredell Counties, North Carolina*. Bloomington, IN: Authorhouse Press, 2011, pp.273-275.

Volunteer Movement for Foreign Mission)兴起和发展之际,慕赓扬签下了海外学生传教志愿书,"如果上帝许可,我希望并愿意成为一个国外传教士",成为第一批加入海外学生传教运动的志愿者之一[①]。1900年10月进入马里兰州巴尔的摩的约翰斯·霍普金斯大学医学院学习。1903年,向同学白露德求婚。1904年毕业后获医学博士学位,并加入美南长老会,同年6月29日,与白露德在田纳西州纳什维尔镇(Nashville)第一长老会教堂内结婚。11月,夫妇俩被美南长老会海外传教理事会派遣来华从事医学传教事工。

1905年1月1日途经日本后抵达上海。他们首先来到美南长老会江北传教中心江苏镇江,在那儿学习了几个月的汉语后,被差遣到清江浦仁慈医院,在那里边行医边传教边学习汉语[②]。

1908年,美南长老会差遣慕赓扬夫妇、牧师米德安夫妇及牧师闻声夫妇到海州传教。牧师米德安负责创建传教总站,牧师闻声负责布道,医学传教士慕赓扬负责创办诊所和医院。牧师米德安1908年底抵达海州,慕赓扬1909年4月抵达海州,闻声1910年抵达海州。慕赓扬抵达海州后,租借海州西门外石狮巷17号当地人相金奎家的一排8间民房,开办西医诊所,边行医边传教。

1909年底,米德安和慕赓扬一起在板浦设立了境内第一座教堂。

1910年,慕赓扬与牧师闻声一起到新浦传道,租赁现建国路390号一家民房开办耶稣堂。1920年,迁至今新浦民主路西福利昌巷内,购草房7间作正式礼拜堂,可容纳200人。1937年左右,由美南长老会出资拆除草房,改建为"L"形的教堂1座,面西为楼房2层8间;面南楼房4层,顶上有钟楼;堂内可容纳400人礼拜。抗日战争时期为避免日机轰炸拆去两层,即为现存楼房钟楼形式。

1911—1912年返美休假期间,到美南长老会海外传教理事会申请在海州建立一所医院,后得到批准。1912年9月,借助捐赠资金开始创建义德医院。1914年,义德医院落成。1915年,海州城及周边地区发生了牛瘟疫情,慕赓扬用金鸡纳粉制成药膏来治疗,成功治愈致命的炭疽病[③]。为了培养本土医师和护士,于1916年开办了护士学校,慕赓扬任校长。

1918年,募集资金帮助消灭山西大同以及北京的流行性肺炎瘟疫。据1918年9月印行的第937号北洋《政府公报》记载,为表彰在国内积极开展防疫救助工作的外籍医生,徐世昌政府于当年8月30日颁布《大总统办理防疫出力之各国医员拟请分别给予勋章文(附单)》,慕赓扬等10名外籍医务人员被授予"六等嘉禾章"[④]。

[①] 耶鲁大学神学院图书馆馆藏档案"Lorenzo and Ruth Bennett Morgan Papers(Record Group No. 126):Biographical / Historical." Yale University Library, Yale University Divinity School Library.

[②] Presbyterian Heritage Center at Montreat. *Presbyterian Church U.S. Missionaries to China* 1900-1920,发表日期:2015年1月1日,http://www.phcmontreat.org/bios/Bios-Missionaries-China-1900-1920-PCUS,访问日期:2019年7月4日。

[③] WHITE H W. "Malignant Pustule: A missionary Observation." *the Journal of the American Medical Association*,1916,67(1-14),p.969.

[④] 内务总长钱能训呈:《大总统办理防疫出力之各国医员拟请分别给予勋章文(附单)》,(民国时期)政府公报第937号,1918-09-03。

1932年11月,慕赓扬夫妇离开海州到江苏镇江位于新西门的基督医院。

1934年6月,从美南长老会转到美以美会在安徽芜湖弋矶山设立的芜湖综合医院(W. G. H., Wuhu General Hospital)。1935年4月,回海州义德医院与同事们告别,短暂停留后返回芜湖。1937年初,接替离开安徽芜湖去四川重庆的包让(Robert E. Brown)任芜湖综合医院院长。1941年12月,日军占领芜湖综合医院后,慕赓扬及同仁被迫从芜湖医院撤离,转投芜湖"真理之光"的美以美会,在极端困难的条件下利用教会医院的特殊地位坚持行医。1943年4月1日,被日军关押在芜湖易容显光修女会(the Community of the Trans-figuration)的圣利奥巴教堂(St. Lioba's Church)的院子里。同时被关押的还有圣公会安庆同仁医院(St. James' Hospital,今海军116医院)的院长戴世璜医生(Harry B. Taylor, MD, 1882—1971),以及康斯坦丝修女(Sister Constance)、劳拉·克拉克小姐(Miss Laura Clark)、拉菲尔先生(Mr. Lanphear)、刘女士(Mrs. Liu)和两个孩子①。1943年7月14日,慕赓扬及有关外国传教士被日军关押在上海盟国侨民集中营(Shanghai Civil Assembly Center,日军称之为"上海敌国人集团生活所",位于上海大西路63号)。该集中营又称沪西第二集中营,原来是英国在上海驻军南阿盖尔高地团[Argyle Southern Highlanders(ASH) Camp]的兵营,略带堡垒式建筑,后一度为延安中学所在地,1998年8月延安中学高中部迁入茅台路,初中部保留,为今上海市延安初级中学(延安西路601号)。该集中营共关押456人,其中英联邦408人(英国389人、澳大利亚11人、巴勒斯坦5人、新西兰3人),加拿大20人,美国19人,荷兰1人,比利时3人,无国籍人士5人。在集中营里,慕赓扬与戴世璜同住一屋,并与另外一名医生一起,组成三人诊疗小组,轮流为集中营里的人们巡诊。1943年9月中旬,日本人决定遣返一部分外国人,戴世璜在列,而慕赓扬却一直被关在集中营,条件不断恶化,直到战争结束②。慕赓扬的妻子白露德直到1944年1月才知道丈夫身在何处。

1945年10月,慕赓扬及同仁返回芜湖综合医院,卸掉院长职务。

1946年3月,慕赓扬返回美国。1948—1954年,慕赓扬服务于纽约市联合医学传教办公室(Associated Medical Missions Office)和美国基督教理事会(National Council of Churches)"基督教医学理事会海外分会(Christian Medical Council for Overseas Work)"。

1955年6月10日,慕赓扬因心脏病在新泽西州韦恩镇病逝。

慕赓扬因其医学技术水准、服务态度、传教经验、慈善救济,不仅得到了中国当地民众的拥戴,而且还在美国本土得到宣扬,成为青年学生来华传教的楷模。

20世纪初,美南长老会为了招募更多的传教士来华传教,在具有信教传统的东南部各州广泛宣传,方式多种多样。有来华传教士返美后的乡村招募,也有刊登传教士切身体会的中国来信的文字宣传。《戴维森人报》(The Davidsonian)是由北卡罗来纳州戴维森学院(1837年创建)的在校学生创办并运营的,在学生临近毕业时,经常刊登大量的传教

---

① 参见《历史沧桑锻造医院精神——弋矶山医院120年沧桑巨变(之一)》,《芜湖日报》2008年4月25日,B4版。
② [美]戴世璜:《戴世璜自传》,李应青译,合肥:合肥工业大学出版社,2018年,第270-274页。

士招募广告和信息。其中 1930 年 5 月 8 日的报纸上就刊登了一篇由牧师闻声写的来信（如下），用慕赓扬在海州义德医院的工作成效来打动那些有兴趣从事传教事业的学生。

医学传教为您提供广阔天地
——给有兴趣传教的学生

来自中国海州闻声牧师的信，信中描述了作为传教医生的慕赓扬博士在那里的工作情况：

慕赓扬博士的名字将会书写在任何杂志上医学排名的首位。在这里，他的名字将铭记在一百七十五万①中国人的心里。所有男人都本能地信任他；女人和孩子们都崇拜他。他是一位最优秀的医生；是一个真正的男人；他总是温和的、细心的、耐心的和友善的；他夜以继日地工作着。我从不知道他会因为身体疲劳或天气恶劣而拒绝出诊。

在我们的门诊部里，每天都会发生各种各样的病例，其中只有一部分报告可以为医学杂志提供相当丰富的资料。今天，我在门诊部值班。发生了这样一些病例。这里有一个男人，背部长有一个疖子。那边那个男人十二指肠感染了。这个男青年，血流了一脸，因为刚刚和他哥哥吵了一架，他的头被锋利的杀猪刀砍了一下。那个白须老人，眼睛现出痛苦的神情，他的双肩长了痈。并不是像家里的蛆虫那样极小的痈，而是那种长大了的，大约有 25~30 平方英寸那么大。这里还有一个婴孩，头歪向一边，另一边长了一个大大的脓包。靠门的这边，有两个男人，双手严重感染。他们的白细胞正在大战细菌，脓流得更多了。这边的一个男人得了麻风病。紧挨着他的一个脸上长了一个瘤子。有两个当兵的得了梅毒；其中一个已经结痂了。还有几个得了疟疾；有五个人得了黑热病。那边那个中年男人眼睛得了结膜炎，几乎失明。刚离开的这个男人得了浮肿，护士刚从他的腹部抽取了一加仑的体液。这边这个男孩膀胱里长了一个大大的结石。

今天，门诊部里来了 72 个病人。以上只是几个象征性的病例。有几个明天下午要去手术室治疗。作为一个外科医生，在门诊部忙了一个上午之后，下午还要再做 3 到 4 个手术，就算忙完了一整天了。但是，慕赓扬的工作还没有结束，晚餐后，他还需要去查房，平均每天要观察 75 个住院病人的情况。有时也很幸运，半夜无须被喊去给新生儿接生，或者去抚慰那些极其痛苦的病人。

我们的医生慕赓扬比任何其他人都大大地聪明能干。那个挂着拐杖从很远的地方跛脚而来的士兵，不久就能自己行走。他是三个月前在和土匪的一次较量中受的伤，右腿的大腿骨严重骨折，必须加固绷带才能紧密结合在一起。

---

① 按：这是 1930 年代海州地区的总人口，除了现今连云港市所辖的三区三县，即海州区（含新浦）、连云区、赣榆区（原赣榆县）、东海县、灌云县和灌南县外，还包括宿迁市的沭阳县、盐城市的响水和淮安市的涟水两县的北部等部分区域，俗称"海属"地区或"海赣沭灌"地区。参见连云港市地方志编纂委员会：《连云港市志》，北京：方志出版社，2000 年。

我们医院针对这样紧急事件的医疗设备很少,但我们的医生慕赓扬能应对这样的情况,他用他高超的技术弥补了这一切。从旧的包装箱上折下不锈钢圆箍,用锉刀和钻孔机塑造成合适的连接件,然后和一块镀镍炉用螺栓绑一起,将骨折处绑定,依旧像在约翰斯·霍普金斯大学或迈耶斯(Mayers)医学院所做的那样简洁漂亮。

我们的医院不仅仅是一个骨折处理得好、子弹取得好、很多看似不可思议的病情也都能解决掉的地方,而且是个抚平受创伤心灵和治疗丧失灵魂的人的诊所。有这样一个男人,眼睛闪亮、面带微笑,他的心胸是如此宽广,似乎背后有巨大的宝藏,他就是刘秀庭(音译,Liu Hsiu-ting)先生,我们医院的布道者。他的工作量大大超过我们医生,除了要面对时常要自杀的人群外,还要关注所有医生的病人,关注他们对自己身体做了什么。但是这些人灵魂缺失——在他们的胸中精神的火炬在燃烧但很微弱——为什么他们应该关注灵魂,而不是成为无知的那一个?最终,通过刘先生诚恳的努力,有些人对此产生了兴趣并在走出医院后成了基督耶稣的门徒,他们带着新的渴望和深深的渴求去成就丰满的人生。

所以,加入我们吧,我们的义德医院是相当令人愉快的机构。她是唯一的,在这个拥有一百七十五万人口的教区里。你们,希望锻炼自己,并希望在内科或外科拥有丰富实践经验,或者那些希望去丰富自己的生活以使人生更加伟大的年轻的医生们,来中国吧,给我们的医生慕赓扬博士一份热情的帮助吧①。

慕赓扬的妻子白露德,医学传教士、博士,生于伊利诺伊州塔兹韦尔县(Tazewell County)莫顿镇(Morton),因脑瘤病逝于新泽西州帕特森镇(Paterson)。父亲威廉(William Sargent Bennett,1841.12.31—?),母亲玛丽[Mary Anna(Campbell)Bennett,1836.7.23—1929.6.15]。白露德早年就读于芝加哥西北神学高中;1899年毕业于伊利诺伊大学,获文学学士学位;是基督教女青年会成员;1904年从约翰斯·霍普金斯大学医学院获得博士学位;毕业后嫁给了慕赓扬博士。夫妇俩共育有3个孩子,依次是生于1908年5月10日的长女露丝(Ruth Pearce Morgan)、生于1914年7月4日的次女朱莉安娜(Juliana Louise Morgan)和生于1917年8月25日的儿子卡雷尔(Carrel Bennett Morgan)。白露德1904年11月随夫启程来华,次年1月到中国。1905—1910年5年间,在清江浦医学传教,担任护士;1910年以后,为美南长老会服务,在海州进行医学传教,担任护士长。

白露德兄妹2人,哥哥拉尔夫(Ralph Bennett,1875.6.20—?),生于伊利诺伊州莫顿镇,电气工程师,在芝加哥电子工程学院学习。1902—1908年间在洛杉矶的艾迪逊电气公司(Edison Elec. Co.)任电气总工程师;1909—1911年间任大西电力公司(Great West Power Co.)总工程师;1912年之后任多美尼兹·兰德公司(Domniguez Land Co.)总工程

---

① "Medical Missions Offer Large Field—To Students Interested in Missions." *The Davidsonian*,1930-05-08,p.6.

师。1910 年 8 月 16 日，与玛丽（Mary Belle Burns）结婚，育有一对儿女，分别是生于 1911 年 9 月 21 日的玛丽（Mary Gay Bennett）和生于 1915 年 5 月 8 日的埃拉诺（Eleanor Campbell Bennett）。

六、义德医院对近代海州地区西医发展的影响及历史价值

义德医院的创办不仅引入了先进的西医诊疗技术和西药，也带来了近代先进的医院管理制度和医学教育，还更新了传统的医疗卫生观念，培养了海州地区最早的西医人才。

（一）促进海州地区医疗卫生和文明风气的进步

中国传统医学除了太医院之外，民间几乎没有公共医院，中医诊所也很少。一般都是中医到病人家里或者病人到中医家里去诊治，中医诊治具有一定的私密性。病人护理也是居家由家人承担，很难说有专业性。义德医院建立后，逐步转变了海州地区民众的就医观念，有病去医院，养病在医院，开始深入人心。义德医院也逐步深入社会，改善公共卫生环境，在推广新式接生法、劝阻妇女裹脚、不随处大小便、禁烟禁赌等方面都开了先河，促进了海州地区文明风气的进步。

（二）促进海州地区西药和先进医疗技术的引入

义德医院创办之前，海州地区民众的医疗卫生状况极差，对疾病的诊治主要依靠中医的"望闻问切"，药物主要是中草药，对于当时比较流行的霍乱、伤寒、黑热病、疟疾等疾病，难以有针对性药物进行治疗。义德医院建成后，开设了西药房，一是引入外国原料药使用单冲压片机等制造西医片剂，并配制一些诸如红汞水、碘酒等酊水剂、外擦剂自用；二是直接引入或由美南长老会捐赠美国成品药，如治疗黑热病，早期引进酒石酸锑钾（别名吐酒石），后期采用国产药葡萄糖酸锑钠（别名斯锑黑克）等。

在诊疗技术方面，义德医院设有手术室，对脓疮切开排脓、外痔切除等一般性外科手术都能够实施；随着时间的推移，技术的进步，对疝气修补、膀胱切开取石等部分较为复杂、难度较高的手术也能够很好地实施。传统上，妇女生育皆采用旧法接生，即产妇取蹲式，婴儿生于盆内或桶内，在自家内由产婆或年长者接生。由于所用褥单、剪刀等接生工具甚少消毒，常见产褥热及新生儿破伤风。更有甚者，产妇因难产死亡或留下产后病症。西医诊所开设后即采用新式接生法，大大降低产褥热、破伤风的发病率，后期还能进行剖宫产手术。

在医疗器械方面，引入了听诊器、单目显微镜、双目显微镜、手摇离心机，1926 年经上海引进较为先进的美国通用电气公司制造的"胜利"牌 100 毫安 X 射线机，并配套柴油发电机一台，这是当时苏北鲁南地区第一台 X 射线机，可以进行胸、四肢 X 射线透视、摄片等，直到 1980 年才被淘汰，使用寿命长达 54 年。

这些全新的西药、先进的医疗技术和诊断器械，不仅成功地治愈了海州地区过去千百年来难以治愈的疑难杂症，而且为海州地区西医的发展奠定了基础，随后也为海州地

区涌现出来的近百家西医诊所发挥了先驱者的作用。

（三）促进海州地区先进医院管理模式的引入

海州义德医院创办伊始即引入西方医院一整套管理制度。在组织机构方面，设立了候诊室、门诊室、手术室、男女病房等，并开始男女分科，由男女护士分别进行护理，建立交接班和查房制度等。候诊室内采用挂号制度，目的有二：一是收取诊疗服务费，诊所及义德医院的运行经费大部分来源于教会，但也针对病患收取少量的诊费和药费来缓解经费短缺的压力；二是维持秩序，利用病患候诊的时间进行传教，只有听完宣教的病患才能进入门诊室看病。1914年起，还建立了病案室，为病人建立病历档案，起初使用英文记录，后来夹杂中文。这也为后来大量发展起来的私立诊所或医院所采用。除了普通病历外，还有有针对性地对病理切片进行标本制作的传统。

（四）促进海州地区西医人才的培养

海州义德医院护士学校的创办为海州地区培养了大批本土医师和护士。据不完全统计，截至1948年，由义德医院护士学校毕业生创办的诊所、医院有12所之多，其中的典型代表是首届毕业生王振华女士开设的振华诊所、王健之女士开设的健之医院。张景辉毕业后留院工作，新中国成立后，在义德医院被政府接收后成为代院长；孔宪东在新中国成立后进入连云港市第一人民医院，成为一名技术精湛、经验丰富、病人信得过的内科专家。

义德医院是近代海州地区创办最早的西医院，但随着高级护士学校所培养人才的外流，区域外人才的回流，越来越多的本土西医人才进入医护行业，他们创办了众多的私立西医诊所或西医院，分流了义德医院患者。也因为本土人才更适应本地社会，他们的技术也越来越精湛，使得义德医院日渐式微。

虽然，近代西方传教士以西医为手段达到为传教服务的根本目的，但随着历史的发展，其作用和影响已然超出了宗教传播的范围。客观上，传教士对中西文化交流和区域文化融合，义德医院的创办对近代海州地区缺医少药现状的缓解及对民众疾病痛苦的减轻，高级护士学校对西医人才的培养与公共卫生意识的觉醒，都起到了巨大的促进作用，也都为海州地区社会近代化转型做出了贡献。

七、慕赓扬的摄影资料

自1905年初来到中国，到1946年初返回美国，慕赓扬博士在中国服务了40余年，其中1905—1909年在清江浦仁慈医院行医，1909—1932年在海州行医兼传教，1933—1934年在镇江基督医院行医，1934—1946年在安徽芜湖弋矶山医院行医（其中1943—1945年被关押在上海盟国侨民集中营），而在海州行医传教就近25年。

在海州期间，慕赓扬除了创办西医诊所和在义德医院行医、创建基督教堂传教之外，还独自或协助创办了主日学校、乐德女校（Loadei Girls' School）、福临（妇女）学校、义德医院高级护士学校等新式教育机构,执行或参与了地方救灾赈灾活动、卫生运动、劝阻裹脚行动,实施了营救青岛日德战争期间迫降海州的德机飞行员、收容多次兵变匪灾中妇孺难民的行动,等等。他还结交了当地绅、商、农、学、军、政各界的代表人物,与他们成了朋友。

在这些活动中,慕赓扬用他手中的相机将这些场景记录了下来,有些照片还作为报告的附件发表在《传教士调查报》(the Missionary Survey)上,有的照片作为明信片邮寄给在美的家人等。20世纪90年代,慕赓扬的儿子卡雷尔将这些照片以及慕赓扬夫妇的其他家庭档案,包括家庭信件、友人信件、文章、报告、笔记、日记、个人简历以及他们收藏的书籍、地图、报纸、杂志、册页、数据图表、文物、纪念品和艺术品等捐赠给了耶鲁大学神学院图书馆。耶鲁大学神学院图书馆在特藏馆内专门为这些材料做了编目,并把照片分享给了南加州大学图书馆海外传教影像档案馆。

这些照片根据内容可以归纳为五个部分。一是医院行医场景:包括医院建筑、护士、病人等;二是家庭生活:包括家庭成员、西方传教士同工的生活和海滨度假等;三是社会生活:包括传教生活、海州地区民俗民风、城乡生活场景以及慕赓扬参与救助1914年德国飞机降落海州事件、参加1926年军阀白宝山修桥筑路庆典活动等;四是百姓疾苦:主要包括1910年左右发生在海州地区的饥荒情况;五是海州城乡全景:包括海州地区城乡风貌,如海州古城、佛教建筑、山野风景等。

部分照片的正面和背面有慕赓扬夫妇书写的说明,并注明了拍摄时间。卡雷尔在捐赠时也直接在照片上或用打字标签做了说明。耶鲁大学神学院图书馆为这些照片做了编目,用"主题"来说明照片名称、拍摄的地点和时间;用"描述"来记录慕赓扬夫妇的和卡雷尔的说明,并对部分说明做了简单的甄别;用"尺寸"(本书中用厘米做单位)对照片的大小做了记录。

尽管如此,由于时间久远、记忆偏差,部分照片的"主题""描述",尤其是拍摄时间等都有舛误。在研究过程中,结合时代背景分别给予了补充和纠正。

一 海州义德医院
The Ellen Lavine Graham Hospital

这部分图片主要涉及海州义德医院、南院内部建筑以及医卫工作生活的整体记录和全景影像。

海州义德医院内景

图 1-1　海州义德医院内景

主题　中国,江苏,海州,爱伦·丽芬医院内景(如图 1-1)。摄于 1910 年。

描述　一个水塘边的一座巨大的医院石头建筑一角,该医院位于连云港。

尺寸　14.5 厘米×9 厘米(长×宽,下同)。

说明　该照片的拍摄时间应该在 1913—1914 年。照片拍摄的是海州义德医院内部一角。"爱伦·丽芬医院"是海州义德医院的英文名称。海州义德医院 1912 年起建,1914 年落成时,为纪念医院的捐资人爱伦·丽芬,专门镌刻两块石碑(如图 1-1a),镶在医院东门入口处门诊大楼正门两侧,以示纪念。一块石碑上刻写中文繁体字,正文竖刻"义德医院",上款上下顶格竖刻"美国实业家嘉尔翰女儿爱伦丽芬女士临终捐建",落款上下顶格竖刻"中华民国三年立";另一块石碑刻写英文"THE ELLEN LAVINE GRAHAM HOSPITAL 1914",每行一词,中文意思是"爱伦·丽芬·嘉尔翰医院 1914 年落成"。两块石碑均高 165 厘米、宽 29 厘米、厚 7 厘米,英文碑今右上角残破。百年来,医院几度更名,目前改名为连云港市第二人民医院。现有职工 1 700 余人,其中医师 800 余人,有手术室、检验科、放射科、药剂科等 30 余个医技科室,年门急诊量 25 万余人次。

海州义德医院是在原有诊所的基础上扩建而成的,地址在原海州西门外石狮巷 17 号,院门朝东,西边院墙外是一个停水坝,位于蔷薇河东岸,就是照片"描述"中所说的水塘,至今仍在,只是比当时小了很多。蔷薇河在海州境内,河底平坦,河道蜿蜒,河水流速放缓,每逢海州湾潮水上涨,咸水倒灌,直至海州西门外。此时上游淡水与下游咸水在此处相汇合,形成相持状态,水流几乎处于静止状态。当地百姓利用这一潮汐现象,在此修建了一个停水坝,使下游的海潮咸水上不来,使上游的淡水汇聚于此,用于灌溉、饮用等。

因是一个淡水坝，当地人又称其为"甜水坝"。

巨大的"石头建筑"，就是医院内这个南北走向的二层楼房（见图1-1b），这是当时最早建设的病房大楼，也是目前海州义德医院唯一幸存的建筑，但已经破败不堪。

图1-1a　海州义德医院落成纪念石碑

来源：自摄于2015年3月17日

图1-1b　海州义德医院病房大楼现状东北视图

来源：自摄于2015年3月26日

照片中间带有拱形门的房子为医院内部的小礼拜堂。前面带有外楼梯的二层小楼，上层是护士宿舍——南部是女护士宿舍，北部是男护士宿舍；下层是门诊室和候诊室等。从视觉高度和取景范围来看，这张照片应该是在东北方向站在门诊大楼上拍摄的。

图1-1c　爱伦的墓碑由父母
　　　　 嘉尔翰和苏姗所立

图1-1d　斯普林伍德公墓入口处

来源：https://www.findagrave.com/cgi-bin/fg.cgi? page = gr&GRid = 9207504.

照片标注的拍摄时间为1910年，而海州义德医院1912年才开始建造，1914年基本建成,1918年全部建成。病房大楼1913年刚建成启用,因此照片的拍摄时间应该在1913—1914年。

义德医院捐赠人爱伦·丽芬于1910年去世,葬于格林维尔镇的斯普林伍德公墓(如图1-1c、图1-1d)[①]。美南长老会根据爱伦的遗愿于1911年在朝鲜半岛光州(今韩国光州广域市)创办了嘉尔翰纪念医院,即光州基督医院(如图1-1e)[②]。

图1-1e　光州嘉尔翰纪念医院1919年旧照
来源:*Modern Medicine and the Missions Mandate*

海州义德医院病房大楼远眺

图1-2　海州义德医院病房大楼远眺

主题　中国,江苏,海州,爱伦·丽芬医院病房大楼远眺(如图1-2)。摄于1910年。

---

① *Find a Grave*.发表日期:2004年7月31日,http://www.findagrave.com/cgi-bin/fg.cgi?page=gr&GRid=9207504,访问日期:2012年12月4日。
② DIETRICK R B. *Modern Medicine and the Missions Mandate*. Woodville, TX: Medical Benevolence Foundation, 1999, p.1.

| 描述 | 医院病房大楼、护士宿舍。
| 尺寸 | 20.5厘米×9厘米。
| 说明 | 该照片的拍摄时间应该在1913年左右。照片拍摄的是海州义德医院内部一角,从拍摄的视觉高度和取景范围来看,该照片的拍摄者应该比上一张照片(参见图1-1)离病房大楼要远得多,应该是站在东北方向当时还存在的海州城墙西门上拍摄的。照片中远处的二层楼为病房大楼,中间的为护士宿舍,小礼拜堂和门诊大楼都没有出现,所以拍摄时间应该略早于上一张照片(参见图1-1),即1913年左右,而不是照片上标注的拍摄时间1910年。

海州义德医院病房大楼和门诊楼远眺

图1-3 海州义德医院病房大楼和门诊楼远眺

| 主题 | 中国,江苏,海州,爱伦·丽芬医院病房大楼和门诊楼远眺(如图1-3)。摄于1910年。
| 描述 | 医院病房大楼、小礼拜堂、护士宿舍、门诊大楼。
| 尺寸 | 14.5厘米×10厘米。
| 说明 | 该照片的拍摄时间应该在1914年左右。照片拍摄的是海州义德医院内部一角,从拍摄的视觉高度和取景范围来看,与上一张照片(参见图1-2)相比,该照片的拍摄者的站位应该更靠西,拍摄角度略微偏南。照片中的建筑由远及近依次为病房大楼、小礼拜堂、护士宿舍、门诊大楼。小礼拜堂和门诊大楼都已经出现,所以拍摄时间应该晚于上一张照片(参见图1-2),与第一张照片(参见图1-1)相近,即1914年左右,而不是照片上标注的拍摄时间1910年。

海州义德医院护士宿舍小院

图 1-4　海州义德医院护士宿舍小院

- 主题　中国,江苏,海州,爱伦·丽芬医院护士宿舍小院(如图 1-4)。摄于 1910 年。
- 描述　医院病房大楼、小礼拜堂、护士宿舍。
- 尺寸　14.5 厘米×8.5 厘米。
- 说明　该照片的拍摄时间应该在 1914 年左右。照片拍摄的是海州义德医院内部护士宿舍小院一角,从拍摄的视觉高度和取景范围来看,拍摄者应该是在东南方向站在门诊大楼上向西拍摄的,照片中的建筑由远及近依次为医院病房大楼、小礼拜堂、护士宿舍。拍摄时间与上一张照片(参见图 1-3)相近,即 1914 年左右。

海州义德医院护士宿舍

- 主题　中国,江苏,海州,爱伦·丽芬医院护士宿舍(如图 1-5)。摄于 1925—1926 年。
- 描述　她们住在门诊楼候诊室楼上的房子里。2 个刚毕业,2 个还是学生,1 个是护士长,1 个是洗衣工兼助手。
- 尺寸　10 厘米×14.5 厘米。
- 说明　该照片的拍摄时间为 1922 年冬季。照片拍摄的是海州义德医院内部护士宿舍小院一角,从拍摄的视觉高度和取景范围来看,拍摄者应该是站在小礼拜堂与护士宿舍之间,面向东面拍摄的。

　　该照片里的人物都穿着棉衣,树上的树叶已经凋零;加之描述里说明有"2 个刚毕业"

的护士,因此拍摄时间应该在第一期学员毕业后的1922年冬季。宿舍的入口处还悬挂了"闲人止步"的小木牌,说明当时已经有了保护妇女的意识并采取了相应措施。照片中后面年龄较大者应该就是描述中所说的"洗衣工兼助手"。

海州义德医院高级护士学校创办于1916年,首届学员1922年毕业时大部分被义德医院留用。第二批学员1923年入学,1928年才毕业,因此"2个刚毕业"的护士只能是1922年毕业的学员中的2个。

由中华护士学会发行、在上海出版的《中华护士报》曾于1941年第22卷第1期刊发一张名为"江苏海州义德医院毕业护士摄影"的黑白照片[①],照片的背景是海州义德医院手术大楼的东门,三名护士皆身着洁白的护士服,手握卷成筒状的毕业证书,其中两名女护士还头戴护士燕尾帽(如图1-5a)。

图1-5 海州义德医院护士宿舍

图1-5a 1941届毕业护士合影
来源:《中华护士报》1941年第22卷第1期第1页

王健之

说明　王健之(1896—1970),江苏省徐州市人。1915年牧师顾多马从徐州转来海州时,从徐州孤儿院带来十几名孤儿,在海州西门外开办孤儿院,王健之是其中之一。

---

① 《江苏海州义德医院毕业护士摄影》,《中华护士报》1941年第22卷第1期,第1页。

1916年护士学校开办时,王健之是首批学员,入校学习时21岁;1922年毕业留院担任护士。

1923年赴浙江杭州广济医学专科学校学习;1926年毕业后回海州义德医院任医师;1929年6月离院到新浦创办健之医院独立行医,自任院长兼外科医师。院址先在新浦海昌路南首6号,后于1940年迁至民主路134号。初期有楼房10间,平房14间,病房设病床16张;有医护人员11名,配备显微镜及腹部手术器械;开设内、外、妇产科等,最先在私立医院中采用新式接生法。1946年参加东海县医师公会任理事,1949年2月任新海连特区卫生学校教师,讲授护理学;1951年参加市工人医院工作后诊所停办①。

海州义德医院小礼拜堂

图 1-6　海州义德医院小礼拜堂

[主题]　中国,江苏,海州,慕赓扬与爱伦·丽芬医院的职员们在一起(如图1-6)。摄于1930年。

[描述]　几个人站在一座带有石头拱门的建筑前,照片右边写有汉字。该医院在海州附近的连云港。

[尺寸]　20厘米×14厘米。

[说明]　该照片的拍摄时间为1932年。照片的背景是海州义德医院内的小礼拜堂,西面(照片的右边)是病房大楼,东面是护士宿舍。从拍摄的视觉高度和取景范围来看,拍

---

①　连云港市卫生志编纂委员会:《连云港市卫生志》,北京:方志出版社,1998年,第216、101页。

摄者应该是站在小礼拜堂的北面向南拍摄的。照片右边的汉字为："义德医院护士学校男生全体欢送慕院长离海纪念 一九三二年十一月十日"。1932年11月10日应该就是照片的拍摄时间。而在照片上面有三行英文文字"慕赓扬博士与职员／大约 1930—1932／海州，中国"，是慕赓扬的长子卡雷尔后来备注的，这个时间显然是不正确的。

慕赓扬院长因故于1932年被差派至江苏镇江的基督医院行医。1933年初抵达镇江，1934年后转入美以美会位于安徽的芜湖综合医院。慕赓扬院长在离开海州义德医院时与医院的医生和护士合影留念，应该是可以理解的。

虽然照片右边注明汉字"义德医院护士学校男生全体"，但从照片上人物的年龄来看，他们并不年轻，不完全像是学生。照片上只有慕赓扬一个外国人，其他人皆为中国人；从人物的穿着来看，中国人都穿着长袍，最左边和最右边的人手拿礼帽，显然具有一定的经济基础，不是普通的学生，有可能是年轻的医生或护士。

海州义德医院护士学校所招收的学生基本上都具有高小（小学五年或六年毕业）或中学文化程度，年龄大约在 16～20 岁，无论哪种情况，这些"护士学校男生"都应比照片上人物的年龄要小。经过 5 年培训学习毕业后，这些留用学员的年龄应该比较符合照片中人物的现状，因此对于作为义德医院院长兼护士学校校长的慕赓扬来说，他们自然是学生的身份。

截至 1932 年，海州义德医院护士学校已毕业三届学员，留下姓名的男生只有 1916 年入学、1922 年毕业的庄耀华、孙耀庭两人，1923 年入学、1928 年毕业的陈经古、相恩奎两人，1925 年入学、1930 年毕业的江希铭、孙继谟两人，他们大都留院担任护士，只有庄耀华于 1930 年离院独立行医。因此这 8 个"职员"中有可能就有孙耀庭、陈经古、相恩奎、江希铭和孙继谟等。

除了留用的护士之外，这些"职员"中亦有可能有医生自谦为"学生"。截至 1932 年 11 月，仍然留在海州义德医院行医的医生有 4 位美南长老会医学传教士，他们都毕业于美国约翰斯·霍普金斯大学医学院。分别是 1904 年毕业、1909 年来海的慕赓扬博士和妻子白露德博士（他们将于 11 月底离开海州去镇江）；1929 年毕业、同年来海的芮义德博士；著名传教士吴板桥的长子，1924 年毕业、同年来海的吴凯利博士。

除了这 4 个美国医生传教士之外，还有 4 位中国籍医生，他们分别是钟品梅博士、马吉人医师、女医生帅崇文博士和徐宪明医师。如果照片里有医生的话，按来院的时间算，极有可能有钟品梅、马吉人和徐宪明。

庄耀华

> **说明** 庄耀华（1898—1945），连云港市新浦（今海州区）人，他的年龄是根据墓碑确定的，他出生于清光绪二十四年（1898）九月九日，卒于民国三十四年（1945）十月八日，享年 47 岁。1915 年牧师顾多马从徐州转来海州时，从徐州孤儿院带来十几名孤儿，在海州西门外开办孤儿院，庄耀华是其中之一；1916 年崇真中学创办时，庄耀华是首批学生；1916 年护士学校开办时，庄耀华也是首批学员，入校学习时 18 岁；1922 年毕业留院担任护士；

1930年①离院独立行医,在新浦大街(今连云港市海州区民主路)创办了私人医院——华东医院。

庄耀华墓碑(如图1-6a)现今位于连云港市博物馆碑林广场,原址不详。材质为汉白玉质地,呈长方体,高120厘米、宽66厘米、厚18厘米,碑文上下沿各5厘米,左沿17.5厘米,右沿12.5厘米,四周无纹饰,无底座。碑阳腰部碑主姓名、生卒日期及左下角立碑人姓名遭凿刻,部分字迹难以辨认。其余碑文较为清晰。碑面上方刻有十字架,横长16厘米、竖高19.5厘米、宽2厘米,可知墓碑主人生前为基督徒。碑文竖刻4行,隶书繁体。正文为"先父庄公□华○○之墓",字径19厘米×18厘米;上款为"生于光绪□□四年九月九日己时②",款径6.5厘米×4.5厘米;下款首行为"卒于民国□十四年十月八日亥时",字径同碑首;下款次行为"⋯国三十五年四月○日○男□□敂立",款径最小,为3.5厘米×2.5厘米。

图1-6a 庄耀华墓碑
来源:自摄于2018年5月18日

墓主人姓名三个字,第二个字被毁坏,但残留部分笔画。该字为左右结构,左边部分依稀可见"光"字;右边部分毁坏比较严重,虽难以辨清,但笔画较为复杂,而且在"光"字的右下方依稀可见单人旁"亻"的笔画。遍查《康熙字典》《说文解字》《汉语字典》等工具书,发现"光"并不是传统意义上的偏旁部首,左边带有"光"字的汉字也只有几个,如"耀""辉(繁体为輝)""焜"等,意义基本上都是形容"日光"的。与墓碑上相似的字只有"耀"字,因此,基本推断墓主人的姓名为"庄耀华"。

墓主人卒于"民国",可知落款中立碑朝代"国"字前面被毁坏的部分应该是"中华民"。落款中的"敂"(音kòu),古同"叩"。立碑人只刻有一"男"字,说明墓主人只有一个儿子,甚至有可能没有女儿。立碑人名字的两个字被毁坏,但残留部分笔画,第一个字似"本"或"木",第二个字左右结构,右部上下结构,右上为"口",其他部分残泐不清。

墓主人去世朝代"民国"后面有一个数字被毁坏,但底部残留笔画"一",可能是"二""三"或"五",即墓主人去世时间为"民国二十四年(1935)""民国三十四年(1945)"或"民

---

① 按:一说是1928年,参见连云港市卫生志编纂委员会:《连云港市卫生志》,北京:方志出版社,1998年,第104页。
② 墓碑上原文如此,应是将"已时"误为"己时"。

国五十四年(1965)"。而最后一个时间是不可能的,因为中华人民共和国 1949 年 10 月 1 日成立后采用公元纪年。立碑时间为"民国三十五年四月",可见立碑是在清明节 4 月 5 日前后。据中国传统丧葬习俗,给最近已故亲人的墓地立碑时间要选个黄道吉日,在主人去世一周年、三周年等奇数周年时间段内,一般选清明、农历十月初一、年底腊月等前后。如果墓主人去世年代为民国二十四年(1935),那立碑与去世时间就有 10 年之久,难以成立。因此断定墓主人去世时间为民国三十四年(1945),其后人第二年清明立碑,这样也比较符合丧葬民俗。

墓主人出生于光绪年间,时间为三位数,其中最后一位是"四",前两个数字被毁坏,第一个数字残留上部笔画"一",第二个数字残泐严重。符合以上特点的光绪纪年只有"光绪二十四年(1898)"和"光绪三十四年(1908)"。前者,墓主人终年 47 岁;后者墓主人终年 37 岁。

墓碑材质为汉白玉质地,说明墓主人或墓主人家族的家境较为殷实,这与史料中的"庄耀华"在身份上有一定的契合。史料中的庄耀华于 20 世纪 30 年代在新浦大街(今连云港市海州区民主路)上开办私人医院——华东医院,在经济上有一致的方面;他是基督徒,是 1915 年牧师顾多马从徐州带来的十几个孤儿中的一个,在身份上也有一致的方面;他生活的时代也与墓碑的记录相一致①。因此断定墓碑主人就是庄耀华。

由于 1916 年成立崇真中学时,庄耀华等孤儿院的孤儿成为首批学生,因此,他此时的年龄并不小,若出生于光绪三十四年(1908),他此时才 8 岁,显然不符合中学生的年龄要求;而且,同年成立的护士学校又把他们招收为首批学员,采用半工半读的形式学习,既学习业务又承担护士的工作,因此年龄太小也难以承担繁重的护理工作。若出生于光绪二十四年(1898),1916 年时已经 18 岁,读中学、做护士,其身份显然是合理的。

陈经古

> **说明** 陈经古(Tseu Gin Go),1923 年进入护士学校学习,是护士学校的第二批学员;1928 年毕业留院担任护士;1932 年离院在新浦开设私人医院,年底到沭阳东关开设福临医院②。

孙继谟

> **说明** 孙继谟(1910—1968),海州东部地区新县(今连云港市朝阳镇)人。民国十四年(1925),15 岁的孙继谟来海州义德医院护士学校学习,1930 年毕业后留校担任护士,并继续拜慕赓扬博士为师学习西医。1935 年离院回乡在新县街四组开办私人诊所——继谟诊所,独立行医兼卖西药,此为海州东部地区西医之肇始,但诊所很简陋,不设病房,医

---

① 张家超、石荣伦:《西方传教士与海州地区近代教育》,《连云港师范高等专科学校学报》2017 年第 3 期,第 91-96 页。
② 赵如珩:《江苏省鉴(下)》,上海:大文印刷所,1935 年,第 114 页。

疗器械只有听诊器和注射器。1951年春,继谟诊所与其他11个中西私人诊所组成云台区[1951年设区,2001年撤销,辖区并入连云区和新浦区(今海州区)]新县中西医联合诊所,年底改建成公办新海连市云台区卫生所。后来,孙继谟先后加入新浦区卫生所、防疫站、市麻风病院等医疗机构担任主治医师。孙继谟医术精湛,尤善外科。开业初期,曾接待"张庄一农民,腹生肉瘤,无钱延医用药,命危旦夕,家备后事。有人告之,即将患者抬至诊所病床,动手除瘤,秤之斤余。瘤除人愈,全家大喜,当年春节,病人全家登孙门,叩头谢恩"①。在新县周边地区有一定的声誉。1995年出版的内部资料《云台区志》记载:"民国九年,西医始传入云台,新县孙继模由海州西门外教会医院慕庚扬(外籍医师)处出师归来,在家乡私人开业","1910年,美国南长老会调慕庚扬到海州西门外开办教会医院,是年授徒孙继模"②。这里有四个问题:一是"民国九年"(1920)孙继谟刚10岁,不可能学成西医"出师归来";二是慕赓扬1909年才来海州,1910年也刚刚创办西医诊所不久,还达不到授徒的要求,孙继谟不可能前来学习;三是"慕赓扬"误写为"慕庚扬";四是"孙继谟"误写为"孙继模"。1998年出版的《连云港市卫生志》记载:"西医诊所。孙继谟于民国二十四年(1935)开办",又"民国二十年(1931)有徐晓非、孙继谟"等6人进入海州义德医院护士学校学习③。孙继谟入校学习时21岁,1935年出师时25岁,学习时间为5年,也就是护士学校的学习年限。护士学校采用半工半读的形式学习,5年时间显然不足以完成从护士到医生的成长历程,从离院独立行医的义德医院护士群体来说,他们也都经过再学习、再培训的过程,因此可以断定5年的学医时间太短,也就是说孙继谟入校学习的时间比1931年要早,于1925年15岁的时候去护士学校学习是比较合理的(参见"引言"第9页表1)。

钟品梅

说明　钟品梅(P. M. Chung, MD, 1903—1988)④,福建汀州长汀人。中学就读于福建省长汀第一中学(原省立七中),1929年上海圣约翰大学医学院毕业,获医学博士学位;1929—1932年在北京协和医院任妇产科主治医师,与同学林巧稚共事;1932年来海州义

---

① 朝阳镇志编纂委员会:《朝阳镇志》,北京:方志出版社,2005年,第350页。
② 云台区地方志编纂委员会:《云台区志》,1995年(内部资料),第361、363页。
③ 连云港市卫生志编纂委员会:《连云港市卫生志》,北京:方志出版社,1998年,第106、216-217页。
④ 按:钟品梅居住地云南省的两种卫生志书提供的生卒日期为"1903—1988",本书采信,毕竟在工作中要填写各种履历表;而福建长汀一中的校友录、汀州客家名人录及文史资料等籍贯地的史料所提供的生卒日期为"1897—1990"。钟品梅1929年医学博士毕业,圣约翰大学医学院1905年即将学制由4年改为7年,其中医预科2年、医科5年(包括一年实习),4年时授予理学学士学位,7年毕业后授予医学博士学位,因此钟品梅入学时应该是1922年,年龄大约18～20岁,出生于1903年是合理的,而出生于1897年,入学时25岁似乎有点大了。参见:云南省地方志编纂委员会总纂:《云南省志·卫生志》,昆明:云南人民出版社,2002年,第599页;云南省卫生厅:《云南卫生通志》,昆明:云南科技出版社,1999年,第723-724页;福建省长汀县第一中学《百年汀中》编委会:《百年汀中(1904—2004)》,厦门:厦门大学出版社,2004年,第337页;黄马金:《客家妇女》,北京:中国妇女出版社,1995年,第310页。

德医院行医①,任妇产科医师。

1937年离海,先后在江阴、南京、杭州、南昌等地医院行医；1938年至云南。永昌祥号严子珍投入约2万元,偕子严燮于1936年夏在大理县城创办私立苍逸医院,聘请钟品梅为院长。该院有医师及护士2名、实习护士1名,房间30余间,病床20张,显微镜、消毒器、手术室等医疗设备一应俱全②。1941年钟品梅赴昆明开设诊所,并担任昆明军医二分校妇产科主任。中华人民共和国成立后,先后任昆明市红十字会医院医药顾问、云南医士学校妇产科学教师、昆明市工人医院妇产科首任主任（1952年）、云南大学医学院妇产科学副教授。1975年退休③。其妻怀审善（？—1983）,1934年从杭州慈航高级助产学校毕业后即来海州义德医院担任护士,后曾担任昆明医学院医学情报处外文医学翻译。

除钟品梅外,长汀钟氏一门兄妹及后代竟有39人之多从事医疗卫生事业,堪称西医世家。其长兄钟品松（1888—1983）是汀州亚盛顿医馆（1908年由基督教伦敦公会创办）首届毕业生,1919年在县城新街巷创办长汀第一所私立西医院——三友医院；二哥钟品竹（1894—1985）是1923年上海圣约翰大学毕业生,文学学士,1932年毕业于美国大学医学院,获博士学位④。钟品梅夫妇二人育有二子二女：长子钟瑜（1937—？）,出生于昆明,1962年毕业于上海第一医科大学,与同校毕业的王佩德结婚后在云南昆明铁路医院工作,任神经内科医师,1981年夫妇俩赴美留学,获得学位后在纽约开设诊所；长女钟琨,1956年毕业于云南昆明市卫生局检验班,后任浙江淳安第一人民医院主管检验师；次女钟亮（1940—？）,1963年毕业于上海第二医科大学,同年在广州中山医科大学任麻醉科讲师,后在孙逸仙纪念医院任麻醉科医师、副主任、副教授,擅长心胸外科手术麻醉,是广州外科手术著名麻醉师之一；次子钟明,原在昆明市医学情报所工作⑤。

马吉人

说明　马吉人,苏南人,济南齐鲁大学医学院毕业,医学学士。1925年后即来海州义德医院行医,是早期来海州义德医院行医的医生之一（参见图1-9）。1931年离院在海州开设私人诊所——吉人诊所,1935年停办⑥。

---

① 按:1937年的《中国医学指南》上刊有钟品梅在海州义德医院行医的记录。*The Chinese Medical Directory*, 1937, p.368.
② 李文海:《民国时期社会调查丛编（二编）·医疗卫生与社会保障卷（上、下）》,福州:福建教育出版社,2014年,第92页。
③ 云南省卫生厅:《云南卫生通志》,昆明:云南科技出版社,1999年,第723-724页。
④ 毛河先:《长汀西医世家》,载中国人民政治协商会议福建省长汀县委员会文史资料委员会:《长汀文史资料:第22辑》,1993年（内部资料）,第70-76页。
⑤ 张胜友、张惟:《中国汀州客家名人录》,北京:作家出版社,1999年,第417-418页。
⑥ 连云港市海州区地方志编纂委员会:《海州区志》,北京:方志出版社,1999年,第359页。

帅崇文

> **说明** 帅崇文（Shuai Chung-wen，MD，？—1946），医学博士，早期来海州义德医院行医的医生之一，上海基督教女子医学院［Women's Christian Medical College (Qualifications), Shanghai］毕业。1932年前后在海州义德医院行医，任妇产科医师，1937年离海州赴绍兴福康医院（今绍兴第二医院前身）。

抗战初期，因伤病员增加，医护工作繁重，帅崇文不幸在战火中染病，整个抗战期间都带病坚持间接性工作，为伤病员诊治，最终于1946年初去世①。终身未婚。

民国十三年（1924）上海基督教女子医学院建校，学制4年，9月招生，要求入学者须至少修完大学两年课程，并对所修的普通化学、有机化学、化学分析、物理学等主要科目规定了具体的学分要求。所招学生大都来自金陵女大、燕京大学、华南女子文理学院等教会大学；建校后即向美国华盛顿哥伦比亚特区注册立案，得获医学博士学位授予权；1925年1月，中华医学会亦将其注册为认可的医学院；1933年正式在中华民国教育部立案；1942年停办。中华医学会出版的《中国医界指南》1932年卷记载帅崇文在海州义德医院行医②；《连云港市第二人民医院院志：1908—2000》记载为"1935年，……从上海聘请外科医生帅从文来院工作"，有关帅崇文的姓名、专业、来院时间，甚至暗指的性别都出现错误③。

徐宪明

> **说明** 徐宪明（Hsu Hsien-min，MB，1910—？），医学博士。1927年，师从协和医院第一位中国籍放射科主任谢志光老师学习放射疗法；1929年，入山东济南齐鲁大学医学院［Cheeloo University (Qualifications), Tsinan］学习，获医学学士学位；1932年，来海州义德医院行医，从事医疗放射工作④。

1942年，离海州赴美，入芝加哥大学医学院学习医疗放射，获医学博士学位；回国后在新疆医院任放射科、外科医师；1948年9月，受南京国民政府中央卫生署委托筹建中央医院驻新疆（迪化）分院并任院长，院址在迪化市南梁，新疆省卫生处撤销的原省立精神病医院旧址。徐宪明携带一架小型X射线机（30毫安）、材料，与部分医务工作者来此，并主持开始了X射线诊断工作；1949年9月，新疆和平解放；10月，该院建成。徐宪明与放射科技师高桥（日本人）在迪化举办了一期放射医师训练班，有13人参加学习，毕业后分配到地方及部队医院。1951年11月起，徐宪明先后任中华医学会迪化分会第一、二届

---

① 游杰：《福康医院与民国绍兴医疗卫生事业研究》，杭州师范大学硕士学位论文，2018年，第30、57-58页。
② The Chinese Medical Directory, 1932(3), p.148.
③ 连云港市第二人民医院院志编纂委员会：《连云港市第二人民医院院志：1908—2000》，徐州：中国矿业大学出版社，2004年，第3页。
④ The Chinese Medical Directory, 1932(3), p.113.

委员,中华医学会乌鲁木齐分会(1954年改称)委员,中华医学会新疆分会第四届理事会(1980.2—1984.12)理事;1953年起,担任中华医学会放射学分会第二、三、四届委员,《中华放射学杂志》第一期编辑委员会委员等①。

医学传教士芮义德

说明 芮义德(John Hobart Reed, Jr., MD),生卒年不详,医学传教士,外科医生、博士,生于弗吉尼亚里士满(Richmond)。父亲约翰(John Hobart Reed)、母亲珍妮(Jennie Larus Baldwin),共育有7个孩子,芮义德排行老二。1926年6月26日,芮义德与萨莉(Sallie Belle Childrey)成婚,萨莉的父母是罗兰(Roland Hill Childrey)和埃米莉(Emily Wade Saunders)②。

1929年芮义德夫妇俩来到海州义德医院行医③;1932年11月,慕赓扬夫妇离开海州后,接替慕赓扬担任医院院长,并经常到乡间巡诊;1941年,太平洋战争爆发后,与其他传教士一起撤离海州,教会办的医院和学校也随之停办④。

在海州义德医院行医期间,芮义德非常关心护士,经常让妻子买点布料送给护士,见护士家有点小困难经常予以接济;也非常关心病人,在海州一带深受百姓欢迎。其间他也应邀去清江浦的仁慈医院会诊。

芮义德医术也很精湛。1939年3月4日上午,日军攻占海州城,沦陷期间,海州"白喉流行,有一个十岁男孩子在新浦多处治疗无效,气管阻塞,送到义德医院,凑巧在门诊上碰到了芮义德。芮义德很快从兜里拿出手术刀给孩子切开气管,又经多日治疗,终于转危为安。后来一传十,十传百,芮义德的名字就越传越响了"⑤。

美国1940年《外科年报》上的一篇论文记载:"有一个老年乞丐生病了,住进了海州义德医院,芮义德博士为他诊治。老人抱怨说自己的左手前臂肿胀得厉害,只是几个月以前皮肤受了轻微的擦伤。""在前臂和手指上做了几次直线的切口,从中排出了一部分透明的液体。在医院经过短暂的治疗之后,肿胀完全消退,也不再有脓液流出。"⑥文章还登载了当时诊治时该病人的照片以及作对比的其他两个案例。以此可以推断,该案例是

---

① 新疆维吾尔自治区地方志编纂委员会,《新疆通志·卫生志》编纂委员会:《新疆通志·第八十二卷·卫生志》,乌鲁木齐:新疆人民出版社,1996年,第19、331页。
② Mrs. SAMPSON J R. *Kith and Kin*. Richmond, VA: the William Byrd Press Inc, 1922, pp.259-263.
③ 按:芮义德的出生日期不详,何时来华地方文献有1920年说、1928年说,但他的亲友在传记中说:"芮义德和他的妻子预计在1929年乘船去中国的镇江或清江浦。"参见 Mrs. SAMPSON J R. *Kith and Kin*. Richmond, VA: the William Byrd Press Inc, 1929, p.263.
④ Presbyterian Heritage Center at Montreat. *Presbyterian Church U.S. Missionaries to China* 1900-1920.发表日期:2015年1月1日,http://www.phcmontreat.org/bios/Bios-Missionaries-China-1900-1920-PCUS.htm,访问日期:2019年7月4日。
⑤ 孙济仁:《义德医院始末》,载政协江苏省连云港市委员会文史资料研究委员会:《连云港市文史资料(第二辑)》,1984年(内部资料),第97-103页。
⑥ WILLIAMS C. "Hysterical edema of the hand and forearm." *Annals of Surgery*, 1940, 111(6), pp.1056-1064.

芮义德提供的,也有可能是芮义德在该刊物或其他医学刊物上发表过该案例的论文,这至少能说明芮义德当时与美国的外科界有广泛的联系和交流。

医学传教士吴凯利

说明▶ 医学传教士吴凯利博士(Caspar Ligon Woodbridge, MD, 1894—1963),生于江苏省镇江市。父亲是牧师吴板桥,早在1882年26岁时即已来华传教;母亲是珍妮(Jennie Woodrow Wilson, 1858.9.8—1913.1.21),1884年婚后随夫来华,她是美国第28任总统托马斯·伍德罗·威尔逊(Thomas Woodrow Wilson, 1856.12.28—1924.2.3)的堂妹①;夫妇俩育有子女三人,长女夏洛特(Charlotte Louise Woodbridge),长子就是吴凯利,小女珍妮(Jeanie Woodrow Woodbridge),他们都生于中国,就读于美国,学成后皆返华服务。

吴凯利中学就读于上海美国学校,1916年毕业于普林斯顿大学,获文学学士学位;此后两年分别在基督教青年会和美索不达米亚的英国远征军中工作;1920年6月与伊丽莎白成婚;1921年从约翰斯·霍普金斯大学医学院毕业,获公共卫生博士学位(Doctors of Public Health);其后在费城的长老会医院实习(Interne)②;1922年10月偕夫人来华;在南京学习中文一年半后,于1924年初被派至海州从事医学传教;1929年辞职返美。

吴凯利的妻子伊丽莎白(Elizabeth Wilson, 1901—?),美南长老会来华女传教士。生于马里兰州巴尔的摩,早年受教于巴尔的摩文法学校和西部中学;来华前曾在弗吉尼亚里士满的长老会护理培训学校(Assembly's Trs)培训③。夫妇俩育有二子,都在中国从事医学事工。

海州行政区域沿革

说明▶ 照片(如图1-6)描述中有段话"该医院在海州附近的连云港",这显然是将历史上的海州与卡雷尔标注时(1990年代)的海州行政区划混淆了。

"海州"之名最早出现于南北朝时期北朝东魏武定七年(549),《魏书》记载:"海州(刘子业置青州,武定七年改。治龙沮城),领郡六、县十九、户四千八百七十八、口二万三千二百一十。"④"龙沮"即今灌云县龙苴镇,位于海州古城正南方大约20公里处。"郡六"指的是东彭城(今灌云县大部)、东海(今东海县与赣榆区西南部地区)、海西(今灌南县大部)、沭阳(今沭阳县大部)、琅邪(今海州古城周边地区)、武陵(今赣榆区东南部地区)诸

---

① IRVINE M D. *Pioneer Women of the Presbyterian Church, United States*. Richmond, VA: Presbyterian Committee of Publication, 1923, p.312.
② Johns Hopkins University. *University Register* (1919/20—1921/22). Baltimore, 1921, p.477.
③ *Christian Students and World Problems: Report of the Ninth International Convention of the Student Volunteer Movement for Foreign Missions*. Indianapolis, New York: Student Volunteer Movement for Foreign Missions, 1924, p.525.
④ 魏收:《魏书》卷一百六《志第六·地形二中》,北京:中华书局,1974年,第2556页。

郡。这些郡看似很大,实际上跟现在的县、区相比大小差不多,个别的甚至还小;郡所辖的县更小,相当于现在的镇。隋人杨尚希记述道:"见当今郡县,倍多于古,或地无百里,数县并置,或户不满千,二郡分领。"①真实反映了当时的实际情况。这些郡大部分还都是侨置的。西晋永嘉之乱至南北朝时期,战争连年不断,人口大量迁移,东晋及后来的各割据政权为了政权的稳定与巩固,也为了照顾移民的思乡之情,在相关地区迁出移民的聚集地设置以原来的州、郡、县等地名命名的行政管理机构,这种新的州郡县就称为侨置州郡县。尤其是在南北朝时期的历史地图上,经常会看到南北两个地区有同一个地名这种情况。海州设置后,所领东彭城(彭城郡在今江苏徐州一带)、琅邪(原郡在今山东临沂一带)、武陵(原郡在今湖南湖北一带)三郡就是侨置郡,所辖区域除少了义塘郡(今赣榆区西北部地区,东魏武定七年置,属莒州)、多了沭阳郡外,基本上与现在连云港市所辖区域(海州区、连云区、赣榆区、东海县、灌云县和灌南县)相同,而沭阳县(今属宿迁市)、响水县(今属盐城市)和涟水县(今属淮安市)等三个县的北部区域在历史上大多数时期都隶属海州。

海州之名设置之前,该区域隶属关系的变化较为频繁。夏商时代,居住人方族,属东夷;春秋时期,境内北部(今赣榆区西北部)被莒国、南部被郯子国瓜分,属鲁;吴越争霸,境内各诸侯小国先属吴,后归越;《史记·楚世家》中载"简王元年(前431),北伐灭莒",此后至战国二百年间皆属楚。

秦统一以后,施行郡县制,境内分属二郡辖三县,北部有赣榆县(今赣榆区大部),属琅邪郡;西部(今东海县与沭阳县大部)有襄贲县②,南部有朐县(今海州区、灌云县和灌南县大部),属东海郡。

汉代施行郡国并行制,西汉境内分属二郡辖九县,在汉武帝之后皆属徐州刺史部:北部设赣榆(今赣榆区东北部)、柜(今赣榆区东南部)③等县,属琅邪郡;西北部设祝其(今赣榆区西北部)、利成(今赣榆区中西部),中部设朐(今海州区、灌云县),南部设海西(今灌南县),西部设东安(今东海县大部)、厚丘(今沭阳县西北部)、建陵(今沭阳县西部)等县,属东海郡。

东汉光武帝建武十九年(43)封长子刘强为东海王,以郡为国,境内分属一郡二国辖七县,北部赣榆(由琅邪郡改属)、祝其、利成,中部朐,西部厚丘(今沭阳县北部、东海县大部)等县,属东海国;南部曲阳县(今沭阳县南部)改属下邳国;南部海西县改属广陵郡。汉桓帝和平元年(150)复置东海郡,郡治在郯。汉献帝建安三年(198),废赣榆县建制,拆分后归利成、祝其二县,另设利成郡,治利成(今赣榆区班庄镇古城村)。汉献帝建安十七年(212)又复为东海国。

三国时期属魏之徐州,境内分属二郡一国辖七县,西晋武帝太康元年(280),东海国

---

① 魏徵,令狐德棻:《隋书》卷四十六《列传第十一·杨尚希》,北京:中华书局,1973年,第1253页。
② 按:"襄贲,县名,属东海郡,故城在今沂州临沂县南。贲音肥。"参见范晔撰,李贤等注:《后汉书》卷二十《铫期王霸祭遵列传第十》,北京:中华书局,1965年,第744页。
③ 按:文献上不见"柜"县,在连云港市东西连岛汉代石刻上发现。参见刘凤桂、丁义珍:《连云港市西汉界域刻石的发现》,《东南文化》1991年第1期,第232—236页。

复为东海郡,赣榆县亦复①;下邳国析出临淮郡,曲阳县属临淮郡②。东晋不改。十六国时期,境内先后属后赵、前燕、前秦等政权。

南北朝时期,南朝宋泰始初年在境内侨置青、冀二州,二州共一刺史,这是海州境域内有州级建制之肇始,"青州,宋泰始初淮北没虏(被北魏占据),六年(470),始治郁州(今连云港市云台山)上。郁州在海中,周回数百里,岛出白鹿,土有田畴鱼盐之利",领东莞、侨置琅邪(二郡治在朐山)、侨置北海、齐等四郡,"建元初,以东海郡属冀州"③。南朝齐、梁不改,北朝东魏武定七年(549)罢青冀二州设立海州。北朝齐在境内设东海、义塘、沭阳、侨置琅邪等四郡。

海州之名设立之后,除元朝更名为海宁府、海宁州之外,一直沿用至今而不改,仅行政建制、隶属关系、所辖区域略有变化。

隋初为海州,大业三年(607)改为东海郡,治朐山,境内有朐山、东海、怀仁(今赣榆区)等三县,另外还下辖沭阳、涟水两县④。唐武德元年(618),复为海州,是苏北三州之一(另外两州为徐州和邳州),属河南道;武德四年(621),置海州总管府,不仅下辖境内海州、环州(今云台山,后裁撤),还包括涟州(今涟水县,后裁撤)和东楚州(今淮安市,后改属扬州府);海州领朐山、龙沮、新乐、曲阳、沭阳、厚丘、怀仁、利城、祝其九县;六年(623),改新乐为祝其;七年(624),东楚州改属扬州府,又以沂州来属;八年(625),废环州及龙沮、祝其、曲阳、厚丘、利城等六县,仍以废环州之东海来属;九年(626),废涟州。贞观元年(627),罢都督府。天宝元年(742),以海州为东海郡。乾元元年(758),复为海州⑤。五代梁唐时属吴,晋汉时属南唐,周时属周;此间境内属县如隋初。

北宋初,海州属淮南路。熙宁五年(1072),淮南路分为东西两路,海州属淮南东路(治在扬州),境内有朐山、东海、怀仁三县,另外还下辖沭阳县。南宋时宋金交战频繁,境内时而属金时而归宋,但总体而言,金占据的海州属山东东路(治山东益都府,今山东青州市),境内属县如隋初。

元至元十五年(1278),升海州为海州路总管府,后降为海宁府,未几又降为海宁州;二十年(1283),升淮安总管府为淮安路,海宁州为其属州,初设的录事司与东海县并入朐山。境内有朐山、赣榆二县和安东州(今灌南县南部,属淮安路),另外还下辖沭阳县⑥。

朱元璋在元至正二十六年(1366)夺取淮安路以后,便于此年四月改淮安路为淮

---

① "赣榆,令,前汉属琅邪,后汉属东海,魏省,晋武帝太康元年复立。"参见《宋书》卷三十五《志第二十五·州郡一》,北京:中华书局,1974年,第1049页。
② "武帝分沛、东阳置临淮郡,……徐州,统楚国及东海、琅邪、临淮、广陵四郡。宣帝……改临淮为下邳国。及太康元年,复分下邳属县在淮南者置临淮郡。"参见《晋书》卷十五《志第五》,北京:中华书局,1974年,第451页。
③ 按:可知南朝宋泰始初年就已经没有朐县而只存朐山县了。参见《南齐书》卷三十《列传第十一·桓康》,北京:中华书局,1972年,第558页。另南齐高帝建元四年(477),"以(桓)康为持节,督青冀二州,东徐之东莞、琅邪二郡朐山戍……诸军事",可知此时也已经有朐山戍了。参见《南齐书》卷十四《志第六·州郡上》,北京:中华书局,1972年,第259-260页。
④ 《隋书》卷三十一《志第二十六·地理下》,北京:中华书局,1973年,第871—872页。
⑤ 《旧唐书》卷三十八《志第十八·地理一》,北京:中华书局,1975年,第1445-1446页。
⑥ 《元史》卷五十九《志第十一》,北京:中华书局,1976年,第1416-1417页。

安府;洪武初(1368)改海宁州为海州,废朐山县,州治朐山,领赣榆一县,属淮安府。境内安东州在洪武二年(1369)降为安东县,置东海巡检司,属淮安府,原下辖沭阳县改属淮安府①。

清顺治二年(1645),设海州,属江南省淮安府。清康熙六年(1667),从江南省分出江苏省,属江苏省淮安府。清雍正二年(1724),海州升为直隶州。清乾隆五十八年(1793),东海巡检司迁新安镇,安东县属海州直隶州。下辖区域除境内外还包括沭阳县及响水县和涟水县北部区域②。

民国初期州改县,废海州直隶州改为东海县,县府设在海州古城,境内赣榆县和沭阳县分治,安东县改称涟水县属淮阴;4月又海灌分置,将东海县大致上以海州东部东盐河为界一分为二,将东部11个镇划出成立灌云县,县府设在板浦,其余部分为东海县下辖,县府仍设在海州古城。但人们还是习惯称东海县和灌云县为"海州"地区,加上分治出去的赣榆县和沭阳县,合称"海属"地区或"海赣沭灌"地区。随着陇海铁路的东延,连云港码头于1933年7月在东西连岛与北云台山之间的老窑开始兴建。为达到"以港兴市"的目的,民国江苏省政府于1934年6月决议规划连云港埠市政,省土地局组队对云台山前后土地进行测绘;7月即颁布土地测量法;1935年1月18日于第718次会议上决定在连云港埠设立普通市,从东海县和灌云县东部靠近港口的地方各析出一部分,其水陆区域以临洪口以南、烧香河以北、东西连岛以西、新浦板浦以东为范围;4月23日于737次会议上决议在墟沟镇成立连云市政筹备处,负责市政规划及港口设施建设;1945年抗日战争胜利后,连云市政府建立③。1948年海州全境解放,11月设立新海连特区,隶属山东鲁中南行署,此时的"海州"只是借用了历史上的名称,所辖范围只是海州古城及周边很小范围的区域。1949年新中国成立,11月底改称新海连市,将海州古城与新浦合二为一成为"新海市",1951年划归江苏省;1961年,因面向连岛、背倚云台山,因港得名改称连云港市;之后历经多次区域划分,才逐渐形成现在连云港市下辖海州区(原海州区与新浦区于2014年5月合并)、连云区、赣榆区(原赣榆县2014年5月撤改)以及东海县、灌云县和灌南县(1996年从淮阴地区即今淮安市划入)等三区三县的区域地理格局。海州义德医院位于海州古城西门外,当然位于现在的连云港(市),也位于民间所称的包含现在连云港市的大"海州"。

海州义德医院外科手术大楼前站着合影的职员们

主题 中国,江苏,海州,爱伦·丽芬医院外科手术大楼前站着合影的职员们(如图1-7)。摄于1927年。

描述 医院的部分职员站在一座巨大的石头大楼前合影。医院位于海州附近的连云港。

---

① 《明史》卷四十《志第十六》,北京:中华书局,1974年,第915—916页。
② 唐仲冕等修,汪梅鼎等纂:《海州直隶州志》卷二《表第一·沿革》,清嘉庆十六年刊本,台北:成文出版社有限公司,1970年影印本,第41页。
③ 《国民政府令:派张振汉为江苏省连云市市长》,《国民政府公报》1945年渝字904,第1页。

[尺寸] 20厘米×14厘米。

[说明] 该照片的拍摄时间为1927年。照片的背景是海州义德医院外科手术大楼。照片上方标注两行文字,第一行是用打字机打上去的,为"医院的职员,摄于1927年10月。锤炼①"。第二行手写,为"中国,江苏,海州"。背靠中间柱子的外国人是美南长老会牧师顾多马,他1904年来华,1915年来海州之前一直在徐州传教,1929年返美。因此该照片标注的拍摄时间为1927年是合理的,那么外科手术大楼的落成时间亦不应晚于1927年。

海州义德医院最后建设的是外科手术大楼,说是大楼,实际上只有一层,位于病房大楼的北侧,并与之垂直,东西走向。照片中面向读者的是大楼的东面正门,是从东北角拍摄的。2002年,因几十年没有使用和维修,破败不堪,成为危房而被拆除。

图1-7 海州义德医院外科手术大楼前站着合影的职员们

顾多马夫妇

[说明] 顾多马(Rev. Thomas Buie Grafton,1878.7.20—1963.11.29),生于美国密西西

---

① "Tried by fire",宗教语言,取自彼得前书1:7——"1ST PETER 1:7 THAT THE TRIAL OF YOUR FAITH, BEING MUCH MORE PRECIOUS THAN GOLD THAT PERISHETH, THOUGH IT BE TRIED WITH FIRE, MIGHT BE FOUND UNTO PRAISE AND HONOR AND GLORY AT THE APPEARING OF JESUS CHRIST."多种版本的圣经翻译各不相同,如《当代圣经》:"若你们的信心经得起这样的熬炼,就比那经得起火炼、仍会朽坏的金子更加宝贵。基督再来时,你们就可以得着夸奖、荣耀和尊崇。"但对这三个词的翻译基本上都围绕"以火试炼""经火熬炼"等展开,本书翻译为"锤炼",用打铁的动作来表示既要经过炉火的灼烧,又要在重力作用下锻造,所谓"烈火中永生"。

比州联合教会。其家族几代人都是长老会牧师,父亲康烈思(Rev. Cornelius Washington Grafton)在一个乡下教堂事工50余年,1916年还主持过奥兰多最高宗教会议。顾多马7岁时其母苏娥(Sue Webb Doak)去世。1898—1901年在美国西南长老会大学(SWPU,Southwestern Presbyterian University)学习,1901—1904年在路易斯维尔长老会神学院(LouisvPTS,Louisville Presbyterian Theological Seminary)学习,毕业时获神学学士学位。1903年注册,1904年被密西西比长老会按立为传教士。在路易斯维尔为黑人服务,并且作为学生牧师和布道者,在1903—1904年期间,服务于肯塔基州比维尔(Bevier)市的煤矿区。1903年9月22日与莱蒂·泰勒(Mrs. Letty Taylor Grafton,?—1925.2.13)在肯塔基州路易斯维尔结婚(图1-7a)①。

图1-7a 顾多马夫妇

来源:*Ministerial Directory of the Presbyterian Church*,U.S.,1861—1941

1904年毕业后,牧师顾多马随即偕妻来华布道兴学。初期在山东开展福音传教。1907年,他们夫妇二人从山东来到徐州②,获美国刊物《基督教先驱报》(*Christian Herald*)捐助,于西关(今徐州市泉山区立德路和平横街22号徐州市第五中学校园内东北角一带)建一幢三层楼房,创办了一所孤儿院——济孤院,来收留苏北那些因贫穷而无家可归的儿童。最多时收容男女孤儿达180余名,教以读写、基督教义及工艺技能③。1915年顾多马调驻海州后济孤院停办,一年后,正心女学校迁入院址,其前身是美南长老会女传教

---

① SCOTT E C. *Ministerial Directory of the Presbyterian Church*,U.S.,1861-1941. Atlanta:Hubbard Print Co.,1950,pp.250-251.
② 有关徐州地区近代基督教传播研究的文章基本上都将顾多马和他英文姓名(Thomas Buie Grafton)的音译汤姆森·格拉夫当作两个人,笔者在"海州义德医院英文记事碑"考证一文中给予了纠正。参见[美]乔治·汤姆森·布朗:《近现代基督教在徐州地区的传播》,杨乃庄译,发表日期:2010年4月12日,http://www.xuzhoushizhi.com/news.aspx? id=840,访问日期:2013年6月21日;丁开明:《基督教在徐州地区的传播与发展》,发表日期:2014年6月3日,http://www.xuzhoushizhi.com/news.aspx? id=1592,访问日期:2015年3月7日;刘玲:《析晚清徐州社会的新陈代谢》,《徐州工程学院学报(社会科学版)》2015年第5期,第41-47页;张家超:《"海州义德医院英文记事碑"考证》,《档案与建设》2013年第4期,第46-49页。
③ 徐州市民族宗教事务局:《徐州民族宗教志(1910—1985)》,1991年(内部资料),第144页。

士陶美丽(Mary Thompson)于1910年借教会医院5间房创办的"桃李女学堂"①。

1906年、1907年,徐州地区连续两年发生水旱自然灾害,百姓苦不堪言,"野有饿殍"②。一位在徐州的天主教神父雷伯雍(Le P. Le Bayon)描述道:"早晨,孩子们吃随意做的糊糊,没有其他东西。糊糊确实相当稠,是用砸碎煮烂的豆饼做的,加了一点高粱面,以增添颜色,偶尔加点大米,但没有持续多久……晚上还是吃糊糊,每个学生加一块高粱饼。"上海、北京等地纷纷成立各种赈灾机构,筹款筹物资赈济徐州地区。其中上海饥荒赈济委员会(Famine Relief Committee de Shanghai)发挥了不小的作用,牧师顾多马直接与之联系,将委员会所捐助的面粉、豆饼、棉衣等向灾民发放,或以以工(修筑县乡间路桥)代赈的方式发放赈款或物资,其间因为物资分配方案问题,还与在徐州的天主教会发生了不少瓜葛③。顾多马转赴海州后,赈济工作由牧师彭永恩(Rev. Frank A. Brown,1876—1967)继办,抗战期间中止④。

1915年,牧师顾多马从徐州基督教会转来海州时将徐州孤儿院——济孤院的十几个孤儿,包括王健之(女)、庄耀华、孙耀庭、张香兰(女)等,全部带走,在海州西门外朱沟河南岸租借民房开办孤儿院。一年后,改名为崇真中学(寄宿),并招收几十名学生。

1919年,因米德安先生5月底去世,慕赓扬夫妇夏天返美休假,闻声多年的慢性病急性发作,夫妇俩10月份也回美国治疗了,海州传教站只剩下米德安的妻子毕雅模(Emma Bissett)、注册护士白玛丽(Miss Mary Stuart Bissett, RN)和顾多马夫妇4位传教士。毕雅模专事传教站内事工,负责教堂内所有仪式的风琴演奏;顾多马将寄宿学校崇真中学和全日制学校乐德女校完全交给中国教师负责,和妻子莱蒂一起接管了米德安先生所有的乡村事工,他们每一到两周下乡巡回布道一次,然后回海州休整一到二天,并获取补给⑤。清末民初,海州地区土匪遍地、盗贼猖獗,顾多马在乡村布道期间经常要求当地驻军派人提供武装保护⑥。顾多马还经常邀请布道名士来海州讲演,如1926年春节期间,邀请山东华北神学院学生刘宜生先生来板浦基督教堂开新春布道大会,会期从阴历正月初五至十六日共13天,每晚六点准时开讲,"慕道听讲者莫不拥挤一堂,而刘先生善将人所想不到的引作比喻,讲演声若洪钟,本堂教友及慕道无不称赞"。每天清晨,顾多马与刘宜生先生和吴绣草先生一起步行去乡间布道,经常旅途遥达十外里,亦不辞劳,且每日午后一点钟,还要陪刘宜生往各教友家中布道⑦。

1925年2月13日妻子莱蒂因病去世后,同年6月7日娶出生于上海的同工林玛丽

---

① 钱在天:《徐州正心女中二十年来概况》,载中华全国基督教协进会:《中华基督教会年鉴·第十一期》,1931年,第119-121页。
② 徐州市水利局:《徐州市水利志》,徐州:中国矿业大学出版社,2004年,第619页。
③ 路遥:《义和团运动文献资料汇编 法译文卷》,济南:山东大学出版社,2012年,第197-199页。
④ 徐州市地方志编纂委员会:《徐州市志》,北京:中华书局,1994年,第2132页。
⑤ "Letter from Miss Mary Bissett." *The Missionary Survey*, 1920, 10(9), pp.582-583.
⑥ Presbyterian Heritage Center at Montreat. *Presbyterian Church U.S. Missionaries to China* 1900-1920.发表日期:2015年1月1日,http://www.phcmontreat.org/bios/Bios-Missionaries-China-1900-1920-PCUS.htm,访问日期:2019年7月4日。
⑦ 赵一飞:《板浦耶稣堂新春布道纪闻(江北)》,《通问报·耶稣教家庭新闻》1926年3月第9号(总第1193期),第32页。

小姐(Mrs. Mary Barclay Woods,1893.9.13—?)为继室。1929 年携妻离开海州返美,同年当选为美南长老会密西西比州议会主席。1930—1939 年在密西西比州西部的维克斯堡(Vicksburg)任牧师。1943 年荣誉退休。1963 年 11 月 29 日去世,享年 85 岁。

牧师顾多马首任夫人莱蒂·泰勒,其先祖扎卡里·泰勒(Zachary Taylor,1784.11.24—1850.7.9)是美国第十二任总统。1904 年莱蒂随丈夫顾多马来华,先后在江苏徐州、海州传布福音,长达 22 年。1923 年莱蒂患上严重的腹泻,不得不去上海诊治,并一直待到第二年的 7 月 31 日;但仍然没有痊愈,一度还威胁她的生命,直到 1925 年才有所好转①。1925 年 2 月 13 日莱蒂在海州病故。他们育有三子,长子托马斯(Thomas Hancock Grafton,1905.8.27—?)、次子康尼(Cornelius Grafton,1910—?)和三子亚瑟(Arthur Grafton,1912—?)②。其中长子托马斯生于中国的庐山,1932 年 12 月 17 日与南卡罗来纳州狄龙镇(Dillon)的马飒(Martha Catherine Stackhouse)结婚;育有三个子女,分别是莱缇娅(Letitia Taylor)、伊丽莎白(Martha Elizabeth)和玛格丽特(Marguerite Stackhouse);1923—1927 年在南卡罗来纳州长老会学院(PCSC,Presbyterian College of South Carolina)学习,获文学学士学位;1927—1929 年,在南卡罗来纳州长老会学院担任圣经与数学助理教授;1929—1932 年,在哥伦比亚神学院(ColTS,Columbia Theological Seminary)学习,获神学学士学位;1930—1933 年,在西北大学(NWU,Northwestern University)学习,获文学硕士学位和博士学位;1931 年 10 月 6 日,在南卡罗来纳州按立为长老会牧师;1933 年任玛丽·鲍德温学院(MBC,Mary Baldwin College)社会学教授③。

牧师顾多马继任夫人林玛丽是第二代美南长老会传教士,出生于上海,父母是医学传教士林嘉善夫妇(Dr. Mr. Edgar Archibald Woods Jr. and Mrs. Frances Anne Smith)。13 岁入读中学,15 岁时母亲去世。两年后中学毕业,继而在美国弗吉尼亚州伦道夫·梅康女子学院(Randolph-Macon Woman's College)学习了 1 年半(与诺贝尔文学奖获得者、女作家赛珍珠是校友),因照顾弟妹和照看家庭的需要,林玛丽被迫辍学回家长达 3 年。25 岁时以文学学士从大学毕业。其后在弗吉尼亚州里士满经过 1 年的商业训练,进入长老会护理培训学校受训 2 年。不久,在里士满第一长老会夏洛茨维尔(Charlottesville)主日学校和里士满黑人教区从事教学。1920 年 12 月被授为传教士,1923 年 8 月 7 日乘船来华,9 月抵达上海。在南京补习中文一年半后,被派至海州传教。1925 年 6 月 7 日与顾多马在上海成婚,成为其继任夫人。1929 年与丈夫顾多马一起返美④。

医学传教士林嘉善博士

> **说明**　林玛丽的父亲林嘉善博士(Dr. Edgar Archibald Woods Jr.),生卒年不详,出生

---

① "Letter from Rev. Thomas Buie Grafton of Haichow." *The Missionary Survey*, 1923, 13(5), p.352.
② 按:顾多马次子康尼和三子亚瑟的出生日期不详,此处据后续照片推断。参见图 2-12。
③ SCOTT E C. *Ministerial Directory of the Presbyterian Church*, *U. S.*, 1861-1941. Atlanta: Hubbard Print Co., 1950, pp.250-251.
④ BROWN G T. *Earthen Vessels and Transcendent Power: American Presbyterians in China*, 1837-1952. New York: Orbis Books, Maryknoll, 1997. pp.341-343.

于美国俄亥俄州哥伦比亚,美南长老会来华医学传教士。受远祖母的影响,其家族几代100多人均为福音牧师,30 人为传教士。父亲埃德加·伍兹(Rev. Edgar Woods, 1827.12.12—1910.4.19)为俄亥俄州首位长老会牧师,常梦想到异国传教,然或因天意所致而终难如愿;母亲(Maria Cooper Baker,？—1908.2.10)也是一位虔诚的基督信徒,常祈愿孩子到异域传播福音①。受家庭影响,三个儿子林亨理(Rev. Henry Mckee Woods, DD, 1857.8.14—？)、林嘉善和林嘉美(James Baker Woods Sr., MD, 1868—1946)都成为来华传教士。

林嘉善毕业于弗吉尼亚州医学院。1888 年 2 月来华,受前一年来此传教的大哥林亨理牧师和赛珍珠之父赛兆祥牧师(Rev. Absalom Sydenstricker,1852—1931)的影响,也来到江苏北部京杭大运河畔的商业重镇清江浦行医布道。在美南长老会的资助下,在东门口慈云寺开设西医诊所,此为当地西医药之始;1892 年,开办正式诊所的请求获官府允准,遂挂牌营运仁慈医院(Love and Mercy Hospital),任首任院长;同年 4 月与出生于上海的弗朗西丝·史密斯结婚(如图

图 1-7b　林嘉善博士和夫人及女儿玛丽一家于 1894 年在上海合影
来源:《福音时报》2017 年 8 月 4 日

1-7b);1894 年,三弟林嘉美夫妇也来到清江浦;1898 年,兄弟俩在清江浦老坝口鸡笼巷(今淮安市清江浦区越河路水韵天成小区西门附近)购买了 80 亩土地,建立一座小教堂、一座钟楼,并另开一间西医诊所,名称依然为仁慈医院;1899 年夫妻两人均因病返美,医院由其弟林嘉美接办。1909 年 4 月,其妻在弗吉尼亚的夏洛茨维尔去世②。

海州义德医院外科手术大楼

主题　中国,江苏,海州,爱伦·丽芬医院外科手术大楼(如图 1-8)。摄于 1930 年。

描述　爱伦·丽芬医院纪念医院内一座新的外科手术大楼拔地而起。医院位于海州附近的连云港。

尺寸　23 厘米×17 厘米。

---

①　SCOTT E C. *Ministerial Directory of the Presbyterian Church*, U. S., 1861-1941. Austin, TX: Press of Von Boeckmann-Jones Co., 1942, p.794.
②　WOODBRIDGE S I. *Fifty Years in China: Being an Account of the History and Conditions in China and of the Missions of the Presbyterian Church in the United States There from 1867 to the Present Day*. Richmond, VA: Presbyterian Committee of Publication, 1919, pp.99-102.

> **说明** 该照片的拍摄时间为1930年。照片上标注的文字为"爱伦·丽芬纪念医院/中国,江苏,海州/大约1930年 新的外科大楼"。

图1-8 海州义德医院外科手术大楼正门东视图

海州义德医院外科手术大楼前的职员合影

图1-9 海州义德医院外科手术大楼前的职员合影

主题 中国,江苏,海州,爱伦·丽芬医院的职员合影(如图1-9)。摄于1931年。

描述 "1993年7月6日,卡雷尔·摩根""爱伦·丽芬医院,该建筑最近(1929年或1930年)刚刚建好,我记不得这次聚会的情景了,除了几个熟悉的人外,我也记不得这些职员的情况了"。

尺寸 27.5厘米×21.5厘米。

说明 该照片的拍摄时间为1931年。照片的背景是义德医院最后建设的外科手术大楼。左边和中间穿白色服装的男女都是护士,左边的妇女有的还兼任传教士家庭的保姆。从照片中护士的人数来看,护理学校已经发展到了一定的规模,男护士有11人之多。

照片上方标注的三行文字,分别是"中国,江苏,海州,医院大楼前的职员们/大约拍摄于1931年,白露德,慕赓扬/卡雷尔·摩根于1971年标注"。

照片下方和照片中人物之间标注了部分人的姓名缩写或中国的姓氏,使用的都是威妥玛式拼音(下同)。威妥玛拼音法是由英国人威妥玛(Thomas Francis WADE, 1818—1895)发明的。威妥玛1841年起在英国驻华使馆任职,1871年升为英国驻华公使,1883年回国。在1867年前后,以罗马字母为汉字注音而创立威氏拼音法,这成为中国地名、人名及事物名称外译之译音标准,如清华大学(Tsinghua University)、北京(Peking)的英文名等都是按照威妥玛拼音法拼写的。这种给汉字注音的拼法一直持续到1958年中国大陆推广汉语拼音方案为止。照片前排端坐者左一为金氏(Kin,音译,下同),左二为许太太(Mrs. Hsu),左四为慕赓扬的妻子白露德(RBM,名字的首字母),左五为慕赓扬(LSM,名字的首字母),左六为马吉人医师(Ma),右五为徐医师(Hsu),右四为王医师(Wang),右三为万医师(Wa),右二为传道人刘秀庭(Lieu);第二排左二(站立者)为刘氏(Liu),左五(端坐者)为许姓男护士(Hsu,下面一行的名字字迹不清),左六为刘姓(Liu)女护士;中间柱子下方头戴宽檐帽的女子是注册护士白玛丽小姐(Miss Mary Stuart Bissett, RN),她1919—1927年间在海州义德医院从事护士传教事工,兼在护士学校主管培训工作,之后回国,因此照片的拍摄时间不应晚于1927年,外科手术大楼的落成时间也不应晚于1927年;白玛丽上方是许先生(Hsu)。

传道人刘秀庭(Lieu)在"社会生活"部分(参见图3-17)也出现了,与慕赓扬一起去考察采石场。在此卡雷尔可能将"Liu"误写为"Lieu"。牧师闻声曾给北卡罗来纳州戴维森学院出版的《戴维森人报》寄出一封信,信中除了介绍医学传教士慕赓扬博士在海州义德医院的工作情况外,还介绍了立足海州义德医院的传教情况:"我们的医院不仅仅是一个骨折处理得好、子弹取得好、很多看似不可思议的病情也都能解决掉的地方,而且是个抚平受创伤心灵和治疗丧失灵魂的人的诊所。有这样一个男人,眼睛闪亮、面带微笑,他的心胸是如此宽广,似乎背后有巨大的宝藏,他就是刘秀庭先生,我们医院的布道者。他的工作量大大超过我们医生,除了要面对时常要自杀的人群外,还要关注所有医生的病人,关注他们对自己身体做了什么。但是这些人灵魂缺失——在他们的胸中精神的火炬在燃烧但很微弱——为什么他们应该关注灵魂,而不是成为无知的那一个?最终,通过刘先生诚恳的努力,有些人对此产生了兴趣并在走出医院后成了基督耶稣的门徒,他们带着新的渴望和深深的渴求去成就丰满的人生。"①

前排右五这名徐医师在后面的照片中又出现了两次（参见图1-17、图1-20）。刘秀庭右后方穿白色棉袍的老者在后面的照片中与徐医师和注册护士白玛丽又同框出现了一次（参见图1-20）。

医学传教士注册护士白玛丽小姐

图1-9a　注册护士白玛丽小组

来源：*Taking Christianity to China：Alabama Missionaries in the Middle Kingdom*

图1-9b　白玛丽的墓碑

来源：http://www.findagrave.com/cgi-bin/fg.cgi?page=editGr&GRid=69256461

说明　白玛丽小姐（Miss Mary Stuart Bissett，RN，1880—1956）（见图1-9a），美南长老会传教士、注册护士，一生单身，生于美国肯塔基州的鲍灵格林镇（Bowling Green）。6个月大时举家迁往亚拉巴马州的迪凯特（Decatur），后再迁该州的伯明翰（Birmingham），就读当地公立学校；1908年，在伯明翰幼儿园培训学校（Birmingham Kindergarten Training School）学习了2年；1910年就读于伊利诺伊州芝加哥长老会医院护理学校，3年后毕业；1913年作为亚拉巴马州伯明翰免费幼教机构的主任服务了4年，之后又在得克萨斯州达拉斯婴儿福利院和牛奶站服务了2年。其姐毕雅模于1890年代末被派往朝鲜半岛传教，后于1899年被派到中国传教。在其姐的影响下，她一心向往耶稣基督，认真学习耶稣宣教，在一次耶稣基督宣教会议上应招成为海外传教士②；1919年4月抵达中国，被差派到海州义德医院以护士身份传教，主要是在医院所办的护士学校主管培训工作，兼做医院的护士；1921年，因传教和护士工作繁忙，她放弃了在金陵大学由美国教会

---

① "Medical Missions Offer Large Field—To Students Interested in Missions." *The Davidsonian*，1930-05-08，p.6.

② FLYNT W, BERKLY G W. *Taking Christianity to China：Alabama Missionaries in the Middle Kingdom*. Tuscaloosa：University of Alabama Press，1997，p.41，p.38，p.350.

联合开办的传教训练系的语言学习;1925年10月,白玛丽小姐离开中国返回美国伊利诺伊州芝加哥休假一年;1927年离华返美①;1929年,因身体微恙放弃了得克萨斯州的一个职位,而入职位于西弗吉尼亚州刘易斯堡镇一座山上的绿蔷薇学院,担任护士和生理卫生老师;1930年9月1日,在亚拉巴马州塔斯卡卢萨镇的斯蒂尔曼学院,主管一所将要开业的小型医院和护理学校,主要服务于黑人家庭传教以及家庭卫生和病人康复工作,虽然该校有着漂亮的新建筑,但没有任何设备,在开业服务之前她日夜操劳,尽管如此,她仍被任命为特招红十字会护士,因此可以在国家的监督下,从事家庭卫生和病人康复工作,并有机会建立出诊和社区服务的部门。之后她负责两个班级的教学工作,一个在高中,另一个在初级学院,她带领学生们利用手工材料寻找解决护理工作的方法和手段②。1940年退休后,一直居住在亚拉巴马州多纳贝特教区,因其慈祥的美德,深受教区人们的爱戴;1956年,因病去世,葬在亚拉巴马州杰斐逊县伯明翰的埃牧伍德公墓(图1-9b)③。

在海州服务期间,她经常撰文给美国报刊《传教士调查报》和《长老会医院公告》(*The Presbyterian Hospital Bulletin*),有的以"白玛丽小姐的来信"的形式刊出,呼吁关注中国的医学传教事业。

1920年9月出版的《传教士调查报》发表了白玛丽的一封来信,信中说:她在经受了一系列的身体困扰后认为,应该让上帝的恩泽惠及那些贫苦百姓的孩子,让他们能够有机会学习并信仰上帝。这里缺医少药,也没有精密的医护设备,生活条件也很艰难困苦,这就更需要她和同工们不停地祈祷、事工,决不烦恼④。她还介绍说,差不多一年前,海州传教站还有8名传教士和他们的15个孩子,可是牧师米德安先生5月底去世了,医生慕赓扬夫妇夏天也要去休假了,牧师闻声先生多年的慢性病在10月份急性发作,他们夫妇俩就赶紧回美国治病去了。这就把所有女性的事工都留给了米德安的太太毕雅模,她还要为教堂的所有仪式演奏风琴,为很多人提供建议和帮助,包括信徒和朋友,以及那些像失去牧羊人的羊群一样的纯真的孩子们。毕雅模笑着说,这是一个人的传教站,那个人却是个女人! 牧师顾多马先生也将崇真中学完全交给中国教师负责,他和太太一起则接管了牧师米德安先生广阔的乡村事工。他们的计划是每一到两周巡回布道一次,然后回海州休整一到二天,并获取补给等。但因为顾多马太太的身体微恙,感恩节后她就不能再去乡下了,她必须去上海的医院诊治,然后一直待到今年7月31日⑤。

她继续写道,今年冬天有必要关闭义德医院,因为没有医生了。后来她与留守的姐

---

① 按:"长老会遗产中心"网站登载的这篇文章说白玛丽在海州的服务时间为1919—1929年,而后续一系列文章所述白玛丽是1927年返美,本书采信后者。Presbyterian Heritage Center at Montreat. *Presbyterian Church U.S. Missionaries to China* 1900-1920,发表日期:2015年1月1日,http://www.phcmontreat.org/bios/Bios-Missionaries-China-1900-1920-PCUS,访问日期:2019年7月4日。

② "Miss Mary Bissett Writes from the Ellen Lavine Graham Hospital, Haichow, China." *The Presbyterian Hospital Bulletin*, 1930, 72, p.22.

③ *Find a Grave*. 发表日期:2000年1月1日,http://www.findagrave.com/cgi-bin/fg.cgi?page=editGr&GRid=69256461,访问日期:2012年9月18日。

④ FLYNT W, BERKLY G W. *Taking Christianity to China: Alabama Missionaries in the Middle Kingdom*. Tuscaloosa: University of Alabama Press, 1997, p.121.

⑤ "Letter from Miss Mary Bissett." *The Missionary Survey*, 1920, 10(9), pp.582-583.

姐毕雅模和顾多马夫妇等四个人在传教站开了一次会议,决定不关闭奎宁和蓖麻油等特殊药品的大门。于是,把诊所的钥匙交给了一位中国绅士①,他对药物的配制和使用有所了解,以前一直协助慕赓扬博士从事这项工作。他和一个受过训练的中国的男护士一起值班,以便维持病房开放、药物配制、伤口包扎以及奎宁和阿司匹林发放等日常工作,以及一些非常有价值的急救或急诊工作。事后发现,每天下午,都有人来包扎伤口,从喉咙里取出鱼骨,更不用说奎宁和阿司匹林了②。

在来到义德医院传教服务之前,她作为伯明翰免费幼教机构的主任已经服务了4年,这个职位类似于达拉斯婴儿福利院和牛奶站的主管,这些经历养成了她对贫穷孩子的爱心。义德医院与其他内地教会医院最大的不同是,这里的产科和儿科的工作量占有较大的比例。因此,她正设法说服美南长老会在海州建立一所儿童医院。她解释说,很多小儿科病人营养不良的情形和疾病一样严重,需要营养以恢复健康。有一次她看到一个男护士正在给一个婴儿洗澡,婴儿不仅伤病缠身而且营养不良,白玛丽把几盒罐装牛奶和牛肉汁给了婴儿的母亲,并告诉她如何喂孩子,可是这孩子并没有得到很好的照顾。

信中说,她还和一个中国圣经妇女(Bible women)一起掌管一所顽皮孩子主日学校,那些"脏兮兮的、顽劣机巧的小家伙们",经常一窝蜂地拥进教室,翻看那些彩色的杂志、明信片以及主日学校教材上的彩色卡片等。如果他们得到一张《星期六晚报》的封面,那简直就像是过节一样。最后她恳求大家为这些小家伙们捐赠一些这样的物品③。

写于1922年10月12日的一封信④中说,她很高兴能够在《长老会医院公告》上读到一些有益的东西,有些建议甚至对一家办院十年的医院都很有用。到目前为止,她还没有尝试为义德医院护士学校开设这类课程。这里有4个男孩,受过一定的基础教育,但他们5个月前入学的时候,外国人和医院对他们来说绝对是新鲜事物,课程、卫生、传染病和细菌等医学概念,他们也是一概不知。因此,在委任他们为一些病人做清洗之前,必须花费一段时间来让他们养成良好的卫生习惯,虽然很困难,但很有成就感。这里的大多数疾病都是令人厌恶的,它们总是与脏乱、贫困和落后联系在一起。她也越来越从内心认识到这里与大洋彼岸是多么不同,即使如此她也很享受工作所带来的快乐,也呼吁家乡的姑娘们要去感受在新的未知领域里工作的快乐,尽快来中国从事医学传教事工。

写于1924年3月1日的一封信中⑤说,海州义德医院离内地很远,位于中国的落后地区,妇女仍然裹脚,文盲很多,护理条件也很差。虽然条件如此艰苦,但她仍然努力工作。组织严谨、规模空前的中国护士协会(NAC,Nurses Association of China),下属众多注册护理培训学校,毕业生只要通过了护士协会的考试后就可以成为注册护士。协会每

---

① 按:指中国医生助理曾先生(Tseng),他还出现在图3-17中,与慕赓扬一起去考察采石场。
② FLYNT W, BERKLY G W. *Taking Christianity to China: Alabama Missionaries in the Middle Kingdom*. Tuscaloosa: University of Alabama Press, 1997, p.189.
③ "Letter from Miss Mary Bissett." *The Missionary Survey*, 1920, 10(9), pp.582-583.
④ "Miss Mary Bissett Writes from the Ellen Lavine Graham Hospital, Haichow, China." *The Presbyterian Hospital Bulletin*, 1922, 50, p.15.
⑤ "Miss Mary Bissett Writes from the Ellen Lavine Graham Hospital, Haichow, China." *The Presbyterian Hospital Bulletin*, 1924, 57, p.1.

两年召开一次会议,地点常设在上海、北京等地,她非常希望能够有机会向大家学习并进行交流,但因为海州地域偏僻,路途遥远,一直以来都没能成行。她认为中国在提供多样性方面并不落后于世界其他国家,但最大的负担是,医疗工作远远超出了可以完成的范围。她也谈道,农作方式,尤其是无法改变的生活方式是引起中国儿童小儿麻痹症的主要病因(占 90%)。虽然合适的仪器如此缺乏,难以胜任治疗工作,但她坚信护士在没有精密设备的情况下也能够好好工作并护理病人。

发表在 1925 年 1 月第 58 期《长老会医院公告》上的一封信①中说,大多数情况下,在美国很少看到这种情况。贫穷、无知、肮脏、迷信等恶性循环,极大地损伤了中国人的肉体和灵魂。裹脚,对于我们大多数人来说已成历史,但如果有人告诉你,中国的妇女不再裹脚,你会发现他们是在谈论中国的南方。在这里,妇女和女孩,除了少数几个受基督教影响的人之外,大都裹脚,许多人长期忍受这种结节性骨病的痛苦。还有这样一个迷信,在一个新生婴儿的囟门上烧一根稻草,就可以防范魔鬼的伤害。结果,他们把这个头上长着感染性水泡的孩子带来了医院。她期待着有一天义德医院能再次转来一名新护士,她将有可能投入更多的时间,努力为社区和儿童福利工作提供更多的健康教育工作。

海州义德医院院长慕赓扬夫妇的住宅

图 1-9c　海州义德医院院长慕赓扬夫妇的住宅
来源:吴板桥《在华传教 50 年》

说明▷　美南长老会著名传教士吴板桥在 1919 年出版的《在华传教 50 年》中记载了慕赓扬一家在海州义德医院内的住宅情况(如图 1-9c)②。吴板桥,美南长老会传教士,1856 年 10 月 16 日出生于美国肯塔基州亨德森县,1926 年 7 月 23 日卒于上海。1876 年

---

① "Miss Mary Bissett Writes from the Ellen Lavine Graham Hospital, Haichow, China." *The Presbyterian Hospital Bulletin*, 1925, 58, p.30.
② WOODBRIDGE S I. *Fifty Years in China: Being an Account of the History and Conditions in China and of the Missions of the Presbyterian Church in the United States There from 1867 to the Present Day*. Richmond, VA: Presbyterian Committee of Publication, 1919, p.35.

获罗格斯大学学士学位,1880年毕业于哥伦比亚神学院,1882年毕业于普林斯顿神学院,1910年获威斯敏斯特学院(密苏里州)博士学位。1882年受美南长老会差派来华传教,首先来到镇江,之后旅居上海。

他是一位牧师,与司徒雷登(John Leighton Stuart,1876—1962)之父约翰·林登·斯图尔特(John Linton Stuart,1840—1913)于1883年在镇江开辟了美南长老会江北传教中心,把它作为向苏北传教的基地,他们在镇江先后建立了一所中学和多座教堂;他是一位作家,出版了《在华传教50年》(Fifty Years in China)等;他是一位翻译家,译著多部中国作品,如《西游记》部分章节①、《白蛇精记:雷峰塔传奇》②、晚清名臣张之洞的《劝学篇》③以及与《通学报》主笔陈春生合译的小说《强盗洞》(Robbers' Cave)等;他还是一位报人,于1902年在上海创办美南长老会机关报——英文周刊《通问报:耶稣教家庭新闻》(the Chinese Christian Intelligencer)并担任主编,由广学会统一出版。吴板桥的长子吴凯利博士于1924—1929年期间在海州医学传教。

海州义德医院院长慕赓扬夫妇的住宅

说明▷ 该照片(如图1-9d)采自《连云港市第二人民医院院志:1908—2000》④,与吴板桥拍摄的慕赓扬夫妇的住宅照片明显不同。上一张照片门口聚集着玩耍的孩子,极具生活气息,可以看出房子是住宅;而该照片中门口站着的是成人,身穿白大褂,极像医生或护士,应该是医疗用房。

图1-9d　海州义德医院院长慕赓扬夫妇的住宅
来源:《连云港市第二人民医院院志:1908—2000》

海州义德医院南院南洋楼

说明▷ 在1912年海州义德医院创办的同时,海州传教站在美南长老会支持下,在海州古城西南角、白虎山的西北角购地建设南院区,主要是建设乐德女子学校、福临女校、传

---

① 书名为《金角龙王,又称皇帝游地府》(The Golden-Horned Dragon King; or the Emperor's Visit to the Spirit World),1895年由上海北华捷报社(North-China-Herald)出版发行,根据传教士卫三畏(Samuel Wells Williams,1812—1884)编辑的汉语读本小册子翻译,是对吴承恩《西游记》第九回"老龙王拙计犯天条"和第十回"唐太宗地府还魂"缩写和改编,之前已在《北华捷报》及《最高法庭与领事馆杂志》(the North-China Herald and Supreme Court & Consular Gazette)上连载1年多。

② 书名为《白蛇精记:雷峰塔传奇》(The Mystery of The White Snake: A legend of Thunder Tower),1896年由上海北华捷报社出版发行。出版前已在《北华捷报》及《最高法庭与领事馆杂志》上连载。

③ 书名为《中国的唯一希望》(China's Only Hope),1900年在纽约出版,之前在《教务杂志》(the Chinese Recorder)上连载了1年多。

④ 连云港市第二人民医院院志编纂委员会:《连云港市第二人民医院院志:1908—2000》,徐州:中国矿业大学出版社,2004年,图片页。

教士宿舍、教堂以及海州传教站负责人别墅等。经历过1948年11月海州解放前夜的破坏、"文革"时期的毁坏以及后来的各类拆迁,目前南院院址遗留下来的建筑只有3栋。

第一栋是院长别墅,俗称南洋楼(见图1-9e、图1-9f),位于南院的南面,建于1921年,原来有两幢,西楼因1960年代中期要建设传染病医院(结核病防治院)的门诊大楼而被拆除,今存东楼。

图1-9e 海州义德医院南院南洋楼旧影

来源:《连云港市第二人民医院院志:1908—2000》

图1-9f 海州义德医院南院南洋楼近照

来源:自摄于2012年10月2日

南洋楼平面呈方形,高两层,有屋顶阁楼和地下室,青砖砌筑,墙脊及窗户外框用石料嵌入点缀,红瓦屋顶,发券式门窗,壁炉烟囱耸立在屋顶上,老虎天窗四面对称,西侧入口处设有西式门厅(如图1-9g),南侧建有露天阳台,室内空间围绕楼梯呈环通式布局,层间采用木质地板,是典型的美国上世纪二三十年代古典式乡村别墅建筑风格(如图1-9h)[①]。到目前为止,该别墅有20多年没被启用,内部残败不堪,外部斑驳陆离,亟待修缮。

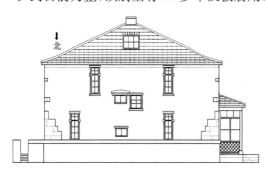

图1-9g 海州义德医院南院南洋楼北立面

来源:自绘于2018年9月12日

图1-9h 伊利诺伊州中国学生俱乐部

来源:*The Semi-Centennial Alumni Record of the University of Illinois*

---

① A 1917 Illinois photo of the Chinese Students' Club House, found in Record Series 41-8-805. SCOTT F W. *The Semi-Centennial Alumni Record of the University of Illinois*. London: Forgotten Books, 2018, p.201.

海州义德医院南院小礼拜堂

说明 ▶ 第二栋是小礼拜堂（如图1-9i、图1-9j），位于南院的东北角，始建于1916年，高二层，东西向，长约15米，入口在北面，有外楼梯通向二层，清水石墙，斜坡屋顶。原为乐德女校和福临女校的建筑，后来一直作为连云港市第四人民医院后勤的库房使用，内部残败不堪。

图1-9i 海州义德医院南院小礼拜堂旧影
来源：《连云港市第二人民医院院志：1908—2000》

图1-9j 海州义德医院南院小礼拜堂近照
来源：自摄于2012年9月17日

海州义德医院南院传教士住宅

说明 ▶ 第三栋是传教士住宅（见图1-9k、图1-9l），位于南院大门（朝西）的北面，始建于1921年，平房，东西向，长约20米，拱形入口门在最西处，面南，清水石墙，斜坡屋顶。上世纪八九十年代曾经出租给印刷厂使用，内部已经被严重破坏，墙体剥落，木质地板腐朽等。

图1-9k 海州义德医院南院传教士住宅旧影
来源：《连云港市第二人民医院院志：1908—2000》

图1-9l 海州义德医院南院传教士住宅近照
来源：自摄于2012年10月2日

医院的庭院

- 主题 中国,江苏,医院的庭院(如图1-10)。摄于1905—1910年。
- 描述 几个男人站在庭院里。
- 尺寸 14.5厘米×9厘米。
- 说明 该照片的拍摄时间为1910—1912年。1904年,作为医学传教士,慕赓扬偕妻子白露德来华,首先在镇江学习了几个月的汉语,然后到清江浦(今淮安)的仁慈医院行医。1908年,美南长老会差派慕赓扬等来海州行医兼传教;1909年4月慕赓扬博士到达海州。先在海州西门外石狮口西(今石狮巷17号)租了相金奎家8间房子创办西医诊所。照片中的医院就是这个诊所所在地。1912年,再租民房26间,增设简易病房和手术室,年底在诊所的基础上购地扩建而成义德医院。故该照片的拍摄时间应该为1910—1912年。

图1-10 医院的庭院

海州义德医院前身西医诊所的院子正在砌墙

- 主题 中国,江苏,海州,用石块、砖块和泥巴砌墙(如图1-11)。摄于1905—1910年。
- 描述 "在我们学校后面和诊所周围正在用石块、砖块和泥巴砌墙。"中国男人们正在手工建造一堵石头墙。
- 尺寸 14厘米×8.2厘米。
- 说明 该照片的拍摄时间为1910年左右。在海州古城内用石块作为建筑材料是很常见的,这主要得益于海州古城东面的云台山和南面的锦屏山,山石多为花岗片麻岩,石质坚硬,纹理清晰,便于开采,是良好的建筑材料。在 20 世纪末山林生态保护之前,在山脚下分布着众多的采石场(参见图 3-17)就是实证。西医诊所是在慕赓扬 1909 年来海之后创办的,因此该照片的拍摄时间不应早于 1909 年。

图 1-11　海州义德医院前身西医诊所的院子正在砌墙

海州义德医院前身西医诊所及学校盖围墙

图 1-12　海州义德医院前身西医诊所及学校盖围墙

主题　中国,江苏,海州,男人们正在为诊所的院子砌墙(如图 1-12)。摄于 1905—

1910年。

[描述] "正在为海州诊所的院子砌墙。"男人们正在一座大瓦房附近用灰泥和石块砌墙。

[尺寸] 14厘米×9厘米。

[说明] 该照片的拍摄时间为1910年左右。该照片与上一张照片(参见图1-11)拍摄的是同一个劳动场景,拍摄者分别位于墙的两侧。

在传教士住房外锯木头的男人们

图1-13 在传教士住房外锯木头的男人们

[主题] 中国,海州,在传教士住房外锯木头的男人们(如图1-13)。摄于1910年。

[描述] "中国,海州,1910年3月。把木头锯成木板,用来给学校和诊所造地板、窗户和长凳等。木材很紧缺,据说是多年前从朝鲜进口来的。中间坐着的两个男人正在磨锯以使其锋利。旁边的石头也是造住房和医院的一类材料。远处高房子的楼上是闻声一家住的地方。楼下是我们大家的厨房、食品间和餐厅。我们住在中间的那个高处有三个窗户的房子里,分别是书房、客厅和卧室。东面房子的窗户要大些。其他房子是供女人和男人分开礼拜的小教堂。"这段标注是白露德博士所写。

[尺寸] 14.5厘米×6厘米。

[说明] 该照片的拍摄时间为1910年以后。西医诊所是1909年之后创办的,闻声牧师也是1910年才从宿迁正式转来海州。该照片上牧师闻声住的是二层楼房,建造也应该费些时日,因此该张照片的拍摄时间不应早于1910年。另外,从前方站立拉锯人阴影的方向看,阴影并没有照在他前方的木板上,因此光线是从右上方照射下来的;再从阴影的大小看,阴影还是比较长的,因此光线射下来的角度比较小:此两点说明拍照时间是在上

午或下午。平房背面没有阴影，说明平房背面朝南，肯定不会朝北，如果朝西，光线从右上方射下来，即是上午，必定有阴影，如果朝东，光线从右上方射下来，即是下午，也必定有阴影；所以背景中的楼房南北方向，正门朝东，平房东西方向，正门朝北，有可能形成一个四合院式建筑结构。这样，平房东面的窗户要大些也与卡雷尔的描述相印证。

海州义德医院里的眼科患者

图1-14 海州义德医院里的眼科患者

主题 中国，海州，爱伦·丽芬医院的眼科患者（如图1-14）。摄于1925年。

描述 "去年战争突然降临到海州时，医院的病人照常得到了照顾。这是一个做过眼科手术的患者，医院给予特别的看护。他正让一个苦力仆人看护着。背后的房子是刚租来的，我们希望有一天有钱了将它们买下来。此时，过去的房子已经被病号占满了。1925年11月。"

尺寸 9厘米×14.5厘米。

说明 该照片的拍摄时间为1925年冬。照片的背景是几间平房，青砖灰瓦斜坡屋面，在当时的海州已经是非常好的建筑了，因为那时大多数房子都是草房，泥墙为主，家境好的使用本地云台山脉出产的石块砌墙。

1925年的时候，海州义德医院的建筑基本已经建成，特别是门诊大楼、病房大楼的建成，建筑风格基本上以石墙为主，形制也多为西化，与本地民房多有差别，医院的医疗条件也大为改善，照片所拍摄的地方可能是义德医院扩张时租用的部分民房，时称"三等医院"。

1909年西医诊所开办初期，在海州老西门外停水坝东侧石狮巷17号租借民房8间，设立了门诊和病房，虽然医护人员较少，医师只有慕赓扬夫妇2人，勤杂人员只是雇佣的几个信徒，药品也很紧缺，医疗器械非常简单，但已经能够诊治发热、头疼、牙疼、眼病等常见病，也能做一些脓包切开等小手术。尤其是眼病，因为卫生条件的限制，"在海州整个农村"，眼病发病率非常高，治愈率低，严重者致盲。老百姓为了治疗眼病，往往求助于

"对眼光菩萨特殊的祭祀活动。人们既是为了求神灵保佑眼睛健全,又为了能医治眼疾。如果为了治疗眼病,则在家门口的杆子上挂上灯笼,许下誓言要点上三十二支蜡烛,来祭拜眼光菩萨"①。

慕赓扬的西医诊所开办后,针对眼病的治疗非常有效,吸引了海州及周边地区的大量眼病患者,同时也吸引了其他病患。随着业务量的增加,诊所条件已经不能满足患者的需要。因此大约在1912年初,在美南长老会海州传教站的支持下,在原有基础上又在周边租用了26间平房。年底慕赓扬申请到美南长老会在海州创建医院的捐赠,购下诊所所租民房及周边地块共6 660平方米。虽然经过修整,但诊所的房屋都比较破旧,病房内设置的也基本都是"三等病床",价格低廉,收治的主要是贫苦病人,故老百姓称之为"三等医院"②。描述中"背后的房子是刚租来的,我们希望有一天有钱了将它们买下来",正是发生在这样的背景下。

描述中有"去年战争突然降临到海州时"字样,意思是说1925年之前在海州有战事。

实际上在这之前发生了很多次所谓的"战争"。1924年发生了"7月,土匪李家齐纠众掠逼海州"事件,很快"被官兵围击捕杀"了③,并没有形成什么大的灾难,谈不上战争。9月发生了"江浙军阀混战",又称齐卢战争、甲子兵灾,这是中华民国江苏督军齐燮元(直系军阀)与浙江督军卢永祥(皖系军阀)之间为争夺江苏和安徽地盘而进行的战争。但战争初期主要发生在上海及周边地区,对地处苏北与鲁南交界的海州地区来说并没有受到多少波及④;年底也发生了直系将领冯玉祥发动的"北京政变",推翻了直系军阀曹锟政府,但对地处苏北的海州也没有多少影响⑤。结果延续到次年的这场国内第三次直奉战争却因海州镇守使白宝山而对海州影响巨大。1924年10月,奉系军阀张宗昌与白宝山在海州境内发生激战,使得生灵涂炭,百姓遭殃。幸好在战争期间,慕赓扬等西方传教士勉力收容难民,救死扶伤。为表感谢,海州乡绅谢希愚、沈仲长、李绍武、周肇苏等人代表东海绅商农学各界于11月11日向《申报》登报称:"海州各界来电,申报馆并转各报馆鉴:十月二十七日,奉军过海,历十二日,始退。全境备遭糜烂,幸赖慕赓扬院长、顾多马、闻声、明乐林、戈锐义诸牧师设法收容,妇孺难民,得以保全者数千人,阖境感戴,谨电。"⑥

实际上,早在1917年"张勋复辟"期间,白宝山的部队就曾造成海属地区罕见的兵灾。张勋复辟失败后不久,7月12日夜,东海城隶属白宝山的定武军部分士兵因短缺军饷而哗变,辫兵大肆劫掠,恣意横行,因镇守使白宝山此时不在城中,以致无人能控制事态的发展。13日早上,为了避免事态恶化,东海县知事与邑绅商议筹洋三千,送到辫兵司

---

① [法]禄是遒:《中国民间崇拜(第十卷)·道教仙话》,[英]芬戴礼英译,王惠庆译,上海:上海科学技术文献出版社,2014年,第43页。
② 连云港市第二人民医院院志编纂委员会:《连云港市第二人民医院院志:1908—2000》,徐州:中国矿业大学出版社,2004年,第2页。
③ 连云港市海州区地方志编纂委员会:《海州区志》,北京:方志出版社,1999年,第471页。
④ 庞树森:《记江浙战争经过》,载上海市政协文史资料委员会:《上海文史资料存稿汇编 政治军事》,上海:上海古籍出版社,2001年,第439-444页。
⑤ 王奇生:《中国近代通史:第七卷 国共合作与国民革命(1924—1927)》,南京:江苏人民出版社,2009年,第98-100页。
⑥ 《海州各界来电,申报馆并转各报馆鉴》,《申报》民国十四年(1925)十一月十一日。

令部,相约次日不再劫掠,但之后零星劫案仍时有发生。当时,土匪也乘机入城,大启城门,四处劫掠。贫民与乞丐也哄抢财物,但还是士兵抢得最猖狂①。

在此之前发生的1912年辛亥革命对海州社会的剧烈影响更为深远。20世纪初,在苏北一带发生了连年的自然灾害,加之官府横征暴敛,土匪遍地,民不聊生,致使灾民暴动频繁。如宣统二年三月(1910年5月)发生的海州饥民焚抢海丰面粉厂机器、麻袋、粮食事件,轰动朝野,起因既是面粉公司在灾年大肆收购粮食出口国外,与民争利,又是地方官吏、封建豪绅与新兴民族资本家争夺社会经济话语权斗争的结果②。10月武昌起义发动以后,海州地区民众积极响应,纷纷举起义旗抗官劫富。就连开明地主、乡村秀才也号召当地民众响应革命,当地土匪也趁机攻镇掠村,抢夺财物。十月初二(11月22日)下午,驻扎在海州城南碧霞宫的盐防营十余名士兵,持枪进城鸣放,攻打州署,将牢门打开,放走所有囚徒;州署新兵因不满知州陈宗雍亦乘机起义,焚毁州官住宅,陈宗雍携眷属仓皇出逃。夜深,西街永昌恒钱庄被焚烧、仁昌布店被抢,东街金姓家亦被抢,城内秩序大乱,革命运动变成了一场骚乱③。因海州没有新军,只有绿营子弟兵和州署卫兵,人员数量少、武器装备落后、平时训练差,难以维持正常的秩序④;而清江(今淮安市清江区)与海州间电报线路此时也不通,知州陈宗雍只好以海州自治会的名义致电沪军都督陈其美,请其转电驻清江的江北都督蒋雁行派兵援助。电文内容如下:"陈都督鉴:请急电江北都督蒋:汉族恢复,宇宙重光,士庶闻风,欢声雷动。惟海州土匪蜂起,啸聚数千人纵火抢劫,屠戮同胞,惨无人理。东南数十村镇业已糜烂,急望兴救。清海电线十三日不通,无门呼诉,泣叩速发义师,拯同胞于水火,不胜迫切待命之至。"⑤24日,蒋雁行派江北新军十三协营长何元璋(即何锋钰)率部抵达海州,成立海州军政府,何元璋兼任民政长,海州宣告光复⑥。海州民众第一次盼来了革命新军,海州地区也才有了短暂的和平时期。

海州义德医院的护士和病人

主题 中国,海州,爱伦·丽芬医院的护士和病人(如图1-15)。摄于1926年。

描述 "王女士,已经毕业的护士和病人在一起。这个小女孩有点驼背,我们送她来医院时,已经站不起来了。经过非常简单的治疗加上护理、康复和足够的食物后,她长胖

---

① 《申报》民国六年(1917)七月十五日。
② 《张人骏等陈报弹压徐海饥民焚抢面粉公司酌拟善后办法折》,载中国第二历史档案馆:《中华民国史档案资料汇编:第一辑》,南京:江苏人民出版社,1979年,第45-47页。
③ 按:海州境南白皂沟李七(名砚斋)召集民众举义,九月二十一日(11月11日),大伊山镇秀才任鹭洲、吴荣圃率众举兵起义,惜因均无训练,不久以失败告终。参见郭耀如:《海州光复前后》,载扬州师范学院历史系:《辛亥革命江苏地区史料》,南京:江苏人民出版社,1961年,第373页。
④ 黄荔岑:《回忆海州光复》,载扬州师范学院历史系:《辛亥革命江苏地区史料》,南京:江苏人民出版社,1961年,第370-371页。
⑤ 陈宗雍:《海州自治会致沪军都督电》,《申报》1911年11月22日,第18版。
⑥ 王佩良:《江苏辛亥革命研究》,长沙:国防科技大学出版社,2008年,第329-330页。

了,也能行走了。但是她现在已经回家了,一个实在是非常贫穷的家。"

[尺寸] 8.5 厘米×14.5 厘米。

[说明] 该照片的拍摄时间为 1926 年。护士学校 1916 年创办,学制 5 年。1916 级首批学员共 12 名,1922 年毕业;1923 年招收的第二批 5 名学员和 1925 年招收的 10 名学员还正在学习。第一批学员中目前能够确定姓名的有 5 人,其中女学员有王健之、王振华、张香兰等 3 名,王健之和王振华毕业后都留院工作。

王健之后来到浙江杭州广济医学专科学校学习,1926 年毕业后回院任医师,1929 年离院在新浦开办了健之医院。而王振华一直到 1934 年才离院到新浦创办振华诊所。如果照片的拍摄时间准确,那么照片中的"王女士"极有可能是王振华。

图 1-15　海州义德医院的护士和病人

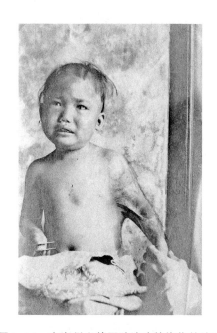

图 1-16　在海州义德医院治疗的烧伤的孩子

在海州义德医院治疗的烧伤的孩子

[主题] 中国,海州,在医院治疗的烧伤的孩子(如图 1-16)。摄于 1916 年。

[描述] "近期的一个病人。女孩的一只胳膊因烧伤与身体的一侧黏合在了一起。慕赓扬手术后分离开来,让手臂可以自由活动。1916 年 5 月。"

[尺寸] 8 厘米×13 厘米。

[说明] 该照片的拍摄时间为 1916 年。这种类似的外科手术对于海州义德医院的医生来说是非常成熟的技术,治愈的案例很多;使用药物治疗成功的案例也非常丰富,可以从以下几个文献记录来佐证这一点。

当时对炭疽病的治疗方法已经非常成熟,其中最令人满意和持续成功的药物是使用剂量足够大的紫锥菊制剂,剂量的大小取决于受感染的程度,以及病人对疾病的抵抗力①。但是一位在中国盐城传教的牧师白秀生(Hugh Watt White,1870.4.15—1940.10.28)发给《美国医学协会月刊》(*the Journal of the American Medical Association*,*JAMA*)的一封信改变了人们的看法。信中说,1915 年前后,海州及周边地区发生了牛瘟疫情,医学传教士慕赓扬博士被官方召来防治。人感染牛瘟病后,嘴唇及周围红肿,出现恶性脓疱,通常不到一周的时间就会死亡。当时在中国的美国医生都说,除了在初期把脓包全部切掉外,没什么其他更好的办法可以治疗。慕赓扬博士发现,把粉状吐根(ipecac)制成的药膏涂抹在牛瘟病人的患部,疗效很好。白秀生听说后,就在急救包里装了一些吐根药膏,一次乡村巡回布道时路过一个遥远的小镇,一个患有炭疽病的男人过来找他,他就用吐根膏药给病人连续敷了 2 天,结果,脓疱立即停止生长、变软,并最终消失了。临走时,他留给病患一份吐根,以备不时之需。过了一段时间,他听说留下的那份吐根药膏治愈了另一个病人②。

1920 年 2 月份《传教士调查报》上刊登了慕赓扬博士的一篇文章《孩子的哭泣声》③,文章给出了三个治疗孩子的病例。一个是濒死于白喉的婴儿——当年海州地区流行白喉,救活这个婴儿靠的是药物和手术,药物是注射抗毒素,手术是切开喉咙,在气管中插入一个临时的玻璃管,虽然几分钟前,婴儿还一直在为呼吸而苦苦挣扎,但现在却能够自由地呼吸了;另一个是膀胱里长了结石的小男孩,结石使他痛苦不堪,在服用了一种利尿剂之后,症状缓解了,估计再经过几天治疗后他又可以快乐地到处跑了;第三个是患有严重抽搐症的小男孩,来院后又一次摔倒在地上,四肢抽动,以至于围观的所有人都说他快要死了,然而,两个小时后,他完全康复了,因为给他服用了大量的散道宁和甘汞(即氯化亚汞)。

1921 年 2 月 21 日上海出版的报纸《申报》曾报道一起切除肿瘤的医疗事件:"海州义德医院,一月二十七日有一男子伴其二十五岁之妻到院求治",经检查,原来该女子"得卵巢瘤症,生在小腹右偏,已近十年",于是"该院西医施手术开割……见瘤生右卵巢口上,八寸,浑圆,重可三磅"。出于对医学研究的重视,"该院已将此瘤装入玻璃瓶内,保存之,以作标本,惟此种特殊构造及割后能否生产,不无发生疑问,特志之,以供生理学家之研究"④。

1930 年 5 月 8 日出版的美国报纸《戴维森人报》上也刊登了一封闻声牧师的来信,他在信中详细描述了慕赓扬博士所做的几个成功的手术。"我们的医生慕赓扬比任何其他人都大大地聪明能干。那个挂着拐杖从很远的地方跛脚而来的士兵,不久就能自己行走。他是三个月前在和土匪的一次较量中受的伤,右腿的大腿骨严重骨折,必须加固绷带才能紧密结合在一起。我们医院针对这样紧急事件的医疗设备很少,但我们的医生慕赓扬能应对这样的情况,他用他高超的技术弥补了这一切。从旧的包装箱上拆下不锈钢圆箍,用锉刀和钻孔机塑造成合适的连接件,然后和一块镀镍炉用螺栓绑一起,将骨折处绑定,依旧像在约翰斯·霍普金斯大学或迈耶斯(Mayers)医学院所做的那样简洁漂亮。

---

① "Successful Medical treatment of Anthrax." *Ellingwood's Therapeutist*,1916,10,pp.403-404.
② "Correspondence." *the Journal of the American Medical Association*,1916,67(13),p.969.
③ MORGAN L S. "The Cry of the Children." *The Missionary Survey*,1920,10(2),p.82.
④ 《海州义德医院切除卵巢瘤症》,《申报》民国十年(1921)二月十一日,第 4 版.

我们的医院不仅仅是一个骨折处理得好、子弹取得好、很多看似不可思议的病情也都能解决掉的地方,而且是个抚平受创伤心灵和治疗丧失灵魂的人的诊所。"①

1939年3月4日上午,日军攻占海州城。海州沦陷期间,白喉流行,有一个十岁男孩在新浦多处治疗无效,气管阻塞,送到义德医院,凑巧在门诊上碰到了芮义德。芮义德很快从兜里拿出手术刀给孩子切开气管,又经多日治疗,终于转危为安②。

1940年美国《外科年报》上的一篇论文记载:"有一个老年乞丐生病了,住进了海州义德医院,芮义德博士为他诊治。老人抱怨说自己的左手前臂肿胀得厉害,只是几个月以前皮肤受了轻微的擦伤(如图1-16a)。""在前臂和手指上做了几次直线的切口,从中排出了一部分透明的液体。在医院经过短暂的治疗之后,肿胀完全消退,也不再有脓液流出。"③文章还登载了当时诊治时该病人的照片以及作对比的其他两个案例。依此可以推断,该案例是芮义德提供的,也有可能是芮义德在该刊物或其他医学刊物上发表过该案例的论文,至少也能说明芮义德当时与美国的外科界有着广泛的联系和交流。

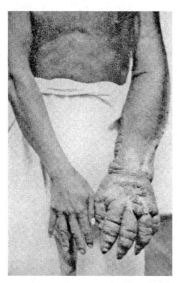

图1-16a 在义德医院治疗的老人的左手臂和手掌
来源:美国《外科年报》1940年111卷第6期

图1-17 海州义德医院的医学技师

海州义德医院的医学技师

主题 中国,江苏,海州,爱伦·丽芬医院的医学技师(如图1-17)。摄于1917—1920年。

---

① "Medical Missions Offer Large Field — To Students Interested in Missions." *The Davidsonian*, 1930-05-08, p.6.
② 孙济仁:《义德医院始末》,载政协江苏省连云港市委员会文史资料研究委员会:《连云港市文史资料(第二辑)》,1984年(内部资料),第97-103页。
③ WILLIAMS C. "Hysterical edema of the hand and forearm." *Annals of Surgery*, 1940, 111(6), pp.1056-1064.

| 描述 | "一个受过培训的中国学生正在使用显微镜,慕赓扬说,他是非常得力的助手,非常独立,也非常渴望学习。使人想起旧时的修道士,难道不是这样吗?"坐在板凳上用显微镜观察的男人。

| 尺寸 | 8.5 厘米×14.5 厘米。

| 说明 | 该照片的拍摄时间为 1917—1920 年。义德医院建成时,就从美国进口了很多当时就比较先进的医学检验设备。1914 年进口单目显微镜 1 台(徐先生正在使用),后来又添置 1 台双目显微镜(如图 1-17a)、1 台五官科治疗台(如图 1-17b)、1 台手摇离心机(1928 年更换为电动离心机,如图 1-17c)、1 台冰箱和 1 个治疗包;1926 年经上海进口美国产"胜利(VICTORY)"牌 100 毫安 X 射线机 1 台,开始胸、四肢 X 射线透视、摄片,这是当时苏北鲁南地区唯一的 X 射线机,该 X 射线机配有柴油发电机一台,直到 1980 年才被淘汰,使用寿命长达 54 年。

图 1-17a　双目显微镜　　　　图 1-17b　五官科治疗台　　　　图 1-17c　美国电动离心机

来源:连云港市第二人民医院院史馆

目前,在连云港市第二人民医院院史馆内还保存着义德医院的许多设备。

该照片底部标注的文字是"徐先生,医学技师。卡雷尔,1999 年 8 月"。这个徐先生先后在两张照片中又各出现了一次(参见图 1-9、图 1-20)。

在海州义德医院出生的孩子们

| 主题 | 中国,海州,在爱伦·丽芬医院出生的孩子们(如图 1-18)。摄于 1920—1925 年。

| 描述 | "我的部分孙子们,大部分出生在爱伦·丽芬医院。"

| 尺寸 | 14.5 厘米×9 厘米。

| 说明 | 该照片的拍摄时间为 1920—1925 年。慕赓扬创办西医诊所之前,海州地区妇

女生育皆采用旧法接生,即产妇取蹲式,婴儿生于盆内或桶内,在自家内由产婆或年长者接生。由于所用褥单、剪刀等接生工具甚少消毒,常见产褥热及新生儿破伤风。更有甚者,产妇因难产死亡或留下产后病症。西医诊所开设后即采用新式接生法,大大降低产褥热、破伤风的发病率。后期还能进行剖宫产手术。这也为慕赓扬和西医诊所提升了名气,很多家庭因此而得到了新生,从而让新生婴儿将慕赓扬认作"老爹"(海州地区对爷爷的称呼)是再自然不过的事了。照片左下角两行模糊的英文是"China/Shao hai",即"中国,小孩"。

图 1-18　在海州义德医院出生的孩子们

海州义德医院里的洗衣女工

[主题]　中国,在户外用手摇洗衣机洗衣服的妇女(见图 1-19)。摄于 1905—1910 年。

[描述]　一名妇女正在户外用手摇洗衣机洗衣服,旁边的马口铁盒子是美国"Fairbanks Gold Dust"牌洗衣粉。

[尺寸]　13 厘米×7.5 厘米。

[说明]　该照片的拍摄时间为 1910 年左右。经与"家庭生活"中两张照片(参见图 2-29、图 2-30)相比对,该照片上的洗衣女工应该是朱嫂子。"描述"中提到的洗衣粉译为"金尘"洗衣粉,该洗衣粉是美国 N. K. Fairbanks 公司于 1891 年推出的一款产品。在半圆形图案"FAIRBANKS"中心是两个笑盈盈的、头大的、身材矮小的非洲裔儿童,公司在广告中将这两个非洲裔儿童称为"金尘双胞胎",并提出一个口号,将非洲裔妇女塑造成快乐的家庭主妇,为白人服务,这就是 1900 年代美国流行的种族主义歧视的典型代表。

图 1-19　海州义德医院里的洗衣女工

传教士们与中国男女站在一座砖房前面合影

图 1-20　传教士们与中国男女站在一座砖房前面合影

主题　中国，江苏，海州，站在一座砖房前面的传教士们与中国男女们（见图 1-20）。摄于 1920 年。

描述｜"中国，江苏，海州，1920年。白露德（Ruth Bennett Morgan）、毕雅模（Emma Rice）、慕赓扬（Lorenzo）、白玛丽（Mary Bissett Morgan）、闻声（John W. Vinson）、徐先生（Mr. Hsu）。"一群传教士和中国男女站在海州的一座砖房前。他们穿着暖和的外套以御寒。

尺寸｜20.4厘米×14.5厘米。

说明｜该照片的拍摄时间为1920年。照片上方标注了部分人员的姓名。左边标注的4行文字是"中国，江苏，海州，1920年"，其中"Haichow""Kiangsu"是汉字的威妥玛拼音，分别表示"海州""江苏"。后面依次标注的是白露德（Ruth Bennett Morgan），前排左一；牧师米德安的夫人毕雅模（Mrs. Emma B. Rice），后排左三；慕赓扬（Lorenzo Morgan），后排左四；注册护士白玛丽（Mary Bissett），后排左五，描述中将慕赓扬的姓"Morgan"误作为白玛丽的姓了；牧师闻声（John W. Vinson），后排右四；徐先生（Mr. Hsu），后排右三，徐先生在前面两张照片中出现过（参见图1-9、图1-17）；后排右一的老者在前面的照片中与徐医师和注册护士白玛丽同框出现过一次（参见图1-9）。

慕赓扬1935年离开海州义德医院前与职员合影

图1-21　慕赓扬1935年离开海州义德医院前与职员合影

主题｜中国，江苏，海州，坐在汉字条幅下的人们（如图1-21）。摄于1933年。

描述｜"中国，江苏，海州（今连云港，海州附近）。爱伦·丽芬医院。我第一年去上海美国学校(SAS, Shanghai American School)上学。1933年春天走访海州。慕赓扬博士和白露德博士夫妇即将告别他们创办的医院。1934年,慕赓扬博士加入芜湖综合医院和美以美会。"卡雷尔,1997年12月7日标注。

尺寸 28厘米×21厘米。

说明 该照片的拍摄时间应为1935年。照片上方条幅的汉字为:"慕赓扬先生服务东海义德医院,历念(作者注:即廿)余年,仝人等或亲承教泽,或叨蒙指导,师友之谊至殷。现○先生将离海他往,仝人等惜别之余,特合摄一影,以留纪念。一九三五年四月。"

照片右侧贴有用打字机打印的5行英文标签,就是描述中的文字;照片下方标记了照片中前排两个人物的身份。右二为"Dzu",右三女性为"Wang Dei Jue, Helen Djang, 1896—1970"。

卡雷尔于1917年8月25日在海州出生,去上海美国学校上学的时间大约是1931年(14岁)。上海美国学校位于上海外滩以北的虹口区,由一群美国传教士于1912年9月创建,学制5年,相当于初中、高中连读,主要为在华传教的美籍传教士的子女提供教育,后期也接收在华工作或传教的其他外籍人士的子女入学。初期只有2栋大楼,但很快得到了美国商界的大力支持,到1921年,校园内已经发展到了12栋楼。

1932年,慕赓扬夫妇从海州转到镇江基督医院;1934年6月,慕赓扬夫妇从镇江转到位于安徽芜湖弋矶山的芜湖综合医院,教会也从美南长老会转投美以美会。卡雷尔随即也从上海美国学校转到圣雅阁中学(今芜湖市第十一中学)读书;1936年就读伊利诺伊大学。"1933年春天走访海州"很可能是他记忆有误,或许是1935年与其父母慕赓扬夫妇一起回访海州。

该照片还有另外一个备份,尺寸为28厘米×20.4厘米;照片上没有右侧的标签和下方的标注,应该是原照,在描述中提供了照片中人物的详细信息。主题是:中国,江苏,连云港,慕赓扬、白露德、卡雷尔与中国医生、护士在一起。摄于1935年。描述为:"1935年4月22日,苏北(N. Ku,作者注:North Kiangsu),新浦(Hsinpu)。晚餐后,我们回去取书的时候,他们给了我们这组照片。(作者注:后排左起为)王护士(Wang)、马玉魁(Ma Yu Kwei)、卡雷尔(17岁)、王德金博士(Dr. Wang Deh Kin)、陈经古(前护士,自主行医)、秦思恩(Chin Si Un);(作者注:前排左起为)封先生(Feng,前商人传道人)、慕赓扬(59岁)、白露德(57岁)、王小姐(Miss Wang,护士,自主行医,产科①)、朱以恩(Dzu I Un, 43岁)、庄护士(Dzwang,自主行医)。"他们聚集在写有汉字的条幅下,中国,新浦(今连云港)。

前排右一为庄护士,从出生时间和人生经历上来看,应该就是庄耀华(参见图1-6、图

---

① 按:Ob.即 obstetrician,产科医生。

1-6a);前排右三为王小姐,结合该照片上标注的文字"Wang Dei Jue,Helen Djang,1896—1970",可以认为她就是王健之(参见图1-5)。

朱以恩

> **说明** 朱以恩(Dzu I Un,1898—1962),号泽庵,江苏省淮阴县(今淮安市)人,1920年开始在淮阴仁慈医院学医。他学医时22岁,年龄应该是合理的。而卡雷尔在描述中认为,1935年时朱以恩43岁,也就是说,朱以恩出生于1892年,与上述年龄不符。1923年,朱以恩来到海州义德医院任助理医师;1926年离院到陇海医院任医师;1928年先在海州城内后迁北门外开设泽庵医院,自任院长兼内科医师。泽庵医院占地面积160余平方米,有楼房9间、平房18间,分门诊和病房,病房设病床25张。
>
> 泽庵医院实施分科制度,有内科、外科、五官科和皮肤花柳科等;医疗设备比较齐全,有显微镜一台,能施行腹部和四肢手术,诊治各类传染病和慢性疾病,对大肚脾、肝腹水的治疗尤其见效。朱以恩医德高尚,对患者态度温和,治疗及时,收费低廉,在海属各县群众中有较高声誉,人称"朱二先生"[①]。经他治疗的患者不少人送匾题词,歌颂其精湛医术,如曾任江苏省第八区(辖海赣沭灌四县)行政督察专员兼保安司令的郝国玺、国民政府东海县县长孔冲、东海县绅商等分别赠送"广施仁术""德沛海胸""德备大瀛"等牌匾。泽庵医院先后聘任9名医护人员、5名勤杂人员,聘任的医护人员中有当时著名医学院的毕业生,如1947年聘请的医务主任张玉峰就毕业于国立贵阳医学院,并先后在昆明和南京中央医院任外科医师。泽庵医院还曾为海州、新浦地区培养了众多的医护人员,他们都在新中国成立前自行开业,于新中国成立初期参加了公有制医疗单位工作,如陈文华医师1951年到新海连市工人医院工作,郑新扬医师到新海中学医务室任校医,谭宝华参加云台区新县中西医联合诊所等等[②]。
>
> 1939年3月,日军攻陷海州,连云港全境陷落;1941年12月,太平洋战争爆发后,驻海州的日本宪兵队将海州义德医院查封;1942年3月,日本人接管海州义德医院,朱以恩被任命为院长。一个月后,日本人又将海州义德医院交由伪东海县政府接管,改称"东海县立医院",由广东中山大学毕业的医生余泽民任院长,伪县长黄绥之任名誉院长。

余泽民

> **说明** 余泽民,广东人,广东私立光华医学院毕业,医学学士。20世纪30年代在广东

[①] 连云港市海州区地方志编纂委员会:《海州区志》,北京:方志出版社,1999年,第459页。
[②] 张彦忠:《西医的传入与个体开业者发展概况》,载政协江苏省连云港市委员会文史资料研究委员会、连云港市工商业联合会:《连云港市文史资料:第十三辑 私企旧事》,2000年(内部资料),第208-216页。

私立光华医学院附属护士学校担任消毒学教员。余泽民是早期来海州义德医院行医的医生之一。

1941年12月7日,太平洋战争爆发后,日本对美国宣战,美国驻华使馆发出警报,驻海州的所有传教士,包括义德医院的医生、牧师等先后回国。1942年3月,日本人接管医院,任命朱以恩为院长;4月又交伪东海县政府管理,改称"东海县立医院",任命余泽民为院长,伪县长黄绥之为名誉院长;1943年余泽民离职,黄开强继任院长。余泽民离职后,到新浦开办私人诊所——泽民医务所,所址位于新浦中正路中段20号(今海州区解放东路29号),自任所长兼外科医师,另聘任医护人员5人,设病床7张;1950年,回广东原籍后诊所停办①。

《中山大学医科史鉴录》是根据其前身各校的校史资料记录的,应该具有很高的可信度。广东私立光华医学院的前身是1908年春由郑豪等人创立的广东光华医学堂;1912年,更名为私立广东光华医学专门学校;1928年,更名为广东光华医科大学;1929年,更名为私立广东光华医学院;1952年,更名为公立广东光华医学院;1954年,并入华南医学院,1956年改名为广州医学院,1957年改名为中山医学院,1985年改称中山医科大学;2001年10月,与中山大学合并为新中山大学,改称中山大学中山医学院。余泽民担任护士学校"消毒学教员"是在1930年代,履历是"广东光华医学院医学学士"②,根据校史记录,可以推测,余泽民的毕业时间应该在更名为"私立广东光华医学院"的1929年之后。海州本地史料也都言称他是早期来海州义德医院行医的医生之一,因此可以推断,余泽民来海州义德医院行医时间大约应该在1930年代中后期。

---

① 连云港市卫生志编纂委员会:《连云港市卫生志》,北京:方志出版社,1998年,第99、102页。
② 陈小卡、王斌:《中山大学医科史鉴录》,广州:中山大学出版社,2016年,第89页。

二 家庭生活
Family Life

这部分图片主要涉及传教士们的家庭生活。慕赓扬在工作之余拍摄了大量有关家庭生活的照片,包括孩子们的成长经历、玩耍场景、学习场景、家庭旅游场景等等。

在海州的传教士家庭聚会合影

图 2-1 在海州的传教士家庭聚会合影

[主题] 中国,江苏,海州,12 月 24 日一群海州传教士家庭聚会合影(见图 2-1)。摄于 1924 年。

[描述] "一个群体的又一次聚会。我们的基督教社区为海州地区来自 9 个国家的 40 余人提供服务。"圣诞节前一天,一群传教士和他们的孩子在海州聚会。

[尺寸] 14.1 厘米×8.7 厘米。

[说明] 该照片的拍摄时间为 1924 年。照片的背景是海州义德医院外科手术大楼,拍摄者是站在手术大楼西南的位置朝东北方向拍摄的。1908 年,美南长老会差派在清江浦传教的牧师米德安夫妇、在清江浦仁慈医院行医的医学传教士慕赓扬夫妇和在宿迁传教的牧师闻声夫妇到海州传教:牧师米德安负责在海州地区建立传教总站并传教,慕赓扬负责建立医院行医兼传教,牧师闻声负责协助他们两人建立教堂并传教。从此以后,来海州的美南长老会传教士逐年增多,截至照片拍摄时间 1924 年 12 月,共有牧师米德安妻子毕雅模(米德安已于 1919 年 5 月底去世)、医学传教士慕赓扬夫妇、牧师闻声[妻子任妮(Jeanie deForest Junkin)已于 1923 年 3 月底去世]、牧师明乐林夫妇、牧师戈锐义夫妇、牧师顾多马夫妇、医学传教士芮义德夫妇、医学传教士吴凯利夫妇以及注册护士白玛丽小姐等 15 人。

从照片上的人数和成年传教士人数来看,大约有七八个传教士家庭,共有 32 人。可以识别出来的人物有 16 人:

右一为慕赓扬,右二为白玛丽;右三为牧师闻声,怀中抱着的孩子是他的幼女甄妮

(Jean deForest Vinson,1922.9.30—?),此时年龄大约 1~2 岁;右五为米德安的妻子毕雅模;她左后方被标注的女孩为慕赓扬的长女露丝,露丝此时的年龄应该不足 20 岁,另外根据图 1-9 的分析,义德医院外科手术大楼的落成不应晚于 1927 年,因此该照片的拍摄时间为 1924 年是可信的,也能说明手术大楼的落成不晚于 1924 年底;露丝左边回头望的妇女是慕赓扬的妻子白露德;房子高处窗户右下被标注的男孩是闻声的长子埃比尼泽(Ebenezer Junkin Vinson,1909—1926);他左边的被标注的男孩是顾多马的次子康尼;他们两人下面的成年人是牧师戈锐义博士(Rev. Edward Smith Currie, DD,1888.9.28—1981.2.25),戈锐义左下方的成年人是他的妻子盖伊(Mrs. Gay Vaughan Wilson Currie,1890.6.4—1980.9.30);再左边高处的成年男子是牧师明乐林(Rev. Wilfred Campbell McLauchlin,1887.12.23—1970.7.29),左边女性是他的妻子伊丽莎白(Mrs. Elizabeth Wilson McLauchlin,1887—?);左边最高处被标记的女孩是慕赓扬的次女朱莉安娜;左二是牧师顾多马,左一是顾多马的妻子莱蒂。

海州义德医院外科手术大楼前慕赓扬夫妇等人的合影

图 2-1a　海州义德医院外科手术大楼前慕赓扬夫妇等人的合影
来源:连云港市第二人民医院院史馆

> **说明**　该照片(见图 2-1a)的拍摄时间在 1930 年左右。照片的背景是海州义德医院的外科手术大楼,拍摄者是站在手术大楼西北的位置朝东南方向拍摄的,与上一张照片的背景相似,地面上还有积雪,是冬季;从大楼的墙体看,斑驳程度较高,说明大楼的建造时间较早。

后排 3 位西方人的身份暂不清楚。前排左一是白露德;左二是牧师闻声,他 1907 年来华,1910 年被差派到海州之前一直在宿迁传教,1931 年 10 月底去灌云县杨集镇乡村教堂传教,被土匪抢劫作为人质,后被枪杀并斩首;左三是慕赓扬的儿子卡雷尔,他于

1917年在海州出生,从照片上看,其年龄也就在15岁左右,据此,本照片的拍摄时间应该在1930年左右。

海州的传教士和子女们

图 2-1b　海州的传教士和子女们
来源:吴板桥

> 说明　该照片(见图2-1b)的拍摄时间大约在1915—1916年。照片是从吴板桥《在华传教50年》①中提取的。从照片中成人传教士的人数看,这次聚会的家庭有3家。
> 　　一是慕赓扬博士一家:后排右一为慕赓扬,左一为慕赓扬的妻子白露德,她怀中抱的孩子是他们的次女朱莉安娜,左下方回头张望的是他们的长女露丝。
> 　　二是牧师闻声一家:后排左四为牧师闻声,左五为闻声的妻子任妮,他们怀中抱着的孩子是他们的双胞胎四子约翰(John Walker Vinson Jr, 1914.2.1—1982)和五子卡尔(Thomas Chalmers Vinson, 1914.2.2—1982.12.4)。
> 　　三是牧师顾多马一家:后排右三为牧师顾多马,后面是他的妻子莱蒂,前排左二年长的男孩应该是顾多马的长子托马斯;右边的3个男孩应该有闻声的长子埃比尼泽,顾多马的另外两个孩子——次子康尼和三子亚瑟。
> 　　慕赓扬夫妇的次女和闻声夫妇的双胞胎儿子都出生于1914年,照片中3个孩子的

---

① WOODBRIDGE S I. *Fifty Years in China*: *Being an Account of the History and Conditions in China and of the Missions of the Presbyterian Church in the United States There from 1867 to the Present Day*. Richmond, VA: Presbyterian Committee of Publication, 1919, p.89.

年龄大约1~2岁,因此照片的拍摄时间应该在1915—1916年。

慕赓扬一家合影

主题 中国,江苏,海州,家庭合影(如图2-2)。摄于1919年。

描述 慕赓扬一家的家庭合影。

尺寸 23厘米×30厘米。

说明 该照片的拍摄时间为1919年。照片上分别注明了人物的姓名。前排左一是白露德,"RBM"是名字"Ruth Bennett Morgan"的缩写;她后面是慕赓扬,"LSM"是名字"Lorenzo Seymour Morgan"的缩写,他还有个昵称为Loren,即劳恩;前排中间是他们的儿子卡雷尔,出生于海州;后排右一是他们的长女露丝,出生于清江浦(今淮安)仁慈医院;前排右一是他们的小女朱莉安娜,出生于山东青岛的一所医院。

图2-2　慕赓扬一家合影

图2-2a　慕赓扬夫妇在许家学习汉语

来源:连云港市第二人民医院院史馆

慕赓扬夫妇在许家学习汉语

说明 该照片(如图2-2a)的拍摄时间大约在1910—1911年。慕赓扬夫妇1904年来华,之前他们没有学习过汉语。来华后,他们首先在美南长老会江北传教中心镇江学习了几个月的汉语(指当时的北京官话),然后被差派到清江浦(今淮安)仁慈医院行医,边工作边学习汉语。1909年4月来到海州后,又跟随刘家顶的许先生学习汉语,主要是海州话。这应该是他们刚到海州后不久拍摄的。

慕赓扬夫妇的长女

[主题] 中国,海州,传教士的孩子(如图 2-3)。摄于 1909 年。

[描述] "圣诞快乐。"露丝,慕赓扬夫妇的长女,坐在镜头前,可能刚刚洗过澡。

[尺寸] 6 厘米×9 厘米。

[说明] 该照片的拍摄时间应为 1909 年夏。慕赓扬夫妇的长女露丝 1908 年 5 月出生于清江浦仁慈医院,1909 年 4 月慕赓扬来到海州。该照片应该拍摄于海州。

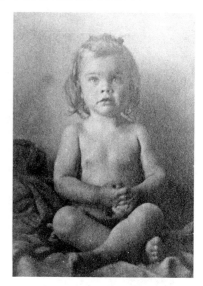

图 2-3 慕赓扬夫妇的长女

传教士的孩子们

[主题] 中国,江苏,海州,传教士的孩子们(如图 2-4)。摄于 1911 年。

[描述] "骑三轮车的露丝。"传教士的 3 个孩子正在海州美南长老会大院里一座石头房子前面。

[尺寸] 8 厘米×14 厘米。

[说明] 该照片的拍摄时间为 1911 年。照片上的露丝年龄很小,能骑儿童车了,应该有 3~4 岁,露丝出生于 1908 年 5 月,照片的拍摄时间应该无误。照片下边标注的两行英文是"骑三轮车的露丝";左边竖写的文字"Arthur Grafton"是牧师顾多马的小儿子亚瑟。顾多马育有三子,长子托马斯出生于庐山,次子康尼和小儿子亚瑟皆出生于海州。照片拍摄时,顾多马的小儿子亚瑟还没有出生,次子康尼也才 1 岁,长子托马斯 6 岁,所以照片上的男孩不可能是亚瑟,倒有可能是托马斯。

图 2-4 传教士的孩子们

露丝和妈妈白露德与戴伯德在一起

图 2-5　露丝和妈妈白露德与戴伯德在一起

主题　中国,江苏,清江浦,露丝和妈妈白露德与戴伯德在一起(如图 2-5)。摄于 1905—1915 年。

描述　"露丝,14 个月,戴伯德,20 个月。摄于清江浦。"白露德手持竹篮和一朵花与露丝和戴伯德在清江浦。

尺寸　10.1 厘米×7 厘米。

说明　该照片的拍摄时间应为 1909 年 7 月。慕赓扬夫妇的长女露丝 1908 年 5 月出生于清江浦仁慈医院,14 个月后已经是 1909 年 7 月份了,因此照片的拍摄时间应该在 1909 年。慕赓扬 1909 年 4 月抵达海州,白露德一年后也从清江浦迁来。描述中的戴伯德(George Bird Talbot,1907.11—?)是牧师戴德明(Rev. Addison Alexander Talbot,1877.12.2—1947.2.5)的小儿子。拍照时戴伯德已经 20 个月了,故推断他出生于 1907 年 11 月。

牧师戴德明出生于美国密西西比州的杰克森县,1905 年神学院毕业后按立为牧师,年底来华,到清江浦传教,一直事工到 1944 年底,其间他曾担任男子学校和孤儿院的校长。育有二子,皆出生于清江浦,成人后也都成为牧师。长子艾迪逊(Addison Alexander Talbot,1906.10.21—?);次子戴伯德,1935 年神学院毕业后按立为牧师,1936 年来华,先在北京传教,1937 年后到徐州传教。

传教士的儿女们Ⅰ

图 2-6 传教士的儿女们Ⅰ

主题 中国,江苏,海州,传教士的儿女们(如图 2-6)。摄于 1910 年。

描述 "美国孩子们,海州,1910 年 12 月。埃比尼泽、露丝、艾飒、玛丽、威廉。"美国传教士的 5 个孩子站在一座砖墙前。其中 3 个孩子穿着中国式棉衣,戴着中国式帽子。

尺寸 13.7 厘米×8.8 厘米。

说明 该照片的拍摄时间为 1910 年。照片的上方和下方都标注着英文。上方的意思是"1910 年,在海州的美国孩子们";下方对应着孩子们的姓名,自左至右依次为:牧师闻声的长子埃比尼泽、慕赓扬博士的长女露丝、牧师米德安的小女艾飒(Esther Rice)、牧师米德安的长女玛丽(Mary Rice)、牧师米德安的长子威廉(William Rice,1902—1918)。从照片上孩子们的高矮看,自左至右年龄依次增加,左一埃比尼泽大约 2～3 岁,左二露丝 3～4 岁,右一威廉 8～9 岁,比较符合他们的出生日期。那么左三艾飒的年龄大约 3～4 岁,出生日期约为 1907 年;左四玛丽的年龄大约 5～6 岁,出生日期约为 1905 年。

传教士的儿女们Ⅱ

主题 中国,江苏,海州,传教士的儿女们(如图 2-7)。摄于 1910—1920 年。

描述 "美南长老会传教士们的 4 个儿女正站在一座石头房子的外面。"卡雷尔认为,他们是:比利(Billy Rice)、玛丽(Mary Rice)、露丝(Ruth Pearce Morgan)、艾飒(Esther Rice)。

尺寸 14厘米×8厘米。

说明 该照片的拍摄时间为1912—1913年。照片的下方对应着每个孩子分别标注了他们的姓名,自左至右依次是牧师米德安的次子比利、牧师米德安的长女玛丽、慕赓扬博士的长女露丝、牧师米德安的小女艾飒。照片下方还标注着:背后的房子是闻声牧师家的,但打了问号,并不明确。从孩子们的高矮看,该张照片的拍摄时间应该比上一张照片(参见图2-6)的拍摄时间要晚1~2年,即在1912—1913年,左三露丝出生于1908年,年龄大约4~5岁;左四艾飒大约5~6岁,出生日期约为1907年;左二玛丽年龄大约7~8岁,出生日期约为1905年;左一比利年龄大约9~10岁,因为他的哥哥威廉出生于1902年,故比利出生日期约为1903年,又,牧师坎宁安博士(Rev. Dr. Thomas McHutchin Cunningham,1887.3.22—1979.3)在一封1926年9月6日写于北卡罗来纳州蒙特利特的家信中提道,他周三早上出发去里士满,顺路带上马上要去戴维森学院读大四的比利,比利是已去世的传教士米德安的儿子①,由此可见,1926年时比利已经二十三四岁了。

图2-7 传教士的儿女们Ⅱ

传教士的儿女们Ⅲ

主题 中国,海州,传教士的儿女们(如图2-8)。摄于1910—1920年。

描述 "比利(Billy)、露丝(Ruth)、艾飒(Esther)、埃比尼泽(Eben)、玛丽(Mary)。"传教士的5个儿女穿着整齐的合影照。

尺寸 10.5厘米×6厘米。

说明 该照片的拍摄时间为1914年左右。照片的下方对应着每个孩子分别标注了他

---

① CUNNINGHAM T M. *Letters of Rev. Dr. Thomas McHutchin Cunningham* 1918—1927. Texas History Collection and was provided to The Portal to Texas History,2007,p.314.

们的姓名，自左至右依次是牧师米德安的次子比利、慕赓扬博士的长女露丝、牧师米德安的小女艾飒、牧师闻声的长子埃比尼泽（Eben 是 Ebenezer 的昵称）、牧师米德安夫妇的长女玛丽。该张照片上的埃比尼泽年龄大约在 4～5 岁（参见图 2-6），拍摄时间跟上一张照片（参见图 2-7）相比稍晚一点，因而推断拍摄时间大约为 1914 年。

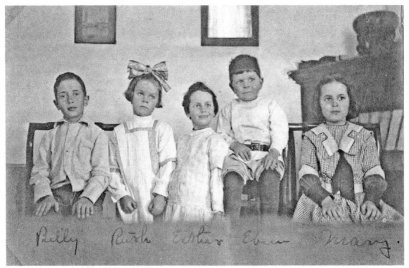

图 2-8　传教士的儿女们Ⅲ

牧师米德安和慕赓扬博士与孩子们在一起

图 2-9　牧师米德安和慕赓扬博士与孩子们在一起

| 主题 | 中国,江苏,海州,牧师米德安和慕赓扬博士与孩子们在一起(见图2-9)。摄于1910—1915年。 |

| 描述 | "海州。牧师米德安和慕赓扬博士一家,比利(Billy R.)和艾飒(Esther R.),慕赓扬(Loren)和露丝(Ruth M.),米德安先生(Mr. Rice),约翰(John R.)和玛丽(Mary R.),1913年?" |

| 尺寸 | 13厘米×8.3厘米。 |

| 说明 | 该照片的拍摄时间为1914年左右。照片上分别标注了每个人的姓名缩写。前排左一为米德安先生(在左边标注Mr. Rice),左二为米德安的三子约翰(在左边标注John),左三为米德安的长女玛丽(在下方标注Mary),左四为慕赓扬博士(在右边标注的Loren是昵称),左五为慕赓扬博士的长女露丝(在右边标注Ruth);后排左一为米德安的次子比利(在上方标注Billy),左二为牧师米德安的小女艾飒(在上方标注Esther)。描述中标注照片的拍摄时间为1913年,但并不确定。从孩子们的年龄看,都比上一张(参见图2-8)要大1~2岁,因而拍摄时间大约在1914—1915年。照片上米德安的小儿子约翰的年龄在2岁左右,其出生时间约为1912年。

玛丽曾于1915年冬季给《传教士调查报》写了一封信《传教士的孩子们在干什么》①,信中说:我正要告诉你们我们堆雪人的故事。你看,我们想去堆雪球,但雪球太大,我们推不动,所以我们想堆个雪人。我们决定将我们堆的雪球作为身体,然后再堆个人头。我们试了两三次想做个人脸,但没有成功。最后,我们让慕赓扬太太(指白露德)过来帮忙做了个人脸。第二天,我们给雪人拍了照片,所有的孩子们都站在雪人旁边。但是照片没有拍好,所以就不发给《传教士调查报》了。我弟弟约翰(指米德安的小儿子)有一个中国玩伴,是厨师的小儿子,约翰非常喜欢他,虽然他们在一起还没到两分钟就开始打架了。我们有约翰、他的玩伴以及保姆的一张合影照片(如图2-9a),我会把这张照片寄出去,因为我认为读过《传教士调查报》的 |

图 2-9a 约翰(前排左一)和他的中国玩伴
来源:*The Missionary Survey*, 1915, 4(12), p.909

孩子们会喜欢看这个"小玩伴"的②。这张照片上约翰的年龄大约2~3岁,可以推断前述所估算的出生日期大约为1912年是比较准确的。

---

① RICE M S. "What missionary children do." *The Missionary Survey*, 1915, 4(12), p.909.
② 按:这个"小玩伴"似乎也出现在图3-3、图3-6两张照片中。

牧师米德安

说明▶ 牧师米德安(Rev. Archie Dean Rice，1872.8.23—1919.5.31)，字爱琴，生于美国得克萨斯州埃利斯县(Ellis)费里斯镇(Ferris)，因伤寒引起严重肺炎而卒于海州。父亲阿姆西亚(Amziah Washington Rice，1829.8.18—1908.5.2)，生于南卡罗来纳州，卒于弗吉尼亚州佰特镇(Bet)；母亲凯特[Mrs. A. W. (Kate) Rice，1845.1—1920]，生于弗吉尼亚州李镇(Lee)，卒于日本神户市(Kobe，Hyogo)①；二人于1862年在得克萨斯州结婚，一直居住在达拉斯镇，育有两子，老大约翰(John Rice)出生于1868年，早亡，老二就是米德安②。1896年，米德安在奥斯汀学院(AusC，Austin College)获文学学士学位；1899年，从肯塔基州路易斯维尔长老会神学院毕业，被达拉斯长老会按立为牧师，并被差派到中国传教；9月9日到达上海，旋被派往江苏淮安清江浦，加入牧师赛兆祥和牧师林亨理的传教队伍中；1900年9月与出生于美国田纳西州首府纳什维尔市的毕雅模成婚③；1905年到海州建教堂传教，直到去世(见图2-9b)。

图2-9b 牧师米德安母子俩的纪念墓地
来源：http://www.findagrave.com/cgi-bin/fg.cgi? page=gr&GRid=49270939

米德安来华后一直在苏北各地农村市镇巡回布道，范围广至今连云港市全境、盐城市北部响水县、宿迁市沭阳县以及徐州等地。一位来华考察传教事务的同工发给《美国基督教箴言报》的报告称，清江浦就是清澈河水的岸边，大运河第一次被湖面中断，此处陆路向北距北京有500余英里(800余公里)，这里有14万居民，也有4 700多名难民需要救赎，米德安每天都要穿过布满石子的乡间小路去传教，辛苦异常。路的两边布满了圆锥形的坟墓，绕着墓地周边栽种着松柏，还有用竹子、藤条和纸糊成的花圈、纸人纸马等祭奠品，极为荒凉可怖④。但他不知疲倦，日夜奔劳。慕赓扬曾于1911年在一篇发给《传教士调查报》的文章《在中国救灾》中说，10年前(即1900年)，米德安刚到清江浦不久，有一次同另外一名牧师家雅各(Rev. James Robert Graham Ⅱ)一起去离家约160公里的乡村巡回布道，他们推着独轮车，在烈日下整整走了一天，中午只吃了一个煮鸡蛋和一点

---

① *Find a Grave*.发表日期：2010年3月6日，http://www.findagrave.com/cgi-bin/fg.cgi? page=gr&GRid=49270939，访问日期：2013年4月26日。
② *North-China Herald*，June, 1919, p.703.
③ SCOTT E C. *Ministerial Directory of the Presbyterian Church*，U. S.，1861-1941. Austin, TX：Press of Von Boeckmann-Jones Co.，1942, p.605.
④ PEPPER C M. "Life-work of Louis Klopsch：Romance of a Modern Knight of Mercy." *The Christian Herald*. 1910, p.196, p.395.

盐;夜幕降临时,他们想尽快赶到前面不远处的龙苴镇,希望能美美地吃上一顿晚餐并睡一个好觉。未承想,在他们来之前,"'洋鬼子'(foreign devils)就要来"的消息已经传遍了整个小镇,一大群人已经站在城门口等着他们了。他们进入城门后,人群尾随着他们。他们在几家客栈停了下来,但门紧闭着。不一会儿,人群变成了一群暴徒,开始推搡他们,从四面八方向他们投掷泥块。他们又累又饿,拖着疲惫不堪的步子匆匆地穿过小镇,在路边一座破败的庙宇里度过了一夜。6 年前(即 1904 年),慕赓扬来到清江浦仁慈医院,他们经常结伴一起去乡村巡回布道。有一天早晨,他们来到新坝镇,这里每年都会举办一个大型的牛马交易集市,碰巧给他们碰上了。集市就设在主干道上,旁边是一个大大的池塘,成千上万的人聚集在这里,看热闹的人和参加交易的人一样多。当地人从来没有见过外国人,为了不惹上麻烦,他们打算绕道而行。但不幸的是,最近的大雨把道路、田野弄得泥泞不堪,只有这条主干道穿过集市。尽管他们悄悄地穿行,但刚过池塘就被人群发现了。一声呼哨就把人群招了过来,人们围在池塘南北,有的围在他们周围,大肆推搡,并不停地喊着"杀了洋鬼子!杀了洋鬼子"!他们两个人在人群中四处躲闪,最后从沼泽的泥泞中走到一条又干又窄的小路上。惊魂未定时就看到一个男子骑着马朝他们飞奔而来,慕赓扬被迫跳入小路边的泥塘里。看到他的狼狈相,大家哄堂大笑①。由此可见当时他们面临的传教环境。

不仅如此,米德安还广建教堂,吸纳信徒。1900 年,建福音堂 2 座(2003 年 3 月被淮安市政府公布为第二批市级文物保护单位),分别位于今淮安市清江浦区和平路 65 号(见图 2-9c)和基隆东巷 5 号(见图 2-9d),均为两层砖木结构楼房,西式风格,建筑面积各约 400 平方米②;1908 年在海州西门外石狮巷租借民房开设一座小礼拜堂(参见图 3-1);1909 年,来海州后,与慕赓扬一起到板浦建立灌云县境内第一座基督教堂(参见图 3-2b、图 3-2c);1910 年到响水、新安镇(今灌南县城)等地建堂,到去世时在海州地区共建堂 27 处,布道点近 40 处。

除了建堂布道之外,米德安还直接参与了乐德女校和福临女校(1912 年)、崇真中学(1916 年)的创建及办学。他和妻子毕雅模经常向美国呼吁尽快差派教育传教士来海州,因为这里的人们非常渴望让他们的女儿们接受教育,但女校仍然保持着"现状",急需一位女士来负责,还需要一位男士接管学校的其他事工,恳求大家千万不要忘记这个"上帝的葡萄园"的小角落③;在 1910 年的旱灾期间,他还用以工代赈的方法,在海州西门外小教堂的南面开挖了一条长约 12 英里(约 20 公里)的小水渠,将西边蔷薇河的水引入农田

---

① 按:龙苴镇位于海州古城正南约 20 公里、清江浦(今淮安市清江浦区)正北约 100 公里处;新坝位于海州古城南 12 公里处。MORGAN L S. "Famine Relief in China." *The Missionary Survey*, 1911, 1(1), pp.34-40.

② 按:志书上误写为"米德安"。参见淮阴市地方志编撰委员会:《淮阴市志》,上海:上海社会科学院出版社,1995 年,第 2082 页;王昕:《江苏近代建筑文化研究——江苏省文化厅立项科研项目》,东南大学博士学位论文,2006 年,第 111 页。

③ RICE E B. "Note From Haichow." *The Missionary Survey*, 1914, 3(8), pp.589-590;RICE E B. "Woman's Work at Haichow." *The Missionary Survey*, 1914, 3(11), pp.856-857.

灌溉并让老百姓饮用①。

图2-9c 淮安市清江浦区和平路65号福音堂

图2-9d 淮安市清江浦区基隆东巷5号福音堂

来源：王昕《江苏近代建筑文化研究——江苏省文化厅立项科研项目》

米德安还十分注意记录海州地区的社会经济发展状况。1909年他被差派到徐州布道1年，返回海州时他雇用了2辆独轮车，因为徐州距海州约120英里（约200公里），所以经过"争吵和讨价还价"之后，每天每人要付现金350元，若中途停留也要付现金200元，前一天还要付部分定金，当时1分黄金兑换现金29元。回到海州后他看到"饥民包围了海州的外国面粉厂"②，这就是1910年5月发生的焚抢海丰面粉公司的饥民暴动事件。海丰机器面粉公司

图2-9e 海丰机器面粉公司厂房
来源：连云港市档案馆

（如图2-9e）由赣榆著名实业家许鼎霖等人于1904年以股份制形式创设，初期股本20万两规银，每股100两，在5年时间里向社会发行2 000股（见图2-9f）③，后增资至80万两，工人达200余名。公司位于新浦前河（今市化路）南侧（今南极路与市化路交叉口东南角附近），四周有围墙、炮楼、壕沟，有丁勇看厂护院。1912年辛亥革命前夕，苏北旱涝灾害连年不断，饿殍遍地，百姓生活水深火热，灾民暴动遍地皆是，各种社会矛盾尖锐复杂。"江北一带，地瘠民贫，土人多食杂粮，向以秋麦为大宗。近年洋面进口者多，富户殷商设

---

① 季啸风、沈友益：《中华民国史史料外编——前日本末次研究所情报资料》，桂林：广西师范大学出版社，1997，p.188.

② RICE A D. "Three Hundred Mills by Hsuchowfu." *Christian Observer*（1840-1910），1910-07-13，98（28），p.7.

③ 按：这是源鑫堂于1908年认购的10股海丰面粉公司股票存根，来源于上海阳明拍卖有限公司网站，发表日期：2015年3月22日，http://www.yangmingauction.com/goodsdetail.html？auctionid=S15033&code=2014&page=1，访问日期：2018年10月10日。

立公司,仿外洋制面之法,购置机器,制成面粉,贩运行销,以为抵制之计。于是海州设有海丰公司,……皆赴农工商部呈准开办。江北数百里间,公司林立,采麦既多,麦价日涨,贫民艰于购食,不免丛怨积愤。上年,海州等属被水成灾,今春粮缺价昂,迭经臣人骏督同司局筹办赈粜,加意安抚,虽海丰公司商人亦有捐助,究难餍人之求。"宣统二年三月中旬(1910年5月13日),"海州饥民聚众万余,前赴海丰面粉公司求食滋闹。该公司司事人等关闭厂门,喝令厂勇放枪,击毙九人,伤二十二人,又凫水逃避被淹身死者七人。……该饥民途遇万全酒坊豆饼船只,疑为该公司所运,登船取食一空,复将该公司路运麻袋夺取烧毁,以泄愤恨"。至于"饥民爬抢粮食,本干例究。然公司制面外运,耗麦过多,亦不免专利病民。固知中国兴商贾,为当今要务,惟五谷乃民食所关,迥非他项物产可比,私运出口,例禁綦严,且

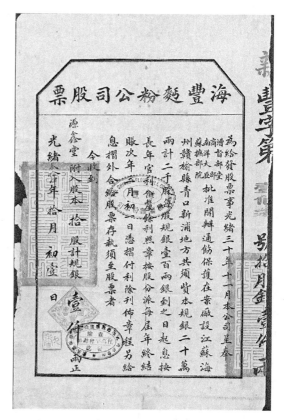

图2-9f 海丰面粉公司发行的股票存根
来源:上海阳明拍卖有限公司网站

并载各国条约,原欲使民间稍有盖藏,以为凶荒之备"。"拟请明定限制,嗣后各公司制成面粉,只准行销内地,不准贩运出洋。如遇荒年,则无论购存之麦及已制之面粉、面麸,悉尽本地售卖不许出境。一面责成各关稽察,如有偷运出口者即行扣留,分别充公充赏,俾示惩劝。""海丰公司虽因饥民麇聚,防卫情急,惟轻率放枪,伤毙多人,实属咎无可辞,仍应饬行该管地方官勒令交凶究办。其焚抢公司及豆麦船只为首滋事之犯,亦应严拿惩治,以儆效尤。所有饥民滋闹面粉公司,弹压息事。"①奏折中将该事件发生的原因、经过以及善后处理等问题基本做了交代。

米德安还注意到海州地区出产的水晶并描述了寻找水晶的技巧。1911年在发给《传教士调查报》的文章《在海州寻找水晶》中称,水晶在中国很值钱,主要用途之一是制造眼镜,因为中国人当时还没有掌握制造西方人用来做眼镜的精细玻璃这种技术。一块上好的纯水晶,其价值与等重量的白银相同。水晶矿一般在山下的低洼处,藏在风化的岩石间。据说如果某地有水晶矿,在日出日落太阳斜照时,就能发现水晶经折射后发射出来

---

① 按:这是宣统二年四月二十六日(1910年6月3日),南洋大臣、两江总督张人骏与护理江苏巡抚陆钟琦在给宣统帝的奏折《弹压徐海饥民焚抢面粉公司酌拟善后办法折》中的内容。参见中国第二历史档案馆:《中华民国史档案资料汇编·第一辑》,南京:江苏人民出版社,1979年,第45—47页。

笔直的光束,从而定位水晶矿。当然,有时为了找到水晶矿,需要翻挖大片的良田。一旦发现水晶矿,整个乡镇就会沸腾起来,不过有时也不见得是什么好事,政府官员经常以调解各种争执为由没收水晶。有一天晚上凌晨一点多钟,米德安被一阵唢呐和锣鼓声吵醒,早上才得知,是一位官员出行到乡下去解决争端。原来某块地发现了一个大的水晶矿藏,地主认为应该得到挖出水晶的三分之一,但他自己不用挖。村民们都来挖,以便分一杯羹。这样就发生了纠纷,引起了械斗。官员来了之后,制止了打架,并把所有的水晶都拿走了,只把装水晶的袋子留给那些挖水晶的村民。过了不久,在同一块地上挖出了一块重约2吨的水晶,这可是有史以来见过或听说过的最大的一个,有人当场就报价1万5 000美元要收购,但被拒绝了,为此,发生了一场激战,据说有3 000人参加,2人死亡,7人受伤。这次官员又来了,还想如法炮制,结果遭殃了。因为几千里外的北京获得了消息,摄政王派人下来调查此事,这意味着官员们将不得不花费各种金钱来保住自己的官位。毕竟中国的情况已经不同以往了①。

　　米德安在1915年发给《传教士调查报》的文章中称,在前一年秋天圣餐仪式后,在6个布道点举行了考试,62人参加,15人获准受洗。其中5个布道点只有中国福音传道者在事工,他只是偶尔去指导一下;另一个布道点3个人参加考试,全部受洗,他们的经历很有意思。7年前(指1907年)米德安在他们村庄救灾后,他们就买了圣经开始自学。大约2年前,米德安在距离他们村庄10英里(约合16公里)的地方建立了一个布道点,同工听说他们在学习圣经后就去拜访他们,发现他们非常好地遵守《旧约》,但当被问及《新约》时,他们回答说"我们还没有开始学"。然后就让他们学习《新约》,今年考试时,发现他们对所有的圣经都很熟悉。尤其是一位60岁左右的老人,他甚至可以饶有兴趣地谈论《小先知》。受洗的三人中一人在当地一个士绅家里做了1年左右的短工,另一人是士绅的儿子,还有一人是私塾先生,在他的教室里放着几本《圣经》。他们说希望建一座小教堂,材料已经准备好,只等着有人付工钱。在另一个布道点,一位78岁的老人受洗。他儿子是那个地方第一个受洗的人,2年后的现在,他和儿媳也都受洗了。在乡村巡回布道过程中,米德安发现在站外布道点里,信徒中只有3名当地妇女,其他都是男性,而在海州传教总站里,女性事工要多于男性事工。因此他在文章中称,要努力弥补这一个重大缺陷。因此在后来的岁月里,他决定派遣一名训练有素的圣经妇女和一名当地的女信徒逐一到各个布道点,去邀请大量的妇女来当地的布道点,以提高每个布道点的女信徒数量。一方面可以就地培训,另一方面可以送她们到圣经学校接受培训。米德安还在文章中称要在下一年度开办一所规模较小的寄宿学校(作者注:指崇真中学),找一些在旧时代当过教师的男信徒,他们虽然没有受过西方文化的任何熏陶,但经过一年的准备,他们应该可以胜任②。

　　米德安在华期间至少有两次回美国休假,每次休假都会受到当地长老会的邀请做专题演讲,向美国本土信徒介绍海州传教站的事工情况。如1907—1908年返美期间,应邀参加了第一长老会妇女协会于1908年5月6日至7日举办的西得克萨斯州长老会妇女

---

① RICE A D. "Crystal Searching at Haichow." *The Missionary Survey*, 1912, 2(2), p.195.
② RICE A D. "Our Haichow Field." *The Missionary Survey*, 1915, 4(4), pp.298-300.

会第七届年会,向与会女信徒介绍了在海州乃至中国的女传教士的事工情况,该事件还被得克萨斯州《圣恩布道周刊》1908 年 5 月 1 日第 8 版提前预报过①,借此休假机会,米德安还向长老会理事会提供了 1907 年苏北地区发生水灾后的饥荒情况②。1915—1916 年返美期间,米德安从上海乘船于 12 月 6 日抵达加州的旧金山。这次返美应美南长老会各地教堂的邀请,做了多次演讲,如得克萨斯州《埃尔帕索早报》1916 年 5 月 3 日第 7 版报道,埃尔帕索长老会将在威斯敏斯特教堂举办长老会妇女会第十届年会,特邀来自中国海州的米德安在昨晚开幕式上做了题为"妇女传教在中国"的精彩演讲③;又如,《布莱恩市每日鹰报》1916 年 6 月 17 日第 3 版报道,米德安当天下午抵达该市,第二天从上午 11 点到晚上 8 点,在第一教堂演讲,让公众们借此更多地了解牧师们在那个伟大的东方帝国所做的事工④。也就在这次返华时,米德安将丧偶多年、一直寡居的年迈(72 岁)母亲接来海州供养。米德安去世后,她去到日本,于 1920 年 6 月 16 日在兵库县神户市去世,并安葬在那里,其后人在美国得克萨斯州埃利斯镇费里斯纪念公墓内立有母子俩的纪念墓碑⑤。

米德安去世的次月,在上海出版的由美南长老会著名传教士吴板桥主编的《通问报》专门在其专栏《信徒纪传》中做了介绍:"美国米牧师,于前清末年,来创教会,频遭逼迫,每进城时,狂童投石,牧师停步,劝以真理,后渐悔改信道。地方仇教排逐外人,牧师不避凶恶,竟入丛中讲道,咸化和平。今已设教堂十三处。教会事务,虽有相助,时以一人肩任。去岁寒间,往支堂考堂会。天降雨雪,连绵四日,至星期五,天色渐晴,满路泥泞,行人狠希。牧师一日徒行百里,下午方至堂。又创女子工厂。因老母有疾,昼往支堂考堂会,夜则归侍汤药,每逢阴雨无停。十三教堂已考完十二。于五月十四日,偶染热疾,医药无效。至五月三十一日,竟弃世而去。上有七旬老母,涉三万里之洋海,欲其侍奉。十三处之教友,失却首领,相向欷歔。孤子二人,异响失怙,谁是依归。呜呼哀哉!"⑥次年 12 月,海州地方士绅为其立碑《东海县耶稣堂美国南长老会牧师米公实颂纪念碑》以兹纪念,碑文详述了米德安的传教生平。

很多同工也都用不同渠道不同方式表达了哀思。1909 年在徐州传教期间的同工白秀生的夫人奥古斯塔(Mrs. Augusta T. Graves White,1869—?)在 1920 年 2 月份《传教士调查报》上撰文说,米德安的去世,给海州传教总站的打击很大,其夫人毕雅模去年要照顾 15 个儿童和 9 个少年,而今年只剩下 2 个儿童了;其 75 岁的老母非常悲伤,剩余的日子再也不能与儿子爱琴(米德安的字)一起生活了,她声音哽咽,痛苦地喊着:"上帝啊,让我替他死吧,我的儿,我的儿!"⑦

---

① "Women Are Coming Next Week." *Weekly Corpus Christi Caller* (Corpus Christi, Tex.),1908,25(19),p.8.
② *Weekly Corpus Christi Caller* (Corpus Christi, Tex.),1908,25(19),p.8.
③ "Woman's Presbyterial of Elpaso in Session." *Elpaso Morning Times* (Elpaso, Tex.),1916,36,p.7.
④ "Missionary Here Tommorrow." *The Eagle*,1916-06-17,p.3.
⑤ *Find a Grave*.发表日期:2010 年 3 月 6 日,http://www.findagrave.com/cgi-bin/fg.cgi?page=gr&GRid=49270939,访问日期:2013 年 4 月 26 日.
⑥ 王郁卿:《海州美牧米德安逝世》,《通问报·耶稣教家庭新闻·信徒纪传》1919 年 6 月第 24 号 856 期,第 12 页.
⑦ WHITE A T G. "A Comfortless Bed." *The Missionary Survey*,1920,10(2),pp.89-90.

米德安何时来到海州传教,目前与之有关的淮安、连云港等地志书、文史资料①以及几种英文资料②说法不一,但基本上都认同是"1908年差派牧师米德安夫妇、医学传教士慕赓扬夫妇和牧师闻声夫妇到海州",其纪念碑碑文也记载来海时间为"清光绪三十四年",即1908年。但在1905年出版的第12期《东方杂志》上却有如下记载:"清江耶稣堂长老会时往海州一带传教,惟无教堂,近来会中特在海州购地一方,由教士米德安前往兴建,以资宣道。"③说明米德安早在1905年就已经被有计划地差派到海州购地、建堂和布道。但从后来毕雅模写给《传教士调查报》的信《战后的海州》④来看,1905—1908年间,米德安已经在海州地区布道,只是并没有建立传教站和教堂。因为该信是1932年1月发表的,故应该是1931年底写的,信中说"23年前,海州传教站的事工刚开拓",也即1908年才刚刚在海州建立传教站,也从侧面印证了上述观点。

牧师米德安《良牧道范》墓碑

说明 米德安墓碑(如图2-9g)现今位于连云港市博物馆碑林广场,原址不详。材质为石灰岩质,呈长方体,高175厘米、宽68厘米、厚27厘米,碑文上下沿10厘米,左右沿30厘米,四周无纹饰,无底座。碑身大致在下方三分之一处断为上下两截,经修复后,断裂处的文字残泐,断裂处左边一块三角形区域的文字缺失。另外,碑面也受过较为严重的人为破坏,到处留下被錾过的痕迹,横七竖八的划痕与碑文相互交错,使得碑文较难辨认。碑面上方刻有十字架,横竖为7厘米×13厘米。碑额篆书"良牧道范",自右至左,字径10厘米×12厘米,破坏严重,极难辨认。正文楷书繁体,形体方正,笔画平直,字径2厘米×3厘米。正文竖刻,自上而下,自右至左,22行,满行35字,共计642字。经反复释读后录碑文如下⑤:

图2-9g 牧师米德安《良牧道范》墓碑
来源:自摄于2013年12月7日

---

① 淮阴市地方志编撰委员会:《淮阴市志》,上海:上海社会科学院出版社,1995年,第2082页;江苏省连云港市地方志编纂委员会:《连云港市志》,第2544页。
② "Women Are Coming Next Week." *Weekly Corpus Christi Caller* (Corpus Christi, Tex.), 1908, 25(19), p.8; SCOTT E C. *Ministerial Directory of the Presbyterian Church*, U. S., 1861-1941. Austin, TX: Press of Von Boeckmann-Jones Co., 1942, p.605.
③ 《各省教务汇志》,《东方杂志》光绪三十一年(1905)第12期,第68页。
④ RICE E B. "Haichow Since the War." *The Missionary Survey*, 1932, 22(2), pp.83-85.
⑤ 本节内容以学术论文的形式发表过,本书有增删。发表时,将篆体字"良牧道范"中的"道"误认为"诸",今改正。参见张家超:《〈东海县耶稣堂美国南长老会牧师米公实录纪念碑〉释读》,载连云港市重点文物保护研究所:《连云港文物研究(第二辑)》,北京:中国文史出版社,2014年,第139-152页。

良牧道范/

东海县耶稣堂美国南长老会牧师米公实颂纪念碑/(1)

教传救世,真光普照于全球;恩重洗心,大道贵遗夫片壤。(2)我海之睹真光闻大道也,(3)自公始。/公姓米氏,讳德安,字爱琴,(4)一千八百七十三年八月二十三日生于(5)美国特克司省。无兄弟,/少有至性又耐劳。自腓勒司城瓦哈奇中学,历经斯特林大学。年二十七,由堪他克省鲁歪/佛尔神学毕业。(6)是年,选为牧师,奉碟来华。(7)旅清江八载,成绩卓著。回国越一年,由美来海租/堂布道,时清光绪三十四年也。海甸风气未开,动辄掣肘。公卑以自牧,虚心讲道。久之,都人/士相观而化,来宾渐多。公之耐忍慈爱,加人一等矣。甫一年,调牧徐州。次年秋,回海,与医士/慕赓扬、牧师闻声二公创建教堂、学校、医院,规制大备。公任布道职,东至龙窝海,西至马陵/山,北达赣榆,南暨涟水,环海数百里,足迹几遍,所过道路桥梁,周不提倡修整。十余年来,分/设支堂数十,陶镕信徒数百。引黑暗而就明光,则是公大有造于我海也。宣统三年冬,公遇/贼于大伊山之北麓,自解衣履,与之超如也。(8)公性孝,母太夫人留美,耳通音闻时,以不得奉/晨昏、亲色笑为憾。二次回国,奉之来海,养体养志。海古孝子风,去年春,太夫人病,公夜则供/亲服役,昼则为主作工,数月,目不交睫,公体素健,不以为意。夏初,竹墩开业开会,(9)躬往布道。/自朝至夕,环听万人,饮食俱废,染病而归。/

上帝悯公劳苦功高,旋于一千九百十九年五月三十一日,召回天上。公之志成矣。世所谓"志基督之志,行基督之行"者,公其人欤!公享年四十有七。夫人教士毕氏雅模,率二子二女,/奉公柩葬于朱子沟南岸、住楼右侧。遵太夫人□□,太夫人后公一年六月十六日去世,葬/日。本地并志之,示不忘也,爰勒诸石而为之铭曰:/

躬行大道,作证真光。维公之灵,上下帝旁。呜呼,勒石以志,可以救忘。/

中华民国九年岁次庚申十二月穀旦/(10)

崇真中学教员许壮图撰/

乐德学校教员金毓华书(11)

碑文释读如下：

（1）民国建立之后，废州立县，海州改称东海县，原隶属海州的沭阳县和赣榆县分治，旋又析出灌云县。但人们仍习惯称东海县、灌云县，甚至连同赣榆县等地区统称为"海州"地区，这就是碑文中经常称"海"的原因。这里的"耶稣堂"指的是基督教堂（the christ church），是普通百姓和信徒的日常称呼，有的基督教堂也称为福音堂。

（2）"贡遗"表示进贡、馈赠的礼物。此处的"遗"读 wèi。上下两句为对仗句式，其中"夫"，文言指示代词，相当于"这"或"那"。"夫片壤"意指海州这片土地。

（3）"海"指海州地区，下同。

（4）米德安的英文名字 Archie Dean Rice，简写为 A. D. Rice。"米"是姓氏"Rice"（大米）的意译，"德安"分别是名字首字母"D"和"A"的音译，字"爱琴"是名字"Archie"的音译。

（5）在美国得克萨斯州埃利斯镇费里斯纪念公墓，立有米德安与母亲的纪念墓碑，上面清楚地标明米德安的出生年份该是 1872 年，而不是 1873 年。

（6）"美国特克司省"，现译名为美国得克萨斯州（Texas）；"腓勒司城瓦哈奇中学"，现译名为费里斯市（Ferris）沃克西哈奇中学（Waxahachie High School）；"斯特林大学"（Sterling College）位于堪萨斯州斯特林市；"堪他省"，现译名为肯塔基州（Kentucky）；"鲁歪佛尔"，现译名为路易斯维尔（Louisville）。因是大学毕业后又去读神学院，应该是获得了神学博士学位（DD, Doctor of Divinity）①。

（7）美国的牧师管理制度与中国的僧侣管理制度类似，但更为严格。牧师资格的取得有多种渠道，一是神学院毕业，二是接受过基督教义的培训。但之后都必须经严格考试，合格方可授予。牧师资格证书（又称执照）上标明证书编号、姓名、年龄、隶属差会、布道区域等信息。基督教来华初期，民众将之与本土宗教佛教等相比较，因此有资格做牧师称"奉碟"。"碟"应为"牒"，即佛教中僧侣的戒牒，是一种受戒后的身份证明②。

（8）20 世纪初叶，战乱频繁，天灾不断，"海州一带，遍地皆匪，共计不下万余人，首要有百数十起，其访闻及指控者已六百余名，行踪非常诡秘，见兵力较大，层层包围，均弃枪四散，捕鱼采樵"③。土匪活动十分猖獗，经常公开劫洗村镇，匪徒成群结伙，所到之处，烧、杀、抢掠，无所不为，百姓叫苦连天。土匪不但将财物抢掠一空，临走时还要把人掳去，以此向其家属索取赎金，当时称之为"抬财神"④。除上文提到的美南长老会牧师闻声被土匪斩首外，海州天主教天主堂总本堂神父双国英（Pere Louis Hermand SJ, 1878—

---

① "Missionary Here Tomorrow." *The Eagle*, 1916-06-17, p.3.
② *Minutes of the General Assembly of the Presbyterian Church in the Confederate States of America*. Presbyterian Committee of Publication, 1907, p.225.
③ 凌天毅、丁原：《门派林立的太湖土匪》，《中国档案报》2003 年 4 月 4 日，第 6 版。
④ 李为华：《灌云基督教会史简述》，载政协灌云文史资料研究委员会：《灌云文史资料：第五辑》，1990 年（内部资料），第 13-20 页。

1939)也于1939年4月在海州天主堂内被土匪打死①。"解"的意思是"解开,解下";"趄"作局促、窘迫意;"如"语助词,为形容词的词尾,表示"……的样子",整句意思是自己脱下衣服和鞋子,很窘迫慌乱地给了土匪。

(9) 竹墩,位于现今连云港市东海县双店镇,这里信奉天主教、基督教的群众比较多,是最早建立天主教堂、基督教堂的村镇。1907年,米德安到东海布道,感召东海白石岭(今西双湖西侧白石岭自然村)士绅樊家乐献出家产创办白石岭耶稣堂②。

(10) 立碑时间的确定。中国传统纪年采用干支纪年法,因此,"中华民国九年",即公元1920年,干支纪年为庚申。"岁次"是这一年的意思,所以,"岁次"的后面应该是"庚申"。"二月"的前面有一空白,可以是"年",组成"庚申年二月"。但基于传统纪年的写法,干支纪年的后面一般不跟写"年",而是直接跟月日或季节,如"甲申五月""庚申仲春"等。另,牧师米德安是1919年5月31日去世,母亲为下一年,即1920年6月16日去世,据此可以判断,"二月"的前面应该是"十",即立碑的时间为1920年"十二月"。"穀旦"一般刻在石碑上,表示立碑的时间为良辰吉日。

(11) 这里记载了碑文的撰写人、书写人及其身份,但只记载学校,没有说明是哪所学校,这不符合碑记的常规。所以前面被破坏的部分至少应该有学校的名称,故推断这里应该至少有两字的位置,记载学校的具体名称。因为纪念碑的主人是美南长老会牧师,所以有理由相信碑文的撰写人也应该是教会中人或与教会有极大渊源的人。1920年以前,美南长老会在海州创办两所教会学校:一所是乐德(女子)学校,位于海州白虎山下,创办于1912年;另一所是崇真(男子)中学,位于海州西门外朱沟河南岸,创办于1916年。两所学校初期只招收信徒或信徒子弟,很快就开始招收平民子弟。所聘请教师除了传教士之外,还有清末私塾先生,更多的是西式学校毕业生。因此推断碑文撰写人应该是这两所教会学校的教师,许壮图为"崇真"中学教员,书写人金毓华为"乐德"学校教员。

米德安的妻子毕雅模

说明 毕雅模(Emma Bissett Rice, 1867—?),出生于美国田纳西州首府纳什维尔市。于1890年代末被派往朝鲜半岛传教,后于1899年被派到中国传教,11月到达上海,不久到清江浦传教总站工作。1900年义和团运动期间,避难于日本,9月与米德安成婚。1908年以后在海州事工,直到1937年退休,1941年太平洋战争爆发后返美。来海州传教站之前,在美南长老会的支持下,于1904年7月18日,以海州传教站的名义在庐山购地准备建造别墅,为在海州地区的传教士们休闲避暑使用。

---

① "Jesuit Killed by Chinese Bandits Nine Others Released." *Catholic Herald*, 1939-05-12, p.3.
② 冯怀金、邢卫锋:《衣带渐宽终不悔——记农工党全国党史工作先进个人、农工党党员樊振》,《前进论坛》2015年第11期,第45-46页。

图 2-9h　庐山中八路 3 号别墅　　　　　　图 2-9i　庐山河西路 35 号别墅

来源：庐山博物馆《庐山别墅》

庐山位于江西九江南部，地处长江和鄱阳湖交汇之处，气候凉爽，空气清新。19 世纪末，西方传教士们发现庐山，他们把庐山称作"避暑胜地"(summer resort)，把顶峰牯牛岭简称为牯岭(Cooling，意为"清凉"之义)，并在此圈地。毕雅模购买的地块为英租借地时期的 110 号地产，后来此地皮被分成两块，东半部称为 110A 号，即现在的中八路 3 号（如图 2-9h），占地面积 1 626 平方米，建造的别墅面积约 166 平方米，一层，石木结构；西半部称为 110B 号，即现在的河西路 35 号（如图 2-9i），占地面积 1 445 平方米，建造的别墅面积约 240 平方米，一层，石木结构[①]。此后，在海州地区的传教士们每年暑假都分批前来避暑。米德安去世后，毕雅模分别于 1920 年 12 月和 1921 年 8 月 7 日将庐山两栋别墅卖出[②]。

米德安夫妇在中国育有三子二女。长子威廉生于清江浦，因病早夭于海州，次子比利，长女玛丽，小女艾飒，三子约翰。米德安去世后，她将二子二女 4 个孩子送回美国，自己仍留在海州传教，直到 1941 年太平洋战争爆发后返美。

在海州传教期间，毕雅模经常将在海州的事工情况及所见所闻写成报告寄回美国，尤其是《传教士调查报》，1911 年创刊后第 2 期就发表了毕雅模的文章《在中国海州的女性事工》[③]。她在文章中说：1908 年他们来到海州事工，经过多年耕耘之后，终于站稳了脚跟。他们租了几间房子，但租金很高。每次举办安息日礼拜仪式，都会有很多女性来参加，除了好奇之外，她们也开始不惧怕外国人了。但在 1909 年 4 月份，毕雅模雇了一个女人做点家务，因为做得不好，就把她解雇了。为了报复，这个女人就四处散播谣言，说毕雅模的坏话。从此，就没有妇女来参加安息日礼拜了，这种情况一直持续到夏天。毕雅模认为，必须有当地的女信徒协助，事工才能成功。到了秋天，医学传教士慕赓扬夫妇和牧师闻声夫妇两家也来到海州，并带来 3 个优秀的女信徒，从那时起，一切才变得一帆风顺。

---

① 庐山博物馆：《庐山别墅》，北京：文物出版社，2007 年，第 68、81 页。
② 罗时叙：《人类文化交响乐——庐山别墅大观》，北京：中国建筑工业出版社，2005 年，第 244-245 页。
③ RICE E B. "Woman's Work at Haichow." *The Missionary Survey*, 1911, 1(2), pp.104-105.

海州传教站的事工分成两条线：一条是医学事工，另一条是做家庭拜访和指导。在诊所里，女医生白露德博士接诊了很多女患者，女传教士们就和当地的一个女助手一起，为候诊的女患者传播福音，并且设法让女患者邀请她们去家里做客。经过很多次的失败之后，终于获得了成功。毕雅模很珍惜这些机会，每周至少要去一次那些女患者的家里，并花一个小时甚至更多的时间来传播福音，她很期待某一天，如果她去不了，那些女人会感到很失望。在事工时，她主要讲的是《福音书》《教理问答》和《旧约》里面的故事。之所以没有组织大家集中上课，主要有两个原因：一个是海州这个地方还很守旧，女孩和年轻妇女是不能离家的；另一个是去家里传播福音，不仅学习的人，而且聚集在一起看热闹和听讲的家人和邻居们也可以聆听到福音。

毕雅模还说，她们不会凭财富的多寡或社会地位的高低来评判人，反而对穷人和卑微的人帮助更多。通过这些努力，每个安息日都会出现几个新面孔，到目前为止，虽然只有一名妇女受洗，但其他人正在观望，有一些妇女对受洗很感兴趣。到 1914 年 8 月份，在海州地区已经开辟了 5 个布道点，毕雅模在《海州纪实》中说，正在学习福音的女孩和妇女达到数百人，大家都渴望受洗，为此，她还让两个女信徒协助她做好培训（见图 2-9j）。但按照过去的经验，她做得很谨慎，所以到目前为止，只有有限的几个人受洗。闻声太太任妮刚刚生了双胞胎在家休养，这让她忙得不可开交，除了要教 3 个圣经班外，还要负责监督并指导所有的事工，虽然她的身体很强壮，但这对于一个有 4 个孩子的女人来说也是相当不易的①。

在发表《在中国海州的女性事工》3 年之后的 1914 年，毕雅模又对这个专

图 2-9j　两个协助毕雅模培训的女信徒
来源：The Missionary Survey，1914，3(8)

题做了报告。事实上，从行文看，她可能每年都会报告。这一次毕雅模汇报说：现在女性事工的增长几乎超出了人们的想象，每周一次在家里聆听她们传播福音的女孩或妇女已经超过了 200 人。除了城市事工之外，乡村的事工也有进展，现在有 7 个乡村，相邻 3～4 英里（6 公里左右）远，每个乡村都有 6～15 个女性，其中 3 个乡村还有女信徒。从江阴圣经学校学习归来的 2 名妇女热情很高，有望让她们在有小教堂和当地牧师的 6 个布道点

---

① RICE E B. "Note from Haichow." *The Missionary Survey*，1914，3(8)，pp.589-590.

里进一步拓展女性事工；其中的4个布道点里，有受洗的男信徒，他们相当渴望让他们的妻子和家人都能接受福音。毕雅模的丈夫、牧师米德安也在汇报中补充道：现在的前景是前所未有的，人们愿意倾听也愿意受教，虽然牧师太少，但米德安和牧师闻声都尽可能地开辟更广阔的传教区域①。

在《海州杂记》里，毕雅模记录了一老一少两个妇女信奉基督的故事。在中国，婚约经常是在青少年时期甚至是婴儿时期就订好的，这个女孩很多年前就订婚了，订婚之前她和家人都没听过福音。后来她来到清江浦的教会学校，毕雅模就利用她的关系，设法把福音传播到她婆家所在的村庄。这个村庄离传教站大约4英里(约6.5公里)远，毕雅模就在那里开始传播福音，有一批人很感兴趣，学习也很好，其中就有这个女孩的未婚夫。还有一个瘫痪的老太太，毕雅模已经在她家里传播了两三年的福音，这个老太太似乎从来没有注意过。可是有一天，她正在给女孩子们解释《马可福音》的一些段落，无意中注意到这个老太太正偷偷看她，在仔细听讲。当毕雅模要离开时，老太太把她喊住说："请坐下，告诉我如何去天堂。"毕雅模心中充满了欢喜，就给老太太讲述了《旧约》中的故事，并让老太太反复念道："耶稣，请宽恕我的罪，带我去天堂吧。"从那以后，毕雅模每次去老太太家，都会听到老太太反复念叨这句话。但是这个老太太怕死，问是否可以不死就能上天堂，于是，毕雅模又为她加了一份祈求，祈求消除她对死亡的恐惧，愿她成为进入上帝荣耀安息的人②。

海州传教站经常收到来自美国信徒捐赠的贺卡、明信片或主日学校画册等礼物，毕雅模以《海州的事工正在向前发展》为题向《传教士调查报》做了汇报，并借此向大家表达衷心的感谢：请所有读到这篇文章的人祷告，以便上帝保佑那些得到这些礼物的人能够进入上帝的怀抱。这些礼物主要用在主日学校里了，这个"顽皮孩子主日学校"由闻声太太和明乐林太太负责。祷告结束后，这些孩子就能领到这些礼物，这个时候，他们眼睛发亮，脸上喜气洋洋，就像得到了财宝一样。她认为圣经故事画轴可以帮助人们更好地理解福音，义德医院的墙壁上就挂满了这些画轴，希望大家能捐赠一些。最令毕雅模自豪的事情，是几十个家庭撤走了供奉本土神灵的神像和香炉，而挂起了一幅撒母耳、大卫或保罗的画轴③。

1923年牧师闻声的夫人任妮去世后，她以《闻声夫人任妮去世》为题发文给《传教士调查报》④。

1932年，她以《战后的海州》⑤为题写给《传教士调查报》的信中说：

这是过去混乱的3年里⑥，来自中国海州真实而可信的故事。请不要放下，继续看下去，因为现实虽是黑暗的，密布着乌云，但终有一线希望可以找到。当

---

① RICE E B. "Woman's Work at Haichow." *The Missionary Survey*, 1914, 3(11), pp.856-857.
② RICE E B. "Jottings from Haichow." *The Missionary Survey*, 1915, 4(4), pp.300-301.
③ RICE E B. "Things are Going Forward at Haichow." *The Missionary Survey*, 1921, 11(7), p.509.
④ RICE E B. "Death of Mrs. J. W. Vison." *The Missionary Survey*, 1923, 13(7), p.511.
⑤ RICE E B. "Haichow Since the War." *The Missionary Survey*, 1932, 22(2), pp.83-85.
⑥ 按："战后"的"战"是指1926—1928年的北伐战争，"过去的三年"是指北伐战争后的1929—1931年。

以后要书写苏北传教站简史的时候,史学家会将这个时期的传教站描述为"悲惨的海州"。在我们海州的一个小小的墓地里,有8座坟墓,其中4座成年人的,4座孩子的;8座坟墓中有4座主人结局悲惨,最新的一座是牧师闻声的殉道墓,他最近外出巡回布道时,被土匪绑架并杀害。1927年,北伐军占领中国时,那群高尚军队的士兵们,狂热地破坏生命和财产。幸运的是,他们抵达海州之前,我们的美国领事注意到这种情况,命令所有的传教士立即离开当地。由于找不到外国人来发泄他们的恶感,因此他们抢劫传教士的家,彻底摧毁教会的所有财产,只留下医院来照顾他们的伤员。

自从3年前返回海州以来,虽然条件艰苦,但传教士们仍然过着愉快的生活。一些住在医院的地下室里;3个家庭住在中国人的房子里,那里卫生条件极差,到处都有老鼠、蜘蛛、蝎子以及病菌等。还要面临土匪的威胁,携带枪支和满嘴污秽的士兵的威胁,以及各类疾病的威胁。我们伤心了吗?没有,一点也没有。乌云密布,不是吗?但是,一线希望现在仍在。

23年前(即1908年),海州传教站的事工刚开拓。那时,福音从未像现在这样受欢迎,传教士们也从未像现在这样被市民家庭所诚恳地接纳。现在布道时,老百姓都听得津津有味。

当一个传教士走过狭窄、崎岖的街道时,许多家庭的大门会向你敞开,并邀请你进去坐一会儿,每次接受邀请,都是一次讲述耶稣故事及救赎力量的机会。许多妇女和女孩正在接受耶稣教育,每天都有人想学习耶稣。在那些艰难的日子里,中国的基督徒非常忠诚。对他们来说,让他们承受堆积如山的迫害和责难并不容易,但他们却勇敢地、毫无怨言地这样做了。

从"锤炼"的时候起,就有一批忠诚的信徒,他们真诚地去救赎周围的百姓。他们中的许多人都是志愿者,他们到周边的村庄向贫苦、恐惧的百姓们讲述耶稣的故事和耶稣对人们的爱,那些百姓时刻担心强盗的袭击,强盗们不仅会抢走他们的全部财物,而且还会掠走他们的儿女。信徒们不仅承担起救赎的责任,也正在承担起前所未有的自养责任,而且还建起越来越具有自养自传功能的教堂。他们仍然希望并需要传教士与他们一起事工、布道和祈祷,从而为他们以后能够独立地在自己人中更有效地事工做好准备。在过去的2年里,海州地区的2个教堂已经可以自养,以前每月需要几美元,现在则可以供养一个牧师,并可筹措其他活动经费。

22年前(即1909年),海州有2个传教士,没有教堂和规制。现在有9个传教士,一个设备精良,有外国医生、中国医生和护士的义德医院,10个圣经妇女,2个自养教堂,2所学校(目前处于关闭状态),1个杰出的用于提供给我们训练有素的圣经妇女的圣经学校(即福临女校),29个站外布道点都有一些中国布道人,也有一些地方有一个圣经妇女。

对传教士们暂时留在这些有危险的地方有一些批评,有些人说:"如果他们是如此的傻乎乎,他们如何才能得救。"或许果真如此。然而却没有人去批评那些为了商业目的而冒着生命危险使飞行安全的飞行员们。基督的使者愿意为世界的属灵利益事工,难道不可以比那些为了物质利益而工作的飞行员们所做的更多吗?

关于闻声牧师悲惨的死讯,这里刚刚传来一个令人欣慰的消息。土匪问他:"你不怕吗?"闻声回答道:"如果你杀了我,我将进入天堂。""我不怕。"这就是每一个真正的传教士还留在中国的态度。

经历了艰难的时期,遇到了很多问题,碰到了很多危险。毕雅模在信中恳请读这封信的人们为他们向上帝祷告,以应验应许:"你从水中经过,我必与你同在;你蹚过江河,水必不漫过你;你从火中行过,必不被烧,火焰也不着在你身上。"①

有一张海报上的图画是这样的,一条大蛇正缠绕着一个男人的身体,准备咬他的头。这就应了这句箴言:"罪的工价乃是死。"②另一张海报的图画是这样的,中间竖着十字架,旁边站着一个新人,他穿着肮脏的衣服,被不义的狂怒撕裂;另一边站着的人,他穿着公义的袍子,因信奉基督十字而有所改变。现在,中国人希望一切都是新的或要改变旧貌。我们劝说道,除非能有虔诚的信仰,能成为新的人,否则难以建设一个新的国家、一条新的道路和一个新的学校。只有基督才能造就新人。这些精美的海报有很多,是一位女传教士的作品,由一位洛杉矶长老会的长老资助。这些海报对我们的公共教育和布道有很大的帮助。

当我们在城镇或乡村敲开一些家庭的门并说带来一封美国信时,全家以及邻居通常都会聚集在门口。因此,就有机会向人们解释这封来信。在许多地方,人们会问一些有关基督和上帝的智慧问题以及如何去信奉上帝。离开之前,我们都会问是否要买一部圣经或其中的一个篇章。一天的事工中,从早忙到晚,都会卖掉一到一百本圣经的篇章,并送出上百封信件。这项事工是非常令人鼓舞的。人们都在等待福音的召唤并抱怨古老的神仙和宗教有那么多让人不满意的地方。当然,这仅仅是一个开始。

她在一份描述1939年日军攻占海州前夕的报告中称,中国军队调度频繁,大量士兵调动到这个港口城市——江苏省海州,这里气氛紧张,这里是日本人的下一个占领目标。士兵们经常扰民,虐待百姓,到处都可以听到打骂声和哭喊声等③。

---

① 按:来自《圣经》《以赛亚书》43:2。
② 按:来自《圣经》《罗马书》6:23。
③ GREENAWALT B S. *Missionary Intelligence from China*:*American Protestant Reports*,1930-1950. Chapel Hill, NC: University of North Carolina, 1974, pp.36-99.

露丝四岁照

图 2-10　露丝四岁照　　　　　图 2-11　坐在书桌前写家庭作业的露丝

- 主题　中国,江苏,海州,露丝四岁照(如图 2-10)。摄于 1912 年。
- 描述　"露丝,1912 年。"年幼的传教士的孩子正站在花园里,边上是一个躺在娃娃床上的玩偶。
- 尺寸　8 厘米×13 厘米。
- 说明　该照片的拍摄时间为 1912 年。照片的下方标注着"露丝,1912 年"。

坐在书桌前写家庭作业的露丝

- 主题　中国,江苏,坐在书桌前写家庭作业的露丝(如图 2-11)。摄于 1914 年。
- 描述　"露丝上学期间 6 岁 3 个月了。青岛(Tsing dan),1914 年 6 月。"露丝坐在书桌前写家庭作业。
- 尺寸　13.9 厘米×8.6 厘米。
- 说明　该照片的拍摄时间为 1914 年。描述中的"Tsing dan"(原文如此)即青岛,青岛的威妥玛拼音应该是"Tsingtao"。

传教士的儿女们

图 2-12 传教士的儿女们

[主题] 中国,江苏,海州,传教士的儿女们(见图 2-12)。摄于 1915—1920 年。

[描述] "托马斯(Tom Grafton)、露丝(Ruth)、康尼(Corny Grafton)、亚瑟(Art Grafton),海州,1918 年?"传教士的 4 个儿女在室外的花园里。

[尺寸] 20.2 厘米×14.9 厘米。

[说明] 该照片的拍摄时间为 1918 年。照片的四周对应着每个孩子分别标注了他们的姓名。左一是牧师顾多马的长子托马斯,照片上标注的"Tom"是昵称;左二是慕赓扬博士的长女露丝;左三是牧师顾多马的次子康尼,照片上标注的"Corny"是"Cornelius"的昵称;左四是牧师顾多马的小儿子亚瑟,照片上标注的"Art"是"Arthur"的昵称。照片的左下方标注的文字是"海州,1918 年?",说明对拍摄的时间没有把握。从露丝的年龄看,也就 10 岁左右,托马斯比露丝大几岁。托马斯出生于 1905 年,露丝生于 1908 年,故照片拍摄时间在 1918 年的可能性极大。根据照片上孩子们的年龄推算,康尼的出生年份大约为 1910 年,亚瑟的出生年份大约为 1912 年。

慕赓扬站立像

主题 中国,江苏,海州,慕赓扬站立像(见图 2-13)。摄于 1918 年。

描述 慕赓扬,1918 年 7 月。

尺寸 7 厘米×10 厘米。

说明 该照片的拍摄时间为 1918 年夏。从照片的背景看,是拍摄于 1918 年的夏天,他的周围还围着几个玩耍的孩子。

图 2-13 慕赓扬站立像   图 2-14 慕赓扬单臂举起卡雷尔

慕赓扬单臂举起卡雷尔

主题 中国,江苏,海州,慕赓扬单臂举起卡雷尔(见图 2-14)。摄于 1918 年。

描述 "慕赓扬博士和卡雷尔。海州,大约 1918 年夏天。他们的身后是牧师闻声的房子。"慕赓扬单臂将卡雷尔举过头顶。他们在牧师闻声的房子前面。中国,海州。

尺寸 9 厘米×11.8 厘米。

说明 该照片的拍摄时间为 1918 年夏。卡雷尔这个时候也就 1 岁左右,与上一张照片(参见图 2-13)同期拍摄。

白露德和她的两个幼子在一起

图 2-15　白露德和她的两个幼子在一起

- 主题　中国,江苏,海州,白露德与她的两个幼子在一起(如图 2-15)。摄于 1918 年。
- 描述　"穿着连体裤的两个孩子远比穿着讲究的礼服更可爱。1918 年 4 月。"白露德博士与她的次女朱莉安娜和儿子卡雷尔在一起。
- 尺寸　10.1 厘米×7 厘米。
- 说明　该张照片的拍摄时间为 1918 年春。照片中的卡雷尔不满周岁。

度假胜地传教士的小木屋

- 主题　中国,江苏,度假胜地传教士的小屋(如图 2-16)。摄于 1925 年。
- 描述　一座小屋在海边,周围布满灌木丛。照片上的标注说明,该照片摄于苏北的西连岛附近,夏天,慕赓扬一家在那里度假。
- 尺寸　20 厘米×12 厘米。
- 说明　该照片的拍摄时间为 1925 年。照片上面的标注是卡雷尔写的,意思是"山和海滨度假地,备份给 A. W.,1996 年 8 月","A. W."身份不明。描述中的"North Kiangsu"即"苏北","Kiangsu"是威妥玛拼音。描述中的"Si Lien Tao"即"西连岛",其中的"Si"应该为"Hsi"。

图 2-16 度假胜地传教士的小屋

传教士们在度假胜地

图 2-17 传教士们在度假胜地

> **主题** 中国,江苏,海州,传教士们在度假胜地(见图 2-17)。摄于 1923 年。
>
> **描述** "海边的一群人。海州,1923 年。"

[尺寸] 13.5 厘米×8.5 厘米。

[说明] 该照片的拍摄时间为 1923 年。这个度假胜地就是连云港市东面墟沟地区与海面上的东西连岛所围成的广大区域。前排左一为牧师闻声，左二为米德安的妻子毕雅模，她怀中抱着的孩子是闻声的小女儿甄妮，闻声的妻子任妮几个月前去世了；中间身上标注字母"R.B.M"的为慕赓扬的妻子白露德，这是她姓名的缩写，右三为慕赓扬博士，右四的男孩是他们的长子卡雷尔。

传教士的孩子们在度假胜地附近的山边

图 2-18　传教士的孩子们在度假胜地附近的山边

[主题] 中国，江苏，传教士的孩子们在度假胜地附近的山边（见图 2-18）。摄于 1925 年。

[描述] "老秃山（Old Baldy），即老窑（Lao Yiao）。"卡雷尔与康尼靠在山顶附近的一座大岩石边。

[尺寸] 10.1 厘米×7 厘米。

[说明] 该照片的拍摄时间为 1925 年。连云港港口就是选址在老窑这个地方开始建设的。康尼是牧师顾多马的次子，出生于 1910 年，卡雷尔出生于 1917 年，年龄上两人仅相差 7 岁，但从照片上看，两人年龄差距很大，与卡雷尔在一起的人已经成年了，可能是顾多马的长子托马斯（参见图 2-12）。

慕赓扬与卡雷尔在海滨

> 主题　中国,江苏,连云港,慕赓扬与卡雷尔在海滨(见图 2-19)。摄于 1925—1926 年。

> 描述　"在海滨。小路的后边是我们的度假屋,1925—1926 年。现在是连云港市的港口。"慕赓扬与他的儿子卡雷尔正站在通向连云港海滨的一条小路的尽头。

> 尺寸　8.8 厘米×12.7 厘米。

> 说明　该照片的拍摄时间为 1925 年。卡雷尔这个时候也就七八岁的样子,与上一张照片(参见图 2-18)同期拍摄。

图 2-19　慕赓扬与卡雷尔在海滨

图 2-20　在海州度假胜地剥牡蛎的妇女

在海州度假胜地剥牡蛎的妇女

> 主题　中国,江苏,海州,在海州附近度假胜地剥牡蛎的妇女(如图 2-20)。摄于 1923 年。

> 描述　"等着吃牡蛎,1923 年。"一位裹脚的中国妇女正在岩石上敲打牡蛎,一个戴着帽子的传教士孩子在旁边观看。

> 尺寸　8 厘米×13.5 厘米。

> 说明　该照片的拍摄时间为 1923 年。照片上标注的内容是"等着吃牡蛎,1923 年"。

卡雷尔和白露德在西连岛乘坐一条小船

- **主题** 中国,白露德和卡雷尔在西连岛附近乘坐小船(见图2-21)。摄于1926年。
- **描述** "背景是西连岛,'小船1号',卡雷尔和白露德,老窑,1926年8月25日。"白露德正帮助她的儿子乘坐小船。背景可见到西连岛。
- **尺寸** 14.4厘米×8.4厘米。
- **说明** 该照片的拍摄时间为1926年。照片右边是卡雷尔于1997年所做的标注"1926年8月25日"。照片下边左部标注的是"背景是西连岛,'小船1号'",右部标注的是"卡雷尔和白露德,老窑"。从东西连岛所在的方位看,他们是在老海滨浴场的位置,即现在的在海一方公园附近的海域,以下照片也是如此。

图2-21 卡雷尔和白露德在西连岛乘坐一条小船

洗海澡的传教士们

- **主题** 中国,江苏,海州,在海州附近洗海澡的传教士们(见图2-22)。摄于1925年。
- **描述** "在海州附近的海滨。"大人和小孩们正在游泳,背景是一座山。
- **尺寸** 13.5厘米×8厘米。
- **说明** 该照片的拍摄时间为1925年。背景的这座山就是西连岛。照片正中的成年人为慕赓扬博士,根据年龄判断,他前面的孩子可能就是卡雷尔。右一应该是白露德博士。

图 2-22　洗海澡的传教士们

在西连岛附近划船的男孩子们

图 2-23　在西连岛附近划船的男孩子们

主题　中国,在西连岛附近划船的男孩子们(见图 2-23)。摄于 1925—1930 年。

[描述] "慕赓扬博士和本·哈丁博士(Dr. Ben Harding)的小船,西连岛。"5个男孩子正在水上划船。远处是一座小岛。

[尺寸] 14.3厘米×8.6厘米。

[说明] 该照片的拍摄时间为1925年。背景的这座小岛就是西连岛。照片上边标注的内容是"慕赓扬博士的小船和本·哈丁博士的小船",下边标注的内容是"西连岛"。

在海里游泳的传教士的孩子们

[主题] 中国,江苏,海州,在海州附近的海里游泳的传教士的孩子们(见图2-24)。摄于1925年。

[描述] "洗海澡是朱莉安娜和牧师闻声的双胞胎等孩子们最喜欢的了,我们的船和远处'战舰'('man of war')的将军被派来保护我们!"

[尺寸] 13.5厘米×8厘米。

[说明] 该照片的拍摄时间为1925年。背景就是西连岛。"描述"是卡雷尔1999年8月标注的。牧师闻声的双胞胎指的是其四子约翰和五子卡尔。

图2-24 在海里游泳的传教士的孩子们

传教士们在海州西连岛

[说明] 几个传教士在海边正欲登船,背景是东西连岛(见图2-24a)。

图 2-24a 传教士们在海州西连岛

来源：连云港市第二人民医院院史馆

海州度假胜地的船

图 2-25 海州度假胜地的船

主题 中国，江苏，海州，在海州附近度假胜地的船（见图 2-25）。摄于 1925 年。

| 描述 | 一艘帆船，背景是海岸和一艘更大的大船。该照片拍摄地在度假胜地附近，慕赓扬一家在那儿度夏。

| 尺寸 | 13.5 厘米×8 厘米。

| 说明 | 该张照片的拍摄时间为 1925 年。在连岛及墟沟度假胜地周边没有这么宽阔的背景，北面是东西连岛，东面是北云台山，南面是北崮山，西面是大海。因此该照片的拍摄地不太可能是海滨。最大的可能是蔷薇河边。

慕赓扬的孩子们与其他居住在海州的国际居民们在一起

| 主题 | 中国，江苏，慕赓扬的孩子们与其他居住在海州的国际居民们（见图 2-26）。摄于 1926 年。

| 描述 | "我们真的相信这种国际友谊！阿尔芒（Armand Hannig）是德国蒸汽船的船员，理查斯（Charles Lee，用英语拼写）先生，汉斯（Hans Bowman）是德国船员，朱莉安娜，哈瑞（Harry Vaux，用英语拼写）先生，卡雷尔。1926 年 10 月。愉快的一群人，周日由施波（Schibbe）先生摄于我们房子边教堂的前面，施波先生是德国孩子们的导师。哈瑞先生年仅 24 岁，在附近工作的 6 个月里，与我们一起度过了好几个愉快的周末，他马上就要离开去度假了。"

图 2-26　慕赓扬的孩子们与其他居住在海州的国际居民们在一起

| 尺寸 | 8.5 厘米×11 厘米。

| 说明 | 该照片的拍摄时间为 1926 年。照片上边文字是"蒙特利特，1998 年 12 月"，是卡雷尔于 1998 年 12 月在蒙特利特标注的。描述中人物的姓名是自右至左排列的，除了慕赓扬的两个孩子朱莉安娜和卡雷尔之外，其他人都是德国人，其中理查斯、哈瑞两人的名字还是用英语拼写的。

穿着中国传统服装的传教士的孩子

主题 中国,江苏,海州,穿着中国传统服装的传教士的孩子(见图2-27)。摄于1915—1925年。

描述 两个传教士的孩子站在一座石质房子外面。年幼的一个穿着中国的传统服装。

尺寸 8.3厘米×13.8厘米。

说明 该照片的拍摄时间为1920年左右。照片左下角的标注是卡雷尔做的,意思是"孩子们④,备份给A. W.,1996年8月","A. W."身份不明(参见图2-16的说明)。

图2-27 穿着中国传统服装的传教士的孩子

朱莉安娜和卡雷尔在北京

主题 中国,北京市,北京,朱莉安娜和卡雷尔(见图2-28)。摄于1922—1923年。

描述 "朱丽安娜于1914年出生在青岛,卡雷尔于1917年出生在海州。北平(当时北京的名称)哈同(Hartung,音译)图片社。1922—1923年?"这是朱莉安娜和卡雷尔在位于中国北平的哈同图片社拍摄的正式肖像。

尺寸 22.6厘米×17厘米。

说明 该照片的拍摄时间为1922—1923年。卡雷尔在照片的描述中,对拍摄时间有疑问,所以加了问号。从衣着看,应该是春秋天;从年龄看,朱莉安娜10岁左右,卡雷尔六七岁的样子,因此描述中的拍摄时间应该问题不大。

照片的拍摄地北京哈同图片社(Hartung's Photoshop,又译哈同照相馆)是一对德国夫妇在20世纪20年代开办的,位于北京东交民巷。北京哈同是德国Hartung图片公司在北京的分支机构。顾客上至达官贵族名人大家,下至普通百姓市井布衣;拍摄题材也非常广泛,不仅拍摄室内肖像,而且还根据顾客需要跟踪拍摄,逐渐在北京创出了名气。1933年又招聘了德国著名女摄影师赫达·莫里逊(Hedda Hammer Morrison,1908—1991)担任首席摄影师,这使得哈同图片社声誉大增。赫达出生于德国的斯图加特,1929—1931年在慕尼黑的巴伐利亚州立摄影学院学习,毕业后曾在斯图加特和汉堡担任照相馆的摄影助理。赫达在哈同一直工作到1938年,离开后成为一名自由摄影师。

1946年结婚,丈夫是在北京出生的澳大利亚人阿拉斯泰尔·默里逊(Alastair Morrison),是著名的"中国通"、英国《泰晤士报》驻中国记者、摄影师,其父为乔治·恩斯特·默里逊(George Ernest Morrison)。赫达除了在北京哈同摄影社工作外,还在中国各地游历,拍摄了大量富有中国特色的题材照片,这些成了西方杂志和报纸争相刊登的内容,许多照片被制成风光明信片邮寄到海外,也被很多收藏家所珍藏。这些照片的题材包括名山大川、皇宫古刹、街头巷尾、民俗生活等①。

图 2-28 朱莉安娜和卡雷尔在北京

中国保姆在室外与传教士的婴儿在一起

[主题] 中国,江苏,海州,中国保姆在室外与传教士的婴儿在一起(见图 2-29)。摄于 1914—1915 年。

[描述] "朱嫂子(Dzu Sao Tei)与爱德华(Edward)""吴嫂子(U Sao Tei)与露丝(Ruth)"。

[尺寸] 14 厘米×9 厘米。

[说明] 该照片的拍摄时间为 1914 年左右。描述中提到的朱嫂子和吴嫂子分别是"Dzu Sao Tei"和"U Sao Tei"的音译。朱嫂子怀中抱的孩子名为爱德华(Edward),在海州传教士的孩子中,只有闻声夫妇的第三个儿子名为爱德华(Edward Dixon Vinson, 1913—1913)符合,但很不幸,他出生不久就因病夭折了②。因此该照片的拍摄时间有误。吴嫂子怀中抱的孩子名为露丝(Ruth),是慕赓扬夫妇长女,于 1908 年 5 月出生在清江浦仁慈医院。在该照片拍摄时,她应该已经六七岁了,显然与照片中的婴儿状态不符。

如果拍摄时间准确,那么在海州传教士的孩子中,出生于 1914 年左右的有慕赓扬夫妇的次女茱莉安娜、闻声夫妇的双胞胎四子约翰和五子卡尔,保姆怀抱中的这两个孩子是他们三人中的两个。

如果吴嫂子怀中抱的孩子就是露丝,那么该照片的拍摄时间应该在 1909 年左右,朱

---

① 吕超:《东方帝都:西方文化视野中的北京形象》,济南:山东画报出版社,2008 年,第 201 页。
② Jeanie deForest Junkin(1877—1923),发表日期:1998 年 12 月 24 日,http://www.frontierfamilies.net/family/junkin/family/E11JJ.htm,访问日期:2010 年 5 月 7 日。

嫂子怀中抱的孩子就不是爱德华,有可能是米德安的小女艾飒或闻声的长子埃比尼泽。

图 2-29　中国保姆在室外与传教士的婴儿在一起

中国保姆在室外与传教士的孩子们在一起

图 2-30　中国保姆在室外与传教士的孩子们在一起

主题　中国,江苏,海州,在院子里玩耍的孩子们(见图 2-30)。摄于 1905 年。

描述　传教士的孩子们在院子里玩耍,护士在旁边照看着。

[尺寸] 14厘米×9厘米。

[说明] 该照片的拍摄时间为1910年左右。根据上一张照片(如图2-29)的描述,这两个妇女就是朱嫂子(左)和吴嫂子(右)。她们不应该是护士,而应该是传教士雇佣看护孩子的保姆。从她们看护的孩子们的年龄来看,基本上都能够自己独立玩耍,年龄当在3岁以上。比较图2-6,右下角的孩子从年龄和着装上看,似乎就是慕赓扬的长女露丝,因此该照片的拍摄时间应该在1910年左右。

卫兵们举着枪排成行

[主题] 中国,江苏,海州,卫兵们举着枪排成行(如图2-31)。摄于1917年。

[描述] "'我们的卫队',1917年。除此之外,我们还有一支15个男人组成的士兵卫队,他们在一个外国人的带领下夜间巡逻。他们是学校的男生(孤儿)以及米德安先生和顾多马先生。从白宝山将军(Gen. White)那儿借来的来复枪是德国造的。"士兵们穿着白色服装,排成行,举着枪。

[尺寸] 6.7厘米×8.9厘米。

[说明] 该照片的拍摄时间为1917年。照片描述中的"Messers."是"Mr."的复数形式,"Gen. White"是指白宝山将军。

海州小火车车厢

图2-31 卫兵们举着枪排成行

图2-32 海州小火车车厢

[主题] 中国,江苏,海州,一节小火车车厢(如图 2-32)。摄于 1924 年。

[描述] "承蒙法晔夫妇(Mr. & Mrs. le Ta Faille)的关照,我们能够很快也很轻松地到北京旅行。他是海州火车站的负责人。R&R 电机公司(Electric R. R. motor)的电动机非常好用。看看我们电动机的皮带和钢轨。现在我们处于离海州 55 英里(约 90 公里)的老马庄(Lo Ma Dzuang)。1924 年 5 月 31 日。"慕赓扬等传教士们和两个孩子站在一节小火车车厢边,周围是中国海州的工人。

[尺寸] 13.7 厘米×8.6 厘米。

[说明] 该照片拍摄时间为 1924 年。照片中右一是慕赓扬。描述中的"Electric R. R. motor"是加拿大魁北克省的一家电机公司 R&R 电机公司。"Lo Ma Dzuang"是威妥玛拼音拼写的地名,是现在的江苏省徐州新沂市瓦窑镇马庄村,陇海铁路在村北穿过。

坐独轮车去乡下的妇女们

图 2-33 坐独轮车去乡下的妇女们

[主题] 中国,江苏,坐独轮车去乡下的妇女们(如图 2-33)。摄于 1920—1930 年。

[描述] "坐独轮车。外国妇女和中国女伴去乡下举办会议。海州,1923 年。"

[尺寸] 14 厘米×8 厘米。

[说明] 该照片拍摄时间应该在 1913 年左右。照片的下方是卡雷尔的标注,就是描述中的内容。坐在独轮车上的,左一、左二是中国妇女,左二就是"社会生活"部分"站在户外穿着棉衣的妇女"里的高太太(参见图 3-20);左三是牧师米德安的妻子毕雅模;右一是白露德。比较图 2-8 中女孩,毕雅模怀中抱着的女孩极有可能是她的次女艾飒,艾飒大

约出生于1907年,照片上女孩的年龄也就5至6岁,故该照片拍摄时间应该在1913年左右。

独轮车俗称"手推车""鸡公车""二把手""土车子",是一种轻便的载人载物工具,在全国许多地方都有分布。海州本地有两种形式的独轮车,一种如本照片,上部是平整的,又称"平板独轮车",还有一种是在中间有个凸起,独轮的上半部正好嵌入该凸起,左右两边可以载人载物(参见图3-43)。

坐在轿子上的传教士们

图 2-34　坐在轿子上的传教士们

- 主题　中国,江苏,坐在轿子上的传教士们(如图2-34)。摄于1920—1930年。
- 描述　"两个女传教士和一个孩子坐在由中国人抬的轿子上穿过冬季的田野。"
- 尺寸　19厘米×11厘米。
- 说明　该照片拍摄时间应该在1914年左右。在苏北的海州,用来客运的交通工具主要是独轮车(参见图2-33、图3-43),简单方便,价格便宜,还可以作为运载工具。

照片中坐在后面轿子中的男子是慕赓扬,坐在前面轿子中的女子是白露德,她怀抱着的孩子是他们的长女露丝。此时露丝大约5~6岁,因此照片的拍摄时间在1914年左右。

骑边三轮的传教士们

- 主题　中国,江苏,海州,骑边三轮的传教士们(如图2-35)。摄于1910—1930年。
- 描述　"顾多马一家、慕赓扬博士,哈雷戴维森和汉德森机车。"传教士们,慕赓扬博士和顾多马一家,正驾驶着边三轮,中国,海州。

尺寸 12.1厘米×7.5厘米。

说明 该照片拍摄时间应该在1925—1930年。照片的上方标注的是"顾多马、慕赓扬博士",下方标注的是"哈雷戴维森和汉德森"。右一骑在摩托车上的是慕赓扬博士,右二坐在边三轮车斗里的是慕赓扬的妻子白露德;左三坐在另一辆边三轮车斗里的是牧师顾多马;左一左二可能是牧师顾多马的两个儿子,分别是长子托马斯和次子康尼。托马斯生于1905年,从照片上看,已经成人,应该有20多岁,故该照片应拍摄于1925—1930年。

哈雷戴维森(Harley Davidson)和汉德森(Henderson)为当时美国两个著名的摩托车品牌。哈雷戴维森摩托车公司(Harley-Davidson Motor Company)由威廉·哈雷(William Harley)和戴维森(Davidson)两兄弟于1903年在美国密尔沃基创立,生产的摩托车风靡全球。汉德森摩托车公司(Henderson Motor Company)由汤姆·汉德森(Tom Henderson)和威廉(William Henderson)两兄弟于1905年创办,是美国最古老的三大摩托车厂之一,在美国与哈雷戴维森及印第安(Indian Motorcycle,成立于1901年)齐名,之前他们已经在自行车制造方面积累了20多年的经验,但随着第一次世界大战结束后所带来的经济大萧条,因管理层决策失误而于1931年宣布破产并重组。

图 2-35 骑边三轮的传教士们

海州传教士摩托车队

说明 初期,来海州的美南长老会传教士到乡村巡回布道,主要的交通方式是步行,有时也乘独轮车。义德医院建成后,海州传教站的经费逐渐宽裕,不仅从美国进口了摩托自行车,还采购了哈雷摩托车,以及卡车和后来的福特牌小轿车。

图 2-35a 中左一站在摩托车上的男孩为牧师顾多马的长子托马斯,左二骑在摩托车上的人为牧师顾多马,左三坐在摩托车上的女孩为医学传教士慕赓扬博士的长女露丝,左四骑在摩托车上的人为慕赓扬博士,左五骑在摩托车上的人为牧师米德安。基于两个孩子的年龄,以及 1915 年顾多马才从徐州转来海州的事实,推测拍摄时间在 1916 年左右。

图 2-35a　海州传教士摩托车队
来源:连云港市第二人民医院院史馆

传教士的孩子坐在 1927 年产福特 A 型车里

[主题]　中国,江苏,海州,传教士的孩子坐在 1927 年产福特 A 型车里(见图 2-36)。摄于 1931 年。

[描述]　"海州,1931 年 1 月,卡雷尔坐在车里(1927 年产福特 A 型车)。"慕赓扬的儿子卡雷尔坐在马上要开走的 1927 年产福特 A 型车里。

[尺寸]　14.4 厘米×8.6 厘米。

[说明]　该照片拍摄时间为 1931 年。站在对面车门口的是慕赓扬博士,坐在司机座位上的是唐爱东。义德医院设有急诊室,夜间安排值班。因当时电话尚未普及,多以电报特邀急诊。急诊病人多为有钱人家,有的因吞食大烟土而口舌中毒,有的有急腹症,此车为夜间出诊及平时外出使用,接到病患电报后,即由唐爱东开车带医生出诊。慕赓扬于 1927 年从美国采购了福特牌小汽车 1 辆,并盖了约 20 平方米的车库①。

唐爱东,海州人,1923 年左右进入义德医院,起初作为医院的勤杂人员,但唐爱东

---

①　孙济仁:《义德医院始末》,载政协江苏省连云港市委员会文史资料研究委员会:《连云港市文史资料(第二辑)》,1984 年(内部资料),第 97-103 页。

图 2-36　传教士的孩子坐在 1927 年产福特 A 型车里

比较爱琢磨事情，善于开动脑筋。首先从助理做起，逐渐学会了开车，专为美籍院长开车[①]。1926 年，医院经上海从美国进口"胜利"（VICTORY）牌 100 毫安 X 射线机和柴油发电机各 1 台，设备运抵医院后，唐爱东协助慕赓扬依照英文说明书和图片完成安装调试，他起初只能做些开关 X 射线机、发电机等基础性工作，后来被慕赓扬派往上海、南京、苏州等地有 X 射线机设备的教会医院参观学习，加上自己不断摸索，逐渐掌握了 X 射线机的操作和维修技术。海州解放后，义德医院被人民政府接办，唐爱东主要负责医疗器械维修等[②]。

传教士的孩子们准备离开海州去上学

主题　中国，海州，传教士的孩子们准备离开海州去上学（如图 2-37）。摄于 1929 年。

描述　"他们要离开了——J+BT。"几个孩子站在两辆轿车前面。慕赓扬的儿子卡雷尔标注说，孩子们正准备离开海州去上海美国学校读书。

尺寸　11 厘米×7 厘米。

说明　该照片拍摄时间为 1929 年。在海州的美南长老会传教士们的孩子一旦适龄就被送往上海美国学校读书。慕赓扬博士的长女露丝 14 岁时（1922 年）就去上海美国学校读初中，1927 年高中毕业，之前在海州乐德女子学校就读小学。描述中"J+BT"中的"J"有可能是"Juliana"的第一个字母，即表示慕赓扬的次女朱莉安娜，她出生于 1914 年 7 月

---

① 按：本地文史资料一般认为是 1923 年从美国购买福特牌 A 型小汽车一辆，而该福特牌车是 1927 年生产的。王幼庭口述：《我市解放初期的汽车运输业》，载政协江苏省连云港市委员会文史资料委员会：《建国初期连云港市经济：连云港市文史资料专辑第九辑》，1993 年（内部资料），第 113-116 页。

② 连云港市第二人民医院院志编纂委员会：《连云港市第二人民医院院志：1908—2000》，徐州：中国矿业大学出版社，2004 年，第 2 页。

4日,照片拍摄时15岁,正好是读中学的年龄;"BT"有可能是"Boy Twins"的缩写,即表示双胞胎男孩,是牧师闻声的双胞胎四子约翰和五子卡尔,他们出生于1914年2月1日。

图2-37　传教士的孩子们准备离开海州去上学

站在砖墙圆形拱门前面的男人

图2-38　站在砖墙圆形拱门前面的男人

[主题]　中国,站在砖墙圆形拱门前面的男人(如图2-38)。摄于1910—1915年。

[描述]　一堵墙向砖墙瓦房的一角延伸。一个完美的圆形门洞穿透墙壁,几名男子站在面前。其中一个身穿西服、头戴木髓遮阳帽(Pith Helmet,19世纪西方殖民者标配的遮阳帽)。

> 尺寸 14厘米×9厘米。

> 说明 该照片拍摄时间约为1910—1915年。从体形上看,照片中左二应该是慕赓扬,右一应该是白露德。

站在一个有围墙的山洞入口的男人

图2-39 站在一个有围墙的山洞入口的男人

图2-39a 连云港市北云台山上的狮怀岭

来源:自摄于2003年3月2日

> 主题 中国,站在一个有围墙的山洞入口的男人(如图2-39)。摄于1910—1915年。

> 描述 "在牯岭(Kuling)的一个'大山洞'?"一个男人站在一个大山洞的洞口。山洞入口处大部分用石墙围起来,仅留一个洞口。一组石阶通向洞口。

> 尺寸 9厘米×14厘米。

> 说明 该照片拍摄时间为1910—1915年间。照片下面标注的内容是"牯岭的一个'大山洞'"。庐山的顶峰牯岭对应的英文是Cooling,取"清凉"之意,而照片上写的是威妥玛拼音Kuling。卡雷尔在描述中在后面打了一个问号,对这个洞穴在牯岭并不认同。笔者对连云港的云台山比较熟悉,曾于2003年3月2日登上北云台山,发现山顶的一处岩石外凸,极像一头狮子的头部,向远处的大海望去,这个凸起的山岭称"狮怀岭"(见图2-39a)。与该照片比对,相似度极高。该照片是在狮怀岭照片的另一面拍摄的,经过近百年的风侵雨蚀,目前这一面的底部已经塌陷,变得陡峭,难以攀登。

三 社会生活
Social Life

这部分照片主要涉及海州社会生活的各个层面,包括军政公务、市井生活、信徒家庭等等。

海州的小礼拜堂

图 3-1　海州的小礼拜堂

[主题]　中国,江苏,海州,小礼拜堂(如图 3-1)。摄于 1908 年。

[描述]　"海州的小礼拜堂,中国。"穿着中国传统服装的两个男人正站在一座装饰木雕的房子前面。照片的背后标注为:"我们的男子小礼拜堂前景图。照片上看起来比实际情况要整洁干净。门的上部用纸糊起来以防风,下部是玻璃,除非拆下来,否则不易清洗。"

[尺寸]　7 厘米×6 厘米。

[说明]　该照片拍摄时间为 1910 年左右。照片的底部标注的两行文字是"海州的小礼拜堂,中国"。右一是牧师米德安。米德安于 1899 年 9 月 9 日抵达中国,开始在清江浦传教。1905 年虽然被长老会委托在海州购地建堂,但不知何故并没有落实。1908 年与医学传教士慕赓扬和牧师闻声一起被差派海州,负责建立海州传教站。米德安在海州西门外石狮巷租了个二进院落的民房改建教堂,占地 1 亩,前院供宗教活动和男传教士居住,后院供女传教士居住。米德安妻子毕雅模在 1911 年写给《传教士调查报》的文章《在中国海州的女性事工》中称:1909 年秋天我们就已经来到了海州,为了站稳脚跟,多年来我

们努力事工,但都徒劳无功,现在终于找到了一个人,虽然当时的政府官员反对外国人入境,他也很惧怕,但因贪得无厌,还是把他家的房子出租给我们了,租金高得吓人①。根据米德安墓碑碑文的记载,其足迹范围东至龙窝海(今北云台山宿城附近),西至马陵山(东海县),北达赣榆,南及涟水(今淮安市涟水县),遍及当时海州下辖的所有区域。来海州后,在海州古城西门外石狮巷租借民房若干间,改造成简易的小礼拜堂。来海州初期,为了与当地士绅打交道,并获得他们的好感,米德安经常头戴瓜皮帽,上身穿夹袄,下身穿长袍,脚蹬碗口布鞋,出入士绅家庭。

据不完全统计,从米德安 1908 年来海州到去世为止,海州地区共建有基督教堂 27 处,其中由牧师米德安所建支堂就有 13 处之多②,如海州南门外,东海县竹墩、桃林,灌云县杨集、南城、同兴、大伊山,赣榆县青口、沙河、墩尚等。这些教堂的选址一般在人口稠密的城镇市集、居民聚集地,教堂的建筑风格也并没有完全按照西方的建筑样式,而是大多采用了中式结构,最常见的是中西结合,这样可以更好地深入广大的穷苦民众中间,便于在广大的民众间传教,也有利于吸纳信教群众。目前仍然存在的比较完整的教堂有 5 处:一是位于板浦栅栏巷 7 号的基督教堂(参见图 3-2b、图 3-2c),1909 年底由米德安和慕赓扬所建;二是位于灌云县伊山镇的灌云基督教堂(2011 年开始拆除,在原址上新建二层基督教堂,2015 年 12 月底建成投入使用,参见图 3-2w),1920 年由牧师闻声所建;三是位于新浦民主西路福利昌巷的基督教堂(参见图 3-2n),1921 年由慕赓扬和闻声所建,1911 年初建时在新浦后街建国路租用民房;四是位于海州中南路东首的福音堂(参见图 3-2s),1920 年为牧师明乐林、戈锐义所建;五是位于白虎山西北角海州义德医院南院区内的礼拜堂(参见图 1-9i、图 1-9j),1916 年由米德安和慕赓扬所建。其他教堂在各个时期因不同原因被废弃。

海州的小礼拜堂内景

主题 中国,江苏,长老会小礼拜堂(见图 3-2)。摄于 1905—1910 年。

描述 "长老会小礼拜堂。"小礼拜堂内景,有多排长椅,前面祭台上方墙上有多块汉字标语。

尺寸 13 厘米×8.5 厘米。

说明 该照片拍摄时间为 1910 年左右。该照片正是上图(参见图 3-1)小礼拜堂的内景,照片下方标注的内容是"长老会小礼拜堂"。礼拜堂正前方用雕花的木板围成一个祭台。祭台背后窗户的上方有汉语牌匾"舍身救世",两边白布黑字,上写祷告文(见图 3-2a),或称颂歌,用于布道时吟唱。行文自上而下、自右至左。因照片分辨率不高,右侧祷文有些字难以辨认。

---

① RICE E B. "Woman's Work at Haichow." *The Missionary Survey*, 1911, 1(2), pp.104-105.
② 王郁卿:《海州美牧米德安逝世》,《通问报·耶稣教家庭新闻·信徒纪传》1919 年 6 月第 24 号第 856 期,第 12 页。

图 3-2　海州的小礼拜堂内景

我□救主不怕羞□ □□□□□世人救业 美哉大义耶稣义主 □去天堂□□□□ 救主之名□□□ 我□义主必蒙救恩 耶稣慈祥永不落空 身体灵魂交主手中 同前 那日救主将我载名 在新耶路撒冷大城 同前 信徒家乡本在天上 我的救主已经先往 到了天堂有安宁 到了天堂有安宁 此世非我平安地方 我意立定情往本乡 救主为我预备明宫 住在那里安乐无穷 疾病死亡全然没有 与主同住享福永久	□□□□□ □□□□□　我主 □□□□□ □□□□□ □□□　世人□ 乃是安乐好地方 成就我心所盼望 有安宁给我 平安快乐乃在天　在主父耶稣□ 使我幸福无□ 如同大山 末日必蒙□ 那里幸福万万年 永远坚固极华丽 实在至圣好福地 忧愁患难皆离开 戴着冠冕乐满怀

图 3-2a　海州的小礼拜堂内祷告文

板浦基督教堂

说明 板浦基督教堂(如图 3-2b)亦称板浦耶稣堂,位于江苏省连云港市海州区板浦镇栅栏巷 7 号,1909 年由美南长老会牧师米德安与医学传教士慕赓扬博士共同创建,具有中西合璧的建筑风格,是 20 世纪初叶连云港地区最早创建的宗教建筑之一,也是近代美南长老会传教士在连云港地区进行福音传道的重要场所。

板浦基督教堂位于居民区内,坐西朝东。西、南、北三面紧邻民房,东面正门面对仅有约 2 米宽的小巷,小巷大约长 1 公里,名为栅栏巷,由青条石铺路。教堂建筑在日寇占领时期(1939—1945)(见图 3-2c)[①]、解放战争时期(1945—1948)和"文革"时期(1966—1976)等各个时期均遭破坏或拆毁,现存仅两幢。一幢为坐西朝东、中间带有二层钟楼的五开间二层楼房;一幢为坐北朝南六开间平房。西、南二面建筑均为后建的简易住房,与北面住房一起成为民房。两幢建筑的地基上均用青石板打底两层,墙体为青砖(楼房外面后来用水泥糊墙,但从风化裸露的破损部位可以看出),屋顶为青瓦斜坡,屋檐青砖呈锯齿状,有瓦当。

图 3-2b 板浦基督教堂大门东北视图
来源:自摄于 2015 年 10 月 8 日

图 3-2c 板浦基督教堂大门东南视图
来源:日本战地专刊《中国事变画报:第五十五辑》

楼房一层中间为过堂兼正门,屋檐采用的是半圆形石质结构,内部天花板采用中国传统的木质结构(如图 3-2d)。

---

① 按:1939 年 3 月 20 日,日军占领板浦时随军记者拍摄了一组照片。参见《墟沟灌云占据》,载《中国事变画报:第五十五辑(日本战地专刊)》,东京日日新闻社,1939 年 3 月 20 日,第 11 页。

图 3-2d 一楼过堂上方的木质天花板图　　图 3-2e 一楼南面的小门内通往二楼的楼梯

来源:自摄于 2015 年 10 月 8 日

由过堂进入小院,南面是一口古井,目前仍在使用。大门两侧各有一道小门,北面的小门是教堂大门北面一层的入口,南面的小门还有楼梯(如图 3-2e)通向二层,是大门南面一层以及整个二层和钟楼的入口(图 3-2f)。

图 3-2f 板浦基督教堂院内西视图

来源:自摄于 2015 年 10 月 8 日

二楼的楼梯栏杆样式也呈古典式(如图 3-2g),屋顶内采用竹席覆盖(如图 3-2h),只可惜二楼和小院都被当地居民住满,不过仍然显得荒芜破败。

图 3-2g 板浦基督教堂
二楼楼梯的古典式栏杆
来源：自摄于 2015 年 10 月 8 日

图 3-2h 板浦基督教堂二楼房梁及竹制屋顶
来源：自摄于 2015 年 10 月 8 日

整个教堂目前占地约 600 平方米，基本呈正方形，四合院布局，东立面分两部分（如图3-2i），南面是主楼，北面是传教士住房。教堂南北通长约 24 米，东西通宽约 25 米，内院约有 300 平方米。

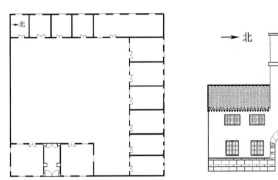 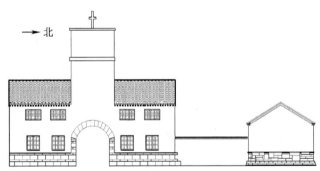

图 3-2i 板浦基督教堂平面图、东主立面
来源：自制

板浦基督教堂 1909 年创建以后，由牧师米德安主持教堂事务，但他并不经常在这里，日常由中国信徒打理。1915 年夏天，成立"板浦布道团"，成效显著，"屡登报端"。起因是教堂"传道乏人"，牧师闻声将东海本堂（即新浦基督教堂）堂主李春华传道人调来板浦，"任事月余，即与教友慕道等，倡立布道团。一切章程，先生手自订之。每至乡镇传道，不避风雨，不畏炎热。其与教友讲道，娓娓不倦，步步引人入胜。间有慕道者与同人意见不合，而先生或引圣经，或援世故，一言开导，无不服从。其令人钦佩有如此。故慕道者纷至沓来，乐于捐助，而会务遂蒸蒸日上也"①。李春华，字东园，号子光，山东东昌府恩县（今山东省德州市平原县恩城镇）人，北通州大学校道学院毕业，1913 年被"牧师闻声

---

① 许崇德：《板浦布道团之由来（江苏）》，《通问报·耶稣教家庭新闻》1916 年 2 月第 6 号（总第 688 期），第 22 页。

聘为赣榆县青口镇耶稣支堂传道。先生性情良善,学问深醇,每逢礼拜登台演讲,说理详明,慕道者不下数百人。虽为上帝之灵感然亦李先生之热心教道所致也。今年调为东海本堂主,领吾海人士每逢礼拜听讲,不啻春风化雨之同沾。而且每日与慕道者查考圣经。口讲指划,绝无厌倦之心。因是革故鼎新者又不知凡几,将来教会之发达,实可预料也"①。之后,联合海属各教会成立"海属基督教布道团联合促进会",一直活跃至1948年11月海州解放。

米德安去世后,先后在板浦教堂传道的中国人有:李天庭、钱在天、刘以生、吴锦华、武可召(1931)、程诗述(1943)等人②。

板浦历史沿革

说明　板浦位于海州古城东南方向约15公里处,离海州湾最近的距离约25公里。

清末,板浦驻扎着两淮海州分司运判、板浦场盐课司大使,众多垣商盐商也都在这里安家落户,刚刚兴起不久的各家银行也在这里设立分支机构,金银铺面、典当钱庄、酒肆茶楼等也都应有尽有,这里成为海州地区,乃至苏北鲁南地区的经济和文化繁荣中心,致使西方传教士也选中了这里,来此建堂传教。

板浦何时成陆,学界有一些研究成果。徐军在考察"连云港新石器时代人类聚居遗址分布与海岸线变迁关系"时认为:"连云港的新石器时代的遗址分布反映出人类聚落择地而居"的特点,大约5 600年前发生了海侵,"海岸线大致在郑园—洪门—锦屏山东—大伊山西一线",板浦正处于该线之上;大约4 000年前发生了海退,海岸线向前推进了约10公里,"大致北起赣榆青口东—临洪河闸东—中云台山东—伊芦山东",板浦已经处于海岸线之内侧了③;张传藻基于海州湾的沙堤研究认为,至明末清初,海岸线基本上长期稳定,云台山脉仍处于海中央;自南宋建炎二年(1128)黄河夺淮后由苏北入海起,到清咸丰五年(1855)在河南兰阳(今兰考)北岸铜瓦厢决口改道从山东大清河入渤海为止的728年间,海州湾一带处于泥沙淤塞海退阶段,海岸线逐渐东移④;明清时期,板浦周边不断修筑捍海堰、挡潮堤,如杨公堤"在州南,东至板浦,西抵涟河,为南北要地",板浦堰在"州东南四十里……北障海潮,南蓄河流"等⑤,这个时期,板浦已经处于海岸线之内陆了;清初,顺治十八年(1661)对海州地区实施的裁海政策,不仅将云台山脉"各岛附近村庄俱令迁移内境",而且将"海边港口严钉桩木",致使"浮苇浪草,遇桩存滞,日集月增,沙淤河浅"

---

① 骆炳奎:《东海教会佳音(山东)》,《通问报·耶稣教家庭新闻》1914年4月第12号(总第593期),第8页。
② 江苏省灌云县地方志编纂委员会:《灌云县志》,北京:方志出版社,1999年,第902-903页。
③ 徐军:《连云港新石器时代人类聚居遗址分布与海岸线变迁关系的剖析》,《第四纪研究》2006年第3期,第353-360页。
④ 张传藻:《云台山的海陆变迁》,《海洋科学》1980年第2期,第36-38页;张传藻、葛殿铭:《海州湾岸线变化特征》,《海洋科学》1982年第3期,第11-17页。
⑤ 唐仲冕等修,汪梅鼎等纂:《海州直隶州志》卷十二《考第二·山川二·水利》,清嘉庆十六年刊本,台北:成文出版社有限公司,1970年影印本,第221页。

"海口之淤塞",从而加剧了海州湾淤塞的状况,导致海岸线东移加速①;至清末民初,板浦已经变为实实在在的内陆地区了。

板浦何时成村、有名、建镇呢？我们看到《宋史》中已经有了"板浦"名称的记载。宋宣和年间(1119—1125),海州盐场下辖"板浦、惠泽、洛要三场",每年产量"四十七万七千余石",隶属于淮安府;在更早的宋天圣(1023—1032)中期,"海州场二"②,虽然没有明确有板浦场,但基于其间海岸线的长期稳定以及盐业产量来看,其中有板浦场是可能的。惠泽场位于今灌南县张店镇一带。在明代,海州"南有惠泽、西北有高桥二巡检司"③,"惠泽巡检司旧属安东县"(今灌南县南部地区)④;在清代,"惠泽巡司"在"州南百二十里"⑤,后"移驻张家店"⑥。可见明清时期继承了前朝盐业管理的机构及方式。"洛要场"位于今赣榆区东南部一带,其地理位置大致可从下面几段史籍中窥见一些蛛丝马迹。《魏书》载,南北朝时期,南朝梁在今赣榆区南部设立侨置齐郡,东魏武定七年(549),改置武陵郡,领上鲜、洛要二县,隶属于刚设置的海州⑦;《读史方舆纪要》载"洛要镇,县(指赣榆县,在海州古城北面约60公里处)东南六十里,后魏洛要县盖置于此"⑧;《南齐书·垣崇祖传》记载垣崇祖兵败徐州后,据守朐山(位置大约在今海州古城东面孔望山南麓),被宋明帝"板为朐山戍主",泰始三年(467),占领徐州的北魏"东徐州刺史成固公","遣步骑二万袭崇祖,屯洛要,去朐山城二十里"⑨。因此,洛要大致应该在今赣榆区宋庄镇附近。

宋代既然已经设置了盐场"板浦场",那么宋代以前呢？史籍没有记载,但考古材料有了新的发现。1993年,考古工作者在江苏省东海县温泉镇尹湾村西南约2公里的高岭上发掘了6座西汉晚期至王莽时期的墓葬,出土了一批"尹湾汉墓简牍",其中木牍《东海郡属县乡吏员定簿》上记载了东海郡的三个盐官:"伊卢盐官吏员卅人,长一人,秩三百石,丞一人,秩二百石,令史一人,官啬夫二人,佐廿五人,凡卅人。北蒲盐官吏员廿六人,丞一人,秩二百石,令史一人,官啬夫二人,佐廿二人,凡廿六人。郁州盐官吏员廿六人,丞一人,秩二百石,令史一人,官啬夫一人,佐廿三人,凡廿六人。"⑩伊卢即今灌云县伊卢乡,北蒲即今灌云县板浦镇,郁州即今连云港市云台山。《汉书·百官公卿表》中记载:"县令、长,皆秦官,掌治其县。万户以上为令,秩千石至六百石;减万户为长,秩五百石至三百石;皆有丞尉,秩四百石至二百石,是为长吏。"⑪伊卢盐官设长,说明伊卢是按照县的职别高配的,北蒲盐官和郁州盐官只设丞,而"丞"官在"长"官之下,说明北蒲盐官和郁州

---

① [清]谢元淮总修,[清]许乔林纂辑:《云台新志》卷二《建置》,郁洲书院藏版,道光丙申(1836)秋镌,台北:成文出版社有限公司,1974年,第110-112页。
② 《宋史》卷一百八十二《志第一百三十五·食货下四·盐中》,北京:中华书局,1977年,第4438页。
③ 《明史》卷四十《志第十六·地理一》,北京:中华书局,1974年,第916页。
④ 《大明会典》卷一百三十八《关津一》,扬州:广陵书社,2007年,第1943页。
⑤ 《读史方舆纪要》卷二十二《南直四》,北京:中华书局,2005年,第1098页。
⑥ 《清实录》卷六百七十《高宗纯皇帝实录(九)》,北京:中华书局,1986年影印版,第493页。
⑦ 《魏书》卷一百六《志第六·地形二中》,北京:中华书局,1974年,第2558页。
⑧ 《读史方舆纪要》卷二十二《南直四》,北京:中华书局,2005年,第1098-1100页。
⑨ 《南齐书》卷二十五《列传第六·垣崇祖》,北京:中华书局,1972年,第460页。
⑩ 刘洪石:《汉代东海郡朐县的海盐生产和管理机构》,《盐业史研究》2002年第1期,第43-44页。
⑪ 《汉书》卷十九上《百官公卿表第七上》,北京:中华书局,1962年,第741页。

盐官可能是伊卢盐官的分支机构,在同一墓葬出土的木牍《东海郡下辖长吏名籍》上记载的"盐官别治北蒲丞"和"盐官别治郁州丞",也能够证实这一点。北蒲是伊卢的分支,既然能够成为盐官的所在地,那么北蒲也必然成为当时盐业生产和管理的副中心,虽然称不上现在意义上的镇,但必定有一定的规模,有人类居住的历史必定更早。这项考古成果将板浦的历史追溯到了汉代,甚至更早。

图 3-2j　金代"提控之印"侧面、印面、印面拓片

来源:前两幅出自卢斌《阜阳市博物馆藏封泥印章选介》,后一幅出自尤振尧《江苏灌云县板浦出土"提控之印"》

　　南宋时期,海州处于宋金双方的战略前沿,是双方交战的主战场,板浦所在的海州境内时而属金时而归宋,但大部分时间属金。1978年冬,在灌云县板浦镇水利工程施工中出土一方方形带矩形纽铜印(如图3-2j),印面刻四字九叠篆书"提控之印",印座一侧面錾阴文"壬辰年四月□"(官印铸造或官职任命年月),这说明在金代末期哀宗开兴元年(壬辰年,1232),已委派提控来海州(或板浦)统管海州一切事务①。金朝与历代一样,将盐作为十大榷货之首,金大定二十五年(1185)之后,只保留了"山东、沧、宝坻、莒、解、北京、西京七盐司",而且"视其地宜"规定了"行盐之界",即根据盐场所属的行政区域划定了售盐的势力范围②。海州下辖朐山、赣榆、东海、沭阳、涟水等五县③,拥有的独木场、板浦场、临洪场等三个盐场皆属莒州盐司,因此在海州古城南面的"板浦场"只能"行涟水、沭阳县",而北面赣榆县属镇临洪镇的"临洪场"只能"行赣榆县","独木场"只能"行海州司候司、朐山、东海县"④。那么临洪镇、临洪场的位置在哪里呢?据初修于明嘉靖元年(1522)、成书于隆庆六年(1572)的《(隆庆)海州志》记载,"板浦镇:在州东四十里板浦场","新坝镇:去州四十里","临洪镇:在州城北七里临洪场"⑤。而实际上板浦镇在海州古城东南,直线距离约15公里;新坝镇在海州古城正南,直线距离约15公里。除了方位不准确之外,加上要绕过锦屏山以及其他河流田地等因素,两个距离都还是比较准确的。因此也可以大致推断临洪镇距离海州古城"七里"是真实的数据;因为是临洪盐场,其方位应该是指向靠近海岸的东北方向。时任淮安府知府陈文烛上任不久,"欲修郡志,析二

---

① 尤振尧:《江苏灌云县板浦出土"提控之印"》,《考古》1988年第2期,第188、178页;卢斌:《阜阳市博物馆藏封泥印章选介》,《文物鉴定与鉴赏》2019年第3期,第34-35页。
② 《金史》卷四十九《志第三十·食货四》,北京:中华书局,1975年,第1093-1094页。
③ 《金史》卷二十五《志第六·地理中》,北京:中华书局,1975年,第610-611页。
④ 《金史》卷四十九《志第三十·食货四》,北京:中华书局,1975年,第1093-1094页。
⑤ 《(隆庆)海州志》卷一《舆图·集镇》,"天一阁藏明代方志选刊",上海:上海古籍出版社,1962年影印版,第38-41页。

州九邑各采其事,始知其无志",因此要求知州郑复亨纂修《海州志》。郑复亨征集到了前任知州廖世昭于嘉靖元年(1522)初修、权知州事张峰于嘉靖四十三年(1564)重修但未刊刻的旧志,增补了《恩典》和《词翰》两卷后上报并刊行。也就是说,志中所记临洪镇、临洪场,甚至是临洪口,至晚在明嘉靖四十三年(1564)已经向东大致推进至现在新浦所在的位置。"独木场"虽然文献中没有标明其位置,但根据其行盐范围,大致可以认为其位置与元代以降的"徐渎场"高度重合。清代文献记载,淮安府境内有盐场十处,"在海州者三,曰板浦,曰莞渎,曰临洪","又徐渎浦,在州东北四十余里,上接巨平诸山之水入海,有徐渎浦场"①。"徐渎浦场"即"徐渎场",巨平诸山的位置在今朝阳镇中云台附近,因此可知徐渎场的大致位置应该在中云台周边地区。虽然这种"行盐之界"有严格的规定,但也有例外。1994年在今江苏省连云港市沙河镇城子村附近出土了6笏银铤,束腰式,两端呈弧形。其中一笏银铤(如图3-2k)刻文完整,正面腰处有以字模顺直砸印的两行各四字铭文,左边为"密州侯家",右边为"真花铤银",另有顺直錾刻戳记铭文"诸成县""伍拾两""买盐人刘祐""验匠成谨""使正""行人侯琦"及下部押记符"止"等,背面呈蜂窝状②。"诸成县"即诸城县(今诸城市),时为山东密州州治;"使正"极有可能是盐课大使正职官员。从形制、铭文等方面看,属宋代产物。因此可以推断这块银铤的使用情况大致是这样的:买

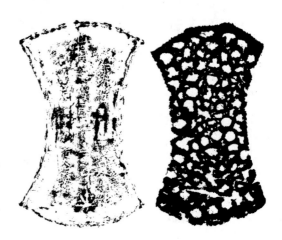

图3-2k　江苏赣榆出土宋代银铤正反面拓本
来源:李克文《江苏赣榆发现宋代大宗货币银铤》

盐人刘祐持该银铤在赣榆盐区买盐,该银铤为五十两真花银铤,由位于山东密州诸城县侯家银铺的侯琦铸造,质检员为银匠成谨,签字人为盐课大使。基于买盐资金的数量,"买盐人刘祐"也极有可能来自山东密州诸城县,这就打破了"行盐之界"的规定,这种情况的发生亦有可能是由宋代末期混乱的社会政局所引发。

元代,在扬州设置了正三品的两淮都转运盐使司,在下辖的二十九所盐场中皆配置从七品的司令一员,更加提高了盐业管理的地位,这其中就有"板浦场"以及海州(时称海宁州)所属的另外三个场"莞渎场""临洪场"和"徐渎浦场"③。"莞渎场"位于今灌南县新集镇莞渎。"徐渎浦场"即"徐渎场",元至正二十八年(1368)设置。

明代,洪武初置两淮都转运盐使司淮安分司,治安东县(今涟水县),淮北各盐场皆设盐课司,包括海州所属的板浦场、莞渎场、徐渎浦场和临洪场等四场,板浦的盐业地位又

---

①《读史方舆纪要》卷二十二《南直四》,北京:中华书局,2005年,第1084-1086页。
② 李克文:《江苏赣榆发现宋代大宗货币银铤》,《西安金融》1995年第2期,第70-71页;李克文:《江苏赣榆县出土宋代银铤》,《考古》1997年第9期,第84页。
③《元史》卷九十一《志第四十一上·百官七》,北京:中华书局,1976年,第2312-2313页。

进一步得到了加强。但由于地处苏北,交通不便,正统七年(1442),板浦等四场皆被定为"下场",在行盐方面只能作为"上场"的配角①。明正德七年(1512),又设兴庄场,"兴庄团(即天赐场,旧在海州惠泽乡,今迁赣榆城东,更名兴庄团),……东临海,西界翰榆,南接临洪,北据分水岭"②。"兴庄团"即兴庄场,位于今赣榆区海头镇以东地区。

清代,包括两淮在内也皆设置了都转盐运使司盐运使,但职级降为从三品,盐业机构的地位较前代有所降低。康熙十七年(1678),徐渎浦场并入板浦场;雍正五年(1727),临洪场与兴庄场合并为临兴场;乾隆元年(1736),裁莞渎场并入板浦场,次年,将板浦场下辖的中正、东大、小浦、东辛等四疃划出,成立中正场,将原并入板浦场的莞渎场移入中正场;乾隆二十四年(1759)十一月,将两淮淮安分司移驻板浦,给淮北监掣关防;乾隆二十八年(1763)十月,改两淮淮安分司运判为海州分司运判移驻板浦,秩从六品③。板浦逐步成为盐务、漕运、河工集中之地,苏北三大盐运内港码头之一(如图3-21)。自此海州形成以板浦为盐业中心的板浦、中正、临兴等三大盐场格局,三大盐场皆设正八品盐课司大使④。

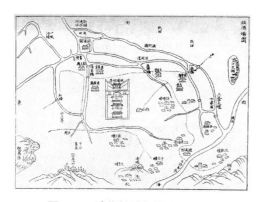

图3-21 清代板浦场图
来源:《海州直隶州志》嘉庆十六年刊本

图3-2m [日]华北交通株式会社东京调查室于1940年10月在板浦场拍摄的风车及盐田
来源:日本京都大学人文科学研究所

乾隆二十八年(1763),李汝璜任板浦场盐课司大使,弟李汝珍随其同来,这才有旷世名作《镜花缘》的问世。光绪三十三年(1907),由于要接济淮南地区的盐业销售,在灌河两岸由诸多盐商共同成立济南盐场,即"济南场",初期也将场治设于板浦。

民国元年(1912)废州立县,撤海州直隶州改为东海县,4月又析东海县为东海、灌云二县,板浦始为灌云县城所在地,成为全县政治、经济、文化中心(如图3-2m)。

1948年6月下旬,大伊山解放,中共灌云县委及县政府迁到大伊山镇(今伊山镇),板浦设区,11月6日,板浦镇解放。淮北盐务管理局成立后重新划分盐场区划,设立六大盐

---

① 《大明会典》卷三十二《盐法一》。
② 唐仲冕等修,汪梅鼎等纂:《海州直隶州志》卷十七《考第四·食货六·盐课》,清嘉庆十六年刊本,台北:成文出版社有限公司,1970年影印本,第308页。
③ 《淮安盐业志》编撰委员会:《淮安盐业志》,北京:方志出版社,2013年,第81—82页。
④ 《清史稿》卷一百一十六《志九十一·职官三》,北京:中华书局,1998年,第3349页。

场,即改板浦盐场为台北盐场,中正盐场西半部为台南盐场,东半部为徐圩盐场,济南场灌河以北成立灌东盐场及新滩盐场,临兴场改称青口盐场。1953年属江苏省淮阴专署。1983年实行市管县体制,灌云县划归连云港市管辖。自此板浦场成为历史,板浦也从一时的盐业重镇回归普通市镇的平静。2009年行政区划调整,板浦镇由灌云县划归连云港市海州区管辖。

新浦基督教堂

说明 新浦基督教堂(如图3-2n)位于江苏省连云港市新浦民主西路双池街福利昌巷2号,建于民国十年(1921),由基督教美南长老会医学传教士慕赓扬博士与牧师闻声共同创建。

图3-2n 新浦基督教堂钟楼兼大门、东楼西视图、东墙东墙局部(从上至下、从左至右)

来源:自摄于2014年4月12日

教堂位于居民区内,坐北朝南。东面和北面紧邻民房,南面和西面仅有约2米宽的小巷隔断,非常方便在广大的民众间传教。教堂占地约420平方米,基本呈长方形,四合院布局,南北通长约26米,东西通宽约16米,内院约有80平方米。南面是上下各1间的教堂钟楼兼大门;西面和北面分别是7间和4间平房,在西北角内部联通,是布道场所;东面是上下各4间的两层楼房,坐东朝西。

教堂东楼南北各两层,外观结构略有差异,显示为不同时期的作品。但均为石墙及顶,硬山墙,木梁,斜坡小瓦面,两重屋檐,其中一重檐南部为内弧形、北部为外弧形,略带有罗马式古典建筑形态,但更多的是采用了中国传统建筑的形态及格局,是典型的东西文化理念交互相容的建筑成果。

教堂平面呈长方形(见图3-2o),形似四合院。南面钟楼兼正门,平面呈正方形,长宽4米,顶部为四面梯形。圣堂部分平面呈"┌"形,由西厢房和北厢房连通而成;西厢房南北长26米,宽6米,靠近钟楼的部分为杂物间,其余为圣堂的一部分,共7间;北厢房东西长16米,宽6米,共4间,是圣堂的一部分,其中西面一间与西厢房重叠。东楼4间,南北长约15米,东西宽5米,靠近钟楼的部分是一层杂物间,南北长约4米。

教堂主立面分东、中、西三部分(见图3-2o)。中间部分是钟楼兼大门,高度两层,通高(十字架除外)约7米,宽度4米。一层南面是门廊,门宽2米,门高2.4米,门楣上嵌现代华文新魏字体"基督教堂"四字,字径0.4米×0.4米;二层与一层等高宽,南面开窗,高1米,宽0.8米,上部是半圆形拱券,半径0.4米;二层上方是四面梯形屋顶,高约0.8米,顶端高悬十字架,高2米,宽1米;二层东面是入口,由外楼梯上下,入口门高1.5米,宽1米。西面部分是圣堂西厢房山墙,宽6米,高约5米。东面部分是东楼硬山墙,宽5米,高约6米。

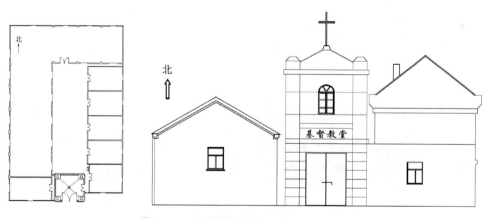

图3-2o　新浦基督教堂平面图、南立面图

来源:自制于2014年5月7日

教堂西堂为布道圣堂,呈"┌"形,由北面和西面房间连通构成,北短西长,拐弯处为布道席,其余为祷告席。祷告席北面为南北两列10排、西面为东西两列20排简易木椅,每排可坐4人,两列之间为1米宽的走道(见图3-2p)。圣堂四周墙壁悬挂耶稣十四幅苦路油画像,肃穆凝重。

清宣统三年(1911),慕赉扬与闻声一起在新浦后街(今建国路390号)租赁一家民房作为教堂；1921年，在新浦民主路西福利昌巷内购草房7间，迁入后做正式礼拜堂；1927年，美南长老会出资拆除草房，改建为"┌"形教堂1座，青墙、木梁、小瓦面，堂内可容400人礼拜；1931年，又建东楼两层8间，作为附属用房；1937年，又在南面建单间4层的钟楼1座，顶层设有铜钟。抗日战争时期为避免日机轰炸拆去两层，即为现存楼房钟楼形式，铜钟被取下后一直闲置在院内（见图3-2q）。由于信徒增加，为满足信徒宗教生活需要，1985年决定于连云港市南极南路76号择址建新堂。经政府批准，1992年秋天动工，次年12月交付使用，占地5.89亩，仿哥特式建筑，即连云港市基督教中心堂，俗称南堂，原新浦基督教堂俗称北堂。

1921年迁驻福利昌巷之前，主要由慕赓扬主持，闻声协助布道；1919年5月31日，米德安因在东海竹墩教堂布道时劳累过度，感染伤寒不治而亡；次年，美南长老会差派牧师明乐林和牧师戈锐义从宿迁转来海州，明乐林负责海州地区传教总站的工作，并接替慕赓扬驻新浦教堂传教，慕赓扬博士专注于海州义德医院的医学事工。

20年代末30年代初，湖南籍牧师甘瑞兰从东北四平街教堂来新浦教堂任牧师，新中国成立初期，牧师甘瑞兰主持新浦基督教堂活动；1958年，海州教堂与新浦教堂合并为新浦教堂，甘瑞兰牧师被错划为右派后，原海州教堂牧师李云汉来新浦主持教务；"文革"期间，教堂全部房屋被占用，甘瑞兰、李云汉遭"红卫兵"冲击，基督教活动停止；1979年，部分基督教徒开始活动；1981年，落实宗教政策，房产全部归还教会，8月，新浦教堂正式开放，成立由李云汉牧师任组长的7人管理小组。

1985年，牧师甘瑞兰的女儿甘黎明，被按立为长老；1988年被按立为牧师；连云港市基督教中心堂建立后为主任牧师。

图3-2p　新浦基督教堂西堂内景西视图

图3-2q　新浦基督教堂大钟

来源：自摄于2014年4月12日

牧师闻声夫妇

说明　牧师闻声(Rev. John Walker Vinson, 1880.12.28—1931.11.2)，生于南卡罗来纳州费尔菲尔德县(Fairfield)温斯伯勒镇(Winnsboro)，父亲是约翰(John Vinson)，母亲是玛丽(Mary Elizabeth Brice)；1903年毕业于位于得克萨斯州谢尔曼县(Sherman)的奥

斯汀学院(Austin College),获文学学士学位;1906年毕业于得克萨斯州首府奥斯汀市奥斯汀长老会神学院(AusPTS,Austin Presbyterian Theological Seminary),4月由达拉斯长老会(Dallas Presbytery)按立为牧师,获神学学士学位;1907年抵达宿迁开始传教士生涯,1910年至1931年在海州传教。

闻声的妻子任妮(Jeanie deForest Junkin,1877.2.26—1923.3.25),生于弗吉尼亚州新普罗维登斯郡(New Providence)的牧师世家,一家五代都是牧师,而且都是有影响力的牧师。任妮的父亲牧师迪基博士(Rev. Ebenezer Dickey Junkin,DD)有11个孩子,任妮是其中最小的一个。1904年,她随八哥牧师任恩庚博士(Rev. William Francis Junkin,DD)和八嫂莱迪(Nettie Lambeth DuBose)以及十姐阿格尼丝(Agnes Tinsley Junkin)和十姐夫牧师鲍达理博士(Rev. John Wilson Bradley,DD)来到中国苏北的宿迁开展传教事工,并和大家一起住在十姐夫鲍达理的家里①。闻声来到宿迁后,很快被任妮这个可爱的年轻女孩所吸引,随后他几乎每天晚上都要到鲍达理家来拜访任妮,深夜回家后还给她写情书。功夫不负有心人,最终他们于1908年4月30日在宿迁结婚(见图3-2r)。

图3-2r 牧师闻声和妻子任妮
来源:http://www.frontierfamilies.net/family/junkin/family/EIIJJ.htm

1910年,闻声夫妇正式迁入海州,加入牧师米德安夫妇和慕赓扬博士夫妇在海州开办的传教站。结婚不久,闻声即患慢性疾病,这困扰了他的一生,但并没有影响他的传教事工,直到1919年秋天,他突患重病不得不返美休假。不久他们即返回"亲爱的古老中国",朋友们在上海和苏州为他们接风洗尘,待了12天后,他们沿京杭大运河北上,花了13天,走了350英里(约560公里)后抵达海州。闻声继续他的乡村传教工作,不停地远足,去拜访小教堂,去讲道,去为教堂里的基督徒培训新的传道者。当他过于虚弱不能成

---

① Presbyterian Heritage Center at Montreat. *Presbyterian Church U.S. Missionaries to China* 1900-1920.发表日期:2015年1月1日,http://www.phcmontreat.org/bios/Bios-Missionaries-China-1900-1920-PCUS.htm,访问日期:2019年7月4日。

行时,他就在市里或医院里讲道①。任妮也相当忙碌,她早上为传教士的孩子们教课(三个年级的四个孩子),然后为市里的中国妇女事工,下午为医院里的妇女讲道。晚上,她照看自己的孩子,在睡觉前给他们讲圣经故事。1921年闻声成为崇真(男子)中学校长。

闻声夫妇不仅仅是为人们解除痛苦,他们自己也承受了很多悲伤。他们共有六个孩子,仅仅存活了三个,包括双胞胎四子约翰和五子卡尔以及小女儿甄妮,而长子艾比尼泽读高中时患了几个月的重病后去世,次子威廉(William Francis Vinson,1911—1912)和三子爱德华(Edward Dixon Vinson,1913—1913.1.3)②皆夭折。而最让闻声感到痛苦的是,在他们渴望的小女儿甄妮1922年9月出生后不久,任妮得了恶性疟疾,身体慢慢地虚弱下来,她被送往北京治疗,但回天无力,于1923年3月25日下午1:30去世。4月7日,任妮被安葬在海州一个小小的传教士墓地里,旁边紧挨着的是她的两个幼子威廉和爱德华,在用中英双语举办的简单的葬礼上,无论是中国人还是外国人都非常悲痛,泪水直流。几周后,她的中国朋友举办了一个大型的纪念活动,来了一千多人,包括当地军队和政府官员的代表,他们致辞以献给这位杰出的女性:她是一位出色的传教士,充满热情,能力出众,具有全心奉献、自我否定和自我牺牲的献身精神③。

1927年3月,蒋介石指挥的北伐军攻入海州,因军纪涣散,士兵大肆抢劫,毁坏传教站和设施,在南京杀死几名传教士,迫使海州的传教士撤离返美。2年后,闻声牧师返回海州,将他的三个孩子留在了弗吉尼亚州的列克星敦,让孩子们的姨母、任妮的七姐莉拉(Lila,即Maria Elizabeth Junkin,1869—1937)照看着。闻声继续他的最幸福也最富有成效的工作,他辗转于乡村进行布道,也在慕赓扬博士所在的义德医院做些助理活动,直到1931年那个不幸的万圣节前夕。

1931年10月底,闻声牧师去离传教站东南方向大约30英里(约48公里)的乡村教堂——灌云县杨家集(今杨集)教堂传教。杨家集教堂是闻声1910年创建的,他每隔一到两个月来此讲道一次,日常事工由本地信徒主持,先后在此传道的中国人有任宇治、郭光恩、李振怀、李奎、单昭凯等④。31日(星期六)晚上,一群600多人的强盗突然袭击了沉睡中的小镇,一开始"强盗只是进进出出闻声所住的小教堂,然而到了星期天凌晨3点左右,一帮强盗强行闯入。先是威胁并抢劫了闻声的几个助手,最后进了闻声的卧房,抢走了他所有的东西,包括一件大衣。一个强盗穿着抢来的大衣将闻声劫持,星期天晚上夜幕降临时,强盗们离开了镇上,带着他们抢劫的财物,并将150多人扣为人质,其中包括闻声。第二天(11月2日)早上,一个人质逃了回来,报告说在杨家集以东的某个地方看

---

① Jeanie deForest Junkin(1877-1923).发表日期:1998年1月1日,http://www.frontierfamilies.net/family/junkin/family/EIIJJ.htm,访问日期:2012年12月2日。

② 按:这个孩子去世的时间来自一位女传教士写给《传教士调查报》的信,信中说:"我们对闻声夫妇丧子之痛表示深深的同情,1月3日,他们在痛苦中再次失去一个儿子。他们给孩子洗过澡之后,就让孩子独自睡去,几个小时后,他们怀疑孩子怎么没有像往常一样按时醒来,过来才发现孩子已经去世了。闻声的妻子任妮写道:'孩子被安葬在我们传教士小小的墓地里,我们的另一个孩子也埋在这里。米德安先生主持了一个非常温馨的葬礼,年长的外国男孩们充当护柩者。'"参见"A letter from Miss Mary Kirkland." *The Missionary Survey*, 1919, 4(5), p.268.

③ "A letter from Mrs. Emma Bissett Rice, of Haichow, China: Death of Mrs. J. W. Vinson." *The Missionary Survey*, 1923, 13(7), p.511.

④ 江苏省灌云县地方志编纂委员会:《灌云县志》,北京:方志出版社,1999年,第902-903页。

到闻声和人质在一起。后来,一个被迫给他们搬运赃物的苦力也回来了,他报告说在同一地点看到闻声和人质在一起,双手被绑在面前。后来强盗们分成两拨人马,一拨带着闻声向东面的海边行进,一拨向西面的东海县龙苴镇开拔"①。国民政府行政院得知后,严令"江苏省政府暨江苏绥靖督办公署速派得力军队,严缉凶犯"②。政府军随后包围了这里,强盗头目问闻声是否想获得自由。他回答"当然想"。强盗头目说,只要他能写封信给政府军官,说服政府军撤离,就可以获得自由。他回答说,只要其他 150 名中国人质也能得到释放,他就写,否则不写。强盗头目说"当然不能"。他回答说:"那么我也不想自由。"当强盗们试图施暴的时候,人质们开始逃跑,其间有不少人质被杀死了。其他大部分人质都逃了出来,只有几个人,包括闻声,被强盗杀害了。因为刚动过手术身体很虚弱,行动迟缓,他没能逃出来,他的后脑勺中弹,然后被斩首。当牧师戈锐义于 4 日找到他时,他已身首异处,后被埋葬在海州的一处小小的传教士墓地里③。

闻声事件自始至终都受到美国驻南京使领馆(the Ministry of Foreign Affairs)的高度重视和密切关注,他们连续多日与美国国务院(the Department of State)之间保持频繁的电报联系,并展开相关的营救和善后处理事宜④。美国驻南京使领馆裴克(Willys R. Peck)总领事接到慕赓扬博士的电报后,立即向国务院报告"闻声星期天在海州东南 30 英里(约 48 公里)处被强盗劫持"。同时以使节的名义向国民政府外交部提出紧急交涉,要求营救被俘者,并依法逮捕和惩罚有罪各方。作为总领事,他也连续三次给江苏省政府主席发了电报。江苏省政府主席 11 月 3 日的电报说:第三次请求已获悉,我已电告东海县政府迅速抓捕匪徒并实施营救。

闻声去世后,海内外报刊皆作为重大新闻进行了报道。如《纽约时报》从 11 月 3 日起就以《中国人绑架美国传教士》《中国土匪杀害美国传教士》《美国传教士在中国遇害时的表现像英雄》等为题连篇累牍追踪报道⑤,时间持续一年之久;《华北捷报》也以《海州周边的匪患:条件正在改善,勇敢的县长》《纪念闻声:引人注目的美国传教士在海州附近被杀害事件》等为题进行广泛的报道⑥。很多传教士也都写了纪念文章,如在徐州传教的牧师海俸登(Rev. E. H. Hamilton)得悉噩耗后写了一首诗作纪念,诗的题目是"Afraid? of What?"(《恐惧? 以为何?》),副标题是"闻声牧师,一个殉教者在中国的故事"。其中最后

---

① United States. *Press Releases* (New Title: *Department of State Bulletin*). 1931, 5(92-117a). Washington D.C.: U.S. G.P.O., 1929—1939, pp.422-424.
② 中华民国行政院公报第 309 号,训令第 5927 号,民国二十年(1931)11 月 21 日,第 11 页。
③ Presbyterian Heritage Center at Montreat. *Presbyterian Church U.S. Missionaries to China* 1900-1920.发表日期:2015 年 1 月 1 日,http://www.phcmontreat.org/bios/Bios-Missionaries-China - 1900-1920 - PCUS.htm,访问日期:2019 年 7 月 4 日。
④ United States. *Press Releases* (New Title: *Department of State Bulletin*). 1931, 5(92-117a). Washington D.C.: U.S. G.P.O., 1929—1939, pp.422-424.
⑤ "Chinese kidnap American missionary." *New York Times*, 1931(3), p.3; "Chinese Bandits Kill American Missionary." *New York Times*, 1931(5), p.16; "Missionary was Hero When Killed in China." *New York Times*, 1931(10), p.2.
⑥ "Banditry Near Haichow: Conditions Which Call For Remedy: Brave Magistrate of a Hsien." *The North China Herald*, 1931-11-29, p.446; "Memorial to Mr. Vinson: Striking Tribute to Missionary Who was Murdered Near Haichow." *The North-China Herald*, 1932-01-26, p.116.

一节写道:"惧怕什么? /生所未成,以死成全/刚硬石地,用血浇灌/使灵生长,如花千万/有何可怕?"①

在海州传教期间,牧师闻声夫妇也经常为美国的报刊撰写文章,汇报在海州的事工情况。

闻声在1912年5月向《传教士调查报》汇报招收信徒的经验时说②:

> 两个星期前,有范姓叔侄俩在这里受洗。年轻人叫范素奇(音译,Fan Suchi),在离海州4英里(约6.5公里)的新浦的一家面粉厂工作了几年。大约三年前,他的辫子被机器绞着了,头皮都被剥了下来,一只眼睛也被打瞎了。去上海治疗了数月后回到远在清江浦的家里,在清江浦仁慈医院又住了六个月,基本康复后就来新浦开始工作了。他每周定期来义德医院治疗一两次。在医院治疗期间,他接受了福音,经过认真考核,得以受洗。虽然一次意外使他失去了一只眼睛,但我相信他看到了一个真正的精神愿景。他的叔叔天生是个虔诚的人,他是佛教禅理宗(音译,Tsaili)的领袖,这个宗派不吃肉类、不喝酒,也不抽烟,最初是作为祭祀的准备而成立的组织。大约两年前,他到山东省拜访一位亲戚,这位亲戚在数年前皈依了基督。他在亲戚家里听到了福音,临走前就违背了素食的誓言,还带走了一本《新约》和其他书籍。去年春天,我去了他的家乡青口,发现他福音讲得很好,到处都被人津津乐道。经过几个月的辅导后,他也得以受洗。直到几个月前,叔侄俩才相互知道对方对福音感兴趣。所以一旦播下种子,天国就会传播。天国好像一个人在地里撒种,不知道种子是怎样发芽长大的,正如他夜复一夜躺下睡觉、日复一日起床忙于其他事情一样。

任妮发表在《传教士调查报》1912年第2卷第2期上的文章《来自海州的疫情》③,将1911年夏秋发生在海州的霍乱疫情以及当地的防疫情况做了详细的汇报,文章中称:

> 大约一个星期以来,这座城市爆发了霍乱疫情,这让我们相当担忧,也让中国人感到恐惧。每天城里大约有20人或更多的人死去,还有人在我们郊区的西门外死去。之前,人们因洪水带来的饥荒就已经艰难度日了,而现在,每一条街道都充满着恐惧和沮丧的情绪。一周内,我们的一些邻居死了;老门卫也失去了两个儿子和一个儿媳妇,他的妻子也病了,看来也活不成了。他们不只是死于霍乱,也死于一种类似的抱怨、不恰当的治疗。老门卫还住在门房里,很少回家。中国人"针灸"的做法导致大量的疾病和死亡,它是治疗这种疾病的常用做法。我们告诉他们,明智的做法是暂停走动(即隔离),直到瘟疫自行消失,因为我们从来不知道如何去控制它,而中国人对传染病的传播毫无防备。我们也在房子里拍死苍蝇,因为它们是传播霍乱病菌的直接媒介,而海州是我见过的

---

① 魏外扬:《医疗传道的来华宣教士——钟爱华》,发表日期:2010年1月1日,http://www.oc.org/gb_txt/bh0016/nelsonbell-yywei.htm,访问日期:2013年9月17日。
② VINSON J W. "Two member of the Haichow Church." *The Missionary Survey*, 1912, 2(5), pp.519-520.
③ VINSON J J. "From Haichow, China." *The Missionary Survey*, 1912, 2(2), p.286.

苍蝇最多的地方。幸运的是,我们手上有一些铁丝网,牧师米德安已经为他的房子装上了,否则我们会感到不知所措。前两天,当地人采取了严厉的措施来消灭瘟疫。人们抬出城隍神和送瘟神在城里巡游——我猜想是让他们看看这座城市的困境。整个上午,有几个穿着黄色和红色裤子的男人代表城隍神和送瘟神与让全城瘟疫肆虐的魔鬼进行战斗。他们走进被感染的家庭,挥舞着刀枪,狂舞着滑稽的动作,还有人敲锣打鼓、燃放鞭炮,来"敲打"那些害人精,将它们赶出家门,聚集在我们门口河边的一条船上。这艘船全是用薄纸包起来的——一种纸和芦苇搭成的神龛。县长跟在队伍后面,在主持仪式的巫医们的信号下,燃放了一大串鞭炮,锣鼓敲得叮当作响,烧香、烧纸船,把所有的瘟疫恶魔都送进了河里!每个人似乎都心满意足地回家了,但我们看不到疫情减缓的迹象。如果他们只知道偶像崇拜,而不知道卫生和预防的重要性,那怎么可能扼制得住呢?!

任妮也对如何吸收妇女信教做了汇报[1],她说:

  一个40多岁的瘦弱女人,被两个男人用担架抬着来到医院,她头都抬不起来,还小声啜泣着,担架是两根木杆中间用绳子编织而成的。"有什么麻烦吗?"义德医院院长慕赓扬医生问道,然后就把他们带进一所泥土地面的小土屋里诊治。"她魔怔了,她已经花光了所有的钱,又烧香又烧纸,但病情越来越严重。她说的话都不是自己的,魔鬼让她胡言乱语!"经过进一步的问诊,并深挖病史,她得到如下建议:"现在,你要吃盐、镇定药和消化药这三种药,要遵医嘱,尽量吃点东西,最重要的是停止向魔鬼祈求;无视它,要向米德安太太或闻声太太询问如何向真神祈祷。"王太太遵循医嘱,完全相信她所受的教导,现在,8年过去了,她成为我们最值得信赖和最有用的圣经妇女之一。她坚信,耶稣基督和慕赓扬医生的药物可以驱除魔鬼!

  我的朋友张六太太想买一本《圣经》和一本《赞美诗》,想去《路加福音》班学习,"希望成为一个基督徒"。她已经识字了,之前,我们已经开始教很多妇女识字。有一天,谢三太太向我介绍一个三十出头的妇女,显然,这个妇女的身体状态一点都不好,贫血严重,后来我听说她"魔怔"了。在星期四的课中,张六太太又遇到了她,就急切地对她说:"你必须去看慕赓扬医生,让他给你一些药,你必须向耶稣祈祷、学习圣经,魔鬼才会走开。我曾经病得很厉害,胡言乱语,嘴唇发青,手指抽筋。我吃了慕赓扬医生的药,看了《圣经》书,向耶稣祷告,短短几天我就好了,魔鬼从此不来打扰我了。"她相信魔怔,当然,她也魔怔了。难道不是每个人都告诉她,她魔怔了,而现在魔怔消失了吗?趁此机会,当我们学习耶稣基督驱赶魔鬼的时候,我试图强调这样一个事实,我们每个人都有一个"魔鬼"需要与之战斗,耶稣基督只能驱赶他们的脾气、贪婪、骄傲、污秽、任性、不服从父母、自私、迷信等等。三周前,程太太由圣经妇女王太太带到了诊所,王太

---

[1] VINSON J J. "Demon Possession?" *The Missionary Survey*, 1919, 4(8), pp.484-485.

太也曾"魔怔"过。慕赓扬太太给她的治疗方法和几年前王太太一样,因为她也声称中了魔怔,也伴有歇斯底里的所有症状。两天后,王太太报告说,程太太几个月来第一次连续两个晚上都睡得很好。她还说,一些信徒妇女一直祈祷和劝诫她,魔鬼再也不会回来了。第二天,米德安夫人在王太太的家里上课,程先生进来请求她来和他的妻子谈谈。"我很忙,正在上课。改天再去。""不行啊,请现在就来吧。我就在院子里坐着,直到你上完课,然后给你带路。"所以她去了,试图得到一点真相,可以让自由进入黑暗的内心。从王太太病例的结果来看,为近期的这两个人坚持、上课、事工都是值得的吗?我们认为值得!你认为呢?"与上帝同在,一切皆有可能。"

闻声夫妇的双胞胎儿子约翰和五子卡尔正在读高中,父亲的死讯让他们觉得是上帝带走了他。卡尔决定成为医生,约翰决定成为传教士,九年后,他们完成了学业,一起来到中国事工。卡尔在清江浦仁慈医院行医,成为钟爱华博士的同工,约翰到上海布道,1949年一起返回美国。约翰1936年毕业于华盛顿和李大学,获文学学士学位;1939年毕业于弗吉尼亚州联合神学院,获神学学士学位;1939年9月10日由北卡罗来纳州阿尔伯马尔长老会(Albe Presbyterian)按立为牧师;1939—1940年在阿尔伯马尔长老会下的小教堂实习;1940年到上海传教;首任妻子是露茜(Lucy Boone,1919.11.1—1952.1.21),他们于1941年1月18日在上海结婚①;他的第二任妻子是伊莱恩(Elaine Faucett,1925.12.21—?),他们于1953年2月23日结婚。卡尔的妻子是奥莉芙(Olivert Castile,1914.12.5—2002.1.22),他们于1940年6月27日在得克萨斯州的加尔维斯顿结婚;二战来临时,他们夫妇俩被关进日本在上海的集中营里,差点饿死。闻声夫妇的小女儿甄妮于1948年8月27日嫁给了牧师罗伯特(Robert Cameron Urquhart,1921.7.5—?);罗伯特生于伊利诺伊州埃文斯顿(Evanston),毕业于神学院,夫妇俩成为美南长老会在朝鲜半岛的传教士,一开始在釜山(Pusan)和安东(Andong),后来到大邱(Taegu)等地②。

牧师李云汉

> **说明** 牧师李云汉(1911.6.20—2002.4.14),字冲霄,山西永济(今山西省运城市永济市)人。出身贫苦,少年时期靠为教堂干些挑水、劈柴、打扫等杂活为生,后被送入教会学校学习。1929年入读山西洪洞道学院,其间因志同道合与年长3岁的同学鄂淑华订婚;1931年入读山东滕县华北神学院。妻子鄂淑华(1909.8.19—),内蒙古萨拉齐(今内蒙古包头市土默特右旗萨拉齐镇)人,今年已112岁,身体仍很健朗。本姓葛,因家境贫寒,且前面已有2个姐姐,而在6岁时遭遗弃,被萨拉齐救婴堂收养,救婴堂的创办人为内地会瑞典传教士鄂必格牧师(Pastor Gusduv Oberg)夫妇,遂改姓鄂。少年时期,在救婴堂办

---

① SCOTT E C. *Ministerial Directory of the Presbyterian Church*, U. S., 1861-1941. Austin, TX: Press of von Boeckmann-Jones Co., 1942, p.700.

② RAMSEYER R A. *The First One Hundred Years of Second Presbyterian Church*, Bloomington, Illinois. Bloomington, Ill.: Second Presbyterian Church, 1956, p.102.

的三妙女校学习,毕业后到山西大同首善医院学做护士一年多;山西洪洞道学院毕业后留校任教2年;1933年到山东滕县华北神学院进修学习。1934年,李云汉毕业后两人结婚①。

婚后他们先后在山西曲沃、湖北郧阳传道,又在山西洪洞道学院教书一年。1936年8月,他们带着刚出生的女儿从青岛乘船来到朝鲜半岛,取道汉城(今韩国首尔)到清津(今朝鲜咸镜北道首府)、会宁为华侨传道;抗日战争爆发后,他们从朝鲜半岛回国,不幸的是传道期间长女因患恶性痢疾夭折;1937年冬,来到海州福音堂住堂传道。无论在哪里,对讲道、布道、教诗、晨祷、家访等,他们都分工合作,如同一人②;1938年到1941年、1946年到1948年海州解放前夕,牧师明乐林分别从上海华洋义赈会以及联合国救济总署、国民党行政院救济总署和美国教会援华救济委员会等机构要来诸如医疗器械、衣服、小麦、面粉、大米、牛奶、罐头等大批救济物资,李云汉协助牧师明乐林将之分发难民,始终两袖清风,不沾一褴一缕。1947年李云汉被按立为牧师;1948年海州解放后,李云汉主持海州(西门外)基督教堂;1959年,海州教堂与新浦基督教堂合并为新浦基督教堂,李云汉来新浦基督教堂主持教务;"文革"期间,教堂全部房屋被占用,李云汉遭"红卫兵"冲击,基督教活动停止;1979年,改革开放后,部分基督教徒开始活动;1981年,落实宗教政策,新浦基督教堂房产全部归还教会,8月,正式开放,成立由李云汉牧师任组长的7人管理小组;1983年5月27日,连云港市基督教第一次代表会议在新浦区(今海州区)召开,成立了连云港市基督教"三自"爱国运动委员会,李云汉当选为第一届主席;1988年5月26日召开第二次代表会议,同时成立连云港市基督教协会,李云汉当选市基督教"三自"爱国运动委员会第二届主席、市基督教协会第一届会长③。

历任连云港市第三、四、五、六、七届人民代表大会代表、常委④,政协连云港市委员会第二、三、四、五、六、七届委员、常委⑤。

"李牧师讲道深受信徒欢迎。一位弟兄记述他听道的感受:'李牧师讲道紧扣经文,语言简练,逻辑严谨,说理深刻,举例贴切,有比喻,善联想,明白易懂。语调深沉有力,渗透丰盛的爱主情感。'"⑥

牧师甘瑞兰

说明 牧师甘瑞兰(1892—1971),字树祯,湖南长沙人。1916年,在江西萍乡县安源煤矿局工作;1924年来海州;1925年考入山东滕县华北神学院;1929年毕业后先在东北四平教堂事工,一年后受聘新浦基督教堂任牧师;1942年5月,苏淮中华基督教大会在徐

---

① 鄂淑华:《神用苦难造就我——我经历的三次火的试炼》,《天风》1994年第5期,第19-20页。
② 刘西三:《风雨同路 忠心事主》,《天风》1999年第7期,第26-31页。
③ 江苏省连云港市新浦区地方志编纂委员会:《新浦区志》,北京:方志出版社,2000年,第583-584页。
④ 《连云港市人民代表大会志》编纂委员会:《连云港市人民代表大会志》,北京:方志出版社,2014年,第93-190页。
⑤ 中国人民政治协商会议江苏省连云港市委员会:《连云港市政协志》,1997年(内部资料),第211-242页。
⑥ 刘西三:《风雨同路 忠心事主》,《天风》1999年第7期,第26-31页。

州成立,甘瑞兰当选为副会长,同年6月,海州分会成立,会址设在新浦基督教堂,甘瑞兰任会长;1946年底,徐州苏淮中华基督教大会改为中华基督教江淮大会,海州分会随之改为江淮基督教海州区会,并加入上海中华基督教总会,次年7月,甘瑞兰当选为中华基督教江淮大会执行委员会副会长;1957年4月,在徐州成立徐州区会,甘瑞兰当选副会长;新中国成立后,甘瑞兰主持新浦基督教堂①。

1950年10月13日,海州义德医院更名为中华基督教会新海连市私立义德医院,甘瑞兰任院总会副会长;同年,在全国40余位基督教知名爱国人士发表中国基督教《革新宣言》时,带头在信徒中开展签名活动,拥护中国基督教与外国教会断绝关系,走"自治、自养、自传"的道路;1948年11月海州解放后,主持新浦基督教堂活动;1951年,赴上海参加华东地区讨论美国差会办的医院、学校移交会议,经办海州义德医院移交给人民政府的签字手续;同年,担任新海连市抗美援朝分会常务委员,在新浦基督教堂发动信徒为抗美援朝捐献大量钱物,4月23日,徐州基督教区会成立,新浦基督教堂隶属其领导,任区会副会长;1958年,海州(西门外)教堂与新浦基督教堂合并为新浦基督教堂,甘瑞兰被错划为"右派",原海州教堂牧师李云汉来新浦基督教堂主持教务;"文革"期间,教堂全部房屋被占用,甘瑞兰遭"红卫兵"冲击,全市基督教停止活动。

1950年11月起,历任连云港市第一、二届各界人民代表会议代表②,政协连云港市委员会第一届委员、常委③。

妻子凌侠卿(1901—1985),江苏宿迁人,年少时就读于教会学校宿迁市女子中学,毕业后从教7年,其间在山东滕县华北神学院就读2年;后来,在新浦教会担任妇女聚会讲道、妇女事工及司琴。家里虽不富裕,却经常周济穷人④。

女儿甘黎明(1937—),1985年被按立为长老,1988年被按立为牧师。1983年5月27日,连云港市基督教第一次代表会议在新浦区(今海州区)召开,成立了连云港市基督教"三自"爱国运动委员会,当选为秘书长,后任副主席兼秘书长;1988年5月26日,连云港市基督教"三自"爱国运动委员会召开第二次代表会议,同时成立连云港市基督教协会,当选为市基督教"三自"爱国运动委员会第二届副主席、市基督教协会副会长兼总干事。2003年12月起历任市基督教"三自"爱国运动委员会第三、四、五届主席,市基督教协会第二、三、四届会长;江苏省基督教"三自"爱国运动委员会第五届副主席,江苏省基督教协会第三届委员;中国基督教"三自"爱国运动委员会第六、七届委员,第七届常委,中国基督教协会第四、五届委员;市基督教中心堂主任牧师。历任连云港市第八、九届人民代表大会代表、常委,江苏省第七届人民代表大会代表,第八、九届全国人大代表⑤;政

---

① 江苏省连云港市新浦区地方志编纂委员会:《新浦区志》,北京:方志出版社,2000年,第588页。
② 《连云港市人民代表大会志》编纂委员会:《连云港市人民代表大会志》,北京:方志出版社,2014年,第90-92页。
③ 中国人民政治协商会议江苏省连云港市委员会:《连云港市政协志》,1997年(内部资料),第215页。
④ 连云港市地方志办公室:《连云港人物志》,北京:燕山出版社,1996年,第30-50页。
⑤ 《连云港市人民代表大会志》编纂委员会:《连云港市人民代表大会志》,北京:方志出版社,2014年,第90-92、517、520页。

协连云港市委员会第六、九届委员、常委①,第九届副主席②。

新浦历史沿革

说明 新浦是连云港市政治、文化、经济中心,位于海州古城东北方向约 5 公里处,现为海州区的一部分。

新浦的出现要比板浦晚几千年,但发展要快很多。1905 年,随着临洪口、大浦港埠自行开埠,对外开放,作为大浦港埠的城镇依托和重要经济补给地的新浦,经济上得到了迅速的发展,人口数量迅猛增加。1925 年 7 月,陇海铁路修至新浦,新浦因之进一步繁荣,成为连云港新兴的经济中心,前河(今市化路)和后河(今沈圩桥东西一段盐河)之间的一块陆地尤其热闹非常,这给宗教的传播提供了机会和场所。1911 年,慕赓扬与闻声来到新浦,租用后街民宅(今建国路 390 号)作为教堂;经营多年后,信徒增加至上百人;1921年,遂将教堂迁至福利昌巷现址。

正如对金代"临洪场"的位置判断,知州廖世昭于明嘉靖元年(1522)初修、权知州事张峰于嘉靖四十三年(1564)重修但未刊刻、知州郑复亨增补《恩典》和《词翰》两卷后成书于隆庆六年(1572)的隆庆《海州志》上虽然没有新浦这一地名,但可以推断至晚自金大定二十五年(1175)到嘉靖四十三年(1564),新浦一带早已是临洪场的一部分,而且随着黄河泛滥带来的泥沙淤积,海岸线不断向东推进,盐场和海滩陆地不断向东延伸,致使新浦逐渐变成适宜人类聚居的陆地。

"新浦"一词最早是以"新浦口"的名称出现的。"浦"和"口"在连云港市的地名中出现较为频繁,而且经常连用。"浦"是指沿海岸线附近滩地上无特定来源、季节性向海里排水的小水系,"口"一般指比较固定的河流的入海处。隆庆、康熙和嘉庆三部《海州志》中都记录了大量的"浦""口"地名,如"小浦:在州治东南七十里,其源西南自官河""于公浦:去东海城北十里,旧云汉于公居处"等"东海诸浦"十几处,"外通海潮,内受山涧之流,咸淡交蒸流于荡"③;如"荻水口""柘汪口""青口""灌河口"等;如"徐渎浦口""卞家浦口"等。

始纂于清嘉庆九年(1804)"夏五月",修成于嘉庆十年(1805)冬十一月的嘉庆《海州志》记载了"新浦口"的名称,但此"新浦口"当时位于孔望山东北的盐河上,即今西盐河与玉带河交叉口附近。嘉庆九年(1804),海州知州唐仲冕新开海州甲子河,是年恰逢甲子故名。甲子河从海州古城东门沿东护城河向北,在北护城河拐弯处折向东,在海州古城东北,也就是孔望山东北的"新浦口"进入朐山河(即今盐河),向南与板浦相连,是一条沟通板浦与海州的航道。之所以要开挖甲子河,是因为从板浦到新浦口是盐运主要通道,

---

① 中国人民政治协商会议江苏省连云港市委员会:《连云港市政协志》,1997 年(内部资料),第 145-150 页。
② 中共江苏省委组织部、中共江苏省委党史工作办公室:《中国共产党江苏省组织史资料(1987.10—2012.12)》,北京:中共党史出版社,2015 年,第 539 页。
③ 《(隆庆)海州志》卷二"山川·诸水","天一阁藏明代方志选刊",上海:上海古籍出版社,1962 年影印版,第60-62 页。

"中河旧引盐闸清流,经安东莞渎至武障、顶冲,受六塘河而北汇板浦,为场河。又自板浦历卞家浦过孔望山,出州北为新浦。皆鹾运所经,工归纲贾"。但是从新浦口到东门大约有七八里路,虽有水道,却是两岸碎石挡道,"舟楫不同,城无市廛,米薪缺乏"。知州唐仲冕亲力亲为,组织民工,劝募士绅,"凡用钱七千七百五十一缗,五旬而成"①。其中的"中河""场河"皆为今西盐河,又称盐运河、盐场河、官河、漕河、盐河等,是一条人工开凿的内河河道,北至淮安府,南至海口。而海口是随着海岸线的不断推进而东延的,自唐睿宗垂拱四年(688)开凿"新漕渠"②,历代皆有疏浚并东拓,从板浦口到卞家浦口,最后于嘉庆三年(1798)拓至新浦口。在今新浦周边为临洪场[雍正六年(1728)已经与赣榆的兴庄场合并为临兴场]建立盐坨,在前河建立盐运码头,成为淮北继板浦之后的又一淮盐集散地,逐渐聚集大量的盐民灶户,吸引了苏北鲁南的大量盐、粮、豆、饼、油等客商来此经营,将之前形成的临洪滩、河南庄、马跳、马庄等村落聚集成商业发达的市镇——新浦。

尤其到了咸丰年间(1851—1861),以刘兆垣为代表的刘氏家族在东海富安经营了近400年后,拥有了盐田、农田和商铺,积累了一定的财富,但因发现随着海岸线的东移,东海富安原有的地理优势已然不存,而新兴的新浦具有"临洪河环绕其西北两面,有盐运河流灌其南,龙尾河延带于东,而盐运河东汇龙尾河,西接临洪河,其地位适当三河围绕之中,成一椭圆形之平畴"③的巨大地理优势,加之前期形成的商业聚集效应,因此将家族产业悉数南迁至新浦。光绪十八年(1892),新浦天后宫的创建,使得新浦商业重镇的地位得到进一步巩固。正如创建人刘振殿在《创建新浦天后宫记》碑中所记载:"新浦据蔷薇河下游南岸,上沿沭河,为运河尾闾,河流所及之,土货泛而至焉。渤海商舶,因是翔集,而交易成然。""余童年至此,茅屋星星,帆樯环之。""至是庙落成后,商业日兴,经营乃有今日。"④

光绪末年,海州沈云沛、赣榆许鼎霖等在京师等外地做官的地方开明士绅陆续在新浦创办槽房、杂货店及油饼、面粉等一批新式民族企业,来自各地的客商也在今民主路两边开设药店、茶庄、旅社、酒肆、布坊、金银铺、银行分支机构、照相馆等各式店铺,这对新浦的兴盛起到了巨大的推动作用。光绪三十一年(1905),新浦为临洪镇治,位于临洪口的大浦港埠自行开埠、对外开放,新浦作为大浦港埠的城镇依托和重要经济补给地,人口数量迅猛增加,经济上得到了迅速的发展。宣统二年(1910),新浦隶属于海州临洪市。

民国元年(1912),裁州立县,海州直隶州设为东海县,旋又析出灌云县。民国二年(1913),新浦开设了第一个新式学堂东海县第二国民小学,之后各类新式中学相继开办;民国十四年(1925)七月,陇海铁路修到大浦港,新浦因之进一步繁荣,成为名副其实的新兴的商业中心和经济中心;次年冬,国民党东海县党部第一次代表大会在新浦召开;自民

---

① 唐仲冕等修,汪梅鼎等纂:《海州直隶州志》卷十二《考第二·山川二·水利》,清嘉庆十六年刊本,台北:成文出版社有限公司,1970年影印本,第216页。
② 《新唐书》卷三十八《志第二十八·地理二》,北京:中华书局,1975年,第991页。
③ 陈果夫:《江苏省政述要·地政编》,台北:文海出版社,1983年,第35页。
④ 连云港市重点文物保护研究所:《连云港石刻调查与研究》,上海:上海古籍出版社,2015年,第117页。

国十九年(1930)起,中共也相继在黄包车和码头等工人中间成立了新浦支部,使得新浦进而成为政治和文化中心。

1948年新浦解放后,中共鲁中南行署转山东省政府命令,原东海县境域内的新浦、海州、连云港以及云台山地区划出,成立新海连特区,新浦与海州合并成立新海市;1949年,新海连特区改称新海连市,同时撤销新海市,新浦同时有新华、新龙和民主三个区;1950年5月,新海连市与东海县合并成立新海县,同年12月撤销新海县,新海连市恢复建制;1951年新华、新龙和民主三个区撤销,将新浦分东西设立龙尾和盐河两个区;1955年,龙尾和盐河两个区合并建立新浦区,1961年新海连市改称连云港市;1983年,新浦区与海州区合并成立新海区;1986年,新海区撤销,新浦区恢复①。2001年10月1日国务院批准,撤销云台区,辖地划归新浦区和连云区;2014年5月,国务院批准,撤销赣榆县建制,设立赣榆区,原新浦、海州二区合并,设立新的海州区。自此,新浦作为一级区政府的地位不存,但作为一个历史地名将永存史册。

海州福音堂

图3-2s 海州福音堂南立面
来源:自摄于2012年12月19日

> 说明 海州福音堂(见图3-2s)位于海州老南门里中南路东首,民国九年(1920),美国南长老会牧师明乐林、戈锐义共同创建。

---

① 江苏省连云港市新浦区地方志编纂委员会:《新浦区志》,北京:方志出版社,2000年,第1-4,57页。

海州福音堂位于居民区内,坐北朝南。占地面积约 6 600 平方米,平面呈四合院式建筑构造。"文革"期间,东、西、北面的建筑皆被拆除,改建成了民房。目前所保留部分为福音堂入口处的钟楼部分,现在也被居民占据,保护状况堪忧。

图 3-2t　福音堂南门结构

图 3-2u　福音堂大门右面门窝上雕刻"卐"字图案

来源:自摄于 2012 年 12 月 19 日

福音堂钟楼建筑风格呈中西合璧式,东西长约 13 米,宽约 5 米,建筑面积约 150 平方米,东西五开间,石墙及顶,呈灰白色,高 6 米,东西硬山式山墙,高出屋顶约 1 米。中部为钟楼,高约 8.5 米,三层,每层一间。一层为进出通道,南北均为典型的罗马式半圆形拱券结构,南面有大门(如图 3-2t),向内缩进约 1.5 米,门框向外凸出,门窝基石上左面雕刻"卍",右面雕刻"卐"字标记(如图 3-2u);在大门正上方二层位置的墙上嵌有"福音堂"三字,"文革"期间被铲平,现隐约可见;一层北墙西面建有外楼梯直通二层,二层内部附设楼梯通三层;第三层为钟楼,四面建有圆形孔窗,带有西方古典建筑形态。钟楼顶部四周原建有青砖花式女儿墙 0.8 米,中间也应该有高高的十字架竖立,"文革"期间被拆除,改建成了斜坡屋顶,青瓦铺面。

福音堂钟楼南主立面分东中西三部分(见图 3-2v)。中部是钟楼兼大门通道,高三层,单间;钟楼东西两边建筑对称,高 6 米,各两层二开间,为硬山式建筑。屋顶为斜坡小红瓦铺面,屋檐采用青砖"T"字形斗拱样式,矩形窗框构造,具有浓郁的中国传统建筑色彩。

牧师明乐林和戈锐义不定期来堂主持讲道、辅导,并为信徒受洗,日常事工由中国籍牧师负责。福音堂的最后一位传道人为牧师王恒泰。

图 3-2v　海州福音堂南立面图
来源：自制于 2015 年 3 月 28 日

牧师明乐林

说明　牧师明乐林（Rev. Wilfred Campbell McLauchlin，1887.12.23—1970.7.29），生于北卡罗来纳州韦兹伯勒（Wadesboro），父亲卡帕特（Capt John Calvin McLauchlin），母亲玛丽（Mary Elizabeth Caraway McLauchlin）。1907 年以文学学士学位毕业于戴维森学院；1907—1908 年在南卡罗来纳州达令敦县（Darlington）的一所高中任校长；1908—1909 年从事保险业务（ins bus）；1909—1912 年就读弗吉尼亚州联合神学院，获神学学士学位；1912—1913 年与霍格团契（Hoge Fellowship）一起继续学习一年，1912 年在梅克伦堡（Mecklenburg）长老会按立为牧师；1913—1916 年居住在北卡罗来纳州韦兹伯勒，为海外传教四处游说；1914 年 5 月 13 日，与来自弗吉尼亚州里士满的伊丽莎白（Elizabeth Wilson McLauchlin，1887—？）结婚；1916 年 3 月，明乐林被差派到中国宿迁；1920 年，夫妇俩转来海州；1941 年太平洋战争爆发，在海州的传教士全部撤离，有的去了上海，有的去了日本，明乐林夫妇返回美国；1941—1942 年，他们居住在弗吉尼亚州里士满；1943—1945 年在北卡罗来纳州伯灵顿（Burlington）担任代理牧师；抗战胜利后于 1946 年返回中国，直到 1949 年；1950 年撤离到日本后[①]，他们一直为居住在神户的中国基督徒事工，直到 1961 年返回美国；1961—1964 年在北卡罗来纳州夏洛特伊斯敏斯特（Eastminister）教堂担任代理牧师；1964—1970 年在北卡罗来纳州中国林（China Grove）的以马内利（Immanuel）教堂事工，直到去世。曾获荣誉文学学士学位（Bachelor of Arts

---

① SCOTT E C. *Ministerial Directory of the Presbyterian Church*，U. S.，1861-1950. Atlanta：Hubbard Print Co.，1950，p.452.

with Honor)①,戴维斯学院神学博士②。

明乐林的妻子伊丽莎白·威尔逊,生于弗吉尼亚州里士满,13岁时进入威斯敏斯特女子中学(Westminster School for Girls)学习;18岁时入读家乡的弗吉尼亚州联合神学院接受圣经培训达2年;19岁时(1906年)被差派到中国宿迁从事传教事工。

明乐林夫妇共育有两个女儿,长女安妮(Annie McLauchlin),1936—1941年在伊利诺伊州惠顿学院(Wheaton College)学习,获荣誉文学学士学位。次女凯瑟琳(Catherine McLauchlin),1939—1944年也在惠顿学院学习,1943年6月16日与帕特森(Lyle Warren Peterson,1921.4.16—?)在弗吉尼亚州里士满结婚。帕特森生于密歇根州卡尼镇(Carney),父亲查尔斯(Charles Leonard Peterson),母亲艾尔玛(Alma Elvira Nelson);1939—1943年在惠顿学院学习,获文学学士学位;1943—1946年在哥伦比亚神学院学习,获神学学士学位;1946年6月30日在密西西比州默里迪恩(Meridian)长老会按立为牧师;1946—1947年在皮卡尤恩(Picayune)第一教堂担任牧师,在路易斯安那州(Louisiana)斯莱德尔市(Slidell)担任代理牧师;1948—1949年在耶鲁大学法学院(Yale University Law School)学习;1949年夫妇俩在日本传教③。

在海州传教期间,明乐林与戈锐义一起于1920年在海州老南门里中南路东首建立福音堂,伊丽莎白负责白虎山下的乐德女校和福临妇女学校的事工,重点在有地位的妇女界传教,发展信徒。20世纪30年代初期,连云港口在北云台老窑开始建设,这里"背山临海,风景如画,附近海中一山屹立,名曰东西连岛,岛南水势稍缓,宜于停泊,故政府已于该处兴工筑港。两年以来,交通便利,人数骤增。惜居民多惟利是图,忽视道德,偶从街过,妓女满目,牌声震耳,整个社会,早成欲海矣。该港因兴筑未久。教堂尚未建立,千余工人,无处听闻真理,十余教友,无处集合敬神,六月十一日,海州教会明乐林牧师,特请三位传道先生,携带帐棚,前往宣道。初将大棚支搭海滨,俾便一般筑港工人,易于集合,嗣因海风骤起,支搭较难,乃移至山麓,沿途请工人听道。十七日,明牧师偕同师母,并一传道人,亲莅此处,听者渐多。虽天气炎热,地多潮湿,然仍席地而听,久留不去,偌大布棚,几告人满。该处教友陆续齐集,或任招待,或任宣讲,圣灵动工,人心备受激动。次日,明牧师夫妇,因事赶回海州,听众仍异常踊跃。男女教友,亦照旧协助。十九、二十两日,自动报名愿慕真道者计二十五人,该港教友,亦于廿日下午自动集合,同心祷告,并议决自下礼拜起,轮至各家聚集礼拜,又上公函,请求明牧师,速派传道,专驻该港,教导听众,景况极称圆满云云"④。

1946—1947年间,明乐林担任联合国善后救济总署海州办事处主任、国民党行政院善后救济总署海州办事处主任、美国教会援华救济委员会委员等职务,并在以后的几年中,利用联合国救济物资在义德医院南院教堂开办"儿童施粥场",赈济救灾;1946—1948

---

① 荣誉学位包括最高荣誉(Highest Honor)、高级荣誉(High Honor)和荣誉(Honor)学位。
② *Biographical Index of Missionaries — China*,发表日期:2015年1月1日,http://www.phcmontreat.org/bios/Bios-Missionaries-China.htm,访问日期:2019年7月4日。
③ SCOTT E C. *Ministerial Directory of the Presbyterian Church*, U.S., 1861-1950. Atlanta: Hubbard Print Co., 1950, p.539.
④ 陈徽吾:《连云海港布道盛况(江北):明乐林布道动听,廿五人记名学道》,《通问报·紧要教务》1935年7月,第26号(总第1647期),第6-7页。

年,明乐林还担任海州义德医院的负责人。

明乐林也经常将传教期间的一些事工情况报告给《传教士调查报》,如他在1921年5月份发表的文章《海州的幸福时光》①中称:

>前几个月是我们度过的最好的日子,整个海州地区对我们来说都是全新的,各方面与宿迁大不相同,到目前为止,我们还在熟悉中。现在全中国人民都在发泄着心中的不满,因为日本侵略了满洲和山东,让他们失去了建立一个稳定和公正政府的机会。这种情况就让很多人觉得可以给福音一个真正的机会,让聆听者获得上帝拯救的力量。前不久,我们在海州教堂举行了一系列布道会,每次房间都被挤满了。在布道会的最后两天,我向大家发出了邀请:"如果你们已经下定决心要接受耶稣基督做你们的救主,并且愿意参加圣经班,研学上帝的福音,愿意在基督耶稣里寻找真理,那么请把你们的名字说出来吧。"结果有近一百人说出了自己的名字,从此,我们一直在为他们上《圣经》课。这些人既有一批老学究,也有一批公办学校的师生。当然,现在不可能知道这些人中有多少人会被证明是真正的信徒,但看到这么多人,我们心里还是很高兴的,因为之前他们不是无视福音,就是公开地与福音抗争,所有参加聚会的人都宣称他们现在相信耶稣基督,并想研学上帝的福音。其中一个出来认罪的老人不住在海州,住在离这里50英里(约80公里)的地方,他说他要回家去教导他的家人和邻居,他还央求我们去他家乡开个礼拜堂。
>
>本周是在海州考核查经人的时间,看看哪些人已经准备好受洗。当男校宣布这一消息时,有30名男生以自己的名义要求受洗。你可能很难看出这一点的重要性,因为当一个来自异教家庭的男孩想要背叛他父母的异教信仰,站在基督的立场上时,他不可能没有意识到他在这方面的困难。这些男孩几乎都来自各种异教徒的家庭,这意味着如果他们忠于他们的信仰,在许多情况下,他们将不得不遭受迫害,直至死亡。现在快到中国的农历新年了,这些男孩就要回家了。在新年假期里,祖先崇拜达到了顶峰。假设这些男孩拒绝崇拜祖先的牌位,对他们的异教徒父母来说,这肯定是最恶劣的背叛行为,他们可能就会受到最严厉的惩罚。从伦理上讲,父亲对子女有生杀予夺的权利;异教父亲的子女,不顾父亲的反对,敢信基督,就如同但以理(Daniel)在狮子窝里面对狮子时视死如归的情形一样。大约你收到这封信的时候,中国的新年就到了,异教徒祭拜仪式达到了高潮。此时,难道不需要跪下为这三十个孩子求情,让他们在受审的时候有勇气和风度站起来吗?!
>
>在大多数家长对基督教有好感的家里,即使他们不是明显的基督徒,也很难想象在他们所爱的人之间会出现那么大的鸿沟。有一天,当我去阻止一个乡村教会的信徒允许在家里烧香时,他说:"我能做什么呢?"他继续说:"烧香的是

---

① McLAUCHLIN Rev W C. "Happenings at Haichow." *The Missionary Survey*, 1921, 11(5), pp.462-464.

我的妻子,我若强逼她住手,她必诅咒我,与我争吵,在街上大声辱骂我。我该怎么办?哪一个会更糟糕,是让她烧香,还是强迫她停止烧香,从而把家变成一个真正的地狱,从而给邻居们有机会取笑我的基督信仰?"我该怎么回答他?这不是一个孤立的案例。即使到了新的一年——1921年,在这片土地上,这个男人"从他们中间出来"①,成为上帝的人,还要遭受迫害,如果他是忠诚的,就必须"至死不渝"。当你在家里享受几代基督的恩典时,请想一想在这片土地上殉教者走过的路,他们为中国的新天地开辟了道路。

牧师戈锐义

说明 牧师戈锐义博士(Rev. Edward Smith Currie, DD,1888.9.28—1981.2.25),生于北卡罗来纳州皮茨伯勒(Pittsboro),在格伦代尔(Glendale)长大,卒于北卡罗来纳州的蒙特利特,享年93岁;父亲约翰(John Henry Currie, 1842.8.23—?)生于北卡罗来纳州摩尔县(Moore County),母亲露茜(Lucy Worth Jackson, 1861.2.2—?)生于北卡罗来纳州皮茨伯勒;有七哥一妹,排行老八②。年少时即在北卡罗来纳州坎伯兰县(Cumberland)加拉提亚(Galatia)教堂做义工。

1912年毕业于位于北卡罗来纳州费耶特维尔(Fayetteville)的戴维森学院,获文学学士学位,是牧师明乐林的学弟,学习期间,他还是著名的田径运动员;在北卡罗来纳州费耶特维尔的一所高中教了一段时间书之后,进入弗吉尼亚州联合神学院(UTSVa, United Theological Seminary of Virginia)学习,1917年毕业获神学学士学位,其间,1916年12月24日,北卡罗来纳州罗利(Raleigh)第一教堂将戈锐义从联合神学院召回,任命他为该教堂第二助理牧师③;1917年5月30日,转会到阿尔伯马尔长老会,旋即被推荐至费耶特维尔长老会,被认为已经圆满完成了学业,具有良好的道德特质,并经所在教会的推荐,可以进入认证(licensed)程序;7月,在满意地回答了有关候选人认证的408个问题后,费耶特维尔长老会给予认证;8月由格兰维尔长老会(Granville)按立(ordained)为牧师;1918年2月至1919年10月一战期间,在法国和德国任美国远征军(AEF, American Expeditionary Force)南卡罗来纳州哥伦比亚杰克逊军营(Camp Jackson)随军牧师(chaplain US Army),因善于摔跤而以"摔跤牧师"(wrestling parson)著称;1918年6月19日在弗吉尼亚州里士满州立联合神学院教堂与盖伊小姐结婚④;1919年9月返回罗利第一教堂,负责家庭传教事工(在教区内各教堂负责指引服务),一直服务到1920年1月,事工期间的工资由先锋圣经班(the Vanguard

---

① "Come out from among them."来自《圣经》《以赛亚书》(Isaiah 52:11)。
② SCOTT E C. *Ministerial Directory of the Presbyterian Church*, U. S., 1861-1950. Atlanta: Hubbard Print Co., 1950, p.157.
③ *The History of First Presbyterian Church Raleigh*, *North Carolina*, 1816-1941. Raleigh: Commercial Printing Co., 1991, pp.9-10.
④ *The Washington Post*. 1918-06-16, p.10.

Bible Class)资助①;1919 年 11 月 20 日,夫妇俩一起被差派到中国江苏海州传教,成为"先锋传教士"(the Vanguard Missionary),这之后戈锐义的工资分别由罗利第一教堂和先锋查经班各资助一半(每年合计 4 200 美元),盖伊的工资由弗吉尼亚州里士满金特公园(Ginter Park)教堂资助②。1920 年 3 月 4 日乘船来华,然后辗转到达海州。

来海州后,与牧师明乐林一起在海州老南门里中南路东首创建福音堂;1931 年牧师闻声被一群强盗斩首之后,是他首先找到了闻声的尸首;1937 年,因北伐战争返美,至 1938 年回到中国之前,担任列克星敦新普罗维登斯教堂助理牧师;1948 年 11 月,海州解放后,戈锐义仍留在这里,直到 1952 年初,其间因义德医院美籍医护人员全部撤离,1948—1950 年担任院长一职;9 月 1 日到中国台湾事工,一直到 1956 年荣誉退休;退休返美后,一直居住在北卡罗来纳州的蒙特利特;1963 年获得戴维斯和埃尔金斯学院(Davis and Elkins College)神学博士学位③。

在徐州传教的牧师彭永恩曾记录过一件趣事,说在海州刚解放(1948 年 11 月)时,一名解放军军官邀请戈锐义共进晚餐,在聊天中,军官说:"我听说你们美国举行了总统选举?"戈锐义回答道:"是的。""我听说你们有三个候选人。""是的。""好了,戈锐义先生,如果你现在在美国,你会投票给华莱士、杜威还是杜鲁门?"这倒是让戈锐义觉得很尴尬④,但他还是直视着军官的眼睛回答说:"杜鲁门。""很好,也就是说是那位将军。"戈锐义听说,这位军官后来对他下属说:"戈锐义这个人看来很诚实,如果他说是华莱士,我就不会相信他,我就知道他在撒谎了。"⑤

戈锐义的妻子盖伊(Gay Vaughan Wilson,1890.6.4—1980.9.30)生于弗吉尼亚州里士满,父母是凯文(John Calvin Wilson)和安妮(Annie Randolph Vaughan),有一哥六姐,排行老八,其中明乐林的妻子伊丽莎白(Elizabeth Wilson)是其七姐。1913 年毕业于弗吉尼亚州弗雷德里克斯堡(Fredericksburg)州立师范学院;1918 年毕业于长老会护理培训学校⑥。

---

① The History of First Presbyterian Church Raleigh, North Carolina, 1816-1991. Raleigh: Commercial Printing Co., 1991, pp.39-143.

② The Minutes of Fayetteville Presbytery Two Hundred and Fourth Stated Meeting, 1915(4), pp.18-21.

③ The History of First Presbyterian Church Raleigh, North Carolina 1816-1991. Raleigh: Commercial Printing Co., 1991, pp.39-143.

④ 按:之所以让戈锐义很尴尬,应该是这个时候(1948 年 11 月 2 日投票日)美国大选已经出来结果了。民主党总统杜鲁门(Harry S. Truman,1884.5.8—1972.12.26)连任成功,击败了呼声很高的共和党总统竞选人杜威和进步党候选人华莱士。1944 年富兰克林·罗斯福(Franklin Delano Roosevelt,1882.1.30-1945.4.12)第四次竞选总统时,杜鲁门被提名为副总统候选人;1945 年 4 月 12 日,时任总统罗斯福因病逝世,杜鲁门接任总统;1948 年,竞选连任总统成功。杜威(Thomas Edmund Dewey,1859.10.20—1952.6.1),曾任纽约州州长(1943—1954),1944 年和 1948 年期间两度作为共和党候选人参选美国总统,皆未果。华莱士(Henry Agard Wallace,1888.10.7—1965.11.18),曾担任美国农业部部长(1933—1940),第 32 届总统罗斯福时期担任过副总统(1941—1944),但之后民主党绕过他提名杜鲁门担任副总统,1944 年 6 月 20 日至 24 日访华,后担任美国商务部部长(1945—1946),1948 年以进步党候选人身份竞选总统,因得票太低而退出政坛。

⑤ BROWN Rev F A. "Life Under the Communists." The Southern Presbyterian Journal, 1949(6), pp.12-13.

⑥ Presbyterian Heritage Center at Montreat. Presbyterian Church U.S. Missionaries to China 1900-1920.发表日期:2015 年 1 月 1 日,http://www.phcmontreat.org/bios/Bios-Missionaries-China-1900-1920-PCUS.htm,访问日期:2019 年 7 月 4 日。

戈锐义夫妇俩共育有三子二女（一说六个子女），只有四个子女幸存下来。长女乔伊（Joe Gay Currie）是福克斯（Fox）太太，住在北卡罗来纳州的黑山（Black Mountain）；长子爱德华（Edward Currie）住在密西西比的格尔夫波特港（Gulfport）；次子戴维（David Currie）住在辛辛那提（Cincinnati）；次女安妮（J. C. Anne Currie）是赖格（Leggoe）太太，住在北卡罗来纳州的夏洛特①。

灌云县伊山镇基督教堂

说明 灌云县伊山镇基督教堂位于江苏省连云港市灌云县伊山镇朝阳社区中大街29号，东300米为盐河，西北300米为山前河，地势由西北向东南倾斜。1948年6月下旬，大伊山解放，伊山镇成为中共灌云县委及县政府驻地，是全县政治、经济、文化中心。

教堂位于灌云县城闹市区（如图3-2w），是传统的商业中心，交通方便，人流量大，是理想的宗教宣传活动场所。教堂西为居民区，南20米处为灌云实验小学东校区，北20米处为商业区，盐河西岸保留许多清代民居和老字号商铺。

教堂主体结构基本保持原貌，内部梁架（如图3-2x）和基础较好，但自然侵蚀，年久失修，人为的不合理利用和随意改造导致原貌损毁。建筑面积374平方米，坐西朝东，中式建筑，硬山顶，立字梁，内有竖柱，小瓦屋面，房屋22间，今存14间，礼拜堂内部（如图3-2y、3-2z）面阔3间13.2米，进深七檩6.4米，脊高7米，墙厚0.50米，今为基督教伊山镇分会所在地②。

不幸的是原教堂2011年被拆除，在原址上新建二层基督教堂，2015年12月底建成投入使用。

图3-2w 伊山镇基督教堂正门东视图　　图3-2x 伊山镇基督教堂内景屋顶西视图

来源：冯兴海摄于2008年12月4日

---

① *The Presbyterian Church in the United States*. Synod：Presbytery of Asheville，1979，p.204.
② 有关灌云县伊山镇基督教堂的测绘数据来自《第三次全国文物普查不可移动文物登记表》，由连云港市重点文物保护研究所所长高伟研究员提供，非敢掠美，诚挚感谢。

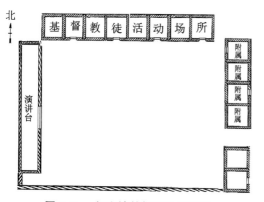

图 3-2y　伊山镇基督教堂平面图
来源：冯兴海制于 2009 年 11 月 20 日

图 3-2z　伊山镇基督教堂内景南视图
来源：冯兴海摄于 2008 年 12 月 4 日

主日学校穿棉衣的孩子们

图 3-3　主日学校穿棉衣的孩子们

[主题]　中国，江苏，海州，主日学校穿棉衣的孩子们（如图 3-3）。摄于 1910 年。

[描述]　"海州主日学校的孩子们。"照片标记为 1904 年，但慕赓扬夫妇 1905 年才抵达中国。

[尺寸]　14 厘米×9 厘米。

[说明]　该照片拍摄时间为 1915 年冬。照片底部标注的内容是"海州主日学校的孩子们"。照片右上角标注为"1904"。左三小女孩似乎也出现在图 2-9a 和图 3-6 照片中，那

么该照片的拍摄时间应该是 1915 年。

孤儿院的女孩们和她们的保姆

主题 中国,海州,孤儿院的女孩们和她们的保姆(如图 3-4)。摄于 1925 年。

描述 "10 个孤儿女孩子和她们的保姆田老太太(音译,Mrs. T)"。

尺寸 14.5 厘米×9 厘米。

说明 该照片拍摄时间为 1917 年左右。该孤儿院是牧师顾多马于 1915 年来海州后创办的,其班底是他从徐州孤儿院带来的几十个孤儿,其中就有这 10 个女孤儿[①]。这批孤儿的年龄都比较大,大约在 17 岁。1916 年创办崇真中学时,男孤儿进入崇真中学学习。1916 年义德医院创办护士学校时,从崇真中学和孤儿院分别选拔部分孤儿作为第一批学员,其余女孤儿也分批进入护士学校学习或进入义德医院担任护理事工。之后,孤儿院接收的孤儿年龄都比较小。因此推断该照片应该摄于 1917 年左右。

图 3-4 孤儿院的女孩们和她们的保姆

与孩子们一起坐在室内准备食物的妇女们

主题 中国,江苏,与孩子们一起坐在室内准备食物的妇女们(如图 3-5)。摄于 1905—1910 年。

描述 妇女们和孩子们坐在青砖砌的屋内,准备食物。

尺寸 14 厘米×9 厘米。

---

① GRAFTON L T. "Something Doing at Haichow." *The Missionary Survey*, 1916. 5(5), pp.332-334.

说明 该照片拍摄时间为1916年左右。照片中左二的妇女正在往一只碗里倒牛奶，右二的妇女正在用奶瓶给怀中的孩子喂奶（或水），可见这并不是普通人家的生活场景，应该是在孤儿院中。而海州孤儿院是牧师顾多马1915年从徐州转来海州后创办的。

图 3-5　与孩子们一起坐在室内准备食物的妇女们

站在屋外的女孩们

主题　中国，站在屋外的女孩们（如图3-6）。摄于1904年。

描述　两个女孩穿着棉衣站在屋外，一个叫"小丑丫（Little Ugly）"，另一个叫"小美丫（Little Pretty）"。照片标记为1904年，但慕赓扬夫妇1905年才抵达中国。

尺寸　9厘米×14厘米。

说明　该照片拍摄时间为1915年。该张照片的上部标注为"1904"，下部标注的"Little Ugly""Little Pretty"按照海州本地对女孩乳名取名法翻译为"小丑丫"（左）和"小美丫"（右），她们手里拿着的应该是明信片之类的东西。这两个孩子也出现在图3-3里，"小丑丫"为左三，"小美丫"为左一。左三小女孩似乎也出现在图2-9a照片中，那么该照片的拍摄时间应该是1915年。

图 3-6　站在屋外的女孩们

中国的上层妇女和她们的仆人

图 3-7　中国的上层妇女和她们的仆人

主题　中国,海州,中国的上层妇女和她们的仆人(如图 3-7)。摄于 1920 年。

描述　"一些上层妇女,背景是一些苦力或者仆人。海州,1920 年。"

尺寸　13 厘米×7 厘米。

说明　该照片拍摄时间为 1920 年。1912 年,慕赓扬博士在美南长老会的支持下创办海州义德医院,同年在医院南面海州白虎山下西北角购地创办了乐德(女子)学校和福临妇女学校(Bible Women School)。

乐德女校是小学校,初期主要招收信徒家的女孩,后期也开始向社会公开招生;福临妇女学校,又称"女讲堂",是妇女圣经学校,是专门为上层社会妇女开办的识字班和圣经培训班,以便对她们从思想意识、道德习惯、传统观念等方面施以西方教育的影响,同时利用"讲经"课程灌输基督教的基本教义。培训结束后,她们被称为"圣经妇女(Bible women)",成为传教士"最值得信赖"的"得力助手"和"主干力量"[①],被送往周边地区开展传教事工。

乐德女校

说明　美南长老会来海州后除了直接建立教堂传教、创建西医诊所和义德医院行医之外,还采用创办学校教育的措施和手段,以西方文化来影响国人,以达到吸收信徒、传播教义、培养人才的目的。截至 1912 年底,海州传教站有 3 男 3 女共 6 名传教士(医生慕赓

---

① RICE E B. "Woman's Work at Haichow, China." *The Missionary Survey*, 1911, 1(2), pp.104-105.

扬夫妇、牧师米德安夫妇、牧师闻声夫妇),创办教堂1座,支堂1座,站外布道点10个,信徒200人,正在建设中的义德医院1座①,应该说已经基本站稳了脚跟。因此,在美南长老会海外传教执委会的支持下创办了乐德女子学校,这也是近代海州地区第一所由西方传教士创办的西式学校。

乐德女校位于海州古城西南白虎山下西北角,有砖瓦结构平房20余间,学制4年,后来又增加2年作为高小学制。学校初办时仅有小学一年级一个班,有20余名学生;之后增至六年级,每年级一个班,每班学生都在20~30人,所招的学生都是基督教会教友的女孩,以后慢慢招收男生。学校有教师十余人,都是中国人,以女教师居多,其中还有金陵女大的毕业生。开设的课程有算术、国语、地理、自然、历史、常识、手工、音乐、图画、体育等,高小另开设英语、数学等。

地方文史资料及方志均认为乐德女校创办于1928年②,显然有误。1927年北伐军攻克海州后,传教士全部离开海州,有的返回美国,有的去了上海等地,乐德女校等教会学校停办。次年,海州局势稳定后,传教士返回,教会学校复办,这个1928年的记载可能与此有关。近代海州地区著名的妇女解放运动的先驱者冯若愚先生(1912—2003),1920年初小(学制四年)毕业。因国民高小只招收男生,不收女生,而她的父亲冯炽之先生是旧时进步文人,极富正义感和民主意识,提倡妇女解放,反对妇女缠足,自任海州"天足会"会长,此时正担任海州第三国民小学教员,因此将她送进乐德女校继续读高小,送次女冯自新读初小,还动员几个朋友家的女孩前往就读。1923年,冯若愚从乐德女校高小毕业③,因此可以说明乐德女校的创办时间至少不会迟于1920年。1914年,毕雅模给《传教士调查报》的文章《在海州的女性事工》中曾恳求长老会尽快差派"一位女士负责女校"④,这说明至少在1914年已经有一所女校了,不排除就是乐德女校。

1925年,美籍教育传教士、音乐教师贾淑斐女士(Miss Sophie Peck Graham, 1894—?)从杭州转来海州,担任学校校长;1938年,美南长老会派女教师宋美珠(Margaret Sells,1908.7.2—1999.12.30)来学校协助办学;1939年后在原小学的基础上增设初中一至二年级各一个班,每班有学生20人左右,此时担任校长的是中国籍基督教友朱玉兰女士;抗日战争期间,1940—1941年暂停,1942年复校;1948年11月,海州古城解放,因教会对女校经济不再支持而处于停办状态⑤;1949年2月,初中班(部分无所依归)的初中一、二年级学生被山东省东海师范学校接收,在海州中学堂原址与东海县中海州分校合办东海师范二部⑥。

---

① "Foreign Mission Statitical Table—Presbyterian Church in the United States(South)." *Statistics for the Year* 1912. Presbyterian Church in the U.S. General Assembly, 1913, pp.260-261.
② 江苏省连云港市地方志编纂委员会:《连云港市志》,北京:方志出版社,2000年,第2550页;连云港市海州区地方志编纂委员会:《海州区志》,北京:方志出版社,1999年,第470页。
③ 赵匡民、王雪峰:《青铜铸丹心——写在"海中三女杰"雕像揭幕之际》,《苍梧晚报》2008年12月28日,第11版。
④ RICE E B. "Woman's Work at Haichow." *The Missionary Survey*, 1914, 3(11), pp.856-857.
⑤ 张家超、石荣伦:《西方传教士与海州地区近代教育》,《连云港师范高等专科学校学报》2017年第3期,第91-96页。
⑥ 按:中华人民共和国刚成立时,连云港市隶属山东省,该校原为1914年创建的江苏省海州师范学校,校名及隶属几经变更。参见连云港市教育委员会教育志办公室:《连云港教育志》,徐州:中国矿业大学出版社,1995年,第106-107页。

教育传教士贾淑斐

说明 贾淑斐小姐（Miss Sophie Peck Graham，1894—?），美国南长老会教育传教士、音乐教师，出生于清江浦（今淮安市清江浦区）。父亲家雅各牧师（Rev. James Robert Graham Ⅱ，1863.10.19—1947），母亲索菲亚（Sophie M. Peck，1865—1940.10.15），他们1889年到中国清江浦传布福音，是美南长老会传教士；姐姐贾范尼（Fannie McGill Graham，1892—1947.8.9），弟弟贾嘉美牧师（Rev. James Robert Graham，Jr.，1898.3.30—1982.6.22）。

贾淑斐12岁时就读于弗吉尼亚州立师范大学皮博迪音乐学院（Virginia State Normal, Peabody Conservatory）和位于里士满的护理培训学校。1916年返美休假归来（如图3-7a）①，作为教育传教士在清江浦女子学校教书②；1917年6月—1923年，在杭州弘道女中（Union Girls' School）教书；1922—1923年赴美休假；1923年8月7日，从旧金山乘坐日本东森株式会社跨洋航线（Toyo Kisen Kaisha Line）"西伯利亚丸"号（Siberia Maru）返回中国③；1924年2月由杭州转来海州④，在乐德女校教书，重点在妇女界教学和传教，不久担任校长⑤；1927年北伐战争开始，美国教会派到海州的牧师都到外地躲避，传教活动停止，崇真中学、乐德女子学校、义德医院等教会所办学校和医院一度停办，局势平静后，1928年底，外国传教士又返回，教会活动恢复；1934年秋季还受青口支堂之邀去演讲布道，"开学道班一礼拜，教中之精神，更为之大振"，效果颇佳⑥；1935—1936年赴美休假，其间受堂姐贝丁格太太（Mrs. H. G. Bedinger）之邀，于12月29日（周日）在北卡罗来纳州兰伯顿（Lumberton），早上在教堂为女孩子们演讲，晚上为长老会的青年社团（Young People's Societies）演讲⑦；1945

图 3-7a 贾淑斐小姐 1916 年 8 月赴美休假后返华

来源："Personalia." *The Missionary Survey*，1916，6(10)

---

① "Personalia." *The Missionary Survey*，1916，6(10)，pp.759-760.
② *Presbyterian Church in the U.S. Minutes* 1917. Richmond: Presbyterian Committee of Publication，1917，p.64.
③ *The Missionary Survey*，1923，13(9)，pp.691-692.
④ *The Missionary Survey*，1924，14(2)，p.158.
⑤ Presbyterian Heritage Center at Montreat. *Presbyterian Church U.S. Missionaries to China* 1900-1920.发表日期:2015年1月1日, http://www.phcmontreat.org/bios/Bios-Missionaries-China-1900-1920-PCUS.htm,访问日期:2019年7月4日.
⑥ 李瀛伯:《青口教会概况》,《通问报·教会新闻》1935年2月第4号(第1625期)，第15-16页.
⑦ "The Robesonian." *Lumberton*，North Carolina，1935-12-23，p.6.

年,返回美国,住在佐治亚州韦恩斯伯勒市(Waynesboro)。

教育传教士宋美珠

说明 宋美珠(Miss Margaret Sells,1908.7.2—1999.12.30),美南长老会教育传教士,生于田纳西州华盛顿县(Washington County)约翰逊市,卒于佛罗里达州海牛县(Manatee)布拉登顿镇(Bradenton),一生单身。父亲乔治(George Caldwell Sells,1879.5.6—1932),生于田纳西州沙利文县(Sullivan),母亲阿尔法(Alpha Leona Richardson Sells,1881.11.25—?),生于田纳西州霍金斯县(Hawkins)教堂山(Church Hill);哥哥威廉姆(William Sells),弟弟小乔治(George C. Sells, Jr.)。1928年,进入塞勒姆学院(Salem College)学习;在刚刚完成学业之时,她深爱着和尊敬着的父亲不幸去世,随后皈依上帝。

1933年,在南卡罗来纳州哥伦比亚的一所中学教书,同时,到哥伦比亚圣经学院(Columbia Bible College)学习,在一次圣经讨论会上,受启发立志海外传教事工,随后在读了牧师戴德生(Rev. James Hudson Taylor,1832.5.21—1905.6.3)的传记之后,选择中国作为她的传教之地;1936年10月,在中国内地会(the China Inland Mission)资助下乘船来华,先在扬州(Yangchow)等地学习汉语;1938年秋,转投美南长老会,被差派至清江浦,住在仁慈医院院长钟爱华夫妇的家里;1939年秋,被差派至海州协助办学,11月,因日军占领海州赴上海避难;1940年秋天乘船返美,其间不断受邀汇报中国的事工情况,并以彩色幻灯片辅助演讲[1];太平洋战争爆发后,利用熟悉汉语的技能为美军通信服务,首先在迈阿密审查中文信件,后来在华盛顿特区;1945年12月,二战结束后返回海州;1946年到杭州之江大学(Hangchow University)教《圣经》[2];1949年10月,离开上海抵达日本,先在名古屋(Nagoya)呆了6个月,秋天,去了大阪(Osaka),后来在兵库县神户市协助创建和管理中国人教会[3]。1952年秋,与同在日本兵库县神户市的传教士海俸登夫妇(惊闻牧师闻声被强盗斩首后,他写了一首诗"Afraid? of What?"来纪念闻声)一起,受中国台湾长老会和加拿大长老会邀请去中国台湾大学外文系教书,为汉语族群和学生传教事工,直到1977年退休。1953年,在美国长老会海外传教理事会的赞助下成立一个新的学生中心"友谊之家(Friendship Corner)",这是早期针对学生传教和为汉语族群服务的一个主要场所,5月,开始用英语传教;1958年9月,这个用英语传教的机构被台湾长老会总会下属的台北长老会正式接纳,被称作"长老会友谊之家"。1982年,宋美珠成为布雷登顿传教社区居民;1988年,住进了布雷登顿的敬老院;去世时享年91岁,2000年1月4日周四,布雷登顿传教社区召开了追思会(见图3-7b)[4]。

---

[1] *Kingsport Times*. 1941-02-09, p.18; *Kingsport Times*. 1941-05-19, p.5; *Kingsport Times*. 1941-05-20, p.5.

[2] DAY C B. *Hangchow University, a Brief History*. New York: United Board for Christian Colleges in China, 1956, p.159.

[3] *Kingsport Times*. 1950-08-20, p.32.

[4] *Margaret Sells Obituary*. 发表日期:2007年1月1日, http://www.laijohn.com/archives/pm/Sells,M/obituary.htm,访问日期:2013年4月27日。

1943年,宋美珠曾写信汇报初到中国的一些发现和感受①,她说:

1936年,我受中国内地会差派前往中国,首先在江苏扬州学习了六个月的语言,之后,沿长江从上海南行来到一座江南小镇余江(Yukiang)。在那里,我度过了一生中最热的三个月,边学习中文,边在江西(Kiangsi)的阳光下煎熬。尽管如此,这仍是一段快乐的时光,我和一些我深爱的人在一起。一个周日的早晨,三架飞机飞过小镇(倒也没有什么异常)。几分钟后,却传来了一声不祥的"爆炸声"。当时我们还不知道,就在前一天,1937年8月13日,上海遭到炸弹袭击,数千人丧生,日本和中国开始了战争,现在仍在持续。那天晚些时候,我们了解到炸弹是投向附近的铁路和桥梁,但没有击中目标,而是击中了一所天主教学校。[当然,自7月以来日本和中国一直在河北省(Hopeh Province)北部作战,但我们认为这不会影响到江南,很可能会像几年前的满洲事变那样草草结束。]但从那天起,我们才真正意识到战争真的来临了!飞机经常飞过,不是轰炸我们,而是在飞往省会城市南昌的途中;与外界的联系减少了,有时完全中断,但我们自己的生活却很和平宁静。

图3-7b 宋美珠
来源:http://www.laijohn.com/archives/pm/Sells,M/obituary.htm

1937年9月,我离开余江,前往著名的避暑胜地庐山牯岭——中国政府避暑山庄,总司令(the generalissimo)蒋介石将军(General Chiang Kai - Shek)的房子就在我住过一段时间的房子的对面。他一直在上海,直到上海被日军攻陷,然后来到南京(Nanking),这次又回到了牯岭,几天后又去汉口(Hankow)。我从未有幸见到过他或他可爱的妻子,但我们的许多传教士确实认识他们。10月,美以美会传教士在庐山脚下的九江(Kiukiang)发出呼吁,请求志愿者下山来帮助他们在受伤士兵中开展医疗事工。无须懂医学,唯一的要求似乎就是"志愿者精神"。因此,我们几个人下山去,每天帮助那些从上海和南京的战场上沿江运来的伤兵,大约事工了六个星期。直到那时,我们才意识到战争的恐怖,因为那些破碎、残缺的身体被不断运来治疗。我们帮助清理和包扎所有类型的伤口,并在紧急情况下尽可能地提供更多的帮助,就好像我们什么都懂一样(虽然伤兵们并没有意识到我们的无知)。日军逼近时,伤兵们被用火车送往南昌。我们在那个城市的医疗事工已经停止了,但由于担心日军会占领该市,我们可能会被"围困"而无法返回传教站,所以我们中的很多人有的乘船去了汉口,有的乘火车去了香港,也有的沿江去了上海。

我们在上海呆了六到八个月,当时无法进入内地。但那几个月也很忙,因

---

① SELLS M. "China — As I Knew It, 1936." *The Alumnae Record*. Salem College, 1943, pp.29-35.

为上海简直是一个蜂窝状的难民营——我肯定,总共有 158 个难民营,每个难民营的人数从三四百到二三千人不等。我们几乎每天都去这些营地,主要是传播福音道,分发福音书,把福音故事讲给几十个以前从未听过的人(这是一个极好的机会,也是一场战争的结果之一,这场战争当然主要是邪恶的)。我们在一个难民营中的一项任务是监督疥疮病人洗澡(这类病号有无数人)。你知道什么是"疥疮"吗?它并不总是以这样一个美感的标题处处为人所知!

1938 年秋天,我设法来到新的传教站——江苏清江浦传教站。我可以说,在这期间,我已经成为美南长老会的一员。因为长期事工的传教士已经退休了,美南长老会希望在海外传教理事会的指导下得到我的支持,所以我转会了。在清江浦(Tsing-kiang-pu),度过了忙碌而快乐的一年。日军经过几个月的空袭后占领了这座城市,我们虽然受到了很好的保护,但有六七百名中国难民涌入我们的大院。通信被切断了,三个月来没有一封邮件送来,但是我们很忙也很开心。那个夏天强盗活动很猖獗,有时会听到土匪在我们的院外入侵老百姓家时人们的哭声,也会听到抗日游击队和日军在我们近在咫尺的地方进行一场激烈战斗时子弹在我们周围飞来飞去的声音,而这都不是什么稀奇的事啊!

1939 年秋,母亲从美国来探望我,我到上海去看望她,并参加了传教会议,受海外传教理事会委派到江苏海州(清江浦北面)事工。海州是一个靠近海岸的、离徐州府(Hsuchowfu)不远的重要的北方城市,你可能在战争期间听说过,因为在那里发生了长时间的残酷的战争。在海州,我们度过了最愉快的一年,在女子圣经学校(即福临女校)教《圣经》,在中学(即乐德女校)教英语课,在城市和两三个允许去的站外布道点做福音工作。然后,在 11 月我们不得不离开,因为 1940 年,美国政府敦促所有传教士离开中国。

崇真中学

> 说明 崇真(男子)中学[Chung Djeng Middle School (boys)],位于海州西门外朱沟河南岸(今西门路石狮巷 17 号北面约 500 米处),由美南长老会传教士顾多马牧师于 1916 年创办,办学经费由教会资助,学制四年。

崇真中学建平房三十余间,礼堂一座,设有图书室、仪器室,理化课能做简单的演示实验。办学初期学校就招收了 80 个男孩①,其中一些是顾多马 1915 年转来海州时从徐州孤儿院带来的几十名孤儿,有庄耀华、孙耀庭等,大部分是信徒及平民子弟;首届毕业生有武可照、张士洛、郇华民等人②。1927 年 6 月北伐军攻克海州,传教士全部撤离海州,

---

① GRAFTON L T. "Something Doing at Haichow." *The Missionary Survey*, 1916, 5(5), pp.332-334.
② 江苏省连云港市地方志编纂委员会:《连云港市志》,北京:方志出版社,2000 年,第 2550 页。

教会活动暂停,学校停办①。

在这张崇真中学学生合影照片(如图 3-7c)中,戴呢子帽的大部分是孤儿②,后排右二为牧师顾多马。

图 3-7c 崇真中学学生合影
来源:《江苏省明清以来档案精品选(连云港卷)》

崇真中学师资配备中既有前清私塾先生,又有受过西式教育的现代人才,如 1924 年聘任的教师中有:屈凌汉(1896—1981,河北省定县人),他于 1921 年进入北京高等师范学校(今北京师范大学)学习,国民党左派,思想进步,才华横溢,善于对学生开展政治思想教育工作,在教学之余向学生宣传时政时局,以及"和平奋斗救中国"等进步思想;1928年,在董淮(1901—1968,字渭川)担任江苏省东海中学首任校长后,作为大学同学的他被聘请来校担任教员、训育主任;1929 年初,因思想进步,与校长董淮一起被当时的江苏省教育厅辞退,后来在乡村民众教育方面颇有成就;离海后曾担任河北省立六中校长、河北社会处处长、河北省政府委员等③。滕仰之,徐州铜山人,也是早期国民党党员(1920 年入党),思想进步,1924 年东南大学毕业后来到崇真中学教书;1925 年到海州省立第十一中学教书,8 月选举成为国民党江苏省党部后补监察委员,1932 年担任更名后的黄渡师范学校首任校长④;1942 年在主政江苏省教育司科长期间,对师范教育尤为重视,特别主

---

① 按:1936 年春季,童作盐一行来到海州西门外崇真中学校址,因受到 1927 年北伐军进驻海州的影响,"校具毁坏,立在那里,满含着悲哀可怜的象征"。从那时起,崇真中学已经停办了。参见童作盐:《东海行(山东):海属教会景象良好,群向自立的道路上走》,《通问报·耶稣教家庭新闻》1936 年 4 月第 14 号(总第 1685 期),第 14 页。
② 江苏档案精品选编纂委员会:《江苏省明清以来档案精品选·连云港卷》,南京:江苏人民出版社,2013 年,第 45-48 页。
③ 杨保森:《西北军人物志》,北京:中国文史出版社,2014 年,第 374 页。
④ 张建华、嘉定区地方志办公室:《练川古今谈(第五辑)》,2010 年(内部资料),第 228 页。

张师范教育应该是专门教育,"如能采用军官学校办法,统一训练更佳"①。

崇真中学课程设置中有体育课,配专职体育教师1人,教授乒乓球、足球、网球、单杠、双杠等现代体育项目;有宗教课,分宗教灌输和宗教训练两部分,即课堂上的说教和课外的仪式,如要求学生读《圣经》,主要选读其中有关的创世论、赎罪论和耶稣生平并参加祈祷、礼拜、集会等。

崇真中学几任校长都是美南长老会牧师,办学比较开明、学风自由,如1921年牧师闻声继任校长后就经常参加学生集会;1919年5月五四运动爆发后,崇真中学的同学们与当时位于海州的江苏省立第十一中学、位于板浦的江苏省立第八师范学校、位于海州的东海县第一高等小学等数千名师生在崇真中学校园内集合、游行、发表演讲,声援北京学生的五四爱国行动,并在海州、新浦等地开展了抵制日货行动②。

德国飞机降落在海州西门传教士的院落旁

图 3-8 德国飞机降落在海州西门传教士的院落旁

主题　中国,江苏,海州,飞机降落在传教士的院落旁(如图3-8)。摄于1914—1915年。

---

① 浙江省湘湖师范学校:《金海观教育文选》,杭州:浙江教育出版社,1990年,第190页。
② 李洪甫:《连云港地方史稿》,上海:上海社会科学院出版社,1990年,第334页。

> **描述** "'码头(ma teo)'或者飞机着陆点靠近我们在水边的院落。河岸上堆满了冰块。属于盐税警的汽船和小火轮正准备离开这里。照片拍摄时正是低潮。现在(八月)的潮水几乎与我们的院墙底部齐平。中国,东海。1914—1915年冬天。"海州(Haichow),即靠海的城市(Sea City);东海(Dunghai),即东边有海的地方(Eastern Sea)。这是我出生地的城市名称。

> **尺寸** 10厘米×8厘米。

> **说明** 该照片拍摄时间为1914年11月。以下一组照片(图3-9、图3-10、图3-10a至图3-10c)皆是慕赓扬博士拍摄的,主题是1914年11月初德国飞机降落海州事件;照片描述都是卡雷尔做出的,拍摄对象、时间、地点都经过白露德博士确认,标注准确。该照片上中间标注的是城墙"city wall",右侧标注的是我们的院墙"our wall";降落的飞机在右侧院墙的延长线上,在城墙根。

经过实地考察,并与历史照片、民国东海县地图、现在的连云港市地图进行比对,飞机降落的位置大约在现在的海州区西门路南中街幼儿园附近,而不是之前认为的在新海路新海发电厂东门西北角附近①。因为慕赓扬一家居住在海州西门外石狮巷7号附近,他们的房子以及义德医院西侧是停水坝,与蔷薇河相连,背景似乎不是海州古城南面的锦屏山,而是东面的孔望山,因此,该照片的拍摄方向应该是从西北至东南。

一群中国人正在围观飞行员和飞机

图3-9 一群中国人正在围观飞行员和飞机

---

① 按:该部分内容曾发表在《江苏地方志》,本书有增删。张家超:《一份档案揭示百年前海州与飞机的首次接触》,《江苏地方志》2017年第5期,第82—86页。

|主题| 中国,江苏,海州,一群中国人正在围观飞行员和飞机(如图 3-9)。摄于 1914 年。

|描述| "一群人过来围观飞行员和他的飞机。士兵们正在戒备——可以看到他们正在把人群挡在外面。背景是城墙和远山。1914 年 11 月,海州(已由白露德博士确认)。在海州,两个中国士兵正被一群中国人包围着。"

|尺寸| 13.7 厘米×8.3 厘米。

|说明| 该照片拍摄时间为 1914 年 11 月。该照片的背景是海州古城的西城墙和锦屏山。

一群人正在着陆的飞机附近

图 3-10 一群人正在着陆的飞机附近

|主题| 中国,海州,一群人正在着陆的飞机附近(见图 3-10)。摄于 1914 年。

|描述| "一些身穿军装的中国男子正在用工具拨弄旁边冒烟的飞机残骸。这是几张照片中的一张,记录了一架德国飞机在慕赓扬一家居住的海州附近降落的事件。飞机的一部分被拆开,一部分给了传教士。"

|尺寸| 20 厘米×15 厘米。

|说明| 该照片拍摄时间为 1914 年 11 月。该照片左边穿长靴戴礼帽站立着的就是该架德国飞机的飞行员丕律绍中尉。

青岛日德战争

> **说明** 德国飞机迫降海州的历史背景是当时发生的青岛日德战争。青岛日德战争是20世纪初叶第一次世界大战初期由两个帝国主义国家为争夺在华利益而在中国领土上进行的一场帝国主义之间的战争,也是一战中唯一的亚洲战场,战争地点在我国山东省青岛及周边海域。

1914年7月28日,第一次世界大战爆发,对青岛早有觊觎之心的日本借口存在英日同盟,随即参加协约国阵营对德宣战,并派海军封锁胶州湾。之后通牒德国"如至8月23日正午不得德国政府无条件接受之答复",即将驻青岛德国舰队退出中日领海,立即把胶澳租借地(即今青岛)毫无保留地移交给日本,称"以备日后交还中国",否则将采取"必要之手段"。

因一战拖累,也为了保存在华的势力和利益,德国向北洋政府总统袁世凯提议将德占青岛交还中国(一战开始后中国即宣布中立)。日本知晓后,向北洋政府施压,并公然进行恫吓,加之袁世凯卖国求荣心切,北洋政府竟拒之。日本遂于当日中午,采取海陆二线并进战术,开始对驻青岛德军开战,随后英军参战。

青岛日德战争中,四方(同盟国阵营中的德国和奥匈帝国,协约国中的日本和英国)投入兵力10万余人,战舰100余艘,重型火炮数百门。日德双方飞机亦加入战斗,除侦察和轰炸对方炮兵阵地外,并进行了空中格斗,这成为亚洲战史上的首次空战。是役,日机共有9架飞机参战,其中法制MF-7式双翼机4架、纽波特NG式单翼机1架、水上飞机母舰搭载MF-7水上双翼机4架。而德国只有2架鸽式飞机,一架未及参战就坠毁了,另一架新式快速鸽式飞机由丕律绍驾驶,除了对敌舰进行了几次骚扰性轰炸外,主要担任空中侦查任务。

11月7日,经过8—11月3个月的激战后,在外无援军、内无弹药,孤立无助的情况下,驻青岛德军无奈战败,挂起白旗向英、日联军投降,青岛日德战争结束。自此,日本从德军手中夺占青岛,继续对中国人民进行新的殖民式凌辱。

1918年11月,德国宣布投降,第一次世界大战以同盟国的失败而告终。第二年,日本在巴黎和会上不顾中国北洋军阀政府和广大人民的反对,与其他帝国主义列强勾结,更加确立了其在青岛的统治地位,并将以前德国在青岛享有的一切特权全部夺走。当巴黎和会的消息传到中国的时候,愤怒的北京大学生在1919年5月4日举行了抗议游行,导致五四运动爆发,从而加快了中国民主运动的进程。1922年,中国政府恢复对青岛的主权,1938年日军第二次侵占青岛,抗日战争结束后青岛又被美军占领,1949年青岛才最终回到中国的怀抱①。

德国于11月7日战败后,为了将总督府内的机密资料安全送出,德国胶澳总督府麦总督(阿尔弗莱德·麦尔·瓦德克,Alfred Meyer-Waldeck,1864—1928)亲自签发护照,

---

① 人民教育出版社历史室:《世界近代现代史》(第二版),北京:人民教育出版社,2000年,第131-134页。

在战败的前一天早上,让丕律绍中尉驾驶德军唯一能参战的鸽式飞机逃出青岛,向上海(德国使馆所在地)飞去。不幸的是,因为情况紧急,飞行油料没有加满,中途又受到日机和军舰的追击,在爬进云层达 9 000 英尺(约 2.74 千米)之后才突破重围脱离险境,向西南飞行约 250 公里后,在途经江苏省北部海州时,因油尽迫降在海州古城西门外城墙下蔷薇河边的一块稻田里(如图 3-10a),时间是 1914 年 11 月 6 日早 8 点左右[①]。

在海州义德医院行医和传教的美南长老会传教士慕赓扬博士听说后也立即赶到现场,积极参加营救,并用他手中的相机拍下了这一组现在看来非常珍贵的历史照片。

飞机迫降后,海州地区大批民众前来围观。因为海州地处中国东海腹部,人们此前从未见过飞机,此时看到从天而降的像大鸟一样的怪物,海州城内外的老百姓呼朋唤友,纷纷从四面八方赶来围观,他们带着惊讶和困惑的表情注视着眼前的一切。

图 3-10a　丕律绍中尉迫降海州

图 3-10b　丕律绍中尉从飞机上下来

虽然人类很早就有像鸟儿一样自由地在空中飞翔的愿望和理想,在中国也留下了很多像嫦娥奔月那样美丽的神话和传说,也有用风筝做翅膀、爆竹做动力的勇敢的实践者。但直到 20 世纪初叶,随着西方 19 世纪第二次工业革命所带来的巨大成就,真正的现代飞机才升上了蓝天。1903 年 12 月,美国莱特兄弟自行设计并制造了一架有动力、可操纵的飞机,并成功进行了载人持续飞行。而飞机进入中国还不足 10 年,这些飞机都是外国人带来的,多数还是飞行家们来华做飞行表演的。中国人自己最早的飞机,是 1911 年 2 月冯如从美国带来的两架自制的飞机,他准备回广州探望久别的双亲,但因思亲心切,路过上海时也未能停留[②]。

飞机迫降后,头戴飞行帽、身穿飞行服、左手拿着方向盘(飞机操控杆)、腋下夹着公文包的德国海军飞行员丕律绍中尉从飞机座舱里爬了出来(如图 3-10b)。

当时驻防海州地区的是江南提督张勋的部下、定武军第四路统领白宝山的部队,白闻讯后也马上派军队过来,将人机扣留,并维持现场秩序,用绳子拉起了警戒线,隔开围观的百姓和普通的士兵(参见图 3-9)。

慕赓扬从丕律绍处了解到事件发生的原委后,与驻守海州的白宝山和东海县知事段士璋进行交涉,将丕律绍及飞机保护下来,并经东海县知事段士璋致电南京冯国璋督军,

---

① PLüSCHOW G. *My Escape from Donington Hall: Preceded by an Account of the Siege of Kiao-Chow in 1915*. London: John Lane, 1922, pp.14-17.

② 姜长英:《中国航空史》,北京:清华大学出版社,2000 年,第 83 页。

与德国驻上海领事馆接洽。11月10日,德国领事嘱丕律绍中尉将飞机拆卸烧毁。当日下午2时,丕律绍指导当地驻军将飞机拆卸,并在与慕赓扬逐件点交造册后烧毁,其中拆下的发动机本该日后带回上海,但丕律绍却将之赠予营救他的一名当地人(如图3-10c,为慕赓扬拍摄),从而获得逃往上海的机会①。在这之前,丕律绍一直驻留在慕赓扬博士所工作的义德医院里。

图 3-10c　丕律绍(右一)将飞机发动机拆下赠给救他的当地人

图 3-10d　丕律绍签名照
来源:丕律绍《唯一逃脱的人》
(*The Only One Who Got Away*)

虽然北洋政府基于各种考虑,在一战初期保持中立,但仍然可以在交战区之外拘役双方的作战人员。丕律绍的目的地是位于上海的国际公共租界(International Settlement of Shanghai),为了避免被中国政府拘役,他在那位当地人的帮助下,从海州乘船沿盐河南下,经大伊山、新安等镇达淮安杨庄,接大运河转长江抵达南京,然后乘火车到达上海。

丕律绍中尉

> 说明　丕律绍中尉(Lieutenant Gunther Plüschow,1886.2.8—1931.1.28),飞行员、航空探险家、作家,出生于德国巴伐利亚州慕尼黑市,卒于阿根廷。10岁时,进入少年军校学习;1901年,以海军军校生的身份加入德国海军陆战队。他训练刻苦而有耐心,后去南美洲南端的火地岛,这成为他后来极力去探险的梦想之地。
>
> 1905年,丕律绍(如图3-10d)成为一名合格的帝国海军陆战队员,之后加入航空学校。毕业后,来到当时的德国殖民统治下的中国青岛的远东海军基地,成为一名中尉海军侦查飞行员。
>
> 1914年8月至11月,青岛日德战争期间,丕律绍驾驶德军唯一能参战的鸽式飞机,

---

① PLüSCHOW G. *My Escape from Donington Hall:Preceded by an Account of the Siege of Kiao-Chow in 1915*. London:John Lane,1922,pp.14-17.

不仅承担着侦查任务,而且还不时携弹轰炸日舰。9月26日,双方首次遭遇空中格斗,这也成为亚洲战史上的首次空战。日本陆军和海军的飞机用尽各自的方式,设法攻击他。他在自己写的第一本书《飞行员逃离青岛历险记》中声称①,在一次空战中,他竟然用手枪击落一架法曼(Maurice Farmans)式日机,他手臂上的"龙文身"成为日机飞行员的克星。11月6日晨,也就是青岛陷落前一天,丕律绍携带德国总督府麦总督的密件驾机出逃上海。因油尽迫降海州后,历经艰险回到德国。对于这段奇遇,他在《逃离英国》一书中有专门的记述②。

在由海州到达南京的路上,丕律绍"像一个乞丐一样"乘船行。在由南京到达上海的路上,他在"差点被拘役的时候,跳上了一辆人力车,来到火车站,在那里他买通警卫"才上了火车。在上海,幸好碰到在柏林认识的一个外交官的女儿,为他提供了一份瑞士国籍的证明文件(化名"麦克加文")以及资金和到日本长崎、美国檀香山和目的地旧金山的船票。

在美国,因为用的是假身份,他无法得到德国领事馆的帮助。幸好他碰到一个来自柏林的朋友,设法给他(化名"史密斯")搞到一张30日去意大利的邮轮船票。结果,恶劣的天气迫使邮轮停靠在直布罗陀海峡,英国人在那里将他作为敌对阵营的人逮了起来。很快英国人就发现他的真实身份,他就是刚从青岛逃出来的著名飞行员。

随后,他被送到位于莱切斯特郡多宁顿霍尔镇的战俘营。三天后,他在风暴期间逃脱,前往伦敦,成为一战时唯一一个从英国监狱里逃脱返德的人。伦敦警察厅发出警报,要求公众密切关注一个手臂上有"龙文身"的人。之后,丕律绍伪装成工人,白天阅读有关巴塔哥尼亚的书来消磨时间,晚上就躲在大英博物馆里。出于安全原因,丕律绍根本无暇顾及刊登船只进出港信息的公告,但幸好他邂逅了一位女性朋友,从而获知"朱莉安娜公主"号渡轮即将出港抵达中立国荷兰的信息。

安全到达德国后,先是被当作间谍逮捕,因为没人相信他能完成这样的壮举!等身份一经确定,丕律绍立刻被称颂为"青岛归来的英雄"。他受到表彰,晋级成为少校。为此,又著书《逃离唐宁街》以兹纪念③。

1927年,丕律绍驾乘配有宝马6型(BMW Ⅵ)发动机的海因克尔飞机(Heinkel HD 24E)开始对南美的火地岛和巴塔哥尼亚进行探险,对南美洲的地理发现做出了重大的贡献。1929年,丕律绍不得不卖掉费尔兰号(Feuerland)双桅船,以获得资金回到德国④。在那里,他出版发行了图文并茂的探险故事《火地岛上空的银色秃鹰》一书及同名纪录片。

1931年1月28日,他再次在巴塔哥尼亚附近飞行探险,但在波多黎各附近的阿根廷湖因意外坠机时在空中降落伞未能打开而身亡。

---

① PLüSCHOW G. *Die Abenteuer des Fliegers von Tsingtau*. Berlin: Ullstein, 1916, p.236.
② PLüSCHOW G. *Escape from England*. London: Ripping Yarns, 2004, pp.97-121.
③ PLüSCHOW G. *My Escape from Donington Hall: Preceded by an Account of the Siege of Kiao-Chow in 1915*. London: John Lane, 1922, pp.14-17.
④ PLüSCHOW G. *The Only One Who Got Away: The Adventures of a German Aviator During the Great War*. Leonaur Ltd, 2011, pp.101-112.

1957年11月，人们为纪念这位优秀的飞行员兼探险家，在坠机现场安放了纪念碑，每年都有大批飞行爱好者和丕律绍的追随者前来凭吊①。许多作家著书立说，给予他很高的评价②。

鸽式飞机

说明 鸽式（Etrich Taube）飞机是一种单翼飞机，由奥地利工程师艾戈·埃特里希（Igo Etrich，1879—1967）研制，1909年7月20日试飞成功，1910年7月第一架样机出品，之后由维也纳诺勒（Lohner）和德国兰普勒（Rumpler）等工厂获许可制造，因机翼酷似鸟翅故取名鸽式（见图3-10e）。

据黄孝慈《中国飞机寻根》③中介绍，1911年7、8月份，革命先烈陈英士先生电召我国留英航空先进厉汝燕先生返国，并嘱代购飞机数架运返参加革命；厉氏精选各国飞机，最后以诺勒机器工厂生产的鸽式飞机最佳，遂订购两架，价款则系海外华侨集资捐献；这两架飞机随同驻扎在我国青岛的德国驻军从兰普勒所采购的同式飞机两架装船启运来华，当年12月运抵上海，时清廷已被推翻而未能赶上参战；厉氏旋被委任沪军革命督府航空队长，

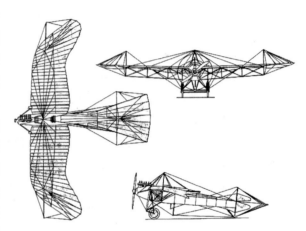

图3-10e 鸽式飞机线图
来源：黄孝慈《中国飞机寻根》

并于1912年1月15日驾机在上海江湾跑马场成功进行飞行表演④。

鸽式飞机为埃特里希先生长期观察枫树有翅果种飘落时，随风飘荡飞翔中之平稳现象，引发制作飞机之联想，并经多次试验各种不同形体翼面特性所获心得，又参照旅法罗马尼亚籍律师垂珍·伏加先生（Trajan Vuia）于1906年所制之伏加一式蝙蝠机翼试验机，及1909年法制布雷里奥（Bleriot）Ⅺ式单翼机之特征，综合设计。该机为木制机架，外敷蒙布，钢管支柱，张线牵引，尤以其钢管衍架式机翼横梁垂直贯穿机身暴露机外，与机身骨架连接成一体之结构装置极为奇特，其牢固程度不亚于双翼飞机。此外，以扭曲

---

① WHITTAKER R E, KAWATSU S. *Dragon Master：the Kaiser's One-Man Air Force in Tsingtau，China，1914：a Non-Fiction Book of Military Aviation History*. Compass Books，1994，p.252.

② LITVACHKES R. *Gunther Plüschow：a Life Full of Dreams，Adventures and Challenges for an Impossible Love：Patagonia*. Serie del Sur press，2006，pp. 45–60；RIPPON A. *Gunther Plüschow：Airman，Escaper and Explorer*. Casemate Publishers and Book Distributors，2009，pp.58-69.

③ 黄孝慈：《中国飞机寻根（一）：奥地利鸽式单翼机》，2009年7月24日，http://zjsj.tgbus.com/zjzl/26789.shtml，2016年12月10日。

④ 刘亚洲：《中国航空史（第二版）》，长沙：湖南科学技术出版社，2007年，第11-16页。

翼尖取代副翼,翼展 14.35 米,翼面积 38.84 平方米,机长 9.85 米,机高 3.15 米,全重 870 千克,最大时速 115 公里,航行时间 4 小时,装用 80 匹马力之阿果斯（Argus）发动机,或 100 匹马力奔驰（Benz Mercedes）D-1 式四缸直立型水凉式发动机,生产型式分单座与双座两种,与同时期英、法所制之同型单翼机相较,无论是品质还是性能均略胜一筹。

鸽式飞机一经生产,立即引起军方关注,首次使用即用于意大利与土耳其于 1911 年在巴尔干半岛进行的战争中。之后一战开始,需求猛增,至 1916 年停产共生产 500 余架,大部分用于战争。

《德国飞艇驶落鲁省东海县由》

说明 围绕这一事件,北洋政府、南京统帅部、德国、日本等有关利益方都表现出了高度重视和密切关注,各方反复地交涉和电报交流,自事件发生的 11 月初一直持续到 12 月底,近 2 个月,电报往来三四十封,从中也可窥见列强的强权和北洋政府的外强中干。其中南京统帅办事处致外交部函《德国飞艇驶落鲁省东海县由》将事件发生初期的情况记述比较详尽（见图 3-10f）。

图 3-10f 《德国飞艇驶落鲁省东海县由》
来源：中国台湾"中央研究院"近代史研究所档案馆

电文：统帅办事处致外交部函《德国飞艇驶落鲁省东海县由》[①]
（1914 年 11 月 10 日）

收统帅办事处函三年十一月十日[②]

---

① 民国初年,废州立县,原海州直隶州改为东海县,不久又析出灌云县,隶属江苏省今连云港市所属县域。档案名称有误,"鲁省"应为"苏省"。行文"海州"特指海州城。北洋政府外交部：《德国飞艇驶落鲁省东海县由》,台北："中央研究院"近代史研究所档案馆藏,馆藏号 03-36-008-04-037。

② "三年"即民国三年（1914）。

径启者①：接准南京冯上将军②、齐巡按使③阳电④，据东海县知事⑤电，有德飞艇驶落该县，已饬将武官⑥护送到宁，奉谕抄外交部等因，相应将原电并本处复电一并抄送。贵部查照可也。此致。外交部附抄电二件

照录南京冯国璋等来电十一月十八日到⑦

统帅办事处鉴：华密⑧。据东海段知事鱼电称，本日早八钟，有飞艇一只驶落北门城外，旋据该艇驾驶武官丕律绍送验德国胶督麦⑨护照，开："兹有德国驶飞艇之武官丕律绍自青岛飞出，本大臣相应发给盖印护照一纸，付该武德官收执。仰沿途中国地方官员，按照中国中立条规将该船扣留至战事完毕时止，将驶船武官丕律绍妥为照料，护送至附近德领事官处"等因，并据该武官请求派人护送至沪，知事嘱将该艇拆卸交署。该武官订于本日下午二钟拆卸，眼同⑩县城美教堂医士慕赓扬逐件点交知事保存。至该武官送交何处，已于筹办青海中立事宜⑪，周李两委由知事会同统领⑫派队护送至宁，贵文陈请转交德领，谨先电呈等语。并据周李两委电同前情，除复饬迅将该武官妥送来宁外，特先电达知。祈转呈国璋、耀琳。阳印。

照录统帅办事处复南京冯将军等电。

----

① "径启者"指旧时社交信件的起头语、客套语，意思是不作寒暄恭维，直接陈述事情。

② 冯国璋(1859.1.7—1919.12.28)，字华符，一作华甫，直隶河间县西诗经村(今河北省河间市城北)人。民国二年(1913)12月被时任总统袁世凯任命为江苏都督，次年被授予宣武上将军。参见李盛平：《中国近现代人名大辞典》，北京：中国国际广播出版社，1989年，第117页。

③ 齐耀琳(1863—?)，字震岩，吉林伊通人。民国三年(1914)任江苏巡按使。1916年7月，任江苏省省长兼代督办。参见李盛平：《中国近现代人名大辞典》，北京：中国国际广播出版社，1989年，第150页。

④ 清末民初电报开通之后，为避免日期与电码混淆，月份用地支(子、丑、寅、卯、辰、巳、午、未、申、酉、戌、亥)代替，日期用金代编修的《平水韵略》的韵目代替，即代日韵目，如"阳"在"平水韵"列为上平第七韵，故在电文中代称"7日"，"马"代称"21日"，下文中的"鱼"在"平水韵"列为上平第六韵，故在电文中代称"6日"等。参见张福通：《民国时期电报日期代用字考察》，《浙江万里学院学报》2007年第6期，第22-24页。

⑤ 段士璋，字季维，安徽省宿松县人，清末担任淮北盐大使兼任团防营盐防营统领。1914年辛亥革命爆发时，因"抽调营兵，择险防堵"，"筹备饷糈"，"地方赖以安谧"，而受到北洋政府嘉奖，"著以县知事分原省任用"，并因此于1915年获五等嘉禾章。9月4日，被任命为东海县知事，一直干到民国九年(1920)十月底。1916年获五等文虎章。离任时还获得灌云县(1920年兼任灌云县知事)当地士绅农商所赠"乐只君子"纪念碑。参见骆宝善、刘路生：《袁世凯全集》第27卷，郑州：河南大学出版社，2012年，第86、124、186、290、360页。

⑥ 指飞行员丕律绍中尉。

⑦ 原文日期如此。根据上下电文推断，应为11月8日。

⑧ 是指用冯国璋的"华密"电报本加密的电文。电文分明码电文和密码电文，明码电文就是用华文明码发出的电文，密码电文就是用某种加密方法加密过的电文。民国时期的电文，如果需要加密发出，就要在开头加上"某密"，以便让接收方按照双方事先约定的加密方法来解密，如"正密""畏密"等。

⑨ 指阿尔弗莱德·麦尔-瓦德克(Alfred Meyer-Waldeck，1864—1928)，时任德国胶澳总督。

⑩ 眼同，会同、跟同的意思。

⑪ "青海"指青岛和海州两地。1914年7月28日，一战爆发，中国于8月6日宣布"严守中立"。包括江苏等各省均复电复函外交部，表示将恪守中立，维持地方治安。参见《大总统袁世凯关于严守中立令(1914年8月6日)》，载中国第二历史档案馆：《中华民国史档案资料汇编·第3辑 外交》，南京：江苏古籍出版社，1991年，第383页。

⑫ 指白宝山(1877—?)，字峻青，直隶宁河(今属天津市)人。时任定武军第四路统领，1915年任江苏海州镇守使，1923年授郁威将军。1924年兼任江苏陆军第一师师长、海疆防守总司令，1925年改称海州护军使，孙传芳五省联军第八师师长。1927年所部溃散去职，后至天津为寓公。参见邱树森：《中国历代人名辞典》(增订本)，南昌：江西教育出版社，1989年，第1248页。

南京冯上将军、齐巡按使：密。阳电。悉。飞艇武官到宁，应照日照船员一律办理①，惟飞艇留东海未妥，祈电饬一并送宁押收。统帅办事处。

穿和尚服的白宝山将军

图 3-11　穿和尚服的白宝山将军

[主题]　中国，江苏，海州，穿和尚服的将军（见图 3-11）。摄于 1930 年。

[描述]　"我们的'军阀'朋友"，"白宝山将军——穿着和尚服"，"可能摄于 1914 或 1915 年"，"中国，海州"。

[尺寸]　17 厘米×23 厘米。

[说明]　该照片可能摄于 1914—1915 年间。底部标注的三行英文就是描述中的内容。
　　白宝山（1878—1941），字峻青，号瑞石，晚年自称瑞石老人，直隶宁河县芦台镇（今天

---

①　青岛日德战争末期，德军眼看大势已去，德舰 S-90 号雷击舰奉命于 1914 年 10 月 17 日深夜实施突围作战，准备驶往上海。驶出青岛湾不久就遭遇担任警戒值班任务的日军第二舰队轻型巡洋舰高千穗号，德舰先发制人，近距离发射鱼雷 3 枚，命中 2 枚，导致日舰爆炸沉没。但德舰也被几块日舰碎片击中，使得烟囱、舵叶转向器及甲板多处受损。驶离交战区后，因天黑，过于靠近海岸线而在山东省日照的石臼附近触礁，造成锅炉损坏。德舰官兵炸毁主炮位、驾驶塔及舰体后登岸，向当地中国政府缴械投降。后中方根据北洋政府中立政策将他们护送至南京的德国领事馆。参见［美］琼斯：《1914：青岛的陷落》，秦俊峰译，福州：福建教育出版社，2016 年，第 56—102 页。

津市宁河区芦台镇)人。年幼时家境贫寒,做过豆腐坊学徒,在草原牧过马、学过武,体格魁梧,身高1.90米至1.95米之间,后来在海州担任海州镇守使期间,因官高个大,人们采用双关语称其为"白大人"。成年后,在京城当过听差,做过马弁,后投身张勋门下,先是卫兵,后升至排长、管带(相当于营长)、统领(相当于团长)等职。

宣统三年(1911)8月,张勋被任命为江南提督兼江防大臣,驻防南京至徐州一线,白宝山作为张勋的心腹,以武卫前军右路统领的身份率三个营被派驻海州剿办盗匪,弹压地方,从此开启了白宝山长达17年的"海州王"的历史,加上下野后时常在海州居住的10年,白宝山在海州生活了近30年。10月10日,武昌起义后,清廷为稳定江南局势,任命张勋为会办南洋军务大臣。但不久,张勋就被革命军击溃,逃往徐州。

1913年7月,国民党二次革命讨袁(世凯),8月,武卫前军分统白宝山率所部第17至22营随江北镇抚使、武卫前军军统张勋镇压革命军攻打南京;9月1日,通过挖地道的方式,把盛满炸药的棺材送到城墙下,将太平门城墙的一角轰倒,率先攻入南京城,首立奇功,自此名声大振,也成为张勋的得力干将;10月,白宝山获时任大总统袁世凯授予二等嘉禾章、中将衔,张勋被任命为江苏都督,旋因部下伤日事件被撤,被重新任命为长江巡阅使,驻徐州;11月,应赣榆士绅许鼎霖等之邀,白宝山受张勋派遣,再次率部来海州剿匪。1915年,张勋改武卫前军为定武军(1914年,时任大总统袁世凯任命张勋为将军府定武上将军),白宝山改任定武军第四路统领。11月25日,北洋政府特授白宝山勋四位①;12月,袁世凯称帝,23日,封白宝山为"一等男"爵位,28日,又任命其为新设的"海州镇守使",掌管原海州属县(东)海、赣(榆)、沭(阳)、灌(云)的军政事宜,并增拨钱粮,扩充军队,使白宝山的军事实力大大增强。1917年,张勋复辟失败后,白宝山转投直系江苏督军李纯,并与李纯的嫡系齐燮元和陈调元二位高级将领拜了把兄弟,8月,获任江苏暂编陆军第一师师长。1919年9月6日晋授勋三位。1923年11月4日,被当时第五任中华民国大总统曹锟授予"郁威将军"。1924年,为争夺上海控制权,发生了齐(江苏督军齐燮元)卢(浙江督军卢永祥)之战,白宝山受孙传芳节制攻入上海,被孙委任为淞沪护军使事务代理,10月升任江苏海疆防守总司令,11月底离沪返海。1925年1月任海州护军使、孙传芳五省(浙、闽、苏、皖、赣)联军第五师师长(因番号变动频繁,时有第八师等番号)。1927年,北伐战争开始,受孙传芳部署白宝山率部开往宜兴,不久全部被歼,6月,北伐军攻陷海州,残部投降,所有产业皆被查封。白宝山下台后去了天津做寓公。1930年2月24日,经陈调元斡旋获任国民政府军事参议院少将参议,海州被查封的产业全部返还,并常住海州,其间常往来于南京、海州、北京、天津等地。1937年,日舰停泊在东西连岛附近海面,并不断派飞机到海州骚扰侦查,白宝山一家西迁,辗转徐州、汉口、桂林,最后定居重庆。1939年3月升中将参议。1941年11月3日因病卒于重庆北碚公立

---

① 《中华民国史事纪要(初稿):中华民国四年(1915)六至十二月份》,台北:中华民国史料研究中心,1981年,第878页。

医院①。

白宝山在海州期间,首要职责是剿匪安邦,另外还筑路救灾、置业建房等。但作为一个旧时军人、地方军阀,白宝山个人品质方面也具有那个时代的特点,深深地刻有那个时代的烙印。一是愚忠,追随张勋(实际上是袁世凯集团)近十年;二是攀附,结交权贵,不断变换大王旗,先是张勋,后李纯,再张传芳,最后蒋介石(虽然不受重用);三是贩毒,个人虽然很注重孝悌,将父母接来海州供养,也不嫖不赌不吸毒,却干着偷卖鸦片的勾当②,从而积累了丰厚的家产,添置了许多山林田地。

剿匪安邦

清末民初,海州地区地瘠民贫,土匪遍地,民不聊生。民国建立后,因军阀割据,连年战乱,土匪仍然横行乡里。白宝山来海州后,不仅受邀剿匪还主动出击,不局限于海州所属各县,还惠及苏北广大区域。

白宝山来海州时带来三个营,发展到1917年已经扩充到二十余个营(含炮、骑各一营)。第一营营长为田子刚,驻沭阳。田子刚,以字行,名玉坤,又字志刚,1917年离开沭阳驻灌云,后历任团长、旅长等职,陆军少将衔;1927年,北伐军攻占海州时因不接受策反而在新浦遇害。第二营营长为苏玉书(1881—1972),驻灌云、响水一带。苏玉书,以字行,名锡麟,芦台人,与白宝山同乡,亦为张勋部下,1917年5月调徐州,后随张勋复辟失败。历任团旅长、蓟榆镇守使、津榆警备司令、第十军军长等职③。第三营营长由白宝山自兼,驻扎海州,并将统领署设在二营巷大地主杨磊川家,不久营长由朱振甲担任。朱振甲,以字行,名旭东,又名绪东,陆军少将衔。

白宝山剿匪的第一战是在赣榆。时赣榆籍土匪仲兆琚(人称仲八)常年在赣榆、灌云等地作乱,打家劫舍,也与官府和土豪劣绅作对,还曾经占领过赣榆县城。1912年初,白宝山受邀平乱,在赣榆塔山与仲部交火,但因地形不熟、经验不足,险些被反杀,首战失利。后联合官府以"淮北总巡"的虚职招安了仲八,不久仲八又反水,被同伙杀死④。之后几年,白宝山率部四处出击,海州境内各地的大小土匪均遭受重创。沭阳惯匪"金螃蟹"横行乡里多年,民愤极大,1923年4、5月间,白宝山命驻灌云大伊镇的十七团团长史宪章(字焕文)率部围剿,双方拉锯激战月余,终于5月6日在太平集(今沭阳沂涛)将"金螃蟹"击毙,经连续几日作战,肃清了沭阳境内的残匪⑤。

在南通的张謇也多次与白宝山函电交流,邀其剿匪。如张謇在民国七年(1918)十一

---

① 参见白化文:《我所了解的白宝山和陈调元》,载政协连云港市委员会学习文史资料委员会:《连云港近现代人物——连云港文史资料第十七辑》,2004年(内部资料),第5-52页;王俯民:《民国军人志》,北京:中国广播电视出版社,1992年,第83页;刘国铭:《中国国民党百年人物全书》(上册),北京:团结出版社,2005年,第404页。
② 详见邵雍:《中国近代贩毒史》,上海:上海社会科学出版社,2017年,第64页。
③ 宁河县地方史志编修委员会:《宁河县志》,天津:天津社会科学院出版社,1991年,第714-715页。
④ 政协赣榆县文史资料研究委员会:《赣榆文史资料:第五辑》,1987年(内部资料),第70-78页。
⑤ 《淮北剿匪汇报》,《申报》1923年3月24日,11版。

月下旬《致白宝山函》云:"俊卿①仁兄镇使大鉴:瞿君来,奉到大函,敬悉一一。徐淮海素为匪薮,而有土著、流入二种。流入者必剿治以法,土著者可徐化以农。贤者威慑三郡,久耳大名。瞿君来,备言剿治之方,益用钦佩。惟流入之匪,虽畏威而不敢复来,而土著者若常此无业,仍非安善之计。鄙人在阜宁、涟水等处,所营新通、新南、阜通各公司,经营盐垦,盖欲徐徐导以正轨,俾各得业而弭患无形也。该各公司方经创始,维持保护,倚仗正多。其办事人束君勖俨、许君泽初等,倘有事奉谒,幸赐照拂,不胜感祷!敬请/大安"②;在1920年11月15日《致白宝山电》称:"海州白镇守使鉴:蔺本芹、蔺本诚勾结盐匪,盘踞套子口,扰害新通公司,涉及地方,请饬队缉拿。謇/咸"③;在1925年11月13日《致白宝山电》称:"敌乘不备,猝犯颜行,虽致斯须之惊,卒收毅果之效。会师伊迩,亿竟前功。元"④等。

因剿匪成效颇大,部属表现勇武,百姓尤其是地方士绅感念其德,纷纷为白宝山和其部属立下德政碑、战功碑或纪念碑以示纪念,目前所见有11座之多。

图3-11a 白宝山德政碑　　图3-11b "威振海隅"德政碑

来源:封其灿《连云港金石图鉴》

白宝山德政碑三座:一座为德政碑(见图3-11a),1919年4月立,正文:"勋四位陆军中将海州镇守使新编陆军总司令白○公峻青德政",上款:"民国八年清和月谷旦",下款:"绅商学农纪念",现位于灌南县汤沟镇汤沟酒厂院内;另一座为1923年立"威振海隅"德政碑(见图3-11b),上款:"峻青白师长德政",落款:"民国十二年苍梧北乡绅学农商暨法

---

① 按:"俊卿"为白宝山字"峻青"之音误。
② 《致白宝山函》(1918年11月下旬),载李明勋、尤世玮:《张謇全集2:函电(上)》,上海:上海辞书出版社,2012年,第685页。
③ 《致白宝山电》(1920年11月15日),载李明勋、尤世玮:《张謇全集3:函电(下)》,上海:上海辞书出版社,2012年,第817页。
④ 《致白宝山电》(1925年11月13日),载李明勋、尤世玮:《张謇全集3:函电(下)》,上海:上海辞书出版社,2012年,第1378页。

起寺公立",由法起寺监寺振亚和尚与苍梧北乡各界人士共同设立,位于宿城虎口岭子午亭南侧。苍梧北乡与下文中的新莞市皆为当时灌云县辖区。民国元年(1912),废州立县,将原属海州的赣榆县和沭阳县分置,其余部分设立东海县,旋又在东海县东南部析出灌云县。1914年时,灌云县设有板浦市、大伊市(今灌云县大伊镇)、新莞市(今灌南县城新安镇)、三星市(今灌云县杨集镇)、响水市、协和市(今灌南县张店镇)等6市以及中正乡(今灌云县板浦镇中正社区)、西临乡(今东辛乡永平村周边)、苍梧乡(今南城)、苍梧北乡(今南云台以北、中云台山东端板桥街道小板艞周边地区)等14乡①。第三座为残碑(见图3-11c),仅残留上半部,正文:"治……",上款:"海州护军使②……",落款为:"民国十五年……",位于海州双龙井公园。

为白宝山部属所立纪念碑中最早的一座是灌云县各镇于1913年2月为第三营营长贾明远立的战功碑(见图3-11d),碑额:"战功碑",正文:"明远贾营长〇伟绩",上款:"民国二年二月〇日",下款:"阖镇公立",现藏于灌南县博物馆。

图3-11c　白宝山德政碑(残)
来源:连云港市重点文物保护研究所

第一营营长田子刚亦于1914年获立碑殊荣(见图3-11e)。碑额:"纪念碑",正文:"陆军少将田公子刚〇伟烈",上款:"民国三年一月",下款:"新莞市绅学农商界公颂",现藏于灌南县博物馆。同年10月,第三营继任营长朱振甲亦获新莞市立碑殊荣(见图3-11f)。碑额:"纪念碑",正文:"陆军少将朱公振甲〇壮猷",上款:"民国三年十月",下款:"新莞市绅学农商界公颂",现藏于灌南县博物馆③。

炮兵营营长齐问渠于1923年分获南城镇和苍梧北乡民众所立两座纪念碑。一座是与白宝山同时获得的苍梧北乡公立的纪念碑,立于宿城虎口岭子午亭南侧(见图3-11g)。正文:"海邦砥柱",上款:"清如齐营长〇德政",下款:"民国十二年苍梧北乡绅学农商暨法起寺公立"。另一座位于南城街道文化站院内(见图3-11h),正文:"卫国保民",上款:"新编江苏陆军炮兵营营长齐公清如军次",下款:"民国十二年五月吉日,南城镇绅商农学界公立"。齐清如,以字行,名问渠,直隶(今河北省)南皮(今沧州市属县)人,与白宝山同乡,法国枫丹白露④大

---

① 江苏省灌云县地方志编纂委员会:《灌云县志》,北京:方志出版社,1999年,第81页。
② 1925年1月,白宝山升任海州护军使。
③ 连云港市重点文物保护研究所:《石上墨韵:连云港石刻拓片精选》,上海:上海古籍出版社,2013年,第211、209页。
④ 枫丹白露(Fontainebleau)大学是法国圣西尔军事专科军校(École Spéciale Militaire de Saint-Cyr,ESM,英文名Special Military School of St Cyr)的前身。1803年1月28日拿破仑签署法令,在位于巴黎中心南偏东55公里处的枫丹白露镇成立帝国军事专科学校。1808年3月24日,迁到巴黎郊外凡尔赛宫附近的圣西尔(Saint-Cyr l'École),并因此得名。参见赵阳:《军事知识和常识百科全书》,北京:北京联合出版公司,2015年,第338页。

学炮科毕业,历任炮兵营长、团长、补充旅长、教导师师长以及山东惠民县(今隶属滨州市)县长、滋阳县(今济宁市兖州区)县长、国民政府军政部参谋等职,陆军少将衔。著有《欧战大事记》2册、《炮兵趋势》4册等①。

图3-11d 贾明远战功碑　　图3-11e 田子刚纪念碑拓片　　图3-11f 朱振甲纪念碑拓片　　图3-11g 齐问渠苍梧纪念碑　　图3-11h 齐问渠南城纪念碑

来源:d、g、h为连云港市重点文物保护研究所,e、f为《石上墨韵:连云港石刻拓片精选》

筑路救灾

白宝山来海州之后修的第一条路是1912年修筑的新浦老大街(今民主路)。新浦的发展得益于海退后大浦港的自行开埠和盐业的发展。新浦的前河和后河之间是一块高地,周边散落着各类商铺、酒肆、民居等,中间自然形成了老大街和后街(今建国路)。在白宝山来海州之前,两条大街都是土路,逼仄狭窄,晴天尘土飞扬,雨天泥泞不堪。白宝山发现新浦的商机之后,就用碎石子修筑了这两条大街,因还要行军、拖炮、运装备,所以修筑得要稍宽一些,也要结实一些。

后来,为了剿匪需要,逐渐修通了海州到各属县的主要官道,包括县道和省道,客观上对海州的交通、经济、社会发展发挥了重要的作用。

1914年,白宝山将海州向南至灌云县新安镇(今属灌南县)破旧不堪的清代交通大道进行了局部整修,并在沿途主要河道上重建或维修涵洞桥梁,使之成为一条军用大道,并与上一年淮扬护军使所修的淮阴至新安镇的军用大道连接起来,从而沟通了海州与淮阴之间的交通②。下文提到的位于锦屏山东南部一条小河上有四个涵洞的石桥"普济桥",

---

① 马保超等编:《河北古今编著人物小传续》,石家庄:河北人民出版社,1994年,第186页。
② 连云港市海州区地方志编纂委员会:《海州区志》,北京:方志出版社,1999年,第56页。

就是1926年在原有破损石桥的基础上重新改建而成的。

白宝山及其部属的修路行为也受到了当地官民的爱戴,百姓纷纷为其树碑纪念。如1919年7月为营长张治庵立碑"惠我周行"(见图3-11i),上款:"治庵张营长先生大人",下款:"民国八年七月中正乡士民○……○公颂",现位于海州区板浦镇中正社区东北村一居民家门前;1920年10月为营长赵云卿立碑"泽衍周行"(见图3-11j),上款:"陆军上校赵公云卿倡修",下款:"民国九年十月○日新莞市公颂",现藏于灌南县博物馆。

刊登于1924年2月24日《申报》上的《致白镇守使》一文亦可从另一个侧面说明白宝山当时在海州的筑路情况。

图3-11i "惠我周行"纪念碑　　图3-11j "泽衍周行"纪念碑

来源:《石上墨韵》

> 阅本月十九日《申报》,见有苏省海属筑路之成绩新闻一则,藉悉钧使鉴于便利交通之重要,于所属东海、沭阳、赣榆、灌云四县境内,筑成省道、县道三千余里,捧诵之下,不胜钦佩。窃念吾国今日之唯一重要问题,莫如生计问题,欲解决生计问题,必须振兴农工商业,欲振兴农工商业,必须开辟交通,其义至明,人尽知之。然知而不行,与不知同。彼为民父母之民政长官,有应尽之职务,尚多视官守如传舍,不能尽力治路,而钧使以军人而能行民政长官所不行,此其足以令人仰望崇拜为何如也。夫为盗为匪者,岂其天性乐于为盗为匪,大抵皆迫于饥寒,困于环境。地方之交通不便,则实业不兴,实业不兴,则生计困难。一般无知识之小民,饥寒交迫,无术谋生,饿死事小,岂能为此辈言之,有不铤而走险者几希矣。盖不犯法则死在旦夕,犯法则尚可偷苟延之残喘,此正苏子所谓饥而死,不如盗而死也。钧使于举世昏昏之中,独见其本,治军之暇,躬往各乡镇,劝谕团董,鸠集民夫,将经行各路,一律修垫宽平,使汽车可以通行。又复时时循行,其间亲加慰劳,乃得以至短之期间,至少之经费,成此三千余里之伟大路工,设非钧使关心民瘼,不辞劳瘁,妥为布置,善加劝导,曷可臻此。此后,四县人民,因交通之便利,易于将土产输出,贸易得以发展,生计当可渐裕。不但良民受赐无穷,即迫于饥寒之人,亦从此易于自食其力,化暴为良。佛说功德无量,其钧使之谓乎!倘各地军民长官,咸能以钧使之心为心,则可于最短期间内,不需巨大经费,筑成全国道路。使各地土产,不但易于运输,而且运费低廉,易于输出,对外贸易,可以尽量发展,而国内往来,亦得通行无阻,不致再有隔阂之弊,为利之溥,宁有涯涘。此玥所以敬佩钧使于无既,而又希望各地军民长官同时并举者也。尤有进者,钧使既为所属四县开辟交通,以兴地利,尤须进

一步劝谕当地人士，振兴教育，培养人才。有地利而无人才，则不能善用其地利；有生计而无教育，则人民饱食暖衣之后，难免有逾闲荡检之行。因交通便利，则生活费高，而生计愈难，非振兴教育以增进人民之生产力，则不足以收交通便利之实效也①。

除筑路惠民之外，白宝山在海州还积极协助乡党打击土豪劣绅，倡导慈善公益。

1919年五四运动前后，抵制日货运动也在海州地区兴起。时灌云县知事陶士英和灌云县响水市华兴公行等无良奸商勾结在一起，无视禁令将大米卖给日本人，这激起了海属人民的公愤，白宝山在江苏省政府以及社会各界的督促下派员详查，终致江苏省长公署下令陶士英撤任听候查办，海属民众莫不拍手称快②。

1926年6月18日的《申报》还刊文称赞白宝山救济灾民的情况：

> 敬启者：海民不幸，饥馑荐臻；谷价飞腾，困苦万状。入春以来，幸蒙白护军使念切疴瘝，慨分鹤俸，采运米粮，办理平粜，粒食不匮，民困其苏，劫后遗黎，更生共庆，德政仁施，感戴无既，登报藉端鸣谢悃。东海县、灌云县灾民同叩③。

1933年，世界红十字会新浦分会成立④，白宝山受邀担任首席会长，虽然此时他已经下野多年，但余威还在，人脉尚存，况且他还是国民政府军事参议院少将参议。虽然首席会长只是虚职，但他仍然为分会开展的施医施药、救灾救济等工作出力出资甚多。

置业建房

白宝山将老大街和后街修好以后，就在两条街的两边购地、置业、建房，其定位主要是服务行业，面向广大的中小客商。其中比较有名的是第一池浴池、第一饭店等，这些建筑在当时都是比较现代的，都是参照上海、天津等地的新式建筑施工建造的。

目前保存比较完好的是东亚旅社（见图3-11k），位于今新浦区

图 3-11k 东亚旅社内景
来源：自摄

---

① 穆藕初（1876—1943），以字行，名湘玥，自谦名玥，上海浦东人，民国时期著名的棉花专家，上海工商界名流。穆藕初著，穆家修等编：《穆藕初文集》，上海：上海古籍出版社，2011年，第148-149页。
② 详见中共灌云县委党史办公室：《中共灌云县地方史，第1卷（1919—1949）》，北京：中共党史出版社，2006年，第7-10页。
③ 《申报》民国十五年（1926）六月十八日。转载于连云港市重点文物保护研究所：《连云港文物研究（第三辑）》，北京：中国文史出版社，2015年，第305页。
④ 1936年11月16日由江苏省政府转报，获内政部批准备案。参见《准咨转送世界红卍字会新浦分会立案文件已备案复请查照——咨江苏省政府》，《内政公报》1936年第9卷第11期。

新市路35号,现在是连云港市民俗博物馆驻地。其前身是1919年白宝山为自己建造的个人住宅兼办公场所,俗称"白公馆"或"白将军司令部",至1920年前后,墟沟乐寿山庄建成后,白宝山迁居墟沟,遂改为东亚旅社对外营业。东亚旅社占地面积750余平方米,建筑面积1 160余平方米,房36间,是二层楼四合院形式的连体建筑,楼高约9.5米,砖木结构。

21世纪初,时任连云港市民俗学会会长的刘兆元在东亚旅社内筹建连云港市民俗博物馆,并进行了维修测绘。东亚旅社由天津人设计、青岛人施工,采用中西合璧式建筑风格。建筑材料亦中外混搭,有从塘沽港进口的德国钢筋水泥、大红瓦,有从上海港进口的美国花旗松木料,有在海州东门砖窑特制的烧甜水青砖——每块砖能够上墙的标准是经过水磨后要达到"丁四、立八、平十二"的要求。院内廊柱、廊檐、楼梯、扶手、格扇门窗等具有中式风格,皆涂以红绿色彩,呈现富丽堂皇、古色古香的传统色彩。楼梯设于西南、东北两角。门厅则为欧式风格,置阳台、传堂,东西两侧各砌圆柱形门柱,柱头为砖雕卷叶堆纹浮雕图案。大门造型上圆下方,两边各立一根红色门柱,柱头上塑莲花座,座上置一棵茁壮鲜活的黄芽菜,以寓地载万物、门庭兴旺;门上端圆形框雕成初出海平面的半轮红日,旭日上雕出霞云,沿旭日周边塑出七道弧线,拟作七色光环,光环外塑出四射的光线,在圆形门的正中塑成一个大型如意,光环光线均植根于黄芽菜上。门前铺设一段长约70米、宽约6米的石板路①。该建筑风格在20世纪初的海州基本上是独一无二的。

1917年,白宝山到墟沟考察海防守备情况,认为墟沟北崮山东麓小舍利山的山坡地(今北崮山生态公园)是一块风水宝地,该处面东为大海,寓意为财源滚滚,面西为北崮山,寓意为背后有靠山。另外该处四周散落大小岩石数堆,形态各异,由西向东分布呈月牙形,长约数丈。特别地,其中一块岩石高丈余,表面光滑,上刻"瑞石窝",据说落款为唐代"会稽刘知纪题",白宝山认为此地自古就有祥瑞之兆,这也是其字"瑞石"之来历。

因此,白宝山设法购得此地产权,约请德国工程师设计成欧式别墅(时人称白家大楼)和乐寿山庄花园(见图3-11l),全为石质建筑,除石材取自本地云台山脉外,其余装饰材料大多从德国运来,历时3年而成。在山庄入口处建石质拱门,门楣刻"乐寿山庄",北面刻"海疆磐石"。可惜的是,在建房时,"瑞石窝"刻石被石匠就地取材毁掉,白宝山听后十分痛惜,认为破坏了风水,后于乐寿山庄竣工时补刻。1937年抗战全面爆发,日舰停泊连岛附近,日机不断从小型航空母舰上起飞来海州地区侦查骚扰,白宝山一家撤离海州;1938年始,日机轰炸墟沟,将别墅炸毁,乐寿山庄仅存荷花喷水池、向若亭(见图3-11m)、拱形石门等。

---

① 刘兆元:《白宝山与东亚旅社》,载政协连云港市委员会学习文史资料委员会:《连云港近现代人物——连云港文史资料(第十七辑)》,2004年(内部资料),第59-62页。

图 3-11l 乐寿山庄
来源:自摄

图 3-11m 向若亭
来源:自摄

识文断字

白宝山年少时家境贫寒,无缘读书识字。来海州后,在结交士绅权贵、主政地方要务时,深感文化学识的重要,因此长期聘请前清科举出身的李鼎(字梅岭)教其读书识字,诵读四书、唐诗,家中宽大的书房内常备四书五经、二十四史等传统经典书籍;后拜清末翰林颜体书家华世奎①为师学习书法。白宝山学习极为用功,每日清晨早起,冷水洗脸,晨练之后即进入学习状态,坚持记日记、读报。至1920年左右,已经能够吟诗诵联。他也非常重视下一代的教育,来海州后,就安排独子赴法深造;1933年,还重金聘请刚从北京女子师范学校毕业的倪梓铨担任孙子白化文的家庭教师。

1936年夏,白宝山邀请时任国民政府军事参议院院长的陈调元(字雪轩,又作雪暄)、参议刘景波(字伯涛)、参议王道元(字化初)等同僚好友前来度假,正值向若亭维修之际,白宝山与众人题联留念。向若亭为八角亭,由八根圆柱支撑。白宝山题两联,一联:"天开北斗斟沧海,地负南山起画屏",楷书,镌刻在西边两根亭柱的外面,面西亭楣上横批:"平秩西成",亭柱的里面由刘景波题:"日对青山作酬答,气与黄海相吐吞",楷书;白宝山另一联:"日出日入自朝暮,潮去潮来无古今",篆书,镌刻在东边两根亭柱的里面,面东亭楣上横批:"海日东升"。陈调元题:"陇汧西去三千里,淮海南来第一楼",楷书,镌刻在北边两根亭柱的里面,面北亭楣上横批:"波澜壮阔"。王道元题:"百年易逝诚何恋,一壑能专亦足豪",楷书,镌刻在南边两根亭柱的里面,面南亭楣上横批:"南山如画"。遗憾的是乐寿山庄内的许多石刻都毁于"文革"期间,后来有好事者根据个人记忆、文人杂记以及

---

① 华世奎(1863—1941),字启臣,号璧臣、思闇、北海逸民等,清末民初天津书法家。1879年入泮。1885年拔贡,由内阁中书荐军机处章京。1893年考中举人,擢三品衔军机领班。1911年奕劻组亲贵内阁,任内阁丞。袁世凯任内阁总理大臣时,升正二品。民国后,即退隐家居,以遗老自命,自号"北海逸民"。书法宗颜真卿,道润健雄,骨力开张,雍容华丽,丰道俊美,兼苏轼之洒脱、钱沣之凝重,形成朴茂刚健的独特风格。详见章用秀:《弘一大师的精神境界》,天津:天津教育出版社,2015年,第119页;司惠国、张爱军、王玉孝:《楷书通鉴》,北京:蓝天出版社,2012年,第288页。

旧时照片等恢复镌刻,也不失为一种补救。

白宝山在海州期间留下的墨宝目前能够确认的仅见三处。一处是在南云台延福观南面的一块崖壁上题写的"神"字(见图3-11n),上款:"民国八年",下款:"白宝山题",字径72厘米×85厘米;第二处是在北云台大桅尖最高处的一块巨型崖壁上题写的"白宝山"三个大字,字径290厘米×290厘米,由墟沟大巷龚姓石匠镌刻;第三处是在北云台东部黄窝水库西面一处名为"棺材石"崖壁上的诗刻:"山中避世事,海上即神仙。应节榴初放,当头月正圆。功

图3-11n　白宝山"神"字摩崖石刻
来源:自摄

名诚敝屣,道德有真筌。为爱青霞影,乘桴泛晓烟。"落款:"白宝山并书",并钤印两方"白"和"宝山",字径8厘米×8厘米①。另外,在北云台东部黄窝龙潭涧西侧崖壁上刻写的"龙潭"二字,字径40厘米×40厘米,据本地有关学者根据白宝山书写风格认定为白宝山所写。还有三块地理界石题刻也疑为白宝山所写,这表明白宝山在此处拥有山林山地:第一处是在北云台东部吕端山顶一块卧石上刻写的"白/记/北至大涧";第二处是在北云台山大龙顶南坡的一块岩石上刻写的"白慎行堂/南界"的地理界石;第三处是在黄窝水库大坝北侧一块岩石上刻写的"白/东界"②。

参加大桥通车仪式的官员们

主题　中国,江苏,海州,参加大桥通车仪式的官员们(见图3-12)。摄于1926年。

描述　"卫兵,执法官(Magistrate),皮尔森先生(Mr. Pearson),盐税警(Salt Gabelle),白宝山将军(Gen. Bei Bao San),其他官员,背景是河边的水车"。男人们聚在一起,庆祝由白宝山将军建造的涵洞桥的开通。

尺寸　14厘米×8厘米。

说明　该照片的拍摄时间为1926年3月。左一为执法官,左二应该是盐税警,左三是皮尔森先生(Mr. Pearson),右三为白宝山,右一、右二为白宝山的部下,推测应该是他属下的高级别将领。

照片中的执法官为金永。金永字道坚,浙江钱塘人,清末举人,为官期间能够兴学校、除暴徒、治盗匪、严部下、禁赌博、善用人,但也极端反动,妄图复辟帝制,屠杀革命党人,是有名的酷吏,人称"金大杀""金扒皮"等。光绪三十一年(1905)任直隶(今河北省)

---

① 连云港市重点文物保护研究所:《连云港石刻调查与研究》,上海:上海古籍出版社,2015年,第63、83-84页。
② 封其灿:《连云港金石图鉴》,北京:中国文史出版社,2018年,第21-24页。

邯郸知县。宣统元年(1909)任吉林新城府知府，次年转任双城府知府[①]。1911年，继任定武军执法营务总办，与白宝山一同被派来海州，不到半年就杀了400余人，使海州人感到不寒而栗。1914年春，金永指使刽子手将平民夏五剥皮、剖腹、取心肝，最后砍头，捕杀筹办"渔团"的无辜百姓近300人；3月被海州士绅弹劾逼走；旋又被袁世凯委派为山西内务司司长，5月任巡按使，专门监督阎锡山，袁世凯死后，被阎锡山赶走。1917年，复来海州，以土匪罪名逮捕拥护革命党的人，施以酷刑，滥加杀戮，最多时一天斩首40余人[②]。

图 3-12 参加大桥通车仪式的官员们

清末，随着海退加剧，淮北盐场无论从规模还是从质量都远远超过了淮南，两淮盐业中心逐渐转移到淮北的盐业重镇板浦。为了保护盐业生产，防止和打击贩卖私盐，还在板浦成立了盐务缉私机关。民国成立后，亦在各盐区设立缉私队，缉查走私漏税及镇压盐工反抗；1914年，淮北盐区请白宝山加编游击营管理盐区治安，不久改为"缉私队"，由白宝山兼管；1926年改为盐务游击队。照片中的盐税警应该就是"缉私队"的长官。

白宝山与参加大桥通车仪式的官员们站在桥上

说明　该照片(如图3-12a)拍摄于1926年3月。该张照片是典礼后白宝山与众人在桥上的合影。中间怀抱着坐在栏杆上孩子的是白宝山，孩子是慕赓扬的长子卡雷尔，右五是慕赓扬，右四是慕赓扬次女朱莉安娜，右三是慕赓扬长女露丝。

这座桥的名字为"普济桥"，在白宝山修筑的海州至板浦的大道上。据李彬考证，"普济桥"位于锦屏山东南部范庄村与宁海街道卞浦村之间一条名为"太极沟"的小河上。原

---

① 关士杰：《新城知府——金永》，载松原市扶余区政协文史资料委员会：《扶余文史资料(第13辑)：献给伯都讷新城建置三百周年专辑》，1993年(内部资料)，第66—73页。
② 连云港市海州区地方志编纂委员会：《海州区志》，北京：方志出版社，1999年，第234、470页。

址有一座石桥,名"太极沟桥",年久失修,难以承担军队辎重的运输需要,因此白宝山在地方士绅的资助下重修了普济桥①。

图 3-12a　站在桥上的官员们

来源:《江苏省明清以来档案精品选·连云港卷》

白宝山将军建造的桥

图 3-13　白宝山将军建造的桥

主题　中国,江苏,海州,白宝山将军建造的桥(见图 3-13)。摄于 1926 年。

描述　"白宝山将军建造了一座涵洞桥,以供他新购买的'道奇'(Dodge)牌和'兄弟'(Bros.)牌卡车车队以及旅行车使用。我的父亲为此准备了几个英语单词作为装饰。数

---

① 李彬:《海灌古道寻觅》,载连云港市重点文物保护研究所:《连云港文物研究(第一辑)》,北京:中国文史出版社,2013 年,第 58-65 页。

年后,这些雕刻都风化掉了。"(慕赓扬的儿子卡雷尔标注)一座有四个圆形涵洞的石桥,在圆拱上面标记有"江苏海州"的字样,另一个上面标记有"公元1926年3月"的字样。

尺寸 20厘米×12厘米。

说明 该照片的拍摄时间为1926年3月。照片底部标注的文字就是描述中卡雷尔标注的内容,右侧文字是"下一页,涵洞桥竣工典礼,1926年",推测应该是指上一张照片(参见图3-11)。

正如卡雷尔标注的那样,四个涵洞中左一和左四的周边镌刻着英文,分别是"江苏海州(Haichow Kiangsu)"和"公元1926年3月(March 1926 A.D.)";左二和左三的周边镌刻着汉字,分别是"民国丙寅春落成"和"重建海州普济桥"。民国丙寅,即民国十五年(1926)。

这是落成典礼后,慕赓扬带着三个孩子在桥下玩耍的影像,桥上有人正推着满载货物的独轮车路过。涵洞中左一是慕赓扬的长女露丝,左二是慕赓扬,左三是次女朱莉安娜,左四是儿子卡雷尔。

在户外聚会的姑娘和妇女们

图3-14 在户外聚会的姑娘和妇女们

主题 中国,江苏,海州,在户外聚会的姑娘和妇女们(见图3-14)。摄于1905—1930年。

描述 "杨姓姑娘们和闻声太太(Mrs. Yinson?);姑娘们的老姑姑坐在椅子上;7号(即左一)朱太太(Mrs. Dyu?)和8号(即左三)蒋太太(Mrs. Tsang)都是我们的信徒;左二是姑娘们的嫂子杨太太和她的小儿子。海州。"

尺寸 14厘米×9厘米。

说明 ▶ 该照片的拍摄时间为1920年左右。照片上有几个人物用数字作了标识。在该照片的描述中,与姑娘们在一起的"太太(Mrs. Yinson?)",卡雷尔并不能确定其身份,因此打了问号。根据其形象仔细辨认,该外国女子(后排中间歪头看向姑娘们的人)应该是牧师闻声的太太任妮,描述中将闻声的姓氏"Vinson"错写成"Yinson",她因患恶性痢疾于1923年在北京去世,根据照片上年龄判断,该照片的拍摄时间也不会过早。该照片中,右一到右四(1~4号)是杨家(Yang)的姑娘们,中间坐在凳子上的老年妇女是姑娘们的姑姑;左一(7号)是"朱太太(Mrs. Dyu)",但卡雷尔并不确定;左三(8号)是蒋太太(Mrs. Tsang),她们俩都是基督徒。实际上,这个朱太太和蒋太太在第二部分"家庭生活"中出现过两次(参见图2-29、图2-30),只是在那儿标识为"朱嫂子(Dzu Sao Tei)"和"吴嫂子(U Sao Tei)",姓氏"Dyu"可能是"Dzu"的误写。

站在铁路桥前面的中国男人们

图3-15 站在铁路桥前面的中国男人们

主题 ▶ 中国,江苏,海州,站在铁路桥前面的中国男人们(见图3-15)。摄于1910—1930年。

描述 ▶ "'铁路桥'看起来很眼熟,好像在海州附近。卡雷尔,1995年10月。"四个中国男人正站在一座铁路桥前方,这座桥可能在海州附近。

尺寸 ▶ 14.4厘米×8.6厘米。

说明 ▶ 该照片的拍摄时间不应早于1925年。照片上部标注的文字就是描述中的内容。陇海铁路徐州至海州段开工于 1921 年,竣工于 1925 年。

站在青砖房子外的男生们

<table>
<tr><td>主题</td><td>中国,江苏,海州,站在青砖房子外的男生们(见图 3-16)。摄于 1910—1930 年。</td></tr>
<tr><td>描述</td><td>"海州,男生们。"照片标记为 1904 年,但慕赓扬夫妇 1905 年才抵达中国。</td></tr>
<tr><td>尺寸</td><td>14 厘米×9 厘米。</td></tr>
<tr><td>说明</td><td>该照片的拍摄时间为 1912—1913 年。照片下部标注的是"海州,男生们",右上角标注的是"1904",正如卡雷尔描述的那样,该照片的拍摄时间应该在 1909 年 4 月慕赓扬来海州之后。该照片后排左一与后面图 3-19 中左边的男孩是同一人。</td></tr>
</table>

图 3-16　站在青砖房子外的男生们

与中国同僚一起拜访采石场

<table>
<tr><td>主题</td><td>中国,海州,与中国同僚一起拜访采石场(见图 3-17)。摄于 1910 年。</td></tr>
<tr><td>描述</td><td>"海州,1910 年 3 月。采石场在一座大山的南面,这里的石质最好。四位士绅从左往右依次为:我们学校的老师许先生(Mr. Hsu)、我们的家庭教师许太太(Mrs. Hsu)、我们的布道人刘先生(Mr. Liu)、我们未来的诊所助理曾先生(Mr. Tseng)。"</td></tr>
<tr><td>尺寸</td><td>10.5 厘米×6 厘米。</td></tr>
<tr><td>说明</td><td>该照片的拍摄时间为 1912—1913 年。照片描述中所介绍的士绅是指后排和中间四位穿着长袍马褂站立的人,前排四人和左上角弯腰的一人显然是贫苦的劳动者,他</td></tr>
</table>

们穿的衣服都是粗布衣服，很是凌乱。仔细观察照片，并与其他照片相比照，发现照片上人物的标注有误。首先照片上没有女人的形象，也就是说，家庭教师许太太是笔误，应该是许先生。四位士绅中左二应该是布道人刘先生，也就是前文中的刘秀庭（参见图 1-9），左三是未来的诊所助理曾先生。这有可能是为建设义德医院而来考察或洽谈石料的。义德医院和乐德女校都是 1912 年才开始创建的。

图 3-17　与中国同僚一起拜访采石场

与妻子和孩子们站在门外的老师们

〔主题〕　中国，江苏，与妻子和孩子们站在门外的老师们（见图 3-18）。摄于 1905—1910 年。

〔描述〕　"许家。一个典型的中国家庭，右边的男人是我们学校的老师。手拿水烟袋的那个男人是我们的家庭老师。怀抱婴儿的妇女分别是他们的妻子。大女儿裹脚了，但还不是很严重。墙壁上的壁龛是烧香的地方。大门上有一个铁质的门环。"

〔尺寸〕　13 厘米×8 厘米。

〔说明〕　该照片的拍摄时间为 1912—1913 年。照片的右边写着毛笔字"刘家顶许家"。"刘家顶"即现在的刘顶村，位于海州古城南锦屏山西麓，距海州西门约 3 公里。家庭老师许先生的穿着是典型的清朝服饰，身穿长袍马褂、头戴瓜皮帽、手捧水烟袋等。慕赓扬 1909 年 4 月 22 日来到海州施医传教，夫妇俩也是边学习汉语边事工。首先创建西医诊所，在 1912 年春募得美国教友捐助资金后，开始创建义德医院以及乐德女校和福临（妇女）学校。左边年长的许先生成了慕赓扬夫妇的汉语老师，右边年轻的许先生成为乐德女校的汉语老师，分别是前面照片图 3-17 中四位士绅中的右一和右四。

图 3-18　与妻子和孩子们站在门外的老师们

站在室外的两个年轻男人

主题　中国,江苏,海州,站在室外的两个年轻男人(见图 3-19)。摄于 1905 年。

描述　"海州的朋友们。"两个穿棉衣的男孩站在室外。照片标记为 1904 年,但慕赓扬夫妇 1905 年才抵达中国。

尺寸　9 厘米×14 厘米。

说明　该照片的拍摄时间为 1912—1913 年。该照片右边的男子与前面图 3-18 右边的成年男子是同一个人,故推断他是乐德女校的汉语老师,而不是照片上标注的那样仅仅是朋友。照片底部标注的文字是"海州的朋友们"。

图 3-19　站在室外的两个年轻男人

站在户外穿着棉衣的妇女

[主题] 中国,江苏,站在户外穿着棉衣的妇女(见图3-20)。摄于1905年。

[描述] "高太太(Mrs. High),一位中国女士。"一个穿着棉衣的妇女正站在户外。她是个裹脚女人。照片标记为1904年,但慕赓扬夫妇1905年才抵达中国。

[尺寸] 9厘米×14厘米。

[说明] 该照片的拍摄时间为1923年。照片底部标注的文字是"高太太,一位中国女士"。这个妇女就是"家庭生活"部分"坐独轮车去乡下的妇女们"(如图2-33)中的左边第二个妇女,由此可知,该照片拍摄于1923年。

图 3-20　站在户外穿着棉衣的妇女

在户外与初学走路的孩子在一起的年轻妇女

[主题] 中国,江苏,海州,在户外与初学走路的孩子在一起的年轻妇女(见图3-21)。摄于1931年。

[描述] "海州,1931年。""我的一个病人。实际上两个人都是正在生病的病人。我们希望这个孩子能够成为第四代基督徒。他们显然都很坚定(下面的文字模糊不清)。孩子年轻的祖父是圣宗会讲道人(congregational preacher)。他们既是病人又是朋友。孩子的妈妈受过教育,也能很好地通过教育(下面的文字模糊不清)来帮助他人。"该照片不可公开。

[尺寸] 9厘米×14厘米。

[说明] 该照片的拍摄时间为1931年。从描述的语气看,是慕赓扬亲自写的,其中有几个字不是很清楚,括号内的文字是卡雷尔标注的。因照片中的妇女是个病人,所以特别标注

图 3-21　在户外与初学走路的孩子在一起的年轻妇女

"不可公开"。

提篮里的婴儿

主题　中国,江苏,海州,提篮里的婴儿(见图3-22)。摄于1905—1910年。

描述　"婴儿的妈妈是个信徒,也会为我们带来一位新信徒。'小妹妹',中国婴儿,海州。"

尺寸　8.5厘米×13厘米。

说明　该照片的拍摄时间不应早于1909年。该照片下方标注的内容就是描述中的文字。这个小女孩应在1岁左右。提篮,海州本地称之为"窝篮",用本地产的杞柳编织,比较大,把小孩子用被子裹好了放在里面,窝篮底下是个尖顶子,两边可以摇晃,摇晃起来孩子就容易入睡。

图 3-22　提篮里的婴儿

站在河堤上的一群人

图 3-23　站在河堤上的一群人

| 主题 | 中国,江苏,站在河堤上的一群人(见图 3-23)。摄于 1905—1910 年。
| 描述 | 一大群人站在翻耕泥土的河堤上,后面是青砖建的房子。照片可能与 1907 年发生在江苏的饥荒有关。
| 尺寸 | 14 厘米×9 厘米。
| 说明 | 该照片的拍摄时间为 1910 年左右。照片右上角房子的墙上刷有两条竖式广告,左边的模糊不清,右边的是"裕兴客栈"。此处可能是一个小码头。

屋外踩高跷的表演者

| 主题 | 中国,江苏,屋外踩高跷的表演者(见图 3-24)。摄于 1905 年。
| 描述 | 在砖墙瓦房外面,几个男人手持乐器、身穿盛装站在高跷上。
| 尺寸 | 9 厘米×14 厘米。
| 说明 | 该照片的拍摄时间不应早于 1909 年。

图 3-24　屋外踩高跷的表演者

图 3-25　偶像游行

偶像游行

| 主题 | 中国,偶像游行(见图 3-25)。摄于 1904 年。

| 描述 | "偶像游行队伍中的灯笼。"一大群人举着制作精美的木质轿子。照片标注为1904年拍摄,而慕赓扬夫妇1905年才抵达中国。

| 尺寸 | 9厘米×14厘米。

| 说明 | 该照片的拍摄时间不应早于1909年。照片下方标注的内容是"偶像游行队伍中的灯笼,中国"。

路边的茶庵

图 3-26　路边的茶庵

| 主题 | 中国,江苏,海州,路边的休息室(见图3-26)。摄于1910年。

| 描述 | "沿着休息室向西南看,海州至板浦(Bampoo)的道路向东西延伸。"一个带拱形门廊和圆形窗户的小石屋紧挨着道路,远处有个拱形结构的建筑。

| 尺寸 | 8.5厘米×13.5厘米。

| 说明 | 该照片的拍摄时间为1910年左右。照片下方标注的文字就是描述中的内容。这个路边的休息室就是茶庵,北面的拱形结构建筑就是牌坊,即后面图3-27所摄寡妇的牌坊。在照片的底部卡雷尔于1995年还标注了以下文字:"'沿着休息室向西南看,海州至板浦的道路向东西延伸'这段话写在照片的背面,可能是白露德写的。我现在还记得这个地方,那时当轿车或摩托三轮车来到这里时,我们就相互致意。"

茶庵,实际上是茶庵(庙)建筑的一部分,位于海州古城东门外海州至板浦的道路旁。清光绪二十二年(1896),海州人相才在《朐阳纪略》中以一篇《茶庵饯行记》记录了茶庵的存在和其作用。

> 长安灞桥,为饯行地,城东祖道,曲唱《骊驹》,冷泪两行,孤篷万里。何地无之?州城东茶庵,亦其地也。出东郭,越重崖,庙祀酋农,清樽迎虎,坛安社稷,春藉鞭牛。或稻香溢陇,或麦秀盈坡。有亭翼然,曰"茶庵",门对岵而通衢,窗两开而若镜。渴客买茶之地,离人饯酒之乡。秀才两案持帖而来,督学一舆送

行而去。昔年入泮,故事随班,此处阅人多矣。门东龙神庙前古柳,四皮独立,万缕犹垂,本是同根,参商相背,自成两树,刑尹各驰。逸东青山在望,绿树成荫。人行沙面路,觅石心,大同蜀道之难,小样邛崃之险。噫!地似锦城,桥岂忘情于万里!人非太白,亭亦留意于双劳①。

相才的个人资料文献记载几乎没有,只有在《朐阳纪略》中载有《自述》一节,大致记载了他的行状。卒年不详。

相才(1822—?),字用荃(庵),海州张家店耆增生。曾祖、祖父皆庠生。己道光壬午(道光二年,1822)生州城颜家井。四十六日,褓褓响水口,花逆右腕坏。徙涟及朐,庭训书文。十九坠驴右肱折。廿一毛科案入学。丙午(道光二十六年,1846)至癸酉(同治十二年,1873),每下闱,手未释卷,从茅侣仙嵇香、圁水少泉。四十,梁案一等八名补增,观风第二,书院四冠军。博览强记,好兵法、地图、医卜、地理、子平。致误左书,四考归右。著《左传比目鱼》《周易启蒙》《后姓组词》《石室课艺》《莲花尺牍》《朐阳纪略》(以上书目今不存)。今年七十有五。一子二孙。眼不镜,手无筇。因耆叨恩赉②。

寡妇的牌坊

[主题] 中国,海州,寡妇的牌坊(见图3-27)。摄于1910年。

[描述] "一个寡妇的牌坊,为纪念那些永不改嫁的寡妇而立。"在一个岩石基座上坐落着一个三拱石头建筑。

[尺寸] 9厘米×14厘米。

[说明] 该照片的拍摄时间大约是1910年。照片下方标注的文字就是描述中的内容。位于茶庵的北面。

从牌坊的结构看,该节孝坊是石仿木建造,四柱三门,双重檐三楼,高大庄重。飞檐起脊,檐下置斗拱,脊上有神兽和戟。照片上的牌坊已经缺损左上部分。上面牌匾上刻有牌坊的名称"节孝坊",下面两块牌匾上也应该有刻文,但因照片分辨率不高,难以识别。横梁上雕刻有龙纹,说明该

图3-27 寡妇的牌坊

---

① 《朐阳纪略:标点注释本》,张卫怀标点注释,北京:五洲传播出版社,2000年,第18—19页。
② 《朐阳纪略:标点注释本》,张卫怀标点注释,北京:五洲传播出版社,2000年,第76—77页。

牌坊是皇帝御赐。中间门宽、高,以利车马通行;两边门窄、小,以供行人出入。四个柱础之上各有抱鼓一对,中间柱础上为抱鼓石狮子。四根石柱上刻有两副对联。牌坊今不存,其石质构件散落民间。其中四根石柱分别存于海州双龙井公园内和纪庄铁路边,且有残损①。

两边两柱对联为:

海国春来芳草凄含无限恨,锦屏月上杜鹃啼尽未归魂。

中间两柱对联为:

当年茹蘖饮冰祇土室孤栖伤哉不幸,次日书彤纪石指国门萃表魂兮归来。

中国妇女和她的家庭

图 3-28 中国妇女和她的家庭

主题　中国,江苏,海州,中国妇女和她的家庭(见图3-28)。摄于 1914—1915 年。

描述　"许氏?(Hsus?)"照片背后底部写有一行汉字。

尺寸　7 厘米×10 厘米。

说明　该照片大约拍摄于 1914 至 1915 年间。该照片描述中的"Hsus",即许氏,但卡雷尔在标注时并不确定。

驴轿

主题　中国,江苏,驴轿(见图3-29)。摄于 1905—1915 年。

描述　"这是一台驴轿。慕赓扬的轿子是骡轿。这是用两条竹竿固定的一台小轿子。慕赓扬的骡轿用的是实心松木杆,既结实又有弹性。"两个中国男人正各自站在驴子面前,驴子身上绑着两根长长的竹竿,竹竿上面抬着一个轿子。

尺寸　14 厘米×8.3 厘米。

说明　该照片的拍摄时间为 1914 年冬。照片左下角有两个英文单词,第一个是"见(see)",第二个"orer",疑似为"Loren",是慕赓扬的昵称。

据慕赓扬发表在《传教士观察者》报 1915 年 2 月号上的文章《海州的义德医院》来看,该照片应该拍摄于 1914 年冬天,照片上的驴轿是让那些从远方到海州义德医院就医

---

① 连云港市重点文物保护研究所:《连云港文物研究(第三辑)》,北京:中国文史出版社,2015 年,第 308 页。

的病人乘坐的①,有可能是义德医院在创办初期购买的,后期已经有了自己的摩托自行车、轿车和卡车。

图 3-29　驴轿

妇女出行四抬小轿

说明　该照片(见图 3-29a)也是慕赓扬拍摄的,拍摄时间不详。

海州牛车

说明　该照片(见图 3-29b)也是慕赓扬拍摄的,拍摄时间不详。

图 3-29a　妇女出行四抬小轿

图 3-29b　海州牛车

---

① MORGAN L S. "The Ellen Lavine Graham Hospital, Haichow." *The Missionary Survey*, 1915, 4(2), pp.301-304.

从一座火灾废墟边走过的人们

[主题] 中国,江苏,从一座火灾废墟边走过的人们(见图3-30)。摄于1905—1930年。

[描述] 一大队人走过一座烧毁的建筑物的废墟。周围可以看到几座石头房子。照片标记为1904年,但慕赓扬夫妇1905年才抵达中国。

[尺寸] 14厘米×9厘米。

[说明] 该照片的拍摄时间应该不早于1910年。

图3-30 从一座火灾废墟边走过的人们

用独轮车推着木桶和传教士的男人们

[主题] 中国,江苏,用独轮车推着木桶和传教士的男人们(见图3-31)。摄于1905—1910年。

[描述] 在一条土路上,三个男人用独轮车分别推着一个木桶。一个女传教士坐在第四辆独轮车上,一个男传教士在后面步行跟着。

[尺寸] 12.5厘米×8厘米。

[说明] 该照片的拍摄时间在1910年左右。照片上第四辆独轮车上坐着的和后面走着的两个传教士是慕赓扬夫妇。

图 3-31　用独轮车推着木桶和传教士的男人们

正在农田里用水车车水的男人们

图 3-32　正在农田里用水车车水的男人们

[主题]　中国,海州,正在农田里用水车车水的男人们(见图 3-32)。摄于 1925 年。

[描述]　"车水。"三个人正在直接把水引到一台机器里,以便在田野上扩散开,其他几个男人则在一旁看着。

| 尺寸 | 14.5厘米×9厘米。

| 说明 | 该照片的拍摄时间大约在1925年。照片底部标注的文字是"车水"。这种水车是旧时农村里常用的灌溉工具,有时也用于磨坊;有人工的,也有风力的。

穿过岩石山的车

| 主题 | 中国,穿过岩石山的车(见图3-33)。摄于1910—1915年。

| 描述 | 在一块巨大的鹅卵石的后面,几匹马拉着一辆木板车,背景是一座开放的房子。

| 尺寸 | 14厘米×9厘米。

| 说明 | 该照片的拍摄时间大约在1915年。照片底部标注的文字左边是"白露德",中间的文字似乎是"Jan 1 09"即1909年1月1日,右边的文字似乎是"Carrel",即卡雷尔的签名,整个标注是卡雷尔所作。

图3-33 穿过岩石山的车

牛车满载着丰收的庄稼

| 主题 | 中国,江苏,牛车满载着丰收的庄稼(见图3-34)。摄于1908年。

[描述] "一车豌豆。"在平原上,一辆木头车上满载着丰收的作物。一个男人坐在车顶部,另一个男人站在车边上。

[尺寸] 14厘米×9厘米。

[说明] 该照片的拍摄时间应该不早于1910年。照片底部标注的文字是"一车豌豆"。

图 3-34 牛车满载着丰收的庄稼

临洪场滩内扫盐的人们

图 3-35 临洪场滩内扫盐的人们

[主题] 中国,在泥地里劳作的人们(见图 3-35)。摄于 1904 年。

|描述| 几个男人正在泥地里耕作。照片上有几个汉字。照片标注为1904年拍摄,而慕赓扬夫妇1905年才抵达中国。

|尺寸| 14厘米×9厘米。

|说明| 该照片的拍摄时间应该不早于1910年。照片上的毛笔字为"临洪场滩内扫盐",背景是云台山脉。

农村打谷场

|主题| 中国,江苏,农村打谷场(见图3-36)。摄于1905—1910年。

|描述| "打谷场。"两头牛正拖着工具在堆满稻谷的小院里劳作。一个男人正牵着牛,而背景中一个女人正往外走。

|尺寸| 13厘米×8厘米。

|说明| 该照片的拍摄时间应该不早于1910年。照片底部标注的文字是"打谷场"。这种拖拽的工具在苏北农村很常见,称作"碌碡",石质,圆柱形,外面刻有半圆形沟槽,两边有孔,用来牵引。用牛或驴子拖拽,反复碾压,利用重量将谷物(如水稻、小麦、黄豆等)中内容挤压出来。

图3-36 农村打谷场

用草席制成的小麦垛子

|主题| 中国,海州,用草席制成的小麦垛子(见图3-37)。摄于1925年。

|描述| "一个用草席制成的小麦垛子。"两个传教士和三个中国男人站在圆柱形建筑的

前面。左边是一个高高的梯子。"这样的草席围成的小麦垛有 4 个,相距 6 英尺(笔者注:约 1.8 米),很整洁。"

尺寸 14.5 厘米×9 厘米。

说明 该照片的拍摄时间为 1925 年。照片中有两位传教士,右一为牧师顾多马,右二为牧师闻声。右三应该是慕赓扬博士的家庭教师许先生。照片底部标注的文字是"一个用草席制成的小麦垛子"。

图 3-37　用草席制成的小麦垛子

横跨灌溉水渠的狭窄的人行桥

图 3-38　横跨灌溉水渠的狭窄的人行桥

主题 中国,横跨灌溉水渠的狭窄的人行桥(见图 3-38)。摄于 1904 年。

| 描述 | 一条狭窄的木制人行桥穿过两块田地之间的灌溉水渠。照片标注为1904年拍摄,而慕赓扬夫妇1905年才抵达中国。 |

| 尺寸 | 14厘米×9厘米。 |

| 说明 | 该照片的拍摄时间应该不早于1910年。 |

挎着编织的篮子沿着陡峭的泥土小径下山的人们

| 主题 | 中国,挎着编织的篮子沿着陡峭的泥土小径下山的人们(见图3-39)。摄于1914年。 |

| 描述 | 图中有几个人挎着编织的篮子,沿着一条陡峭的小径,来到一片贫瘠的山坡。 |

| 尺寸 | 14厘米×9厘米。 |

| 说明 | 该照片的拍摄时间应该不早于1910年。 |

图3-39 挎着编织的篮子沿着陡峭的泥土小径下山的人们

建在路边的乡村建筑

| 主题 | 中国,建在路边的乡村建筑(见图3-40)。摄于1904年。 |

| 描述 | 在一条土路附近、高草丛围起来的一些茅草屋顶的小房子。 |

| 尺寸 | 14厘米×9厘米。 |

| 说明 | 该照片的拍摄时间应该不早于1910年。 |

图 3-40　建在路边的乡村建筑

农民的小院

图 3-41　农民的小院

主题　中国,江苏,农民的小院(见图 3-41)。摄于 1905—1910 年。

描述　"农民的土房子。"黏土做墙、茅草做顶的房子,四周用木条做成的栅栏围起来。

尺寸 13厘米×8厘米。

说明 该照片的拍摄时间应该不早于1910年。这是苏北农村很常见的房子。

从高高的山脊上俯瞰几座木屋

主题 中国,从高高的山脊上俯瞰几座木屋(见图3-42)。摄于1906年。

描述 "(文字模糊不清)1906年,白露德。"该照片是从高高的山脊上对着峡谷拍摄的。几间木屋坐落在峡谷的两侧。

尺寸 14厘米×9厘米。

说明 该照片的拍摄时间应该不早于1910年。照片底部标注的文字中,左边的文字似乎是"Carrel",即卡雷尔的签名,中间的文字似乎是"Jan 1 09"即1909年1月1日,右边是"白露德",整个标注是卡雷尔所作。文字同图3-33,应该是同一时间拍摄的。

图3-42 从高高的山脊上俯瞰几座木屋

云台山下的路边旅社

说明 该照片(见图3-42a)的拍摄时间应该不早于1910年,也是慕赓扬拍摄的。

图 3-42a　云台山下的路边旅社

推着满载盐袋的独轮车的人

[主题]　中国,江苏,海州,推着满载盐袋的独轮车的人(见图 3-43)。摄于 1910 年。

[描述]　"用独轮车运输产自海州的盐袋。""1910 年 2 月 23 日。""亲爱的某某(字迹不清)姑妈:四天来,妈妈都很忙,所以她不能写很长的信。我有了一只小鸡做宠物,我想它很好。我四处赶着给它喂食。但它今天被熬成了汤。您亲爱的侄女,露丝·P(字迹不清)。"

[尺寸]　9 厘米×14 厘米。

[说明]　该照片的拍摄时间不详,但应早于它的投递时间 1910 年 2 月 23 日。照片上标注的文字就是描述中的内容。其中姑妈"F Lorence"卡雷尔没有认清,应该是"Fannie Lorence",慕赓扬的二姐。慕赓扬有 7 个兄弟姊妹,他排行老五,上面 2 个姐姐、2 个哥哥,下面 2 个妹妹、1 个弟弟;署名"Ruth Pearce"卡雷尔也没有认清,应该是"露丝(Ruth Pearce Morgan)",慕赓扬的长女。该

图 3-43　推着满载盐袋的独轮车的人

照片上有个粉红色的邮戳,应该是当作明信片寄出的。邮戳上方的文字模糊不清,右下方的文字"Delivery"是"投递"的意思;中间的数字"31"很清楚,应该是投递日期;上面模糊不

清,下面似乎是两个汉字"□明",应该是投递邮局。根据当时的邮政情况,应该是到上海邮寄的。另外,照片上写信时间是1910年2月23日,但是露丝出生于1908年5月10日的清江浦仁慈医院,这时她还不到2岁,养宠物小鸡是可能的,书写估计是父母代劳的。

佛教寺庙里的佛像

| 主题 | 中国,佛教寺庙里的佛像(见图3-44)。摄于1904年。
| 描述 | "黄海边佛寺里的神像。"
| 尺寸 | 9厘米×14厘米。
| 说明 | 该照片的拍摄时间应该不早于1910年。照片底部标注的文字就是描述中的内容。

图 3-44 佛教寺庙里的佛像

图 3-45 坐在寺院里的和尚

坐在寺院里的和尚

| 主题 | 中国,江苏,坐在寺院里的和尚(如图3-45)。摄于1905年。
| 描述 | 佛教寺院。
| 尺寸 | 9厘米×14厘米。

说明： 该照片的拍摄时间为 1910 年。由和尚背后香炉上的凸刻文字"三元大帝"可以推断,这是在花果山三元宫(时名海宁寺)内大雄宝殿前拍摄的。照片下方标注的文字就是描述中的内容。

海州附近寺庙里的和尚

主题： 中国,海州附近寺庙里的和尚(见图 3-46)。摄于 1920—1930 年。

描述： 两个穿着长袍的和尚站在一个装饰精美的金属物件前面,背后是一座高大的建筑。

尺寸： 8.5 厘米×14 厘米。

说明： 该照片的拍摄时间为 1910 年,与上图(见图 3-45)同期。从和尚背后香炉的造型看,与上图(见图 3-45)的香炉极为相似。可以推断,这是在花果山三元宫(时名海宁寺)内大雄宝殿前拍摄的,左边的和尚是悟五和尚。

图 3-46　海州附近寺庙里的和尚

图 3-47　海天洞与照海亭

海天洞与照海亭

主题： 中国,海州附近岩洞上方的房子(见图 3-47)。摄于 1910 年。

描述 "海州附近云台山上的一座寺庙。"照片背后的标注是"云台山上一座大的寺院旁边岩洞上方的房子"。

尺寸 9.5厘米×14厘米。

说明 该照片的拍摄时间为1910年。照片下方标注的文字就是描述中的内容。描述中的"寺庙""寺院"即是海宁禅寺(时称海宁寺),"岩洞上方的房子"之"岩洞"即海天洞,"房子"即"照海亭"。照片下方岩洞门楣上有石匾额"海天洞",中间岩石上方盘腿而坐的是悟五和尚,后边的阁楼就是照海亭,照海亭窗口内两人中右侧僧人就是上图(见图3-46)中右侧僧人。海天洞和照海亭是由悟五和尚修造,故海天洞又称悟五洞。抗战时期照海亭毁于日寇的轰炸,现照海亭是20世纪60年代在原址上方依原有风格样式重建的(如图3-47a)。

图3-47a 重建后的照海亭近照
来源:自摄

悟五和尚的资料在地方文献中难以找到,但嵌在照海亭内底层北壁上的《云台山海天洞缘起记略》石碑记录了悟五和尚的生平、修造海天洞照海亭等周边景点的起源以及景点特色等。悟五和尚,俗家世代为涟水东部地区(今淮安市涟水县,明清时期与海州同属淮安府管辖,与海州关系密切)望族,自幼聪慧,胸有大志。20岁时,来云台山海宁寺落发为僧,拜住持静澄和尚为师。因师傅静澄和尚圆寂前有"退居岩洞,面壁而终"的愿望,遂出走云台,四处募化,重修了海宁寺前的宫门。后来又游历了南海普陀、镇江金焦二山,学习了一些建造亭台楼阁的营造法式。回山后,在海宁寺四周极力谋划设计,依自然山势,将天然洞穴加以改造,剔除岩缝间的淤土,凿通相关联的洞穴,使之变得左盘右折、"蛇蟠蚓屈",周边广植花木,并引山顶泉水灌溉,有江南园林之韵味。特别是七十二洞、海天洞、照海亭等四周景点更是"如经山阴道中,应接不暇,愈玩愈奇"。悟五和尚何时建造何时完工,文献亦无说明,但至少可知在宣统二年(1910)已经建造完毕。

悟五和尚生卒年不详,但据时人游记对其健在年龄的记载大致可以推断。时任江苏省教育厅厅长的蒋维乔在《云台山纪游》中记述:"余于民国十二年(1923)五月,赴江北巡视淮海教育,至灌云便道入云山,在山中七日遍历南北二云台,并渡海至西连岛。"其间,由悟五老和尚任向导,游览了海天洞、照海亭、美人松、一线天、唐伯元《游青峰记》摩崖石刻、海宁禅寺、望海楼等几乎所有花果山著名景点。其中特别提到海天洞:"至海天洞,洞为悟五老和尚所辟,于洞顶建一小楼,净修其中,已二十年矣。洞之南有双松,一本双干,皮淡赭色,枝叶蜷曲,左右下垂,姿势绝佳,名连理松,俗呼美人松,今蟠龙松既毁于火,宜让此美人独步矣。"[①]可见,1923年时悟五和尚仍健在。

---

① 蒋维乔:《蒋维乔谈哲学》,北京:工人出版社,2015年,第245-251页。

海天洞和照海亭等景点落成之后,由当时云台山下大村庄出身的乡绅武学澍和章超①分别撰文书丹,并刻碑以示纪念。石碑长 115 厘米,宽 55 厘米,楷书,字径 1.2 厘米左右;文竖刻,正文 40 行,行 26 字,计 1 034 字;题款 1 行 10 字;落款 4 行,在撰文人和书写人后面各钤印 3 方,篆体,撰文人钤印为"守拙永印""润民""武学澍印",书写人钤印为"兰蹊之印""章超之印""□□□□"。历年来,地方学者对此多有研究②,但因其风化严重,多处刻字残泐不清,致使漏字、误字颇多。经反复释读,原文照录如下(为展现碑文原貌,保留繁体字、异体字):

雲壹山海天洞緣起記略/③

静澄和尚者,余卅年前方外④友也,与⑤余交最久,契最瀅⑥,唯余知之最/詳。和尚為雲壹山海寧寺住持,法諱印清,字靜澄,一字淨塵。品端識/卓,眎⑦正言徐,扵人靡不容。性愛交遊,重然諾,喜施予,有以厄苦告者,/輒傾囊與之,不逆億其真響⑧。善繪水墨葡萄,書法肖二王⑨,有草聖之/目。其為住持時,一以整綱飭紀,恪守清規,朂⑩諸僧,昕夕趺坐蒲團,默/參妙諦,暇則徜徉山水間,不攖心扵瑣務。嘗謂余曰:"天苟假我數年,/常住規模,整理就緒,即當退居巖洞,面壁以終,不為出山之雲矣!"詎/意言猶在耳,化入雲遙。維時悟五在側,習聞是言,初不料其經心也。/悟五者,和尚之徒,世為漣東望族,智慧天生,有腹尺。弱冠至雲壹,依/和尚為師,凝心內境,不斲不枅⑪。洎和尚去後,閒關跋涉,募化遠方,積/數百金,重脩⑫寺之前宮門,量材程功,增輝靈宇。繼遊江浙,朝南海,/客金焦⑬,周歷名山古剎,研⑭求物理,參學儀規。久之,打破禪關,大開徹⑮/悟,潔身而返,息影雲山,因念其師,賫志以往,乃扵巉嵩絕巘間,爬剔覓/尋,嵌空成洞,上下四旁,鎔為一片,渾若無縫天衣。其中左盤右折,窅/渺幽邃,或歆或側,忽凸忽凹,有堂有房,可坐可臥,履其境者,幾疑不/在人間焉。嘻!是洞也,

---

① 武学澍(1854—1923),字润民,灌云县郁林乡(今海州区花果山街道)大村人,曾任郁林乡董事;章超(1879—1932),字兰蹊,灌云县郁林乡(今海州区花果山街道)大村人,清末民初著名金石书法家。
② 《花果山志》编纂委员会:《花果山志》,北京:中华书局,2005 年,第 269-270 页;封其灿:《连云港金石图鉴》,北京:中国文史出版社,2018 年,第 120-122 页。
③ 壹,同臺,即台,下同。在标题下方隐约有"溧水□○○○○○陽武瑤助鐫"等字样。详见封其灿:《连云港金石图鉴》,北京:中国文史出版社,2018 年,第 120-122 页。
④ 方外,即世俗之外。
⑤ 此处的"与"用的是简体字;下方"輒傾囊与之"的"与"亦是。
⑥ 瀅,同深。
⑦ 眎,同视。
⑧ 億,臆的异体字,主观的、缺乏客观依据的猜测;響,虚伪、欺诈的意思。
⑨ 指王献之、王羲之。
⑩ 朂,同勖,勉励的意思。
⑪ 斲,同斫,用刀、斧等砍伐的意思;枅,房屋的斗拱,此处指盖房的意思。
⑫ 脩,修的异体字。
⑬ 南海,指位于浙江的南海普陀山;金焦,指位于镇江的金山和焦山。三处皆为佛教圣地。
⑭ 研,同研。
⑮ 徹,彻的异体字。

直於海山滨處，別有洞天，是以謂之海天洞也。悟五以為洞雖成矣，容膝則安，妥靈則隘。又於洞之極巔，剗①削石，營造孤亭②，高敞軒窗，歸然雲表。亭無磴道，由洞右鑿穴，階升入斯亭者，蛇蟠蚓屈，如史公書③。旁行斜上，門僅容身，上橫木板為扆④閉，一夫當關，百人莫入。亭內崇奉金剛像，並祀和尚慈容，卒成和尚之志。若悟五者，可謂善於繼述矣！亭外眾峰拱揖，海上諸山，可指而數。開窗四顧，東北疊嶂刺天，爽氣嵐光，逼人眉宇。西距數十武，琳宮紺宇，樓閣連雲。北則瀑布懸空，迤流而下者，水簾洞也。亭以南，斷崖壁立，薜封蔓絡，字跡模糊者，天然碑也⑤。雙株並峙，根分枝合，矯若虬龍者，美人松也。更矚下方，原田膴膴，垣屋鱗鱗。悟五遙指曰：此某邨，此某邨也。環洞芳蕤馥馥，紅紫無名，燦若雲錦，則歷時之蕚⑥木也。憑虛縱覽，諸景隆然上浮，千姿萬態，非亭之所有，皆之所有也。觸目怡情，將歎觀止。故前淮海觀警沈公瑜慶⑦，取"倚天照海蕚無數"⑧之句，顏曰：倚天照海之亭，蓋紀實也。亭背大石，皴裂如巨魚張口，中空無物，右凹陷數尺，置廚竈裕如。人從口入，由腹出，忽見奇石滿地，單者、複者、蹲者、立者、角鬪⑨者、坦夷者、縣延者、斬絕者，錯落從衡，丹青所不能貌。遊者至此，如經山陰道中，應接不暇⑩，愈玩愈奇。亭出洞表，苦無水，悟五匠心獨運，探源海曙樓前，穿厓架木，引水入亭，可潤蕚，可溉圃，可洗研⑪、可瀹茗，源源而來，不舍晝夜。以人之逸，待水之勞，挹彼注茲，取劘⑫甚便，於以見悟五構思之巧焉。功既竣，余聞往觀，愛其形勝之奇，天施地設，非人能為。悟五逌⑬然得之，毅然成之，兼能補前人未完之憾，此其才且賢，

---

① 剗，划的异体字，同铲；厓，同崖。
② 亭，亭的异体字，下同。
③ 指景象曲径通幽，像太史公司马迁所著《史记》那样，内容互相勾连，引人入胜。
④ 扆，同启。
⑤ 天然碑指的是《游青峰记》摩崖石刻，由时任海州判官唐伯元所记。唐伯元(1540—1597)，字仁卿，号曙台，明潮州府澄海县苏湾都仙门里(今属汕头市澄海区)人。任南京户部主事、署郎中，升任尚宝司丞期间，明万历十二年(1584)，朝廷争论是否请王守仁从祀孔庙，唐伯元上疏反对；次年秋，"以言事谪"海州判官，"冬十月四日"，践诺"与郡首张君允绅言'稍暇当一游'"，来花果山游玩，同行者近40人，游毕，向海州知州张允绅讲述游玩经过，"张曰：'不可无记也'"。遂写就后交给贡生顾乾刻石此处。刻文详见封其灿：《连云港金石图鉴》，北京：中国文史出版社，2018年，第130-131页。
⑥ 蕚，花的异体字，下同。
⑦ 督，同察。沈瑜庆(1858—1918)，字志雨，号爱苍、涛园，福建侯官县(今福州市)人，林则徐之次女婿沈葆桢四子。清光绪十一年(1885)举人，会试落第，以恩荫签分刑部广西司行走。历任江南水师学堂会办、总办，光绪二十七年(1901)任淮扬兵备道；宣统元年(1909)，任云南布政使；三年(1911)，调河南布政使，未赴任，升贵州巡抚。详见冯祖贻、曹维琼、敖以深：《辛亥革命贵州事典》，贵阳：贵州人民出版社，2011年，第267-268页。
⑧ 苏轼《和蔡景繁〈海州石室〉》中有"坐令空山出锦绣，倚天照海花无数"一句。详见《(隆庆)海州志》卷十《词翰》，"天一阁藏明代方志选刊"，上海：上海古籍出版社，1962年影印版，第431-432页。
⑨ 鬪，门的异体字，即斗。
⑩ 古山阴道在会稽(今浙江绍兴)城西南郊，是一条官道。东晋王献之曾写道"从山阴道上行，山川自相映发，使人应接不暇。若秋冬之际，尤难为怀"(《世说新语·言语第二》)。此言一出，山阴道从此声名远播，名士吟咏不绝。
⑪ 研，砚的异体字，即砚。
⑫ 劘，即携。
⑬ 逌，傍的异体字。

為何如哉！昔慧禮為龍興講舍，王荊公作記稱其能。[1] 今/悟五之洞之亭，堪垂[2]不朽，何可無記以存之?! 愧余羸老就衰，莫能表/揚勝蹟。緣本寺住持德山和尚、監院德選、秀巒諸禪師，從傍慫恿，誼/不容辭，故不揣譾陋，爰為記其顛末，聊摅大畧[3]云尔。/

旹/
宣統二年歲在上章掩茂之壯月上澣[4]/

雲臺里人潤民武學澍譔

蘭蹊章 趒[5]書

海天洞和照海亭等园林景观建成后，吸引了各地达官贵人、文人骚客前来探访游玩，并留下众多游记文字和"明照无二""云天深处""别有天地""云台胜境""海天一览""洞天福地""倚天照海之亭"等摩崖石刻，悟五和尚也适时接待，引导大家四处游走观赏。

特别引人注目的是，有一方字径60厘米的超大摩崖石刻"环瀛仰镜"（如图 3-47b）立于照海亭南侧巨石之上。其为魏碑，出自晚清大书法家李瑞清之手，乃其学生于民国九年（1920）十月据真迹临摹补刻。李瑞清（1867—1920），字仲麟，号梅庵、梅痴、阿梅，晚号清道人、玉梅花庵主，戏号李百蟹，江西抚州临川温圳镇（今属进贤县温圳）人。著名教育家、美术家、书法金石家。光绪十九年（1893）中举人，两年后中进士，1905—1911 年分发江苏候补道，署江

图 3-47b 环瀛仰境
来源：自摄

---

① 王安石（1021—1086），字介甫，号半山，抚州临川人，北宋著名思想家、政治家、文学家、改革家。元丰二年（1079）被改封为荆国公，因而别称王荆公。王安石的朋友僧人慧礼住持扬州龙兴寺，有矮屋数十间，四面漏风，杂草丛生，淹没了院墙。但慧礼告诉王安石他要将龙兴寺建成豪华的寺庙，建成后请王安石写一篇文章来记录此事。王安石本不相信，但四年后，慧礼通过四处乞讨化缘将寺庙建成，王安石遂作《扬州龙兴寺十方讲院记》以证慧礼之能，并将当时的佛家与儒家相类比，以警醒世人。详见郭预衡、郭英德：《唐宋八大家散文总集》，石家庄：河北人民出版社，2013 年修订版，第 3555-3556 页。
② 垂，垂的异体字。
③ 畧，同略。
④ 按：宣统二年即 1910 年；上章掩茂用于指代天干地支纪年，上章为庚，掩茂即阉茂，指戌，合在一起，指庚戌年，即宣统二年（1910）；壯月，指八月。详见［晋］郭璞注：《尔雅》卷六《释天第八》，王世伟校点，上海：上海古籍出版社，2015 年，第 95-96 页。上澣，指上旬，另中澣指中旬，下澣指下旬。详见［明］杨慎：《升庵集》卷七十一，上海：上海古籍出版社，1993 年，第 702 页。
⑤ 趒，超的异体字。

宁提学使,充两江师范学堂监督,并一度被委任为江宁布政使。民国后,辞去所有职务后隐居上海。1920年9月12日,因中风去世①。著名画家张大千曾接受其书画启蒙,章兰蹀也曾受其聘为两江师范书法篆刻教授,悟五和尚亦是其方外好友。李瑞清曾来云台山游玩,见悟五和尚修造的山居园林后,手书"环瀛仰境"赠予悟五,其时应在任职江宁提学使、充两江师范学堂监督的1905至1911年间。

"环瀛仰镜"四字本为道光年间(1821—1850)两江总督陶澍颂赞康熙三元宫御笔"遥镇洪流"而作,李瑞清借此亦颂赞悟五和尚山居园林之妙作。李瑞清去世后的次月,余青等9位弟子来花果山游玩,见悟五和尚珍藏的书法,乃"展观遗墨,益增哀感",睹物思人,决定"敬为摩崖,以垂不朽,借表仰止之意云"。

---

① 徐传德主编:《南京教育史》,北京:商务印书馆,2012年,第330-332页。

四 百姓疾苦
Common People's Sufferings

这部分主要是涉及海州地区百姓生活疾苦的影像。海州地处鲁南苏北,海州湾入海口,黄河决口夺淮入海以来,一直旱涝灾害频繁,致使百姓长期处于贫困状态。

洪水遍野

图 4-1　洪水遍野

主题　中国,洪水遍野(如图 4-1)。摄于 1904 年。

描述　"洪水。"田野被洪水覆盖,背景是几株小树立在那里。照片标注为 1904 年拍摄,而慕赓扬夫妇 1905 年才抵达中国。

尺寸　14 厘米×9 厘米。

说明　该照片的拍摄时间大约是 1910 年。照片底部标注的文字是"洪水","洪水"上方也有一行英文,但仅残留上半部,难以识别。

正如照片"描述"所更正的那样,慕赓扬夫妇 1904 年双双在约翰斯·霍普金斯大学医学院毕业,获医学博士学位,6 月 29 日,在田纳西州纳什维尔镇第一长老会教堂内结婚,11 月,被美国基督教南长老会执委会以传教士的身份派遣来华从事传教和行医工作。1905 年 1 月 1 日途经日本后抵达中国上海。他们首先来到江苏镇江,在那儿学习了几个月的汉语后,被差遣到清江浦镇的仁慈医院,在那里边行医,边传教,边学习汉语。1908 年,他们被美南长老会差派海州,1909 年 4 月抵达海州。之后租借民间草房建立西医诊所,而到了 1912 年始创海州义德医院。因此推断,该照片的拍摄时间不可能是 1904 年。

海州地处中国东部沿海腹部,紧邻海州湾,是上游来水入海的过境通道,每到夏秋汛期,来水汹涌,奔腾而下,境内蔷薇河、盐河等入海河道因常年失于疏浚,造成堵塞,加之海潮倒灌,致使河道决堤,淹没道路、农田和村社,交通断绝,衣食无着,百姓苦不堪言。

清代末期,海州地区水灾频发。光绪二十四年(1898)夏,海州等苏北地区发生大水灾,正待收割的小麦全被淹浸,田间一片汪洋,颗粒无收,导致"数百万灾黎嗷嗷待哺",

"各处灾民自七月以来,多有四出谋生者,纷纷南下,至今络绎不绝","海州者,亦不止十余万众。时值隆冬,饥寒交迫,槁项黄馘而毙者,日不下数十人"①。光绪三十二年(1906)的特大水灾,"以江苏、河南、安徽、山东四省为最著。江苏省之江北被害尤烈,草根树皮铲除都尽",海州地区饥民人数超过40万,给照回籍就赈者尚不在数,每日饥毙亦三数百人,草苗树皮剥食俱尽,弃男鬻女,所在皆然。淮阳、海州水灾饥民流落扬州就食者近二万人,两淮运司赵某强行遣送回籍,饥民聚众抗拒②。

宣统二年(1910)的大水灾,导致米价暴涨,饥民二万余人于三月十三日至十五日(4月22日至24日),将海丰面粉厂麻袋、机器焚抢殆尽③。六月,"清廷据两江总督张人骏等奏,江北海州等处水灾极重,现办理春抚工赈队,筹办各属平粜,并重申米禁,得旨,著妥筹接济"④。

慕龚扬拍摄的这一组照片,就真实地反映了当时水灾发生后灾民的现状。

洪水过后搭起的小棚屋

图 4-2 洪水过后搭起的小棚屋

主题 中国,在潮湿的田野里搭起的小屋(如图 4-2)。摄于 1904 年。

描述 众多的小棚屋在土堤岸边搭建起来。棚屋周边的田野里到处都是积水。这可能

---

① 李文海等:《近代中国灾荒纪年》,长沙:湖南教育出版社,1990 年,第 643、723 页。
② 《时报》光绪三十二年(1906)十一月十六日、二十一日、十二月二十四日。转引自池子华:《中国近代史论稿》合肥:合肥工业大学出版社,2015 年,第 155 页。
③ 《中国大事记》,《东方杂志》1910 年第 4 号,第 56-57 页。
④ 李允俊、上海社会科学院经济研究所:《晚清经济史事编年》,上海:上海古籍出版社,2000 年,第 1123 页。

是洪水过后难民的棚屋。照片标注为 1904 年拍摄,而慕赓扬夫妇 1905 年才抵达中国。

> 尺寸 14 厘米×9 厘米。

> 说明 该照片的拍摄时间大约是 1910 年。

饥民的棚屋

图 4-3 饥民的棚屋

> 主题 中国,江苏,海州,饥民的棚屋(如图 4-3)。摄于 1905—1910 年。

> 描述 很多小草屋紧密地建在一块地里。照片标注为 1904 年拍摄,而慕赓扬夫妇 1905 年才抵达中国。

> 尺寸 14 厘米×9 厘米。

> 说明 该照片的拍摄时间大约是 1910 年。

大型灾民收容所里的棚屋

> 主题 中国,大型灾民收容所里的棚屋(如图 4-4)。摄于 1905—1910 年。

> 描述 大量简陋的棚屋聚集在一个大型营地里。这些棚屋可能是洪水过后搭建的灾民草屋。照片标注为 1904 年拍摄,而慕赓扬夫妇 1905 年才抵达中国。

> 尺寸 14 厘米×9 厘米。

> 说明 该照片的拍摄时间大约是 1910 年。照片下方标注了一行文字,左下角标注的

文字是慕赓扬名字的缩写"LSM",中间两个单词不可辨,右下角标注的文字依稀可辨为"灾民的帐篷(Camp of Famine Refugee)"。

图 4-4　大型灾民收容所里的棚屋

聚集在草棚下的人们

图 4-5　聚集在草棚下的人们

主题　中国,江苏,聚集在草棚下的人们(如图 4-5)。摄于 1904 年。

| 描述 | 许多人围站在用树枝搭建起来的棚子下。简陋的轿子平放在地上,长长的竹竿捆绑在椅子上。照片标注为1904年拍摄,而慕赓扬夫妇1905年才抵达中国。照片可能与1907年发生在苏北的饥荒有关。

| 尺寸 | 14厘米×9厘米。

| 说明 | 该照片的拍摄时间大约是1910年。

在棚屋前休息的灾民劳工

图 4-6　在棚屋前休息的灾民劳工

| 主题 | 中国,江苏,在棚屋前休息的灾民劳工(如图4-6)。摄于1905—1910年。

| 描述 | "灾民劳工的草席棚屋。"

| 尺寸 | 14厘米×9厘米。

| 说明 | 该照片的拍摄时间大约是1910年。照片底部标注的文字就是描述中的内容。

该照片还有另外一个备份(如图4-6a),尺寸为9厘米×7厘米。主题为:中国,江苏,沿路搭建的营地。摄于1905—1910年。描述为:"一个路边的营地——平板独轮车上下叠放着。萝卜丝晒在阳光下。"照片上一个男人坐在地上,身边有一个小孩,背景是一个避难所和一辆满载家产的手推车。照片上方标注的文字是"一个路边的营地——平板独轮车上下叠放着";右侧标注的文字是"萝卜丝晒在阳光下"。

在图4-6a下方还贴有一张纸条,上面的文字是:"中国,海州,大约是1910年。亲爱的哥哥诺里斯(Norris),中国有很多小男孩生活在这样的草棚里,因为他们每年不得不去南方找食物。白露德。""加尔瓦,长兄诺里斯·摩根(Norris Morgan)。"加尔瓦镇,位于美国伊利诺伊州亨利县,是慕赓扬的出生地,他有7个兄弟姊妹(2个姐姐2个哥哥,1个弟弟 2 个妹妹),排行老五,其中诺里斯是慕赓扬的大哥。

图 4-6a　沿路搭建的营地

躺在由另一个男人推着的独轮车上的男人

图 4-7　躺在由另一个男人推着的独轮车上的男人

主题　中国,江苏,海州,躺在由另一个男人推着的独轮车上的男人(如图 4-7)。摄于 1914—1915 年。

描述　"带着一个生病的男人回家。""本地一种常用的交通方式。"

[尺寸] 14厘米×9厘米。

[说明] 该照片的拍摄时间大约是1910年。照片右上方标注的文字是"本地一种常用的交通方式";左下方标注的文字是"带着一个生病的男人回家",右下方白色的文字是慕赓扬名字的缩写"LSM"。

仔细分辨照片中躺在独轮车上的人,似乎应该是个女人,有可能是推车男人的妻子。这种平板独轮车是海州地区最为普遍的运输工具。慕赓扬博士从清江浦来海州乘坐的就是这种独轮车。

另有一份该照片的备份,没有右上方的文字,尺寸为13.5厘米×8厘米;主题为:用独轮车运送生病的男人;描述为:带一个生病的男人回家。后来慕赓扬的儿子添加了"清江浦,1907年? 饥荒时期? 卡雷尔,1999年"这个怀疑的标注。

推着小推车的饥民

图4-8 推着小推车的饥民

[主题] 中国,江苏,海州,推着小推车的饥民(如图4-8)。摄于1914—1915年。

[描述] "在去灾民救济所的路上。一名妇女怀里抱着十个月大的婴儿。"

[尺寸] 14厘米×9厘米。

[说明] 该照片的拍摄时间大约是1910年。照片上方标注的文字就是描述中的文字。

站在用毯子包裹着尸体的衙门院子里的男人们

图 4-9　站在用毯子包裹着尸体的衙门院子里的男人们

主题　中国,江苏,站在用毯子包裹着尸体的衙门院子里的男人们(如图 4-9)。摄于 1905—1910 年。

描述　"在 Siuan 衙门院子里死去的难民。""慕赓扬。"照片标注为 1904 年拍摄,而慕赓扬夫妇 1905 年才抵达中国。照片可能与 1907 年发生在苏北的饥荒有关。

尺寸　14 厘米×9 厘米。

说明　该照片的拍摄时间大约是 1910 年。照片下方标注的两行文字就是描述中的内容。描述中将照片标注中的"Suian"误写为"Siuan",但极有可能照片标注的文字"Suian"也错了,漏掉了一个字母"q",即"Suian"应该为"Suqian",即"宿迁"。

在户外用小火烧饭的男人们

主题　中国,江苏,在户外用小火烧饭的男人们(如图 4-10)。摄于 1905—1910 年。

描述　一群男人正在户外用小火烧饭,附近是编织篮子和三脚架。照片标注为 1904 年拍摄,而慕赓扬夫妇 1905 年才抵达中国。照片可能与 1907 年发生在苏北的饥荒有关。

尺寸　14 厘米×9 厘米。

说明　该照片的拍摄时间大约是 1910 年。

图 4-10　在户外用小火烧饭的男人们

一群在难民收容所里的饥民

图 4-11　一群在难民收容所里的饥民

主题　中国,江苏,一群在难民收容所里的饥民(如图 4-11)。摄于 1905—1910 年。

描述　"一群在难民收容所里的饥民。""慕赓扬。"照片标注为 1904 年拍摄,而慕赓扬夫妇 1905 年才抵达中国。照片可能与 1907 年发生在苏北的饥荒有关。

尺寸　14 厘米×9 厘米。

说明 该照片的拍摄时间大约是1910年。照片左下角标注的文字就是描述中的内容。

正在等待分发食品券的一群人

图4-12　正在等待分发食品券的一群人

主题 中国,海州,正在等待分发食品券的一群人(如图4-12)。摄于1910年。

描述 "围在一座寺庙前正在等待分发食品券的一部分人群,有6到8个妇女和儿童被拥挤踩踏致死。1910年4月。"

尺寸 14厘米×9.5厘米。

说明 该照片的拍摄时间大约是1910年。

聚集在栅栏前等待食物的人们

主题 中国,江苏,聚集在栅栏前等待食物的人们(如图4-13)。摄于1905—1910年。

描述 "等待领取面粉。"照片标注为1904年拍摄,而慕赓扬夫妇1905年才抵达中国。照片可能与1907年发生在苏北的饥荒有关。

尺寸 14厘米×9厘米。

说明 该照片的拍摄时间大约是1910年。照片中标注的文字就是描述中的内容。

图 4-13 聚集在栅栏前等待食物的人们

为饥民发放食物的人们

图 4-14 为饥民发放食物的人们

[主题] 中国,江苏,为饥民发放食物的人们(如图 4-14)。摄于 1905—1910 年。

[描述] 人们拿着一袋袋食物站在那儿,聚集的人群聚集在栅栏后面。照片标注为 1904 年拍摄,而慕赓扬夫妇 1905 年才抵达中国。照片可能与 1907 年发生在苏北的饥荒

有关。

〔尺寸〕 14厘米×9厘米。

〔说明〕 该照片的拍摄时间大约是1910年。照片左下角标注的文字依稀可见为"分发面粉。慕赓扬"。

坐在装满谷物篮子前面的男人

〔主题〕 中国,坐在装满谷物篮子前面的男人(如图4-15)。摄于1905—1910年。

〔描述〕 一个男人背靠着房屋的外墙,手里拿着一把铲子,面前有一只装满谷物的编织篮子。照片上标注的拍摄时间为1904年,但是慕赓扬夫妇1905年才抵达中国,照片可能与1907年发生在苏北的饥荒有关。

〔尺寸〕 9厘米×14厘米。

〔说明〕 该照片的拍摄时间大约是1910年冬天。照片上面标注的三行文字分别为"等待(Waiting)""购买面粉(buy flour)"和慕赓扬的姓氏"Morgan"。慕赓扬1909年来海州后,遭遇的首次旱灾为1910年。

图4-15 坐在装满谷物篮子前面的男人

饥饿的男人

〔主题〕 中国,江苏,饥饿的男人(如图4-16)。摄于1905—1910年。

〔描述〕 "饥饿。"一个穿着破烂衣服的男人面对着镜头。

〔尺寸〕 7.5厘米×12.5厘米。

〔说明〕 该照片的拍摄时间大约是1910年冬天。照片底部标注的文字是"饥饿"。

图4-16 饥饿的男人

穿着用面粉袋子做的裤子的男人

主题 中国,穿着用面粉袋子做的裤子的男人(如图4-17)。摄于1905—1910年。

描述 "面粉袋做的衣服。"照片上有1904年的标记,但慕赓扬一家直到1905年才抵达中国。这张照片可能与1907年苏北发生的饥荒有关。

尺寸 9厘米×14厘米。

说明 该照片的拍摄时间大约是1910年。照片下方标注的文字是"面粉袋做的衣服"。

图4-17 穿着用面粉袋子做的裤子的男人

图4-18 站在碎石墙前的老人

站在碎石墙前的老人

主题 中国,站在碎石墙前的老人(如图4-18)。摄于1904年。

描述 "山里的老人。"照片标注为1904年拍摄,而慕赓扬夫妇1905年才抵达中国。

尺寸 9厘米×14厘米。

说明 该照片的拍摄时间大约是1910年。

户外戴着草帽光着上身的男人

主题 中国,江苏,户外戴着草帽光着上身的男人(如图4-19)。摄于1905—1910年。

描述 一个男人戴着草帽站在户外,一块布缠绕在腰上。照片上标注的拍摄时间为1904年,但是慕赓扬夫妇1905年才抵达中国。

尺寸 9厘米×14厘米。

说明 该照片的拍摄时间大约是1910年。

图4-19 户外戴着草帽光着上身的男人

图4-20 推着装有面粉的独轮车的苦力

推着装有面粉的独轮车的苦力

主题 中国,江苏,推着装有面粉的独轮车的苦力(如图4-20)。摄于1905—1910年。

描述 "推着满载美国面粉的苦力。"一个额头绕着汗带的男人推着手推车,两个头戴圆锥形帽子的男人在后面看着他。

尺寸 8.5厘米×13厘米。

说明 该照片的拍摄时间大约是1910年。照片上方标注的文字是"汗带",下方和右侧的文字是"一名推着满载美国面粉的苦力"。

为饥民运送面粉

图 4-21 为饥民运送面粉

- 主题　中国,江苏,为饥民运送面粉(如图 4-21)。摄于 1905—1910 年。
- 描述　"为饥民运送面粉。"堆在独轮车上的白色的面粉袋正在运往灾区,背景是市内一堵砖墙。
- 尺寸　12.5 厘米×8 厘米。
- 说明　该照片的拍摄时间大约是 1910 年。照片下方标注的文字是"为饥民运送面粉",右下角标注的文字是"从清江浦(Tsing-kiang-pu)运往丁家沟(Ting-kia-kieh)的面粉",清江浦和丁家沟都是淮安市的旧地名。

等待购买面粉的人们

- 主题　中国,江苏,等待购买面粉的人们(如图 4-22)。摄于 1905—1910 年。
- 描述　"等待购买面粉。""'荒年'期间典型的中国人群。"一群男人挎着篮子,排着队,戴着帽子,和孩子们一起正在等待着。
- 尺寸　14 厘米×8.5 厘米。
- 说明　该照片的拍摄时间大约是 1910 年。照片上标注的文字是"等待购买面粉,慕赓扬"。照片下方还贴有一段描述:"'荒年'期间典型的中国人群。卡雷尔,1996 年 8 月 21 日。"

图 4-22 等待购买面粉的人们

坐在医院庭院里的灾民

图 4-23 坐在医院庭院里的灾民

主题：中国，坐在医院庭院里的灾民（如图 4-23）。摄于 1905—1910 年。

描述："医院庭院里的灾民。"照片上标注的拍摄时间为 1904 年，但是慕赓扬夫妇 1905 年才抵达中国。该照片可能与 1907 年发生在苏北的大饥荒有关。

[尺寸] 14厘米×9厘米。

[说明] 该照片的拍摄时间大约是1910年。所谓的医院应该是慕赓扬于1909年创办的西医诊所。

户外等待的人群

图 4-24　户外等待的人群

[主题] 中国,江苏,户外等待的人群(如图4-24)。摄于1905—1910年。

[描述] 穿着棉衣的男人们正坐在户外,其中一个蹲坐在铁锅旁边。照片标注为1904年拍摄,而慕赓扬夫妇1905年才抵达中国。照片可能与1907年发生在苏北的饥荒有关。

[尺寸] 14厘米×9厘米。

[说明] 该照片的拍摄时间大约是1910年。描述中的"铁锅"有误,照片中蹲坐着的男人旁边应该是一个编织篮子。

用镐和铁锹修路的男人们

[主题] 中国,江苏,用镐和铁锹修路的男人们(如图4-25)。摄于1905—1910年。

[描述] "修路的男人们。"照片上标注的拍摄时间为1904年,但是慕赓扬夫妇1905年才抵达中国。

[尺寸] 14厘米×9厘米。

[说明] 该照片的拍摄时间大约是1910年。照片底部标注的文字是"正在修路"。在发

生饥荒的年代,政府经常采用以工代赈的方式来救助灾民,比如修路、浚河等。

图 4-25　用镐和铁锹修路的男人们

修路的男人和女人们

图 4-26　修路的男人和女人们

> **主题** 中国,江苏,修路的男人和女人们(如图 4-26)。摄于 1905—1910 年。

[描述] "修路。也有女人参加。"一群人正用手工工具筑路。

[尺寸] 12.5 厘米×7.5 厘米。

[说明] 该照片的拍摄时间大约是 1910 年。照片底部标注的文字是"修路。也有女人参加"。

正在铺设土路基的男人们

图 4-27 正在铺设土路基的男人们

[主题] 中国,江苏,正在铺设土路基的男人们(如图 4-27)。摄于 1905—1915 年。

[描述] 一个戴贝雷帽、穿西服、骑驴子的男人,正在与一名当地的务工男人交流。在他们前面,十几个男人正在两片水田之间铺设土路基。

[尺寸] 14 厘米×9 厘米。

[说明] 该照片的拍摄时间大约是 1910 年。

户外劳动的灾民

[主题] 中国,江苏,户外劳动的灾民(如图 4-28)。摄于 1905—1910 年。

[描述] "灾民劳工。"照片标注为 1904 年拍摄,而慕赓扬夫妇 1905 年才抵达中国。照片可能与 1907 年发生在苏北的饥荒有关。

[尺寸] 9 厘米×14 厘米。

[说明] 该照片的拍摄时间大约是 1910 年。照片底部标注的文字是"灾民劳工"。这也

应该是以工代赈来修路的。

图 4-28　户外劳动的灾民

图 4-29　站着拿铁锹的灾民

站着拿铁锹的灾民

主题　中国，江苏，站着拿铁锹的灾民（如图 4-29）。摄于 1905—1910 年。

描述　"一些灾民劳工。"照片标注为 1904 年拍摄，而慕赓扬夫妇 1905 年才抵达中国。照片可能与 1907 年发生在苏北的饥荒有关。

尺寸　9 厘米×14 厘米。

说明　该照片的拍摄时间大约是 1910 年。照片底部标注的文字是"一些灾民劳工"。

五　海州城乡全景

Urban and Rural Panorama of Haizhou

这部分图片主要涉及海州古城及周边乡村的全景影像,是慕赓扬对海州古城及周边乡村的整体记录和印象,中间穿插了对海州古城周边历史人文地理的介绍。对于海州这个山海相拥的城市,慕赓扬是带着新奇和喜爱,带着憧憬和希望来拍摄的。这一幕幕的影像生动而丰富,给我们研究近代海州城市的发展与变迁、海州人民生活的艰难与希望,保留着不可多得的珍贵资料。

海州古城北门

图 5-1　海州古城北门临洪门

|主题| 中国，海州，城墙（如图 5-1）。摄于 1920 年。

|描述| 从海州城外看高高的带有女儿墙的砖制城墙，有一条路通向城门。

|尺寸| 10 厘米×6 厘米。

|说明| 该照片的拍摄时间是 1920 年。拍摄的是海州古城北门临洪门。海州古城城墙及城门因近代战乱不断，屡遭兵燹，加之年久失修，几近倾废。为改善交通环境，建设厂房民居，政府在 1956 年将之拆除，仅城中的鼓楼、东城墙地基等几处尚存①。

照片中这段城墙和城门都比较完整，城墙上的堞垛及城门西侧的禹王庙（又称北极宫或上神庙）完好无损，城门的瓮城、城楼都很完整。城楼为歇山重檐二层楼，面阔三间（如图 5-1a、图 5-1b）②。瓮城即月城，清嘉庆九年（1804）修毕的《海州志》引张峰《州志》[已轶，文在《（隆庆）海州志》]记载："明永乐十六年（1418），千户殷轼砌以砖石并女墙，墙高二丈五尺（8.33 米），周围九里一百三十步（约 5 617 米③），女墙共二千四百九十六堞，城铺二十八座。东、西、南、北四门：东曰镇海、西曰通淮、南曰朐阳、北曰临洪。东北二门月城二。"这个时候基本上奠定了后世海州古城的基本格局，虽然经过多次修修补补，但基本框架没有改变。州治等官衙基本上在东西向中轴线上，北面从东至西依次为阜民

---

① 按：该部分内容曾发表在《江苏地方志》，本书有增删。详见张家超：《明代"淮安府海州"铭文城砖探析》，《江苏地方志》2019 年第 2 期，第 82—86 页。

② 《海州大包围战》，载《中国事变画报·第五十五辑》（日本战地专刊），东京日日新闻社，1939 年 3 月 20 日，第 2—10 页。

③ 按：周代制度六尺为步，三百步为里。唐代以降，改五尺为步，三百六十步为里。参见《宋史》卷一百四十九《志第一百二·舆服一》，北京：中华书局，1977 年，第 3493 页。

坊、丰润坊、崇礼坊，南面从东至西依次为敦化坊、惠泽坊、时雍坊、西城坊①。又引陈宣《州志》记载："（明）万历壬辰（1592），有倭警，知州周燨将西、南二门铺筑月城。"②这四个瓮城均为半圆形，依附于城门外，是与城墙连为一体的附属建筑。瓮城城门与主城门不在同一直线上，均设在侧面，从而提高防御能力。东门主城门朝东，瓮城门朝南偏东；西门主城门朝西，瓮城门朝南偏西；南门主城门朝南，瓮城门朝西偏南；北门主城门朝北，瓮城门朝西偏北。每个门（主城门和翁城门）内外的上方都嵌有石额，分别由当时主政海州的官员或地方缙绅名人撰写题刻。

图 5-1a　海州古城北门"中正门"

图 5-1b　海州古城北门内额"蔷薇环带"

来源：《中国事变画报：第五十五辑》

北门名"临洪"，题字位于瓮城门外门楣上，面西偏北。主城门内石额"蔷薇环带"（如图 5-1b），面南。蔷薇河在城西自北向南流经城西北角时向东拐了一段后，继续北去经临洪口入海，故名。而主城门外和瓮城门内的石额名称暂没有找到实物或文献记载。北门外石桥是架设在护城河上的。《（嘉庆）海州志》引张峰《州志》（已佚）记载，明永乐十六年（1418），修城时，"西设池，深六尺，吊桥三座，在东、西、北三门外"。"池即城外壕。……东门至南门深六尺，阔一十四丈，长一里一百一十步（约 780 米）；南门至西门深五尺，阔一十四丈，长二里三百步（约 1 700 米）；西门至北门深六尺，阔四十一丈，长二里一百九十步（约 1 500 米）；北门至东门深五尺，阔三十七丈，长三里二百一十五步（约 2 160 米）。吊桥三座，在东西北门外，跨城壕之上。南门外有砖桥"。但至迟在唐仲冕等修《（嘉庆）海州志》完成时的嘉庆九年（1804），"西门至北门，已无河形"③。自南宋建炎二年（1128）黄河夺淮后其所携带的上游大量泥沙不仅淤塞河道，也淤塞海岸，海州的海岸线逐渐东移；

---

① 唐仲冕等修，汪梅鼎等纂：《海州直隶州志》卷十四《考第三·建置一·保甲》，清嘉庆十六年刊本，台北：成文出版社有限公司，1977 年影印本，第 268 页。
② 唐仲冕等修，汪梅鼎等纂：《海州直隶州志》卷十四《考第三·建置一·城池》，清嘉庆十六年刊本，台北：成文出版社有限公司，1977 年影印本，第 253 页。
③ 唐仲冕等修，汪梅鼎等纂：《海州直隶州志》卷十四《考第三·建置一·城池》，清嘉庆十六年刊本，台北：成文出版社有限公司，1977 年影印本，第 253 页。

清康熙七年(1668),山东郯城大地震又使得海退加剧,海岸线也就远离海州城下。照片(如图5-1)中所见干涸的河床即是这些因素相继叠加后所形成的地理态势。

蔷薇河来水为客水,上游"源羽山,带涟水",但"自(明)成化间(1465—1487),水壅不疏者五十年。商人困于陆,挽民亦无赖"①。因"年久淤塞",而经常泛滥形成洪灾,"致商人盐船自海冒险,且觅牛车拉至海崖上船,经年守装,劳费万状"②。连续多任知州皆以"一时当道之司,为国为民,不约而同,先忧后乐之心,共成裕国安民之业","发州募民挑浚"③。为此在城门西侧城墙上建禹王庙(见图5-1c)以镇洪灾,庙内正面(面北)供奉大禹像,背面供奉十八手二十四首准提菩萨,故本地人又称之为北极宫或上神庙④。

图5-1c 海州古城北门西面城墙上的禹王庙

来源:林庆燮摄于1956年5月

清代"临洪门"匾额由乾隆九年(1744)时任海州知州的卫哲治题刻,石匾长157厘米,宽64厘米,字径37厘米×40厘米,上款"乾隆甲子孟春重修",尾款"监修州牧卫哲治"。1986年新海发电厂扩建时在工地上发现,后不知所终⑤。卫哲治(1702—1756),字灼三、我愚,号鉴泉,河南济源人。曾两次到海州做官,一次是清雍正七年(1729),以拔贡署海州属县赣榆知县,另一次是清乾隆七年(1742),从长洲(今苏州)迁知海州。在任期间,卫哲治为政廉明,善于断案,治兴水利,建书院,爱民如子,造福一方,深得民望。在嘉庆《海州直隶州志》中因"廉明恺悌,善折狱。邑人言之,至今仍有出涕者"⑥而被列为"良吏"。州境内新安、大伊等镇皆建有卫公祠,以感念其德政,功垂久远。清乾隆九年(1744),乾隆亲书"安民为本"四字恩赐。后升淮安知府,并编纂《(乾隆)淮安府志》,官至工部侍郎。

南京国民政府财政部部长宋子文1928年上任后不久,就出台了统一收入、统一税率等一系列财政改革,特别是加紧推广运销等盐务改革措施。为了打击抗税行为,也为了抵制来自军政部门对财政的干预,宋于1930年在九江组建了隶属于财政部的税警部

---

① 《(隆庆)海州志》卷十《词翰·海州浚蔷薇运河记》,"天一阁藏明代方志选刊",上海:上海古籍出版社,1962年影印版,第383页。

② 《(隆庆)海州志》卷十《词翰·重修蔷薇河记》,"天一阁藏明代方志选刊",上海:上海古籍出版社,1962年影印版,第380页。

③ 《(隆庆)海州志》卷十《词翰·重修蔷薇河记》,"天一阁藏明代方志选刊",上海:上海古籍出版社,1962年影印版,第380页。

④ 按:林庆燮为1950年代海州照相馆的摄影师,听说政府要拆除城墙搞建设,就用自己手中的相机记录下海州古城面貌,这几乎成了海州古城唯一的一批历史照片。

⑤ 连云港市海州区地方志编纂委员会:《海州区志》,北京:方志出版社,1999年,第346页。

⑥ 唐仲冕等修,汪梅鼎等纂:《海州直隶州志》卷十四《考第三·建置一·城池》,清嘉庆十六年刊本,台北:成文出版社有限公司,1977年影印本,第377-378页。

队——税警总团,10月即迁来海州。部队就驻扎在海州北门外关帝巷附近(今新海发电厂西大岭)。1934年年底黄杰中将接任税警总团第五任总团长,1936年,为庆祝蒋介石五十大寿,黄杰拆除海州古城四门的月城,改为直向城门,以方便部队及汽车等军用设备进出城门。将北门"临洪门"改为"中正门"(如图5-1a),并亲自撰写后嵌入城门上方;1939年3月,日本人占领海州后,又将北门改为"朐阳古城"(如图5-1d),一直到1956年城门被拆除为止。

图5-1d 海州古城北门"朐阳古城"

来源:林庆燮摄于1956年5月

有人从东北方向的角度拍摄了一张海州古城北门的照片(如图5-1e),照片近景是北门的护城河,河面还是很宽阔的,与慕赓扬从西北方向拍摄的北门有所不同,那边的护城河上虽然有一座石桥,但已经干涸了。另外北门外的瓮城也已经不见了,但城楼和堞墙还很完整,西侧城墙上的禹王庙隐约可见,东侧城墙上张贴的繁体字标语隐约可见,文字为"建设东亚"。推测该照片的拍摄时间应该介于日军占领海州改名"朐阳古城"时的1939年3月至日本投降时的1945年8月之间,结合日军侵华期间在各地古城墙上所张贴标语的情况,完整的标语可能是"建设东亚新秩序"。

图5-1e 海州古城北门中正门东北侧的护城河

来源:佚名

海州古城

海州古城位于江苏省北部云台山脉南端锦屏山之北,蔷薇河之东。有记载的建城时间是明隆庆六年(1572)修毕的《(隆庆)海州志》所述:"州城旧有土城,相传梁(武帝)天监十一年(512)马仙琕筑。"①马仙琕,字灵馥,扶风郡郿县(今陕西省眉县)人,年轻的时候就以果敢声闻乡里,后来历次参战累有战功,以勋至前将军。梁武帝天监十年(511),朐山县②(今海州)一个叫王万寿的人带领一帮人将东莞、琅邪二郡的太守刘晰给杀了,并献城降魏,梁武帝委派振远(后世误传为镇远)将军马仙琕持节围朐讨伐。魏徐州刺史卢昶带领兵将十余万赶来救援,但因朐山县城内柴粮俱尽,守城魏将傅文骥又献城降梁,遂败走朐山县城③。次年,马仙琕在锦屏山北侧一块台地上修筑土城作为军事据点。土城规模不大,长宽各约500米,周长约1 500米,因南边是山,北边是海,故只有东西两个城门。东门在今甲子桥西北角,西门就是现在钟鼓楼的位置。

《(隆庆)海州志》记载,"元末,西城因战事而废"④;《宋史·魏胜》亦记载,魏胜(1120—1164)在南宋隆兴元年(1163)再次与金兵对抗时,"海州城西南枕孤山,敌至,登山瞰城中,虚实立见,故西南受敌最剧。胜筑重城,围山在内,寇至则先据之,不能害"⑤。该"孤山"即今白虎山,在今海州古城的西南角。可见,在南宋至元末这段时间海州古城是有西城的,虽然西城的构筑年代之前没有史料明确记载,但大致可以推断,在南宋以前的某个时期,海州古城已经扩展到了西城。扩城可能有两个原因:一是人口增加了。唐贞观年间,随着社会秩序的稳定和农业生产的恢复,户数和人口数都得到大幅提升。《新唐书·地理志》记载,唐贞观十三年(639),海州有户数0.899 9万,人口4.396 3万;到唐天宝十一年(752),有户数2.854 9万,人口18.400 9万,分别增长217.20%和321.1%⑥;《宋史·地理志》也记载,北宋崇宁时期(1102—1106),有户数5.483万,人口19.975万⑦。虽然这是海州整个辖区的数字,但也能充分反映当时海州城内人口增加的情况。二是与防御有关。中国古代城池中的"池"即是壕沟、护城河的意思,为了防御城墙与壕沟是并

---

① 《(隆庆)海州志》卷一《舆图·城池》,"天一阁藏明代方志选刊",上海:上海古籍出版社,1962年影印版,第30页。

② 按:秦朝施行郡县制,在今连云港辖地设朐县(治在今海州城南部龙苴镇附近),是文献记载里江苏沿海的两个县城之一(另一个为盐渎,今盐城),先为薛郡地,后分薛郡为郯郡;西汉时隶属东海郡;南朝宋明帝失淮北后于泰豫元年(472)侨置青、冀二州(治郁洲岛,今云台山),是为连云港域内州级建制之始;北朝东魏武定七年(549),罢青、冀二州为海州(治在今海州城南部龙苴镇附近),是为海州名称之始;北周武帝建德六年(577)"改县曰朐山"(治在今海州城东南部);明太祖洪武元年(1368)裁朐山县。

③ 《梁书》,北京:中华书局,1973年,第51、279页。

④ 《(隆庆)海州志》卷一《舆图·城池》,"天一阁藏明代方志选刊",上海:上海古籍出版社,1962年影印版,第30页。

⑤ 按:《(隆庆)海州志》记载:"南宋绍兴二十二年(1152),魏胜复筑城浚隍以备金人。"而《宋史》记载:南宋绍兴三十一年(1161),金兵将南侵,魏胜率义士三百起义,后克海州。在与金对峙期间,多次"筑城浚隍,塞关隘""负土填壕""修营垒,绝河道";南宋隆兴元年(1163),因金兵登城外西南白虎山窥探城内而"筑重城,围山在内"。二者在筑城时间上不相吻合,本书采信《宋史》的记载。详见《(隆庆)海州志》卷一《舆图·城池》,"天一阁藏明代方志选刊",上海:上海古籍出版社,1962年影印版,第30页;《宋史》卷三百六十八《列传一百二十七·魏胜》,北京:中华书局,1977年,第11455-11462页。

⑥ 按:唐宋时期,海州下辖朐山(相当于现在的灌云县、灌南县、海州区、东海县南部、沭阳东南部等区域)。参见《新唐书》卷三十八《志第二十八·地理二》,北京:中华书局,1975年,第996页。

⑦ 按:《宋史》记载北宋崇宁时期海州人口数为9.975万,户均不足2人,与全国户均人口数严重不符,据有关学者研究认为,北宋人口峰值出现在靖康之乱前夕的宣和六年(1124),全国约有户数2 340万,人口12 600万,户均5.4人,因此有理由断定《宋史》在海州人口数前面丢了个"1"。参见《宋史》卷八十八《志第四十一·地理四》,北京:中华书局,1977年,第2180页;葛剑雄:《中国人口史(第三卷):辽宋金元时期》,上海:复旦大学出版社,2005年,第407-410页。

举的。在距东城西门约 1 公里的地方就是蔷薇河,是现成的护城河,只要将城拓展到河边即可,这也是众多古城临河而建的原因。而且蔷薇河向南可以经淮水直达京杭大运河,向北直通大海,行舟船之力,拓城后的西门也就位于古城中心的位置了。

明初,洪武二十三年(1390),在西城故址上重筑土城并与东城连在一起;明永乐十六年(1418),用砖石修建城墙及城门①。但这些与砖石城墙初建时间有关的文献记载与近年来的考古发现有所不同。近年来在安徽凤阳明中都、南京明城墙、淮安古城墙以及海州古城墙先后发现了几十块带有铭文"洪武七年(1374)○月○日造"的"淮安府海州"城砖,可以将海州砖石城墙的初建时间提前到明初②。连云港市博物馆内保存着一块明洪武二年(1369)的残碑,上缺碑首,下缺底部,高 80 厘米,宽 70 厘米,厚 18 厘米。碑额篆体,有"海州"字样。正文楷体,有"奉天承运,皇帝制曰"字样,应该是皇帝涉及重要制度的文告,也有"高城深池之表""临御之初""饬命"等字样,推测就是明初在全国推行修筑城池的文告。由此也可以推断,海州古城的砖石城墙应修于明洪武初年。而实际上,海州烧窑制砖的历史可以追溯到宋代。20 世纪 80 年代末,在新海发电厂改扩建工程时,曾在工地上发现明代残窑和窑塘,窑身则为宋砖所砌③;2018 年春,在海州古城东门外网幢村发现多座宋代古墓(如图 5-1f),墓壁均用典型的宋砖砌成,亦是海州在宋代伊始即有烧窑制砖的实证。

图 5-1f 海州古城东门外网幢村宋代古墓
来源:自摄于 2018 年 4 月 9 日

钟鼓楼(镇远楼)与王同

钱锺书先生在《宋诗选注》中评价张耒时说:"在'苏门'里,他的作品最富于关怀人民的内容,风格也最不做作装饰,很平易舒坦。"④张耒是宋代著名的诗人,"苏门四学士"之一(另三位是秦观、黄庭坚、晁补之),曾来海州会友,写过《登海州城楼》诗作:

城外沧溟日夜流,城南山直对城楼。溪田雨足禾先熟,海树风高叶易秋。
疏傅里闾询故老,秦皇车甲想东游。客心不待伤千里,槛外风烟尽是愁。

该诗将海州城内外的地理形势、与海州有关的历史典故以及自己的内心独白等描写

---

① 按:几部海州地方志书的记载大同小异。参见唐仲冕等修,汪梅鼎等纂:《海州直隶州志》卷十四《考第三·建置一·城池》,清嘉庆十六年刊本,台北:成文出版社有限公司,1977 年影印本,第 253 页。
② 唐更生、阚绪杭主编,凤阳县文物管理所编著:《凤阳明中都字砖》,北京:文物出版社,2016 年,第 72—88 页、彩版六四一七八;梁洪胜等:《几时捡块带字砖存 60 年竟是 600 年前明代城墙砖》,《苍梧晚报》2016 年 3 月 5 日 6 版。
③ 连云港市海州区地方志编纂委员会:《海州区志》,北京:方志出版社,1999 年,第 116 页。
④ 钱锺书:《宋诗选注》,北京:人民文学出版社,1958 年,第 91、93 页。

得非常详细,如果不是身临其境,何以如此细致。张耒(1054—1114),字文潜,号柯山,原籍亳州谯县(今安徽亳州),后迁居楚州(今淮安市楚州区),诗学白居易等,平易舒坦,不尚雕琢。《登海州城楼》一诗也是语言朴素无华,极易理解。张耒是熙宁六年(1073)进士,但因元祐案,受苏轼影响而屡遭贬谪。宋徽宗崇宁五年(1106)冬天,他自黄州经颍州,回到故乡淮安,大约住了一年多时间,这期间必定来过苏轼曾两次路过并多次咏唱过的海州,所以才有"客心不待伤千里,槛外风烟尽是愁"的诗句。特别是"城南山直对城楼"一句,与海州古城的空间格局相比较,此城楼极有可能就是宋时位于古城中心(原土城西门)的城楼,也就是钟鼓楼(见图5-1g)。

钟鼓楼确切的初建年代一时难以从现存文献中觅到,但自建立之时,因战乱、地震或政废而多次倾圮,又多次得以修复。目前的钟鼓楼,又称"钟楼""鼓楼""镇远楼",是1991年时海州区政府在原址上复建的。

在钟鼓楼东北侧竖立着的一块明代石碑,就记录了当时的一次重修过程。明嘉靖二十四年(1545),时任知州王同重修鼓楼,次年修毕,因资金紧张,便在一块明正德年间的《新建海道碑记》石碑的背面刻文纪念,名"重修镇远楼记"(如图5-1h)。该碑碑身基本完好,为石灰岩质,呈长方体,上部作弧形,宽103厘米,高250厘米,厚27厘米。面西的《新建海道碑记》碑额篆体,竖刻2行,行3字,字径6厘米;碑文楷体,碑身四周以云龙纹盘绕;碑文风化剥蚀较为严重,文字漫漶不清,能释读文字较少。面东的《重修镇远楼记》亦为篆额,竖刻3行,行2字,字径2.5厘米;碑文竖刻11行,行26字,字径2.5厘米;碑文大部分文字较为清晰,部分文字因自然风化或遭人为刻画而残泐较难辨认。

图5-1g 海州古城1991年重修钟鼓楼
来源:自摄于2017年12月

图5-1h 海州古城《重修镇远楼记》碑
来源:自摄于2018年2月

该碑碑文收录在成书于清嘉庆九年(1804)的嘉庆《海州直隶州志》中,但碑文并没有完整录出,录出的碑文也存有多处舛误[①];后代学人著述涉及镇远楼或海州古城的有关历

---

① 唐仲冕等修,汪梅鼎等纂:《海州直隶州志》卷十四《考第三·建置一·城池》,清嘉庆十六年刊本,台北:成文出版社有限公司,1977年影印本,第253页。

史时大都部分或全部引用该碑文①；近年出版的《连云港石刻调查与研究》②《连云港金石图鉴》③等都对碑文进行了完整的释读，但也存在多处漏读和误读。经过多次实地考察认读，录碑文如下（为展现碑文原貌，保留繁体字、异体字）：

> 重修/鎮遠/樓記/
>
> 海州，古名郡也，當襟喉之冲。舊有鐘樓，相傳為郡城西門。洎拓城、復/西，以通海之適，當城之中焉。州治坐左，儒學居右，守禦所在坎，背兌/向震，市廛井陌，環列四周。樓廢臺圮，民之不聞鐘鳴者，今幾百季矣！/鐘以警衆，以節辰昏，在官事民，占象授時，政令繫焉，而不可闕者也。/迺召匠計工，异石煅灰，俾葺而建之。其上為平樓，其下為茨屋，以居/守者各三間。共費金廿兩，則請給察院巡按齊公雲汀焉，一夫一木/不爾民擾。經始于嘉靖乙巳之秋，逾季而成，題曰"鎮遠"。暇日，登斯臺/也，遙瞻淮齊，南北控接，近眎山巒，嵱嵷叠見；俯瞰河海，森茫無際，朐/陽勝槩，盡矚目中矣。然此豈為偉觀狀哉！爾民聞斯鐘鳴也，其各畚/興，勤爾正業，毋怠毋荒。
>
> 奉訓大夫、直隸淮安府海州知州王同撰書，/同知嚴士，判官許貫，吏目王淇，訓導黃儉、鄭鑑，千户楊天駿等諸耆老同立。

碑文中记述镇远楼重修时"楼废台圮，民之不闻钟鸣者，今几百年矣"。如此，可以推断，钟楼的废圮年代最晚应该在明嘉靖二十四年（1545）的几百年之前，建成年代也应更早④，至少不会晚于明"洪武二十三年（1390），淮安卫分中前千户所千户魏玉守御海州，循西城故址修筑土城"，更不会晚于明"永乐十六年（1418），千户殷轼砌以砖石"⑤。修毕改名"镇远楼"，也可能是为了纪念最初建立海州土城（东城）的振远大将军马仙埤。

碑文中的"察院巡按齐公云汀"是当时的巡盐御史。《（隆庆）海州志·词翰》中记载"巡盐侍御齐公云汀"⑥"云汀齐公实督理盐务"⑦"察院齐公云汀公巡按盐法"⑧等。巡盐御史，即巡盐侍御，明代中央政府设有监察机关即都察院，下属十三道监察御史。平时，

---

① 李洪甫：《连云港地方史稿》，上海：上海社会科学院出版社，1990年，第236页。
② 连云港市重点文物保护研究所：《连云港石刻调查与研究》，上海：上海古籍出版社，2015年，第95页。
③ 封其灿：《连云港金石图鉴》，北京：中国文史出版社，2018年，第310页。
④ 按：鼓楼城门洞部分为砖制结构，形制与在安徽凤阳明中都、南京明城墙、淮安古城墙以及本地发现的刻有"洪武七年（1374）"款的"淮安府海州"城砖相当，应为同一时期建造。故认为钟鼓楼乃至古城，或至少钟鼓楼的砖制结构不应晚至明永乐十六年（1418），可能早至洪武年间（1368—1398），甚至洪武初年。张家超：《明代"淮安府海州"铭文城砖探析》，《江苏地方志》2019年第2期，第82-86页。
⑤ 唐仲冕等修，汪梅鼎等纂：《海州直隶州志》卷十四《考第三·建置一·城池》，清嘉庆十六年刊本，台北：成文出版社有限公司，1977年影印本，第254页。
⑥ 《（隆庆）海州志》卷十《词翰·重修蔷薇河记》，"天一阁藏明代方志选刊"，上海：上海古籍出版社，1962年影印版，第380页。
⑦ 《（隆庆）海州志》卷十《词翰·海州浚蔷薇运河记》，"天一阁藏明代方志选刊"，上海：上海古籍出版社，1962年影印版，第383页。
⑧ 《（隆庆）海州志》卷十《词翰·海州蔷薇河纪成碑》，"天一阁藏明代方志选刊"，上海：上海古籍出版社，1962年影印版，第387页。

监察御史在京城都察院供职称为内差或常差,如奉命出巡盐务即为巡盐御史①。

碑文落款人中涉及几种官职。有明一代,海州为淮安府下属的直隶州②。州有两种,一种是散州,也称属州,隶属于府,地位相当于县;一种是直隶州,地位相当于府,但官员品秩与县相同。知州掌管一州的政事,从五品;同知协助知州管理政务,从六品;判官管粮草,从七品;吏目管农业,从九品。州学设学正一人,从九品,洪武十三年(1380)改为不入流;训导三人,协助学正教育所属生员。县学设教谕一人,训导二人③。明代继承了元代所设置的文散官,奉训大夫、奉直大夫,均从五品④。

立碑撰文者明代海州知州王同,在《(隆庆)海州志》中有多处记载,卷四《治典》中记载道:"王同,河南郏县人,由举人嘉靖二十三年(1544)知海州,并里、疏河、宽粮、减马价、养庠士。后升南京都督府经历。"⑤卷六《名宦》里为其立传:"王同,字一之,号中泉,河南郏县人,由举人嘉靖二十三年(1544)知海州。值时荒歉,悲民久穷,悉心经理,仁威并行。至减税粮、轻马价、并里甲、疏河赈济、葺学育才、兴废举坠,种种实政。暇时,亲为篆书匾额、碑记。升南京都督府经历。士民咸颂其功德,刊有《奏绩实政》一帙,以寄其思。至今,民之称善政者,必曰'河南王父母'云。"⑥卷十《词翰·海州浚蔷薇运河记》中也认为王同"宽条约、省繁苛、杜侵渔、问疾苦,吏民赖之"⑦。同治三年《郏县志》卷八《选举》中载:"王同,嘉靖壬午(1522)科,苍谷公长子,官随州知州。"⑧卷九《人物志》载:"王同,字一之,负奇气,承家学,弱冠举于乡。晚就拣铨司授海州知州。海地荒民流,极力扶字。疏通河道、振兴学校,以蠲税粮、折马价,并里分,力请于朝,具蒙俞允。擢都督府经历,调随州,致仕归。屏事息虑,超然物外。著《谦忍图说》《永感类集》《义方堂集》《乐归园集》,书法端庄遒劲,动与古会,碑碣摹拓,艺林宝重焉。"⑨文字虽然都很简略,但基本上将王同的简历描述清楚了。

王同(1502—1564)⑩,字一之,号中泉,出生于河南郏县兴化乡(今河南省平顶山市郏县李口镇王辛庄村)的一个书香世家。高祖王斌,以医广德,征太医院医士,供事御药房。曾祖王宗,称"隐君",无功名。祖父王璇,中州著名学者,获赠承德郎兵部主事虚衔。父亲王尚䌹生于成化十四年(1478),自幼仰慕"三苏"(在家乡不远处葬有一代文豪苏洵、苏轼、苏辙父子之墓),五岁时就获通苏文,十五六岁已读尽五经和诸子百家,十八岁中举;弘治十五年(1502)进士及第后,任兵部主事,掌管疆域图籍,官至吏部郎中、山西省左参

---

① 参见《明史》卷七十五《志第五十一·职官四》,北京:中华书局,1974年,第1834、1848页。
② 参见《明史》卷四十《志第十六·地理一》,北京:中华书局,1974年,第915-916页。
③ 参见《明史》卷七十五《志第五十一·职官四》,北京:中华书局,1974年,第1850-1851页。
④ 参见《元史》卷九十一《志第四十一上·百官七》,北京:中华书局,1974年,第2320页。
⑤ 《(隆庆)海州志》卷四《治典》,"天一阁藏明代方志选刊",上海:上海古籍出版社,1962年影印版,第152页。
⑥ 《(隆庆)海州志》卷六《名宦》,"天一阁藏明代方志选刊",上海:上海古籍出版社,1962年影印版,第210页。
⑦ 《(隆庆)海州志》卷十《词翰·海州浚蔷薇运河记》,"天一阁藏明代方志选刊",上海:上海古籍出版社,1962年影印版,第383页。
⑧ 《郏县志》卷八《选举》,"中国方志丛书",台北:成文出版社有限公司,1975年影印版,第343页。
⑨ 《郏县志》卷九《人物志》,"中国方志丛书",台北:成文出版社有限公司,1975年影印版,第423页。
⑩ 出生年龄参见杨辉:《王尚䌹年谱》,西北大学硕士学位论文,2016年,第14页;去世年龄参见刘继增:《王尚䌹父子和三苏》,载王星聚、刘继增、张福才:《郏县文史资料第七辑:苏东坡与郏县》,1999年(内部资料),第56-59页。

政、浙江右布政使;嘉靖十年(1531),王尚絅卒于浙江右布政使任所,享年五十四岁。其间因官场龌龊一度辞官回乡,著有《义方堂集》《维正稿》《游嵩集》《密止堂稿》等,以"文追秦汉,诗逼苏李"而载入中国文学史册。

王同作为长子,二十岁中举后,一直未出仕,在家侍奉先亲教育子女。中举当年,诞下长子,辞官归养的父亲王尚絅四十四岁时得孙甚为高兴,遂赋诗纪念:"壬午(1522),十月二十四日,宿愚庵祠,明日适生辰,得儿同报生孙男,喜占一首。"(《苍谷全集》卷三)接下来几年家庭变故不断,祖母聂氏八十大寿(1524),父亲出任陕西参政(1525),祖母聂氏去世(1526),父亲丁忧归家守制,归制后父亲再调山西参政(1529),次年升任浙江右布政使(1530),以疾卒于任上(1531)。直到嘉靖二十三年(1544),以举人身份被吏部授海州知州。

王同受家庭教育熏陶,正直清廉,胸怀大志。在海州任上(1544—1549)[①],深感海州"地荒民流",做出了种种利民举措,以至于离任赴南京都督府经历时百姓将件件政绩撰修成《奏绩实政》,广为流传,并尊称"河南王父母"。王同受父亲影响,自幼临摹"苏字",行草隶篆楷,样样精通。所书碑碣,被视为珍品,争相拓摹收藏。在海州任上,撰写了大量的碑文、刻文。据不完全统计,散落在云台山脉里的石刻有 15 处之多,碑碣有 4 例,另有 4 例仅载志书,不见实物。如在花果山郁林观狮子崖上方的崖壁上有一例"飞泉"石刻,字径达 100 厘米。"飞泉"下方另有一例石刻(如图 5-1i),长 305 厘米、宽 130 厘米,字径 64 厘米×61 厘米,款径 26 厘米×14 厘米;上款:"甲辰(1544)冬至";正文:"采山钓水,抹月批风";下款:"中泉王同"[②]。

图 5-1i　花果山郁林观狮子崖"采山钓水,抹月批风"石刻拓片
来源:《石上墨韵》

在随州任上(1550—1554),回乡将早年和父亲同宿苏坟时曾唱和的《宿苏坟》诗用行草写就刻碑竖在三苏坟院祠堂前(见图 5-1j)。该碑长 166 厘米,宽 75 厘米;篆额:"宿苏坟";上款:"嘉靖壬子(1552)春三月吉旦";正文:"流落奇才本自贤,梨花上苑贺春先。晓

---

① 按:离任前留下两封笔墨,一是到孙家山巡视备倭形势,在钓鱼台题刻:"嘉靖己酉(1549)夏至,海州郡守王同,公出到此题名,备倭熊恩、胡思忠也。"钓鱼台在 20 世纪 70 年代建港时炸毁,刻文参见谢元淮总修、许乔林纂辑:《云台新志》卷14《金石》,道光丙申(1836)秋鋟郁州书院藏版,第 648 页;另一个是撰写了《海州官职题名记》碑文"同承乏于兹六年",可知上任六年后的该年是 1549 年,参见《(隆庆)海州志》卷十《词翰·海州官职题名记》,"天一阁藏明代方志选刊",上海:上海古籍出版社,1962年影印版,第 363-364 页。
② 参见连云港市重点文物保护研究所:《石上墨韵:连云港石刻拓片精选》,上海:上海古籍出版社,2013年,第 64 页。

来洗耳河边过,闻道冰山又一年。木山抔土留三仙,风雨禅床愧二难。诗简记得平生语,肯向人间爱好官";落款:"苍谷题,男王同书"①。

《重修镇远楼记》石碑同立人"同知严士,判官许贯,吏目王淇"也出现在王同的一块摩崖石刻上(如图 5-1k)。该摩崖石刻位于白虎山巅面东石壁上的一个正方形龛内,标题为"蓬莱庵",落款为"大明嘉靖廿有五年丙午(1546)中秋后三日,奉训大夫、直隶淮安府海州知州、河南郏县中泉王同题,同游者,同知严士、判官许贯、吏目王淇也"。龛长 200 厘米,宽 200 厘米,深 3 厘米。正文为七言绝句。标题、正文、落款相连,文竖刻 11 行,首行 7 字,末行 5 字,余每行 8 字,字径 23 厘米,小篆。正文为:"晚鸦栖定山枫静,南雁鸣长海月孤。蓬岛盛传仙迹旧,烟波遥望森中都。"《(隆庆)海州志》记载:"蓬莱庵,在白虎之阳。至德九年,道人骆道空建,后毁。洪武十九年(1386),知州何子远重建。道人左得正建,后毁。永乐元年(1403)重建。"②

同立人中有两位训导。第一位训导的姓氏难以辨认。《(嘉庆)海州志》记录了两位训导,一位是"郑鉴,浙江宣平人",没有记录在"嘉靖"年间,而是记录在"正德"年间;另一位训导是"黄俭,吉水人,迁砀山县教谕",也不在"嘉靖"年间,而在"弘治"年间。由此可以大胆地假设,志书上的记载可能有误,这也纠正或弥补了史乘的错讹。

图 5-1j　王同草书、王尚䌹题《宿苏坟》诗刻拓片

来源:梁楠楠《河南郏县三苏墓祠书法石刻浅论》

图 5-1k　白虎山巅《蓬莱庵》诗刻

来源:自摄于 2018 年 12 月

---

① 梁楠楠:《河南郏县三苏墓祠书法石刻浅论》,贵州师范大学硕士学位论文,2016 年,第 21 页。
② 按:元代无"至德"年号,"至德九年"疑为元"大德九年(1305)"或元"至正九年(1349)"。《(隆庆)海州志》卷八《杂志·寺观》,"天一阁藏明代方志选刊",上海:上海古籍出版社,1962 年影印版,第 310 页。

同立人中还有一位千户。明初海州海防守备有东西二所,隶京师中军都督府。海州守御千户所(即西海所)驻海州,正千户二员,副千户三员;东海守御千户所驻南城,正千户三员,副千户五员,官皆世袭。嘉靖年间,杨天骏因征倭有功迁任西海所千户①。

明隆庆六年(1572),知州郑复亨修城前,"钟楼,在治西大街,久废。嘉靖二十四年,知州王同重修,名'镇远楼'。又废,今存圆门台基"②。从《(隆庆)海州志》记载看,郑这次修复海州城,也是"自国初以来,城之圮毁几二百年矣",遂从二月开始,历时十个月才完成,"西城一面,西南、西北二隅,倾者植,缺者补,圮于积雨者,重培碛石,覆甏增卑附薄","周环九里有奇,高一丈九尺,广一丈九尺,雉堞门庐,云连鳞次,言言翼翼,可以待暴绥民矣"。但并没有重修钟楼。在这之前的嘉靖三十三年(1554),时任知州吴必学因"倭犯吴越,江淮骚动","乃计费兴工,藉财于官府,取力于隙民,凿山运石,满墟完啙",但不到一年因父去世,丁忧回乡,致使工程半途而废。之后,嘉靖三十五年(1556)知州王宾,隆庆二年(1568)知州杨本俊,隆庆四年(1570)知州周世臣,别驾(即判官)李署篆"广区画、躬慰劳、明激劝,刻程责绪,兼举并兴",进士张朝瑞也"捐修坊四十金",相继修城,但因"所无储积,而军之力弱且单也",使得"全工未竣","由是东、南、北三面,东南、东北二隅,工先告完第十七"。从中也可看出,并没有打算重修钟楼③。也就是说,有明一代,虽然多次重修城池,但重修钟鼓楼却没有任何记载。

直到清顺治二年(1645),自王同重修已"越百余年渐圮",知州陈培基稍加修葺。清康熙七年(1668)郯城大地震又遭倾覆,砖瓦木石无一幸存,时任知州毕秀"见科第寥落""心切忧之",乃乘上级"准其府州所请"奏请免停百姓税赋之机,"重新改建为文昌楼,以期人文之蔚兴"。历时三个月完成,并在楼内"塑文昌帝君像,题其匾曰'文昌楼'"④。后世亦称其为"文昌阁"。文昌楼青砖结构,飞檐重叠,八角悬铃,气势恢宏;楼中所供文昌帝君乃天上文曲星,专事人间科第迁升,故而塑像青面獠牙,红发披肩,两目突出,全神贯注,左手执书卷,右手握粗笔。知州毕秀刻石纪念,虽时光荏苒,碑石不存,但碑文存录《(康熙)海州志》内:

建文昌楼记

州有镇远楼,在儒学东首,市桥之东。前州守王中泉讳同者,因其圮废再为修建,书而镌之石,迄今历百年。所清朝定鼎,此楼先已颓坏。至顺治二年,州守培基陈公少修葺焉,而尚未焕然新也。康熙七年六月十七日,地震倾覆,砖瓦木石无一存者。明年己酉,余见科第寥落,谁司风教而令人文衰弱!

---

① 唐仲冕等修,汪梅鼎等纂:《海州直隶州志》卷四《职官表》,清嘉庆十六年刊本,台北:成文出版社有限公司,1977年影印本,第76—77、113—114页。
② 《(隆庆)海州志》卷八《杂志·古迹》,"天一阁藏明代方志选刊",上海:上海古籍出版社,1962年影印版,第305页。
③ 《(隆庆)海州志》卷十《词翰》,"天一阁藏明代方志选刊",上海:上海古籍出版社,1962年影印版,第380—388页。
④ 高金吉、张卫怀、汤兆成标点:《(康熙)海州志》卷十《词翰·建文昌楼记》,北京:中国科学技术出版社,1994年,第153页。

心切忧之。学巽方独少文峰相映,余欲重新改建为文昌楼,以期人文之蔚兴。因际水旱奇荒,日以赈救百姓为事,而钱谷传输,尚难拮据,他何急焉?又明年庚戌,蒙督省部院麻、督漕部院帅、督抚部院马、淮扬道张,准其府州所请,题捐请停,百姓免追呼,余心力亦少暇,乃得罄收已囊而议修建。计用砖瓦若干、木石若干、役工若干。起工自夏四月,落成于夏六月。塑文昌帝君像,题其匾曰:"文昌楼。"安知文运天开不自此而盛乎!因文其事于石,俾相继葺之。然余于诸生则更有厚期焉。朝廷取士,固以文章定科目;而上天纠察,每以德行为首荐。梓潼帝君《戒士子文》有云:"取士不止一端,一以阴功孝行为上,次以处己谦和为贤。"则文章之以德行为本可知也。尔诸生尚其勉旃!州太守毕秀。

乾隆五十一年(1786),知州范国泰重建。之后,随着州城的兴衰而时废时修。民国初年,文昌楼尚存(如图5-1l)①。北伐军进驻海州,文昌楼北面配房成了国民党党部农会驻地,后来成了镇公所。

民国二十七年(1938),日寇进犯连云港,次年从东西连岛外海停泊的小型航空母舰上起飞的日机多次轰炸海州,致使海州古城内许多建筑惨遭炸毁,整个古城到处是残垣断壁。从日军随军记者拍摄的照片来看,海州古城六个城门上的城楼、城墙等建筑尚未遭到破坏,但钟鼓楼未能幸免,上部文昌楼被炸毁,仅存城门残垣、部分台基及"重修镇远楼记"石碑。台基为砖石结构,城门高约4米,宽3.15米,门洞长10.38米;城门柱高1.9米,石质,券形拱门砖质。3月初日军进入海州后,争相爬上钟鼓楼台基(如图5-1m),庆祝"海州包围战成功"②,成为近代史上海州古城的耻辱。

图5-1l 民国初期的文昌楼(镇远楼)

1956年,为改善古城交通状况及城市建设,海州古城的城墙及六个城门悉数被拆除,仅剩钟鼓楼城门洞及台基(如图5-1n)。

---

① 该照片为慕赓扬博士所拍,现藏美国耶鲁大学神学院图书馆。
② 《海州包围战成功》,载《中国战线写真:第八十七报》,东京朝日新闻社,1939年3月22日,第12页。

图 5-1m 占领海州时日军爬上钟鼓楼
来源:《中国战线写真·第八十七报》

图 5-1n 1956 年时的镇远楼
来源:林庆燮摄于 1956 年 5 月

1982 年钟鼓楼城门被确定为市级文物保护单位。1991 年,海州区政府开始着手在台基上重修钟鼓楼,历时四年乃成。复建后的镇远楼(即钟鼓楼)歇山顶重檐二层楼,高 17.23 米,楼顶现五脊六兽风格,面阔三间,周围有环廊,面西匾额"镇远楼",面东匾额"钟鼓楼",皆为时任连云港市书法家协会主席、著名书法家杜庚先生题写。1995 年建成钟鼓楼广场,为记述钟鼓楼历史及重修功德,在西南侧前方立《钟鼓楼重修暨扩建广场记》碑(见图 5-1o),碑文由连云港市著名考古工作者丁义珍先生撰写,著名书法家陈凤桐先生书丹。碑额作双龙戏珠形,底座龟趺,高 215 厘米,宽 81 厘米,厚 20 厘米,隶书,字径 6 厘米。文竖刻,正文 7 行,行 30 字,题款 1 行 11 字,尾款 2 行,并钤两方印章——一方为白文"铜山陈氏",一方为朱文"陈凤桐印"。碑文曰:

图 5-1o 海州古城《钟鼓楼重修暨扩建广场记》碑
来源:自摄于 2018 年 2 月

钟鼓楼重修暨扩建广场记

　　钟鼓楼,海州之名楼也。考其初,乃改古海州东城西门楼而成,原名钟楼,明以/后称鼓楼。斯楼至今千余载,历经沧桑,几度兴废,皆国运荣衰之征兆也。一九/八二年冬,钟鼓楼城门列连云港市文物保护单位之榜。当今,升平盛世,改革/开放,民富国强,为弘扬既往,开创未来,政府拨巨资,越时四秋,将楼修复一新,/并拓宽周围广场,连接相邻街市。楼台丹碧轮奂,蔚为壮观,既成旅游揽胜佳/境,亦为商贾贸易闹区,诚裹助于海州经济振兴,福泽子孙,是举,功莫大焉。爰/树碑勒石谨为记　　乙亥年桂月　　海州丁

义珍撰文,铜山陈凤桐书。/
一九九五年十月连云港市海州区人民政府、连云港市城乡建设委员会立

  2014年10月20日起,又投入近60万元,历时两个半月,对钟鼓楼按照修旧如旧的原则再次进行保护性修缮,首次恢复了20世纪30年代末期被日寇炸毁前的八角风铃样式,并在面西的廊柱上镌刻楹联"鼓乡名郡千秋韵,楼依锦屏百里春",由本市楹联专家张树庄先生撰写,书法大师许厚文书丹,海州美协主席木刻工艺名家陈立新镌刻①。

"淮安府海州"铭文城砖

  海州古城自明初由土改砖之后,有明一代历经永乐、嘉靖,既因防务需要也因"城埠",而进行多次修补"增拓",至"隆庆壬申(1572),知州郑复亨修筑沿西一带,始为完城"②。自此海州古城的基本框架再也没有改变过,之后虽然灾难频发,时圮时修,也稍有增筑,都无有突破。志书中有记录的修补多达七起。明万历壬辰(万历二十年,1592),有倭警,遂增筑西南二门之月城,敌台九座,四隅角楼;万历壬子(万历四十年,1612),因"恒雨,城墙圮三之一"而"补葺完固";天启二年(1622),因"邹、滕妖人弄兵",即山东白莲教在鲁西南地区起兵,担心城池安全而"加增""巩固"。清代又经历过多次灾难。"顺治初(1644年后),经雨,间有倾圮","修补稍完";康熙七年(1668),山东郯城大地震,致使海州"城倾十之二三,至二十四年大水,圮者十六七,内外几无藩蔽"。一直到百年后的乾隆三十一年(1766)才有"修筑","今尚属完固"③。同治年间(1862—1874)因"昔年城阙圮坏",州官及乡贤"勤慎""贤劳",组织民力"高埔(指城墙)巩固,粉堞(指女墙)崇隆"④。之后只能随着岁月沧桑和世事更迭而逐渐退出历史舞台。据连云港市重点文物保护研究所于2017年的勘探报告称,目前,海州古城残存的城墙遗址主要包括宋金和明清两个时期的。明清时期的有三段:一是东南角城墙拐弯处的一段土城墙遗址,位于城墙东门镇海门(今甲子桥)南部约200米处,东西长约150米、宽30~50米,地表最高处约8米;二是东城墙的一段夯土台基,位于甲子桥西边"城墙巷",南北向约1 000米,宽约10~12米;三是原朐阳门以西的一段夯土台基,位于双龙井西北方向,中环南路北约40米,东西向约45米,宽5~10米,最高处约4米。宋金时期的城墙由魏胜扩城修筑,李璮加筑,仅残存城墙夯土台基,共有四段:一是东南部的一段,位于海州朐阳街道双龙村谢小楼桥北侧,距明清海州城墙遗址南约300米、东风路北约20米处,东西向长约230米,宽21~41米,高2~5米;二是中南部的一段,位于海州中环中路观音巷内,双龙井西偏南方向,南大岭和观音庵交界处,距明清城墙遗址南约30米,东西向长约550米,顶部最宽处65米,最高处23米;三是西南部的一段,位于原连云港市第四人民医院东墙南洋楼至白虎山山脚处,被

---

① 《海州钟鼓楼完成保护性修缮 元旦后可登楼观景》,《连云港日报》2014年12月31日,B2版。
② 《(隆庆)海州志》卷一《舆图·城池》,"天一阁藏明代方志选刊",上海:上海古籍出版社,1962年影印版,第30页。
③ 唐仲冕等修,汪梅鼎等纂:《海州直隶州志》卷十四《考第三·建置一·城池》,清嘉庆十六年刊本,台北:成文出版社有限公司,1977年影印本,第253页。
④ 张卫怀标点注释:《朐阳纪略:标点注释本》,北京:五洲传播出版社,2000年,第13页。

院墙截断,东西长约 3 米,宽约 22 米,高 3~5 米;四是西南拐角处的一段,位于原连云港市第四人民医院院墙西南角,至白虎山西侧,至磐海名郡小区东大门对面,南北长约 36 米,宽约 10 米,高 3~4 米。

古城城墙虽然消失了,但是作为修造古城城墙的城砖保存了下来①。2014 年初,连云港市旧城改造过程中,海州锦屏磷矿职工宿舍工人村拆迁出一大批明代海州城墙砖。原来,在 20 世纪 50 年代中期,为了加快海州城市建设,疏通城市交通线路,也为新建工矿企业、生活小区、医院、政府部门等房屋提供所需建材,陆续将海州古城城墙拆除了。拆除后的城砖散落在民间,其数量至今无

图 5-1p　海州古城地名和人名小型字砖
来源:王艳、刘阳《海州明代城墙砖缘何坚固异常》

法统计,但据目前发现的这些城砖看,数量颇多,质量都比较高,颇为坚致。砖的规格大致有两种:一种是长 35 厘米,宽 17 厘米,高 8 厘米,重 9 千克的小型砖;一种是长 40 厘米,宽 20 厘米,厚 11 厘米,重 25 千克的大型砖。城砖中大部分是无铭文的无字砖,部分是有铭文的有字砖。铭文大多位于砖的顶部或侧面,也有在正面的。铭文有阴文也有阳文,书体主要是正楷。小型字砖铭文内容主要是地名和姓名,地名如"朐山",姓名如"营仲""徐儒""王朝"等等(如图 5-1p)②;大型字砖铭文内容主要是"淮安府海州提调(调)判官刘子实/司吏徐庸作匠朱惠山/洪武七年○月○日造"(相似铭文简称"作匠砖",如图5-1q)③,铭文中所载信息翔实,具体标明府州县名称、监制职官名称和姓名、工匠姓名及制作年份。

20 世纪 70 年代中期以来,除海州古城墙外,还在安徽凤阳明中都城墙④、南京城墙⑤、淮安城墙⑥上发现了带有"淮安府海州"字样的字砖,从尺寸上看,主要是大型字砖。

从铭文内容上看,主要有七类。第一类就是如上所述在海州发现的阴文"作匠砖",但从铭文内单字的排列及整体位置看,印模至少有五种变形(见图 5-1r)。唐更生等于

---

① 按:有关"海州"城砖的文字已经在《江苏地方志》刊出,本书有删改。参见张家超:《明代"淮安府海州"铭文城砖探析》,《江苏地方志》2019 年第 2 期,第 82-86 页。

② 王艳、刘阳:《海州明代城墙砖缘何坚固异常》,《连云港日报》2014 年 2 月 17 日 B01 版。

③ 按:2016 年有海州居民将收藏了近 60 年的海州古城砖对外公布,"古城砖呈长方体,青色,重约 45 斤,边角有轻微损坏,砖面稍有不平。长约 42 厘米,宽约 20 厘米,厚度约 12 厘米,在砖块的一侧,刻有阴文汉字"。在释读铭文时误将"朱惠山"识为"朱德山"。参见梁洪胜等:《儿时捡几块带字砖存 60 年竟是 600 年前明代城墙砖》,《苍梧晚报》2016 年 3 月 5 日 6 版。

④ 《明中都遗址考察报告》,载王剑英:《明中都研究》,北京:中国青年出版社,2005 年,第 383-404 页;唐更生、阚绪杭主编,凤阳县文物管理所编著:《凤阳明中都字砖》,北京:文物出版社,2016 年,第 72-88 页、彩版六四—七八;蔡青:《叩之有声 断之无孔——"登峰造极"的墙体材料:明代北京城墙砖的工艺与"质量控制"》,《混凝土世界》2010 年第 11 期,第 74-76 页;蔡青:《明代北京城砖的职责制度、制造技艺与检验标准》,《装饰》2015 年第 12 期,第 90-91 页;孙祥宽:《建筑构件 富丽豪华》,载唐更生、阚绪杭主编,凤阳县文物管理所编著:《凤阳明中都字砖(下)》,北京:文物出版社,2016 年,第 34-44 页;郭金海:《明代南京城墙砖铭文略论》,《东南文化》2001 年第 1 期,第 75-78 页。

⑤ 于峰:《细读铭文,市民找到三处"南京城砖新产地"》,《金陵晚报》2016 年 8 月 5 日 B10 版。

⑥ 张元成、徐怀庚:《淮安古砖》,《淮海晚报》2017 年 12 月 24 日 2 版。

2016年在《凤阳明中都字砖》一书中载有28块"淮安府海州"纪年砖"作匠砖",并做了编号(上册载有拓片27块,所缺编号为FZB:162的字砖在下册载有彩版),基本上将这五种变形囊括在内。凤阳明中都皆有发现,海州城只发现一种(如图5-1q),南京城墙字砖和淮安城墙字砖虽未见实物,但推断也应属此类的某个变形。制作城砖上的铭文一般有模印、戳印或刻画三种方法。模印就是预先在制砖的模板上刻画出阴阳铭文,压制砖坯时同时将铭文压制上去。这种方法最为常见,可量产,生产率提高,所有批次城砖上的铭文都一致,在砖面上的位置也一致,比较容易判定。戳印与模印有相似之处,即首先要制作一个带有铭文的模子,相当于印章,需要时,就在未干的砖坯上戳下去。优点是不一定每块城砖都需要加盖铭文,而是按需加盖,缺点是铭文在砖坯上的位置及深浅因人因时而异。这两种方式都比较正规,铭文比较一致。刻画是作匠用树枝等锐器直接在需要刻画的未干的砖坯上刻画需要刻画的内容,也是按需刻画,字形比较随意,没有上述两种方式正式①。

图 5-1q 海州古城发现的"淮安府海州"铭文大型字砖"作匠砖"

左图来自梁洪胜等《儿时捡块带字砖存60年竟是600年前明代城墙砖》,右残砖自摄于2000年3月海州古城民房墙体上

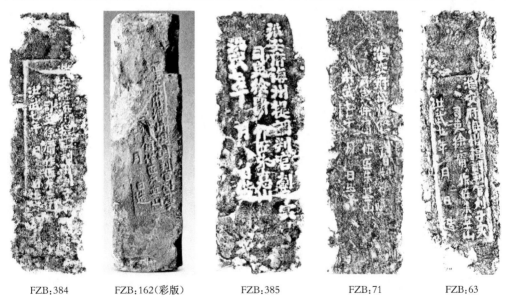

FZB:384　　FZB:162(彩版)　　FZB:385　　FZB:71　　FZB:63

图 5-1r 凤阳明中都"淮安府海州"铭文城砖拓片及彩版

来源:《凤阳明中都字砖》

---

① 郭金海:《明代南京城墙砖铭文略论》,《东南文化》2001年第1期,第75-78页。

第一种字砖与编号 FZB:384 拓片内容相同。唐更生等记载只有这一块,海州古城发现的字砖也属此种。印模特点为:第二列上部首字"司"与第一列"海"字位置基本持平,在第三列"武"与"七"字之间偏上;第一列下部末字"实"下沿与第三列下部"造"字下沿位置基本持平,而第二列下部末字"山"略为靠下。

第二种字砖与编号 FZB:162(彩版)内容相同。唐更生等记载明中都还有编号 FZB:154、157 等两块,王剑英文中记载的字砖线描图(见图 5-1s)以及孙祥宽文中收录的字砖拓片(见图 5-1s)均属此种。印模特点为:第二列上部首字"司"与第一列"府"字位置基本持平,在第三列"洪武"两字之间;下部三列末字"造""山""实"位置依次降低。

第三种字砖与编号 FZB:385 内容相同。唐更生等记载明中都编号还有 FZB:148、152、153、155、164、381、383、386 等 8 块,笔者曾于 2001 年在凤阳明中都发现一块嵌入在城墙上的阴文"作匠砖"(见图 5-1s),以及蔡青在 2 篇文章中收录的明中都"作匠砖"(见图5-1s)皆属此种。印模特点为:字体较其他种印模要粗,第二列上部首字"司"在第一列"安府"两字之间,在第三列"洪武"两字之间;第二列下部末字"山"与第三列末字"造"基本持平,但比第一列末字"实"靠上。

线描图
来源:王剑英
《明中都遗址考察报告》

拓片
来源:孙祥宽
《建筑构件富丽豪华》

实物
来源:自摄

实物
来源:蔡青
《明代北京城砖的职责制度、制造技艺与检验标准》

图 5-1s　凤阳明中都"淮安府海州"铭文城砖"作匠砖"

第四种字砖与编号 FZB:71 内容相同。唐更生等记载明中都编号还有 FZB:68、69、160、161、382 等 5 块皆属于此种。印模特点为:上部与第二种相同;第二列下部末字"山"与第一列末字"实"位置基本持平,但比第三列"造"字靠后。

第五种字砖与编号 FZB:63 内容相同。唐更生等记载明中都编号还有 FZB:61、82、150、156、158、159、163、380 等 8 块皆属于此种。印模特点为:上部与第二、四种相同;下部与第四种同,第三列的"日"与"造"之间有空白间隔,这是前四种没有的。

第二类是阳文"作头砖",铭文四纵行,为"淮安府海州/提调(调)判官刘将□/作头朱德山/洪武七年○月○日造",宽厚与"作匠砖"相同,长度是其一半,但从铭文布局来看,上下部分应该被毁,实际长度应与"作匠砖"相同。唐更生等在凤阳明中都有发现,但只记录铭文,未有实物或拓片;海州发现两块(见图5-1t)。

第三类是阴文赣榆纪年砖"黄窑砖",铭文为"淮安府海州赣榆縣(县)提調(调)官主簿范□司吏王彤○作匠黄(黃)窑洪武七年○月○日造"。字砖长40厘米,宽21厘米,厚11厘米,尺寸与"作匠砖"基本相同。唐更生等记载明中都编号为FZB:66的字砖以及2014年在赣榆区发现的一块金山镇出土的铭文城砖(见图5-1u)皆属于此类。

第四类是阴文赣榆纪年砖"黄垱砖",铭文为"淮安府海州赣榆縣(县)提調(调)官主簿田万里司吏葉(叶)庶榮(荣)作匠黄(黃)垱(垱)洪武七年○月○日造"。刘阳于2008年在海州小仓巷附近一户民居山墙上发现的一块城砖属于此类(见图5-1v)。

图 5-1t　海州古城"淮安府海州"铭文城砖"作头砖"

来源:左自摄,右朱德富提供

图 5-1u　"淮安府海州赣榆"铭文纪年城砖"黄窑砖"

来源:《凤阳明中都字砖》,实物来源:佚名

图 5-1v　"淮安府海州赣榆"铭文纪年城砖"黄垱砖"

来源:刘阳提供

第五类是阳文赣榆地名砖，铭文为"淮安府海州赣榆"，位于城砖的顶部。唐更生等记载明中都编号为 FZB:170 的字砖实物图（规格为残长 20 厘米、宽 19 厘米、厚 10 厘米，残重 8.05 千克）和拓片、王剑英文中记载的字砖线描图（如图 5-1w）皆属此种。

此外，在文献中也记载了另外几类字砖的铭文。嘉庆《海州志·金石录》载有两块字砖的铭文，两块字砖皆在海州常平仓（今海州钟鼓楼东侧大仓巷周边）附近被发现。常平仓即官府用于调节粮价、储粮备荒以供官需民食而设置的粮仓，建造常平仓无须使用这种高规格的砖石。"洪武七年磚（砖）文曰淮安府提調（调）判官劉（刘）子寶（实）司吏徐庸作匠朱惠山洪武七年月日造"，行文看，应与前述第一类"作匠砖"同，只是在"淮安府"后漏读"海州"二字，有阴文、阳文两类，阴文的字砖同第一类，阳文的字砖目前没有发现实物，可归为第六类；另一类为"黄塏（垱）磚（砖）"，文曰"赣榆縣（县）提調（调）主簿田万里司吏葉（叶）庶榮（荣）作匠黄塏（垱）洪武七年月日造"，且"俱陰（阴）文"，"質（质）頗（颇）堅（坚）致"①。行文看，应与上述第四类阴文赣榆纪年砖同，只是在"赣榆县"前面漏读了"淮安府海州"五字。唐更生在《凤阳明中都字砖》中还记录了一类阴文赣榆纪年砖，铭文只记录了司吏为"季荣"，其他缺漏，可归为第七类。

地名砖 FZB:170　　　　　　　地名砖 FZB:170 拓片　　　　　　　地名砖线描图
来源：《凤阳明中都字砖》　　　　　　　　　　　　　　　来源：王剑英《明中都研究》

图 5-1w　"淮安府海州赣榆"地名砖

特别地，所有来自"淮安府海州"的"作匠砖"中判官的姓氏"刘"和名字中的"实"都是简体字，"作头砖"中判官的姓氏"刘"也为简体字。据朱明娥统计②，在明南京城墙砖铭文中就出现了包括"刘""实"等近 20 个简体字。姓氏"刘"出现次数最多，源头也最多，至少来自 20 个州县的城砖中使用了简化字"刘"，并且在离南京千里之外的湖北省荆州明城墙砖铭文中也发现了简体字"刘"。另，第三类赣榆纪年砖"黄窑砖"中的"窑"也是简体字。由此足以说明在明朝，包括"刘""实""窑"在内的部分字的简体形式已经开始在民间广泛流行。《（嘉庆）海州志》中将"刘""实"写作繁体字应该是当时刻版印刷时的通用字体所致。

从近年来对南京城墙的持续研究（以 2008 年《南京城墙砖文》图册出版为代表）③以及周边市县制砖窑口的考古挖掘来看，为保证城砖质量，明初在城砖制造组织结构及工

---

① 唐仲冕等修，汪梅鼎等纂：《海州直隶州志》卷二十八《金石录第二》，清嘉庆十六年刊本，台北：成文出版社有限公司，1977 年影印本，第 477 页。
② 朱明娥：《明城墙砖文中的简化字、异体字和错别字的初步整理与解读》，载南京市明城垣史博物馆：《南京城墙砖文》，南京：南京师范大学出版社，2008 年，第 356-360 页。
③ 南京市明城垣史博物馆：《南京城墙砖文》，南京：南京师范大学出版社，2008 年。

艺要求等方面都应该有一套明确的规章制度。以城砖铭文为标识的责任制，也就是"物勒工名"，应该是保证城砖质量最重要的措施。从制砖工艺（泥料的选择、和泥的工序、制坯的过程、砖体的大小和重量、装窑的数量及烧造的燃料、温度和时间等）、出厂检验、运输到接收检验等一系列生产过程也都有严格的要求。比如砖体的大小和重量要遵汉制，要求长0.4米，宽0.2米，厚0.11米，即比例为4∶2∶1，重约50斤，而从目前发现的纪年城砖来看，基本符合这一要求。

《大明会典》记载，洪武二十六年（1393），对烧造过程就有明确规定"每中窑一座，装到大小不等砖瓦二千二百个，记工八十八，用五尺围芦柴八十八束"①；比明初要晚200年的万历十二年（1584）对城砖出厂检验时也要求"敲之有声，断之无孔"②等等。从海州古城发现的城砖来看，质地亦坚固异常。

"淮安府海州"城砖不仅供应安徽凤阳明中都、南京都城的建设，也供应淮安府古城以及本地海州古城的建设。海州地方文献最初的记载是成书于隆庆六年（1572）的《（隆庆）海州志》，虽然有残本《（万历）赣榆县志》（历史上赣榆大多数时间是海州的属县），但成书时间较前者晚近18年。成书的缘由正如修书人知州郑复亨在《刻海州志跋》中所说，除了完成上级淮安府要求各州县修志的任务外，还有感叹"海之民疲矣，守之缺矣"，"乃欲考索州志，庶缘此以知疲敝之故。而志则尚缺而未备也"③。幸好，寻得知州廖世昭于嘉靖元年（1522）初修、权知州事张峰于嘉靖四十三年（1564）重辑的州志残稿三秩，经增补后始得成书。至于以后成书的《（康熙）海州志》《（嘉庆）赣榆县志》和《（嘉庆）海州志》也都是经历过上百年"旷久"的岁月才增订续纂的。海州古城的建造一般都认为是"州城旧有土城，相传梁天监十一年（512）马仙琕筑"，但砖墙起始于"永乐十六年（1418）"，是"千户殷轼砌以砖石"④。"洪武七年"纪年城砖，可以将海州古城砖石城墙的建设提前到明洪武初年。

"淮安府海州"字砖铭文记载了城砖的两处来源，可以判断明初在海州地界存在至少两处烧造城砖的窑口，一处是在海州，一处是在海州属县赣榆。铭文中也记载了众多参与制砖官员的官职和姓名。"判官"，职官名称，职位略低于知州的副职同知，明朝只有州一级的行政建制中设置判官职位，从七品，主要协助知州负责刑法、治安等；"主簿"，为知县掌管文书、簿籍和印章的吏员，正九品；"提调官"，即具有管理、调度的职责，明朝时是因事而设的临时性职官称谓，一般由同级官吏兼任，事毕即撤；"司吏"，官衙中负责办理文书的普通小吏。以上均为行政官员。"作头"，是"窑匠作头"的简称，又称甲首，是制砖窑厂的厂长等管理人员；"作匠"，是制作城砖的技术人员。这些官职和姓名亦有重大的文献价值，至少可以弥补志史的缺漏。

---

① 《大明会典》，转引自杨国庆：《南京明代城墙》，南京：南京出版社，2002年，第152页。
② 按："万历十二年（1584）十月庚申，工部覆司礼太监张宏传砖料内粗糙，着申饬烧造官条亲查验，敲之有声，断之无孔，方准发运。诏申饬之。"《明神宗实录》卷154，转引自熊寥：《中国陶瓷古籍集成·注释本》，南昌：江西科学技术出版社，1999年，第164页。
③ 《（隆庆）海州志》之《跋·刻海州志跋语》，"天一阁藏明代方志选刊"，上海：上海古籍出版社，1962年影印版，第442-446页。
④ 《（隆庆）海州志》卷一《舆图·城池》，"天一阁藏明代方志选刊"，上海：上海古籍出版社，1962年影印版，第30页。

由于《(康熙)海州志》《(嘉庆)赣榆县志》和《(嘉庆)海州志》都经历过上百年"旷久"的岁月才增订续纂的,许多资料文献丢失缺漏在所难免。其中海州城墙砖铭文所记录的"淮安府海州提调判官刘子实、司吏徐庸""淮安府海州赣榆县提调主簿田万里、司吏叶庶荣""淮安府海州赣榆县提调官主簿范□、司吏王彤""司吏季荣"等在志书中都没有记载。

海州古城西门

图 5-2 海州古城西门

主题 中国,江苏,透过墙上的拱形门看远山(如图 5-2)。摄于 1923 年。

描述 "在西城门内,从拱形城门洞向外看远山。"几个人赶着驮着货物的骡子从砖头砌成的城门洞里通过。

尺寸 10 厘米×6 厘米。

[说明] 该照片的拍摄时间为1923年。拍摄的是海州古城西门的瓮城门。西门为"博望门",题名位于瓮城门外门楣上(如图5-2a)。西门原为"通淮门",因古城西面为蔷薇河,上游连通大运河直达淮安府,故名。西门主城门内门额上嵌有"沂沭朝宗"石额,面东,因海州古城西部北有沂水、南有沭水而得名。从城门出发跨过蔷薇河后可以通向海州北部属县赣榆、西部属县沭阳以及东海等地。而主城门外和瓮城门内的石额名称暂没有找到实物或文献记载。

照片中,人们穿着棉衣,门外的小山也近在咫尺,没有植被,照片应该是冬季拍摄的。西门瓮城在城门外,主城门朝西,瓮城门南偏西,城门洞很短。冬季光线的照射角度较低,应该形成较大的阴影,而照片中门洞内的阴影较小;阳光从左上方直射且能够照射到门洞的右侧,可见是上午拍摄的,而且门洞西偏南的朝向角度很小,即西门主城门与瓮城门的走向夹角较小(20世纪50年代拆除后,没有留下文字或图片资料,故只能根据本照片推测西门的大致轮廓);海州古城只有在西南角有白虎山,其他方位的地势都比较低洼,因此从门洞中望去的小山就是白虎山的西北一角。

清后期西门改称"博望门"。民国二十五年(1936),税警总团总团长黄杰拆除西门瓮城,方便汽车通行。1956年随着城市改造而被拆除(见图5-2b)。

图5-2a 海州古城西门"博望门"
来源:佚名摄于约20世纪初

图5-2b 海州古城西门"博望门"
来源:林庆燮摄于1956年5月

至于博望门在清后期具体什么时间改称的,目前尚未发现有关证据,但在清光绪十三年(1887)江苏学正王先谦按试海州时,曾于工作间隙游玩位于海州古城东面的孔望山,其赋诗《寄题乘槎亭呈诸广文并引》[①]中提到海州的"博望门",并在"博望门前贯月华"

---

① (清)王先谦:《王先谦诗文集》,长沙:岳麓书社,2008年,第529-530页。

一句后注曰:"州城西门曰博望,以张骞得名,其称盖古。"

周密《癸辛杂识》云:乘槎事,《博物志》未尝指为张骞。至宗懔《荆楚岁时记》,乃言武帝使张骞寻河源,乘槎见所谓牵牛织女者。不知懔何所据。《因话录》以为事不足信。余读《东坡集》,有《次韵陈海州乘槎亭》诗。顷以试事至海州,检《志》知宋代亭址在龙兴山巅,今州东五里所称孔望山也。乘槎事有无,不能深考,而其由来已久。寄题此诗,用存遗迹,且邀诸广文同赋。

博望门前贯月华,蓬莱山外引云车。
岁时著记从荆楚,牛斗穷源说汉家。
世事又看尘起海,我来真作客乘槎。
青盘首蓿分明在,月与曜仙一笑夸。

王先谦(1842—1917),字益吾,因宅名葵园,学人称为葵园先生,湖南长沙人,是清晚期著名的湘绅领袖、学界泰斗,有史学家、经学家、训诂学家、实业家等称谓。光绪十一年(1885)任江苏学政,即掌管岁试、科试,选拔人才之职。虽然,王先谦也认可张骞曾来孔望山乘木筏游银河遇牛郎织女的故事不可信,但因北宋年间已经有人附会此事在孔望山上建乘槎亭,来海州按试前也读过苏东坡来海州时所咏《次韵陈海州乘槎亭》诗:"人事无涯生有涯,迨将归钓汉江槎。乘桴我欲从安石,遁世谁能识子嗟。日上红波浮碧巘,潮来白浪卷青沙。清谈美景双奇绝,不觉归鞍带月华。"①即使乘槎的故事"不能深考",但也猜测博望门的名称可能源于张骞,目的是仿古。汉代张骞因"凿空"西域、打通"丝绸之路"有功,被汉武帝于元光六年(前129)封为"博望侯",侯国封地位于今河南省南阳市方城县博望镇一带,新莽时,改为乐宜县,东汉改为博望县,而"博望"是取其能"广博瞻望"之意。②

在海州西面大约20公里处的东海县石榴乡还有个"博望村"(明清时称博望镇),当地民间相传,汉武帝将东海郡东安县的此地作为张骞封侯的封地,所以此地后来就被称为"博望",或许这也是海州城西门名为"博望"的典故来源。

连云港保卫战与抗日石刻

1939年3月,日军攻陷海州,随军记者拍摄了一组日军进攻海州西门的照片(如图5-2c)③。照片背后的小山就是白虎山,西门的瓮城此时已不见。原来早在1936年,税警总团总团长黄杰在拆除北门瓮城的同时也将西门的瓮城拆除了。

1937年七七事变之后,日军采用闪电战迅速在年底占领上海、南京、济南、青岛等地。为尽快打通京沪铁路线,取得补给上的战略主动权,日军于1938年春组织了"徐州会战"。为配合"徐州会战",日海军决定先期攻陷徐州的左翼海州,一方面可从海上增兵,沿陇海线向西支援徐州;另一方面可实现1937年8月25日驻上海第三舰队司令长官长

---

① [宋]苏轼:《苏东坡全集上》,邓立勋编校,合肥:黄山书社,1997年,第121页。
② 《汉书》卷二十八上《地理志第八上》,北京:中华书局,1962年,第1563-1564页。
③ 《海州大包围战》,载《中国事变画报:第五十五辑》(日本战地专刊),东京朝日新闻社,1939年3月20日,第2-10页。

谷川清发表的所谓封锁上海至华北沿海的"遮断航行"宣言[1]；第三可获取枣庄的煤炭、河北蓟县（今天津市蓟州区）的锰铁、海州锦屏磷矿的磷（如图5-2d）[2]、淮北盐场的海盐等战略资源[3]。

1937年8月初，侵华日军海军第四舰队的1艘航空母舰、2艘驱逐舰和2艘巡洋舰云集海州湾，并不断派飞机和汽艇对我近岸目标进行侦查和测量。从9月13日起，日机不断地从停泊在连云港近海前三岛海域的日舰上起飞，疯狂轰炸连云港码头、连云镇、墟沟等地，并伺机登陆，但屡次都被我驻军击退。特别是自1938年5月19日徐州沦陷后，日军加紧了对连云港的攻势，

图5-2c　入侵海州时日寇镜头下的西门"通淮门"
来源：《中国事变画报：第五十五辑》

并从青岛调集大批海军舰艇和部队，对连云港实施大规模入侵，在舰载、机载和坦克炮火的强大火力支援下强行登陆。登陆后还恬不知耻在登陆处竖立木牌纪念（见图5-2e）[4]。

图5-2d　海州矿业开发株式会社山元事务所　　图5-2e　日海军陆战队树立的"上陆地点"标志
来源：日本京都大学人文科学研究所

---

① （日）松本俊一、安东义良：《日本外交史》卷22，鹿岛和平研究所出版会，1975年，第36页。

② 按：日军占领海州后，很快就接管了锦屏矿址，并成立了海州矿业开发株式会社山元事务所，用于攫取海州锦屏磷矿的资源。参见《华北交通写真》，藏日本京都大学人文科学研究所。

③ 按：日本在全面侵华前后在东北、华北以及青岛等地设立了以"株式会社""调查部""事务所"名义行事的特务机关，广泛搜集中国的政治、经济、社会等情报，也先后派遣人员调查连云港、海州、新浦等地的地理、经济、军事、交通、社会等数据。"海州是中国中部大横段铁路陇海线之东端，为连云港相连，乃一陆海之要冲，人口约二万余，商业以其附近之新浦镇为最盛。在事变前，该地并有制粉工厂，有海州码头，贸易品中有落花生、豆类、小麦、鸡蛋、牛皮、牛骨、牛油、油类等。至于海州盐尤为有名。"参见《日军占领海州之意义》，《国际写真情报》第十八卷第五号，1939年5月；徐德济：《连云港港史（古、近代部分）》，北京：人民交通出版社，1987年，第123-125页。

④ 《华北交通写真》，藏日本京都大学人文科学研究所。

连云港守军分别在海岸滩头、孙家山、云台山大桅尖等阵地与敌人进行殊死搏斗,最终因寡不敌众及全面抗战的战略需要,于1939年2月撤离连云港。为尽快攻陷海州,日军除了加紧攻击连云港,沿陇海线向西直插海州外,还采用另外四路合围海州。一路是于2月25日从徐州新沂出发的中岛部队,28日抵达阿湖,从西面攻击海州;二路是于2月25日从山东临沂出发,28日抵达欢墩,3月3日抵达沙河,从西北方向进逼海州;三路是于2月26日从山东安东卫出发的平野部队,经赣榆的海头,从东北方向攻击海州;四路是于3月2日从响水口出发的生岛部队,3日抵达大伊山,从东南方向进攻海州①。五路日军于3月4日攻陷海州(见图5-2f)。

连云港保卫战持续时间约19个月,其间接续布防参战的有正规部队和地方武装,他们是财政部税警总团(1937年8月初奉调上海参加淞沪会战)、第七军(桂系,1937年8月1日从广西柳州移防海州,10月中旬移师上海)、第三十一军(桂系,1937年10月中旬换防海州,1937年12月中旬奉调徐州会战南部战场)、第四十军(西北军旧部,1937年12月中旬移防海州,1938年2月奉调鲁南战场)、游击第八军(淮北盐运署警察武装,1938年3月初驻扎连云港,9月底撤离)、第五十七军(东北军旧部,1938年2月移防海州,10月移师武汉保卫战)、第八十九军(1938年10月换防海州,1939年2月撤离连云港)。战斗中伤亡将士近万人,因日舰炮火、敌机轰炸等,海州所属各城镇民房几无完整,百姓伤亡无数。特别是遍布连云港地区的文物古迹、名人故居等遭到严重破坏,有的仅剩残垣断壁,有的直接被毁,如建于汉代的宿城法起寺、唐代的花果山三元宫、清代文人兄弟许乔林许桂林故居、海州古城内的钟鼓楼等。

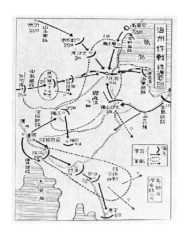

图 5-2f　日军海州作战经过要图
来源:《中国事变画报·第二十八辑》封二

图 5-2g　宿城万寿山李志亲抗战石刻
来源:高伟提供

连云港保卫战期间,万毅(1907—1997)将军一战成名。1938年6月中旬,他率领五十七军六六七团全体将士,在北云台山西北侧孙家山伏击登陆日军,虽然遭受日舰日机的轮番轰击和日海军陆战队的多次冲锋,但将士们英勇顽强,视死如归,与敌军肉搏一

① 《海州大包围战》,载《中国事变画报·第二十八辑》(日本战地专刊),东京朝日新闻社,1939年4月10日,封二。

夜,取得了阶段性胜利,从而赢得美名"不怕一万,就怕万毅('万一'谐音)"的称号。五十七军是东北军旧部,一直以来就有中国共产党长期工作的基础,素有联共抗日的光荣传统,万毅亦受此影响,也阅读过《马列主义与中国革命观》等革命小册子,思想较为进步。2月,五十七军一一二师移防海州后,中共中央长江局就委派巡视员张文海、谷牧(化名刘曼生)来海州开展党的工作。临行前,长江局副书记周恩来指示说:"你们去看看万毅,如果能发展就发展他,并依托他开展五十七军的工作。"3月11日,在连云港陇海大旅社,由张文海、谷牧介绍,万毅成为一名中共特别党员,从此他的政治生命揭开了新的一页①。

尤为值得纪念的是,抗日英雄们为了记录他们誓死捍卫国土、保卫家乡的决心和信念,在云台山脉抗击日军的前线,在浴血战斗的间隙,留下了众多的抗战石刻。这些抗日石刻群分布在北云台宿城的万寿山、围屏山、鹿场以及东陬山等地,据不完全统计,大约有15处之多。如湖北沔阳曾锡珪题"殷忧启圣 多难兴邦"、粤东冯岳题"保我河山"、东海杨岐山题"人心不死 国必不亡"、沈阳周从权题"云台山顶雾苍茫,此是抗日大战场。百日争夺暂归去,可恨倭儿未斩光"等。游击第八军副司令四川合川人李志亲就有"血战连云"等三处题刻,其中之一在宿城万寿山上,题于1938年5月21日丫髻山保卫战之后休整期间,题面高128厘米,宽126厘米,题名为"保卫疆土 复兴中华"(见图5-2g),字径18厘米×21厘米;落款为"六月下旬,合川李志亲",序言为"民国廿(即廿)七年五月,倭寇大举侵犯连云港,余奉命指挥守军与敌血战月余。赖我将士忠勇抵抗,誓保河山,顽敌迄未得逞。爰题数字,共相奋勉",字径6厘米×8厘米,显示出抗日将士们的决心和豪气。

水关门(新西门)

水关门位于海州城北门与西门之间,门外石匾为"水关门"。水关门原来是水路,清嘉庆年间(1796—1820),海水东退致使水关门河道趋于干涸。民国时期,河道淤积日甚,终淤为平地。民国二十四年(1935),税警总团总团长黄杰为方便驻扎在海州西大岭的部队辎重出入城,将原来的河道填平,改造成道路(今大致上是秦东门大街从幸福路至西大岭路一段),将高不足1.5米、宽不足3米的水关门(城墙下的一个出水涵洞)改建为宽阔的城门(如图5-2h)。因城门面西,老百姓为区别于西门而称之为"新西门"(今秦东门大街与西门路和西大岭路三岔路口附近)。1956年随着城市改造而被拆除。2003年6月,在新浦后沈圩小区

图 5-2h　海州古城水关门(新西门)
来源:林庆燮摄于1956年5月

---

① 万毅:《万毅将军回忆录》,北京:中共党史出版社,1998年,第55—57页。

图 5-2i　海州古城"水关门"石匾
来源：自摄于 2018 年 7 月 20 日

图 5-2j　海州全图（局部）
来源：《（隆庆）海州志》

改造小康路下水道时发现了"水关门"的城门石匾（见图 5-2i），现藏于海州双龙井院内①。该石匾正面平滑，长 167 厘米，残高 39 厘米（缺损约 6 厘米），厚 13 厘米，字径 36 厘米×33 厘米，阴文，楷书，上下款已残泐不可辨。

海州古城是建在锦屏山北麓、孔望山西部高台上的，城内地势东高西低，东南部最高处海拔约 20 米，其他地方 5～6 米，排水系统也是自东而西。明永乐十六年（1418）重修城墙时，即"西设水关，池深六尺"②"池即城外壕""西门至北门深六尺（2 米），阔四十一丈（约 140 米）"③。而且，"西面池通海潮，由水门直贯城内，此城之大观也"④。《（隆庆）海州志》提供的《海州全图》（如图 5-2j）中也足见城内水系的流向，在《山川考》中提到城内有四座桥，皆跨"市河"（又称"内河"），从东往西分别是位于阜民坊州治北的西宁桥、位于敦化坊钟鼓楼西的清宁桥、位于敦化坊州治西东市桥街内的东市桥、位于西城坊的水门桥。其中水门桥在明代由千户魏玉重修城池后的第二年改为水关⑤。可见，至晚在明洪武二十三年（1390），通向水门关的城内河流名为"市河"。

据《宋史全文》记载，知州张汉英在宋理宗景定四年（1263）十二月，因为疏浚河道修筑城坝完工而得到宰相府向朝廷的奏报："都省言：'知海州张汉英在任浚筑坝壕、城壁竣事，其子宗仁奉图来上，具见劳绩。'"⑥不难想象，将城内的"市河"修浚也理所当然。

"市河"何时改为"玉带河"尚无迹可寻，但"乾隆二十三年（1758）知州李永书请帑开

---

① 王艳，刘阳：《触摸曾经的繁华与沧桑 海州城门今安在》，《苍梧晚报》2019 年 9 月 9 日 A5 版。
② 《（隆庆）海州志》卷 1《舆图·城池》，"天一阁藏明代方志选刊"，上海：上海古籍出版社，1962 年影印版，第 30 页。
③ 唐仲冕等修，汪梅鼎等纂：《海州直隶州志》卷十四《考第三·建置一·城池》，清嘉庆十六年刊本，台北：成文出版社有限公司，1977 年影印本，第 253-255 页。
④ 《（隆庆）海州志》卷十《词翰·海州新城记》，"天一阁藏明代方志选刊"，上海：上海古籍出版社，1962 年影印版，第 276-380 页。
⑤ 《（隆庆）海州志》卷二《山川·津梁（闸坝堤附）》，"天一阁藏明代方志选刊"，上海：上海古籍出版社，1962 年影印版，第 65 页。
⑥ 汪圣铎点校：《宋史全文》卷三十六《景定四年十二月庚午》，北京：中华书局，2016 年，第 2890 页。

浚"时,已经有"玉带河,在城内,自城东马家汪至西水关,故迹存焉",只是"因无源,寻涸"[①]。疏浚不久,因上游没有补水,只靠城内排水,所以慢慢就开始干涸了。

1939年3月,日军五路围攻海州,其中从徐州新沂出发的中岛部队一部即从新西门进入海州(如图5-2k)[②]。

图5-2k　日军从水关门(新西门)侵入海州古城
来源:《中国事变画报:第五十五辑》第10页

蔷薇河上的双桅船

主题　中国,江苏,蔷薇河上的双桅船(如图5-3)。摄于1905—1910年。

描述　"从河对岸慕赓扬家的院子里向西南方向望去的情景。"一艘满载头戴遮阳帽的传教士的双桅船沿着河岸被拉上来。

尺寸　8.5厘米×13厘米。

说明　该照片的拍摄时间为1920年左右。拍摄的是蔷薇河上已经靠岸的双桅船,船上载满传教士,他们正准备下船。其中二男一女三个传教士和一个男童戴着白色的木髓遮阳帽(Pith Helmet,19世纪西方殖民者标配的遮阳帽),一个女传教士和三个女童、一个男童戴着形状各异的遮阳帽。在另一份照片说明中,标注的照片主题为"传教士们在海边的一艘双桅木船上摆姿势拍照,摄于1925年",照片描述为"在相册上的一张便条显示,这张照片拍摄于苏北(今江苏)西连岛附近,慕赓扬一家在那里度过了一个夏天"。

从照片的背景可以看出,这是一条河流,河对面是一个小村庄,并不像西连岛那里有广阔的海面(西面)或群山(东面是北云台山)。因此比较倾向该照片摄于海州城西面的

[①] 唐仲冕等修,汪梅鼎等纂:《海州直隶州志》卷十二《考第二·山川二·水利·海州诸水》,清嘉庆十六年刊本,台北:成文出版社有限公司,1977年影印本,第211页。

[②] 《海州大包围战》,载《中国事变画报:第五十五辑》(日本战地专刊),东京朝日新闻社,1939年3月10日,第2-10页。

蔷薇河上。慕赓扬所创建的西医诊所,以及在此基础上创办的海州义德医院都是建在海州西门外石狮巷,诊所或医院西面紧靠一个停水坝,停水坝的西面就是蔷薇河。因此也符合照片的描述"从河对岸慕赓扬家的院子里向西南方向望去的情景"。至于拍摄时间,可以从船上儿童们的年龄大致判断出来。这些儿童的年龄应该在10岁左右,故推断该照片摄于1920年左右。正如前文所述,最早来到海州的传教士有三对夫妇。一是牧师米德安夫妇,他们共生育三子二女,大儿子威廉出生于1902年,二儿子比利大约出生于1906年左右(据1929年9月开始上大学四年级推算),其他一子二女出生年月不详,但都应该出生于牧师米德安去世前的1920年;二是医学传教士慕赓扬夫妇,他们共生育二女一男三个孩子,分别出生于1908、1914、1917年;三是牧师闻声夫妇,他们共生育六个孩子,其中长子出生于1909年,次子(1911—1912)和三子(1913)均夭折,五子和六子为双胞胎,出生于1914年。故此,照片上除了船尾的船夫外的九个人物也大致可以推断出(自左至右):牧师米德安的次子比利、牧师闻声、牧师米德安、牧师米德安的妻子毕雅模、牧师米德安的小女艾飒、牧师米德安的三子约翰、医学传教士慕赓扬的妻子白露德博士、慕赓扬的长女露丝、牧师米德安的长女玛丽。

图 5-3　蔷薇河上的双桅船

图 5-4　蔷薇河上的货船

蔷薇河上的货船

主题　中国,江苏,中国货船(如图 5-4)。摄于 1905—1915 年。

描述　"一艘中国货船正在沿河航行,背景是一些小建筑物。"

- 尺寸 8.8厘米×13.8厘米。
- 说明 该照片的拍摄时间为1910年左右。拍摄的是蔷薇河上的货船,前景是另一艘船上的艄公,背景是蔷薇河岸边上的农舍。

  慕赓扬拍摄了多幅蔷薇河上各式运输船只的照片,包括图5-3中的双桅船、本幅单桅货船以及下文中的单桅乌篷船、平底驳船、三桅木船以及税警船等。本幅照片从前景看,艄公头上拖着长长的辫子,这显然是晚清的遗物,因而本照片拍摄的时间应该早于辛亥革命的1911年,而晚于慕赓扬到达海州的1909年。

蔷薇河上的乌篷船

图5-5 蔷薇河上的乌篷船

- 主题 中国,漂浮在河上的木制乌篷船(如图5-5)。摄于1914年。
- 描述 "乌篷船",一艘单桅乌篷船顺河漂流。
- 尺寸 14厘米×9厘米。
- 说明 该照片的拍摄时间为1914年。这种单桅乌篷船是船民的生活工具,他们以船为家,并以船谋生,在大运河以及水乡是常见的景象。

蔷薇河上的平底驳船

- 主题 中国,两个孩子在河上用竹竿撑住一艘平底驳船(如图5-6)。摄于1904年。
- 描述 "两个孩子站在一艘小驳船上。其中一个用竹竿把船撑向岸边。"
- 尺寸 14厘米×9厘米。

说明 该照片的拍摄时间为1910年左右。该照片拍摄的是在蔷薇河上的平底驳船，主要在渡口用于摆渡。

图5-6 蔷薇河上的平底驳船

蔷薇河上的帆船

主题 中国，海州河上的船（如图5-7）。摄于1938年。

描述 "海州河。"一艘带帆的小木船停泊在石墙外。

尺寸 8.8厘米×13.8厘米。

说明 该照片的拍摄时间为1910年左右。该照片拍摄的是蔷薇河上的众多帆船，其中一条三桅木船停靠在石墙外，背景是蔷薇河岸边上的农舍。慕赓扬夫妇已经于1932年离开海州到江苏镇江位于新西门的基督医院工作，因而该照片拍摄的时间应该早于1932年。

图5-7 蔷薇河上的帆船

蔷薇河上两条顺流而下的船

主题 中国，江苏，海州，两条顺流而下的船（如图5-8）。摄于1910—1940年。

描述 两艘中国内河里的船，一艘船的帆破了，它们正沿着中国的一条河航行。在左下角有一张慕赓扬夫妇的儿子卡雷尔的手写便条。

尺寸 19.7厘米×25.5厘米。

说明 该照片的拍摄时间为1910年左右。照片左下角，卡雷尔在便条上标注说，该照片可能是慕赓扬夫妇于1900年代早期或者1934—1940年拍摄的，也可能是慕赓扬的妻子白露德或者是史密斯（Havard Smith）拍摄的，拍摄地点也可能是芜湖附近的长江。

从该照片的背景看，河岸的形态与上述几张蔷薇河照片上河岸的形态基本一致，因此推断该照片是在蔷薇河岸上拍摄的；慕赓扬夫妇于1932年离开海州义德医院到江苏镇江位于新西门的基督医院，然后于1934年6月又转到安徽芜湖位于弋矶山的芜湖综合医院，并从美南长老会改投美以美会门下，因此推断该照片的拍摄时间应该早于1932年。

图5-8 蔷薇河上两条顺流而下的船

蔷薇河上的税警船

主题 中国，海州，带帆和大炮的警船（如图5-9）。摄于1925年。

描述 "警船。船头上安装一门用处不大的小的铸铁滑膛炮。"

尺寸 14.5厘米×9厘米。

说明 该照片的拍摄时间为1910年左右。从照片上的人物装扮来看，有人头上留有长长的发辫，应该属于清末。因蔷薇河承担着粮盐的漕运任务，所以清政府设立了缉私机构，来查办私盐的贩卖。

图 5-9 蔷薇河上的税警船

蔷薇河

蔷薇河位于海州古城西门外大约 1 公里处,上发源于马陵山,下入临洪河,然后流入大海。全长 90 余公里,均宽约 100 米,最宽处达 200 米。入海前,有淮沭河、新沭河、沭新渠、鲁兰河等大小河流汇入,流经新沂、沭阳和东海。海州上处于沂沭泗水域下游,下位于黄海的海州湾,来水均为客水,而且上游水系河道落差较大,流速较快,是典型的洪水走廊。新中国成立前受上游洪水影响,泥沙淤塞严重,河道又长期得不到疏浚,干旱时留不住水,洪涝时排水又不畅,使得海州地区旱涝灾害长期不绝。新中国成立后,从 20 世纪 50 年代开挖淮沭新河开始,到 20 世纪末及 21 世纪初的水系综合治理,已经通过江淮水经洪泽湖、淮沭河、沭新河实现了从长江南水北调,实现了向蔷薇河送清水工程[1]。送清水工程一是采用清污分流方案为连云港市主要饮用水源地的安全提供了保障,二是为连云港市甚至沿河周边的农业生产提供了丰沛的灌溉用水,三是为连云港市这条重要的大型泄洪通道提供了防洪调节能力。

图 5-9a 王同《浚蔷薇河工完告文》碑拓片

来源:封其灿《连云港金石图鉴》

---

[1] 严后军、黄菁菁、陈君:《蔷薇河送清水工程现状及发展分析》,《治淮》2017 年第 11 期,第 45-47 页。

事实上,在古代,蔷薇河就是一条非常重要的泄洪通道。南宋建炎二年(金天会六年,1128)六月,为阻挡金兵南下,东京留守杜充于河南滑县李固渡西人为决黄河堤坝,从而导致黄河改道,黄河水冲出决口滚滚而下,东流豫东、鲁南后,经徐州由泗水入淮,这就是著名的"黄河夺淮",直到700多年后的清咸丰五年(1855),黄河在河南铜瓦厢决口,改走大清河后由渤海湾入海,才结束了黄河下游夺淮入海的状况。古沭河原在沭阳城北东流,通过现在的新沂河在灌河口入海。黄河夺淮后,沭河在沭阳城北改道北流,借蔷薇河流经海州后入海。最早记载蔷薇河淤塞壅积并得到疏浚的是成书于明隆庆六年(1572)的《(隆庆)海州志》,后来的明清志书均有记述。至于蔷薇河淤塞成因,清《(嘉庆)海州志·山川》中两江总督高晋《请浚海州蔷薇等河奏略》记载最为确切,只因海州境内河道"滨临大海,春夏海潮过大,由涟河贯注,潮带泥沙涌入各河,又值上游清水来源微弱,冲刷无力,水退沙停,以致该州蔷薇"等河"淤垫较甚,上游来水难资宣泄"[1],于是疏而复淤,几成不治之症。明《(隆庆)海州志》在《山川》中记载"水次潮汐往来,久塞未浚。至嘉靖二十四年(1545),知州王同呈请挑浚,今复淤塞"。并在《词翰》中记录了疏浚蔷薇河后,王同及同好撰写的三块纪念石碑的碑文,认定蔷薇河"自成化间,水壅不疏者五十余年"[2]。这三块石碑现已不存,但在2016年10月,海州城隍庙重建工程的工地上,发现了王同撰写的另一通石碑。该碑名为《浚蔷薇河工完告文》(如图5-9a),不见文献记载,圆额,高190厘米,宽85厘米,厚21厘米;篆额,2行,行4字,字径6厘米;碑文楷书,8行,行17字,字径5厘米。刻于明嘉靖二十四年(1545)三月,与上述三通石碑镌刻时间相近。虽然中间下部磨泐严重,但仍可认读部分碑文(为展现碑文原貌,保留繁体字、异体字)。

浚蔷薇河工完告文

皇嘉靖廿有四季[3]乙巳季春三月日,直隸淮/安府海州知州王同等敢昭告□□□□□/蔷薇河之□□於跡明□實□□□□□□/□河議疏濬深□□□□□□/靈祐監我民苦六旬□□□□□□/伐設醍酒盈陽塵蓋□□□□□□/嫁遊玄冥□□湿風巽雨閏[4]奉□□□□□/湛溥錫休民□社□萬古謹告□□□□□/

明清时期多次疏浚蔷薇河道,除了泄洪之外,还有疏通航运水道之利。王同疏浚蔷薇河,是因"致商人盐船自海冒险,且觅牛车拉至海崖上船,经年守装,劳费万状"。蔷薇河是重要的粮盐运输通道,上游与涟河相通流经新坝这个古代重要的港口,将粮盐输送到内地;下游与临洪河相通,经临洪河口进入海州湾后可以直达青岛、上海,甚至日韩等地。蔷薇河作为航运通道可以追溯到宋代。

20世纪80年代末期,新海发电厂(紧邻蔷薇河)扩建,在堆场、排洪道等工地上挖掘

---

[1] 唐仲冕等修,汪梅鼎等纂:《海州直隶州志》卷十二《考第二·山川二·水利·海州诸水·请浚海州蔷薇等河奏略》,清嘉庆十六年刊本,台北:成文出版社有限公司,1977年影印本,第214页。

[2] 《(隆庆)海州志》卷十《词翰·海州浚蔷薇运河记》,"天一阁藏明代方志选刊",上海:上海古籍出版社,1962年影印版,第383页。

[3] 季,同"年"。

[4] 閏,同"润",滋润。

出"大量的残破瓷器和堆集丰厚的瓷片"以及构筑码头用的木桩等,连云港市博物馆工作人员刘洪石带队进行了抢救式挖掘,发现这些残破瓷器和瓷片"有邢窑白瓷、青白瓷、龙泉青瓷以及铜官窑、耀州窑瓷等,时代为唐到元初",这些残器和残片目前仍然存放在连云港市博物馆保管部的库房内。其中一件残器名为"长颈釉下绿彩壶","高20.5厘米,底径8.5厘米,长颈卷口、鼓腹、外撇、条形把、短流,釉下施条形绿彩"。从其简单的描述中,一件精美的绿彩壶即可浮现在眼前。另有一件残器"宋代龙泉三足炉",也"是龙泉瓷中的上乘佳品,俗称'梅子青',釉色厚润"①,十分精美。这些瓷器分别来自北方的河北邢州(邢窑白瓷)、陕西耀州(窑瓷)和南方的江西景德镇(青白瓷)、浙江龙泉(青瓷)、湖南长沙(铜官窑)等地,都是当时比较有名的陶瓷产地,可见海州在当时应该至少是宋代瓷器的集散地之一,亦有可能是宋金时期的榷场所在地(蔷薇河畔曾是古渡口)。

慕赓扬夫妇在白虎山顶

图 5-10　慕赓扬夫妇在白虎山顶

主题　中国,在青岛海滨,站在岩石上的人们(如图 5-10)。摄于 1920—1930 年。

描述　两位传教士站在后面有水的巨大岩石上。

尺寸　14 厘米×8 厘米。

说明　该照片的拍摄时间为 1910 年左右。照片原题是"在青岛海滨",经笔者实地考察,拍摄地点在海州古城西南白虎山山顶(如图 5-10a)。从慕赓扬夫妇短裤、连衣裙的穿着看,应该是夏季。从他们的年龄看,应该是比较年轻的时候。慕赓扬出生于 1875 年 8 月,妻子白露德出生于 1877 年 9 月,到达海州的时间是 1909 年 4 月(此时慕赓扬 34 岁),

---

① 刘洪石:《唐宋时期的海州与海上"陶瓷之路"》,《东南文化》1990 年第 5 期,第 201-205 页。

海州义德医院创建时间是1912年（慕赓扬37岁），这个年龄段与照片中慕赓扬夫妇的状态应该是比较吻合的，而照片原题是"摄于1920—1930年"，显然时间有些太迟，应该是记录有误。照片是面向东北方向拍摄的，背景是白虎山东面大约2公里处的孔望山。

因此，可以推断这是慕赓扬夫妇刚到海州不久拍摄的，他们可能既是到白虎山勘探地形为即将创建的义德医院选址，又是来到这里游玩赏景的。

图 5-10a　海州古城白虎山山顶处近景
来源：自摄于 2018 年 2 月 10 日

白虎山摩崖石刻群

白虎山位于海州古城南门外，锦屏山西北角，是锦屏山系七座山体之一，为一孤山，海拔64.8米，面积约200亩。山名时常更改，唐宋时期称"孤山"。明代因含白云母较多，山体呈白色，且"形如虎踞"改称"白虎山"①，与位于古城东南锦屏山部分山脉的青龙山相对应，有"左青龙右白虎"之意。有好事者，迷信白虎为凶星，认为"白虎临城"不吉利而多次改名，清初"淮扬道霍柄改名白壁山，《淮安府志》作白碧山"②，后由刘天宁于康熙三十八年（1699）刻石于东坡崖壁上；两江总督陶澍则将白虎山名的诸多称呼逐一道来，认为："海州城西有白虎山，其名弗驯，或称白壁，亦弗肖，余谛视之。实类鳌首。因取晓策扶桑之意，更其名曰鳌头山，以奠海疆，兼为多士登瀛之兆焉！"并与《鳌头山》诗"地接瀛洲近，山应戴巨鳌。凭将纶五色，一钓海天高"一起刻于东坡崖壁之上，落款"大清道光乙未（1835）仲夏月长沙陶澍"。

但文人的雅称终究抵不过百姓的认同，因山形确实太像白虎，当地老百姓便一直称呼"白虎山"至今。因紧靠州城，白虎山地理位置相当重要。宋金交战时期，魏胜认为："海州城西南枕孤山，敌至，登山瞰城中，虚实立见，故西南受敌最剧。"遂"筑重城，围山在内，寇至则先据之，不能害"③。

慕赓扬脚下巨大的岩石西侧面刻有金代"赵福"题刻（如图5-10b），刻于金章宗承安五年（南宋宁宗庆元六年，1200），此时的海州地区已经处于金朝的控制之下。刻字嵌入石龛内，龛深约15厘米，刻面宽107厘米、高58厘米，字款同径13厘米×14厘米，文竖刻8行，每行4字，楷书。正文："户部员外郎赵福、郡佐温迪罕安住、郡幕完颜玄。"落款：

---

① 《（隆庆）海州志》卷二《山川·诸山》，"天一阁藏明代方志选刊"，上海：上海古籍出版社，1962年影印版，第48页。
② 唐仲冕等修，汪梅鼎等纂：《海州直隶州志》卷十一《山川一·山》，清嘉庆十六年刊本，台北：成文出版社有限公司，1977年影印本，第191页。
③ 《宋史》卷三百六十八《列传第一百二十七·魏胜》，北京：中华书局，1977年，第11455-11462页。

"承安五年三月初一日仝登。"

白露德脚下岩石的西侧面刻有元代"廉青山"题刻(如图5-10c),刻于元致和元年(1328)。刻字嵌入石龛内,龛深约10厘米,刻面宽174厘米、高84厘米,字款同径9厘米×7厘米,文竖刻13行,每行7字,楷书。正文:"奉训大夫、淮安路海宁州达鲁花赤、兼劝农事廉青山,奉议大夫、淮安路海宁州知州、兼劝农事萧谧,承务郎、淮安路同知海宁州事天下奴,承事郎、淮安路海宁州判官赵贇翁,吏目上官思恭。"落款:"致和元年四月日立,前儒学直学高尚志书。"

图5-10b 海州古城白虎山金代"赵福"题刻
来源:自摄于2018年3月17日

图5-10c 海州古城白虎山元代"廉青山"题刻
来源:李彬提供

在慕赓扬和白露德站立中间的岩石西侧面上,南北刻有两方石刻。南面靠近慕赓扬一侧是白虎山上年代最早也是唯一的一方唐代石刻"卢绍"题刻(如图5-10d),刻于唐宣宗大中十二年(858),刻面宽98厘米、高80厘米,文竖刻8行,计50字,楷书,字款同径10厘米×11厘米。正文:"海州刺史、赐绯鱼袋卢绍,军事判官、前左领侍卫、仓曹参军□哕(该字左右结构,左侧磨泐不清,右侧为'步'),前军事判官、前太子通事舍人王句。"落款:"大中十二年正月七日同登。"从刻面印痕看,"卢绍"题刻下面应该原有刻字,只是被磨平了。北面靠近白露德一侧是"余授"题刻(如图5-10e),刻于北宋徽宗建中靖国元年(1101),刻面宽90厘米、高80厘米,文竖刻7行,行5字,计35字,楷书,字款同径8厘米×10厘米。正文:"郡守莆阳余授,从事濠梁许光,朐山令渠丘565宰,监酒税颍川杜开。"落款:"建中靖国元年重九日。"

自唐以降,白虎山崖壁上的刻石众多,分布极为广泛,众多文人骚客、达官贵人来此游览,并刻石纪念,大约有30方之多①。除了上述唐代1方、北宋1方、金代1方、元代1方、清代2方以及前述明代王同1方"蓬莱庵"等7方刻石以外,还有北宋1方、南宋2方、金代1方、元代1方、清代6方等11方刻石,以及时代不详者如"白虎山""多娇"等16方刻石。这些石刻构成了白虎山摩崖石刻群,历代州志将其列为海州朐阳八景之一,名曰"虎峰夕照",1995年被列为江苏省第四批文物保护单位。大多数刻石因年代久远,山体风化严重而漫漶不清。

---

① 按:据笔者实地考察和《连云港石刻调查与研究》统计。参见连云港市重点文物保护研究所:《连云港石刻调查与研究》,上海:上海古籍出版社,2015年,第45-48页。

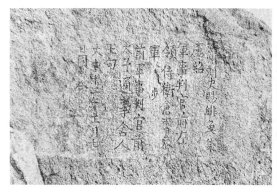 

图 5-10d　海州古城白虎山唐代"卢绍"题刻
来源：高伟提供

图 5-10e　海州古城白虎山北宋"余授"题刻
来源：自摄于 2018 年 3 月 17 日

海州古城南门"朐阳门"

海州古城面向白虎山方向的城门是南门，位于今海州双龙井公园西北侧约 30 米处，护城河大约就位于现在的中环路上。1956 年南门（如图 5-10f）被拆除，后于 1991 年重建（如图 5-10g），为取直南北通道、扩大城区规模，位置向南偏移了约 200 米。

图 5-10f　海州古城南门"朐阳门"
来源：林庆燮摄于 1956 年 5 月

图 5-10g　海州古城内 1991 年新建南门"朐阳门"
来源：自摄于 2012 年 12 月 24 日

南门的主城门朝南，瓮城在城门外，瓮城门朝西偏南。南门名"朐阳门"，题名位于瓮城门外门楣上，面西偏南，主城门内石额"锦屏如画"，取城外风景如画卷般的锦屏山而得名，面北。

在连云港市博物馆碑林广场上，现存一块门额（如图 5-10h），长 160 厘米，宽 60 厘米，厚 12 厘米，两面皆刻有文字，楷书，字径 50 厘米。一面是"朐阳门"，文字和上下款皆残泐受损严重，仅正文字形可辨，经与 20 世纪 50 年代的照片对比尚可认读，刻文年代不详；另一面是"向朐门"，文字亦受损，左侧落款"知州王同书"，款径 10 厘米，刻文年代为明嘉靖王同在任海州知州年间（1544—1549），其间王同重修镇远楼、疏浚蔷薇河、减税赈济、兴学育才等,为海州百姓做了许多有益的事情,深受士民爱戴敬仰,也留下了许多珍贵的墨迹,供后人拓摹学习。

图 5-10h　海州古城南门牌匾正面"朐阳门"、背面"向朐门"
来源:自摄于连云港市博物馆碑林广场,2012 年 12 月 25 日

据《(嘉庆)海州志》记载,锦屏山原来一直称"朐山","上有双耳如削,俗呼马耳峰",清"康熙十三年(1674),知州孙明忠改名锦屏山"①。因此可知,朐阳门内额"锦屏如画"不会早于 1674 年,很有可能是同时期孙明忠的题刻。

海州古城南面还有一座南门,位于白虎山东北角,是民国时期新开凿的,因此百姓称为"新南门",无门匾,相对应的原来的南门称为"老南门"。民国二十四年(1935),税警总团总团长黄杰在锦屏山园林寺设有军械库,为了部队人员、辎重进出城方便,将十字街南延,破墙开门。1956 年城市改造时被拆除。

图 5-10i　海州古城南门外双龙井内壁　　图 5-10j　海州古城南门林达泉立"双龙井"石碑
来源:自摄于 2016 年 10 月 22 日

海州古城南门外的双龙井(如图 5-10i),即沙井,《(隆庆)海州志》记载:"沙井,在城南门外,二城诸井皆咸,惟此甘冽,冬夏不涸。"②之后又在《词翰》中补充道,该井是明景泰

---

① 唐仲冕等修,汪梅鼎等纂:《海州直隶州志》卷十一《山川考第二·山》,清嘉庆十六年刊本,台北:成文出版社有限公司,1977 年影印本,第 189 页。
② 《(隆庆)海州志》卷二《山川·诸水》,"天一阁藏明代方志选刊",上海:上海古籍出版社,1962 年影印版,第 63-64 页。

元年(1450)任海州知州的董鼐在任期内开凿的,至明嘉靖十九年庚子(1540),沙井已经"岁久堤溃,行潦横流,汲者濡足其间",时任海州知州郑时举(字一鹏,广东人,以举人知海州事,任期为嘉靖十六年至二十一年,即1537年至1542年)"命复修治,疏渠出污,决淤浚源,围以厚土,甃以大石。堤防曲至,虽霖雨盈浍,二坎口高突,浊流无从入焉"①。《(嘉庆)海州志》引《赵志》(即海州人赵开裕撰《续钞志稿》,现已失传)亦记载,"东西又二井,故名'品泉井'。内凿石,象龙首,凡二,泉从龙口喷注""此井俗名'双龙井'"。之后各个时期都有整治,"明知州杨凤命乡耆周淇等建'品泉亭'于井之南。今亭废碑存"②。杨凤,字文祯,一字虞廷,云南安宁人,以举人于万历三十八年庚戌(1610)冬任海州知州,直到天启元年辛酉(1621)春,任期达12年之久。任期内,"劝农桑、抚流移、给牛种、捐俸薪","抵解辽饷、减笞革例、禁蠹胥、赦小过","修城垣、立官渡、葺学宫、建闸坝、浚盐河、设学田、助婚丧",深受士民爱戴,任满后经百姓陈情,虽升任淮安府知府,但仍知海州事③。清光绪三年(1877),知州林达泉主持疏浚,并立"双龙井"碑纪念(如图5-10j)。碑高151厘米、宽71厘米、厚15厘米,楷书,字径33厘米×39厘米,上款:"光绪三年二月谷旦",下款:"州牧林达泉重浚",款径10厘米。

清光绪二十二年(1896),海州人相才在《朐阳纪略·地部·度水金针》中记述了双龙井的情况:

> 移双龙井进城。双龙来脉自南山,井南大小龙泉,碑记《井来脉》,足证引泉入井,非井出泉。有地脉,定有地工可师其意,测龙口高深,量至城,及越城安井,丈尺若干。井北崖穴地入城铺石,洞底墙米灰锢,北高地宜低,内井龙宜大,内井外井,依样葫芦。开井北崖,砌石洞抵龙口,引泉水入槽,果能汩汩而来,内井与外井同,通城之福。
>
> 引洞水入城。城外掘濠至水关,放山水入城。更要城内污水出城,不染山水;山水入城,不沾污水,净污两别。山水入城走中洪,南北各一沟出污水。中洪去南北沟一丈,夹堤高二尺。污水将至水关,铺石洞走下,挑沟出西河。山水进城,走石洞上,趋中洪。市桥净污各走一孔,或制法如石洞。考棚前塘宽三丈、深一丈,蓄净水,禁污者,供茗食。两岸沙堤绝流水趋塘,栽杏花杨柳。水关置闸,山水大小,启闭有节。井水主之,山水辅之,城无缺水之虞④。

当时明知州杨凤建品泉亭时所立石碑仍在(今不存),相才根据碑记《井来脉》推测双龙井的修筑是经过设计的,水是从锦屏山上引下来的泉水。而且海州城内的上下水也都是经过设计的,清水从锦屏山引入,污水从设有闸门的水门关流去,清水和污水做到了

---

① 《(隆庆)海州志》卷十《词翰·重修大井记》,"天一阁藏明代方志选刊",上海:上海古籍出版社,1962年影印版,第409-410页。
② 唐仲冕等修,汪梅鼎等纂:《海州直隶州志》卷十一《山川考第二·水利》,清嘉庆十六年刊本,台北:成文出版社有限公司,1977年影印本,第223页。
③ 唐仲冕等修,汪梅鼎等纂:《海州直隶州志》卷二十一《良吏传第一·牧令》,清嘉庆十六年刊本,台北:成文出版社有限公司,1977年影印本,第223页。
④ 张卫怀标点注释:《朐阳纪略:标点注释本》,北京:五洲传播出版社,2000年,第15-16页。

分离。

20世纪90年代之前，周围百姓仍在取用双龙井的水洗衣、做饭，自景泰始建已惠及海州城内百姓540年之久。

海州城外的群山景色

图 5-11　海州城外的群山景色

- 主题　中国，海州城外的群山景色（如图5-11）。摄于1916年。
- 描述　"从顾多马的新领地到山的西边。1916年5月"。男人们似乎正在一片平坦贫瘠的土地上，从一堆石块里取石砌墙，远处是群山。
- 尺寸　14厘米×8.5厘米。
- 说明　该照片的拍摄时间为1916年。照片右下方标注的文字是"从顾多马的新领地到山的西边。1916年5月"。从山的形体看，这应该就是"锦屏山"的最西边，砌墙的位置大约在义德医院的南边。

海州城南锦屏山上的马耳峰

- 主题　中国，江苏，海州，马耳峰（如图5-12）。摄于1910—1930年。
- 描述　"南望马耳峰山脊，马耳峰在海州城西门外。美国海军放大。"坐落在海州附近的马耳峰风光。
- 尺寸　20.4厘米×13.3厘米。
- 说明　该照片的拍摄时间为1916年。照片下方标注的文字就是描述中的内容，是卡雷尔 1999 年 8 月标注的。马耳峰是锦屏山的最高峰，位于海州古城南部，描述中"马耳峰在海州城西门外"实际上是说，该照片是从海州古城西门外拍摄的，前景的河流是蔷薇河。

图 5-12　海州城南锦屏山上的马耳峰

海州古城东门镇海门

图 5-13　海州古城东门镇海门

主题　中国，江苏，几个人进出城门（如图 5-13）。摄于 1923 年。

描述　"在东城门内,有几个人进出城门。"

尺寸　12厘米×10厘米。

说明　该照片的拍摄时间为1923年。拍摄的是海州古城东门镇海门,位于今海州古城东甲子桥西北角处。东门的主城门朝东,瓮城在城门外,瓮城门朝南偏东。东门名"镇海"位于瓮城门外门楣上,主城门内石额"云台叠翠",取遥望海中云台山之青翠而得名,面西。

图5-13a　海州古城东门石匾"望孔门"

来源:李彬摄于2013年10月

2013年,连云港市文物保护工作人员在古城东门附近的居民家中发现了残存半块的石匾"望孔门"(见图5-13a),残重近200千克,宽86厘米、高71厘米、厚12厘米,楷书,字径28厘米×43厘米,尾款为"海州知州刘秉中书",楷书,款径10厘米×6厘米。"刘秉中,顺天(今北京地区)人,举人,二年(即明万历二年,1574)任"①,万历四年(1576)离任。隆庆六年(1572)修毕的《(隆庆)海州志》明确记载永乐十六年(1418)修筑砖石城墙时,东门"曰镇海";民国成立至1956年拆除前都称"镇海门"(如图5-13b),因此"望孔门"不可能是东门的主城门匾。那么极有可能是瓮城门朝向城里的门匾,甚至有可能是主城门朝向城里的门匾,即"云台叠翠"之前的门匾,这样就可以在城内向东眺望远处风景秀丽古迹遍野的孔望山了。

1954年华东地区进行文物普查时发现了"海州的城东门"②,1956年拆城时将瓮城及城门拆除,现在能够见证东门镇海门位置的只有东门外的甲子河(护城河)遗址及"甲子桥"碑。"甲子桥"碑西边向南北延伸的高高的夯土台基(今城墙巷)就是海州古城东部城墙的台基,西北角就是镇海门遗址。在古城东南角城墙拐弯处残存一段东西长约150米、宽30~50米,地表最高处约8米的土城墙遗址,周边散落着残砖瓦片。

图5-13b　海州古城东门"镇海"门

来源:林庆燮摄于1956年5月

---

① 唐仲冕等修,汪梅鼎等纂:《海州直隶州志》卷四《职官表》,清嘉庆十六年刊本,台北:成文出版社有限公司,1977年影印本,第83页。

② 曾昭燏、尹焕章:《四年来华东区的文物工作及其重要的发现》,《文物》1954年第8期,第3-34页。

1939年3月,日军占领海州后举行了入城式(见图5-13c),随军记者拍摄了一组照片刊登在日本朝日新闻社出版的《中国战线写真》画报上①。进入东门时,前景就是甲子桥,进入后,可看到背景的孔望山(见图5-13d)。

图5-13c　日军进入东门镇海门举行海州入城式
来源:《中国事变写真全辑五:海南岛·南昌作战》

图5-13d　进入东门后的日军
来源:《中国战线写真:第八十七报》

甲子河

清康熙五十四年(1715),板浦口以下渐近淤塞,海潮不通。嘉庆初年,随着海退的加剧,孔望山与南城凤凰山之间的海峡已经消失成陆,原来的入海码头海"口"也逐渐东移,从板浦到下家浦,然后到了新浦口(今盐河与玉带河交叉口附近)。

清嘉庆九年(1804),海州知州唐仲冕开凿了一条河道,从海州古城东门沿着护城河向北,然后折向东,在孔望山东北的新浦口进入朐山河(即今盐河),向南与板浦相连,用于沟通板浦与海州的运输。全长一千一丈六尺有奇(约7.7千米),宽六丈(约20米),深七八尺至丈四五尺(约2至5米)。是年恰逢甲子,故名"甲子河",并勒石纪念,碑额为篆书"甲子桥碑",碑文为楷书,记述修浚甲子河、重建甲子桥的经过,字迹已经漫漶不清,大部分不可读了。

东门外原有石桥,但狭小不能通舟,甲子河开凿后,重新拓宽河道,在两岸垒砌石壁筑起承台,用巨木架起桥梁,用红漆漆成两边栏杆,桥下可以通舟楫之便,该桥亦名"甲子桥",并另立一块"甲子桥"碑(见图5-13e),高160厘米、宽83厘米、厚15厘米,楷书,字

---

① 《日军海州入城式》,载《中国事变写真全辑五:海南岛·南昌作战》,东京朝日新闻社,1939年6月5日,第90页;《海州占领》,载《中国战线写真:第八十七报》,东京朝日新闻社,1939年3月22日,第9页。

径36厘米,右款"嘉庆九年夏五月重建",左款"长沙唐仲冕撰并书"。之所以要开挖甲子河,是因为从板浦到新浦口是盐运主要通道,但是从新浦口到东门大约有七八里路,虽有水道,却是两岸碎石挡道,"舟楫不通,城无市廛,米薪缺乏"。知州唐仲冕亲力亲为,组织民工,劝募士绅,历时五旬始成,并勒《新开海州甲子河碑》以记之①。

清光绪三年(1877),包括甲子河在内的州内多条河道因常年失浚,淤塞严重,时任海州知州林达泉为解"民生疾苦"而筹款治水。

图5-13e　海州古城东门外"甲子桥"碑
来源:自摄于2012年12月19日

图5-13f　海州古城东门外林达泉治水碑记
来源:封其灿《连云港金石图鉴》

《清史稿》记述道:"光绪元年(1875),授海州。达泉先奉檄勘海、沭盐河,请以工代赈,下车次第举办。浚甲子河及玉带河,复桥路,增堤防,民咸称便。州地瘠民贫,素为盗薮。达泉时出巡,擒巨憨,置之法。土宜棉,设局教民纺绩,广植桐柏杂树于郭外锦屏山,所规画多及久远。"②后勒石为记,现与"甲子桥"碑并立于东侧(见图5-13f)。该碑高150厘米、宽74厘米、厚14厘米,篆额"碑记",文字大多漫漶不清。正文:"盖闻天灾流行何处,定有民生疾苦,饥馑尤其,旱谷永丰登场。今岁春荒必□逃散。蒙我仁宪林公祖,极念轸糜黎恩,同仁□□□□□来请款痕济代道,水陆俱利,有江南⋯⋯筱山筱水□□□□□。是为记。"落款"大清光绪三年□□谷旦"。楷书,字款同径4厘米。

---

① 唐仲冕等修,汪梅鼎等纂:《海州直隶州志》卷十二《山川考第二·水利》,清嘉庆十六年刊本,台北:成文出版社有限公司,1977年影印本,第216页。
② 《清史稿》卷四十七《列传第二六六·循吏四·林达泉》,北京:中华书局,1998年,第9960页。

盐河上捕鱼的渔网

图 5-14　盐河上捕鱼的渔网

[主题]　中国,江苏,盐河上捕鱼的渔网(如图 5-14)。摄于 1910 年。

[描述]　"中国无数的捕鱼方式之一。这种网是用竹竿上的绳子拉起来的。利用杠杆原理来升降。用长杆末端的篮子把鱼从网里捞出来。我们在盐河上旅行时,沿岸估计有几十个这样的渔网。"

[尺寸]　13.5 厘米×8 厘米。

[说明]　该照片的拍摄时间为 1910 年。照片下方标注的文字是"盐河上捕鱼的渔网"。至今盐河上仍有这样的捕鱼方式,将渔网降到河水中,鱼就会游进网中去,捕鱼的人隔一段时间过来将渔网提起来,将里面的鱼收走,无须在这里耗时间。

盐河,原名官河,据《(嘉庆)海州志》引《读史方舆纪要》云:"在州治西十里,即唐垂拱四年(688)所开漕河,自沂密达州,至涟水县入淮者也。后废。"又引《陈志》:清代中期,"官河,长一百三十里,阔八丈。盐课所经,官舫估舶,帆樯相望,故曰官河"。官河"上通清河(今淮安市)之盐河闸,下通板浦,为淮北三场(指板浦、中正、临兴)盐课运道",故又称"场河"[①];又盐河是运河在淮安清河盐河闸处分出向北的支流,承担着海州地区的漕

---

① 唐仲冕等修,汪梅鼎等纂:《海州直隶州志》卷十二《山川考第二·水利》,清嘉庆十六年刊本,台北:成文出版社有限公司,1977 年影印本,第 217 页。

运,因而亦称"海州并赣榆县运河"①。后随着海岸线的东移,盐场的东移,盐河也逐渐东移。新中国成立后,将盐河经新浦重修至临洪口入海。

横跨灌溉水渠的狭窄的人行桥

主题 中国,横跨灌溉水渠的狭窄的人行桥(如图5-15)。摄于1904年。

描述 横跨灌溉水渠的狭窄的人行木桥。照片标注为1904年拍摄,而慕赓扬夫妇1905年才抵达中国。

尺寸 14厘米×9厘米。

说明 该照片的拍摄时间大约为1910年。灌溉水渠的位置已不可考。

图5-15　横跨灌溉水渠的狭窄的人行桥

海清寺阿育王塔与村庄

主题 中国,海州,塔与村庄(如图5-16)。摄于1920—1930年。

描述 村民们面对镜头,背景是石头房子,远处是多层塔。

尺寸 19厘米×13.5厘米。

说明 该照片的拍摄时间为1920—1930年。照片是向东北方向拍摄的,背景是南云

---

① 唐仲冕等修,汪梅鼎等纂:《海州直隶州志》卷十二《山川考第二·水利》,清嘉庆十六年刊本,台北:成文出版社有限公司,1977年影印本,第210页。

台山脉西部的一个小山包——鸡鸣山①,位于海清寺阿育王塔北;右侧的宝塔就是海清寺阿育王塔,也许是因为拍摄角度的关系,照片中并没有明显地看到海清寺的建筑;塔的周围是一些民居,石墙及顶,茅草屋盖;前面是一些村民,看他们的神色,是对西方人慕赓扬手拿相机表现出的好奇;左侧是一辆三轮摩托车,车的后面站着一位西方传教士。

图 5-16 海清寺阿育王塔与村庄

海清寺阿育王塔位于花果山乡大圣湖(原大村水库,2006 年改为现名)东侧,简称"海清寺塔",又称"大村塔"。但从照片上看,塔的前面并没有水面。原来,在 1959 年年底,为了防洪、蓄水、灌溉,在花果山脚下修建了一座水库,因库底及周边的山村名为"大村",故命名为"大村水库",原有的海清寺建筑一并拆除。

从 20 世纪 20 年代的旧影隐约可见(见图 5-16a),海清寺塔的北面有东西两厢房和北面大殿,极有可能是海清寺的建筑,"塔的位置虽不在山门内殿前,然仍对正中轴线,不失为建筑史上佛寺平面嬗变中的一例",这也与 1955 年 5 月上海同济大学著名古建专家陈从周教授带队首次勘查的结果相一致。而从 20 世纪 50 年代旧影这个角度看上去,海清寺塔已经破败不堪,"各层券门及转角皆有裂缝,部分内廊地面亦上下洞穿"②,"刹顶崩塌,檐宇残脱,门窗破败,塔身剥落"③。新中国成立后,各界人士纷纷呼吁抢救古

---

① 按:此小山今名"鸡鸣山"。在海清寺塔内壁嵌有一方刻于宋太祖建隆元年(960)的碑碣《高平郡米氏碑记》(今不存),记录"清信女弟子、高平郡米氏"舍财捐修海清寺塔的信息,其中有"添修海州东海灵基山阿育王真身舍利塔"字句,可见宋初称此山为"灵基山";清代称此山为"鸡岭山","在大村温水河北""俗呼为鸡鸣山"。详见许绍蘧:《连云一瞥》,无锡协成印务局,民国二十五年(1936)影印本,第 105-106 页;唐仲冕等修,汪梅鼎等纂:《海州直隶州志》卷十一《山川考第二·山》,清嘉庆十六年刊本,台北:成文出版社有限公司,1977 年影印本,第 200 页。
② 陈从周:《海州古建筑海清寺塔园林寺正殿勘查记》,《同济大学学报》1956 年第 1 期,第 68-77 页。
③ 刘洪石:《连云港海清寺阿育王塔文物出土记》,《文物》1981 年第 7 期,第 31-38 页。

20世纪20年代旧影

20世纪50年代旧影

1974年10月修葺前旧影

图 5-16a　海清寺阿育王塔

来源：连云港市博物馆

塔，省市两级政府也非常重视，省政府分别于1953年拨专款用于维修，于1956年将此塔列为江苏省文物保护单位。1972年9月，陈教授再次领队前来勘查，发现了大量的文物，如石函、铁匣、银棺、鎏金银棺、银方匣、青瓷葫芦瓶、佛牙、铜币以及众多由信徒捐建时留下的功德碑碣等，并对海清寺塔进行了全面的测绘和勘探，认为海清寺塔与河北省定县宋真宗咸平四年（1001）所建造的开元寺料敌塔时代相当（见图5-16b），建筑形制类似，有"南北两大巨构"之称谓。随后于当年10月开始动工维修，1976年5月完工（见图5-16c）。2006年公布为国家级文物保护单位。

海清寺塔高40余米，仿楼阁式九级八面，面南，除内廊楼梯原设木质龙骨外（今腐朽不存），全砖结构。第一层最高，约10米，南首入门上方石额"根深固蒂"，上方有方形门簪二，门簪顶端为叠涩式腰檐，腰檐上方为仿木砖质斗拱；二至八层高度逐渐收缩，均为叠涩式平坐腰檐，东西南北四面各辟券门，其余四面隐出直棱窗，其中三、四、五、六、八层南券门两侧在直棱窗位置原共嵌入13块功德碑，部分碑碣风化严重，难以释读。第九层加高，仅有南北二券门，檐下为仿木砖质斗拱；塔顶原已损毁，仅剩废砖一堆，修复时参照河北省定县料敌塔塔顶砌成宝瓶式塔刹。内部一至八层有环形走廊，置楼梯，中心砌八角形塔心柱，四周设佛龛，第九层设八边形塔室，上有八边形藻井，一、二、三、五层回廊壁上原共有8块功德碑碣嵌入①。

---

① 详见陈从周：《海州古建筑海清寺塔园林寺正殿勘查记》，《同济大学学报》1956年第1期，第68-77页；碑碣释读文字详见封其灿：《连云港金石图鉴》，北京：中国文史出版社，2018年，第86-100页。

图 5-16b 河北省定县开元寺料敌塔
来源：自摄

图 5-16c 海清寺阿育王塔近影
来源：自摄

海清寺塔建于北宋仁宗天圣元年(1023)，历时 9 年于天圣九年(1031)完工[①]。然从海清寺塔内外壁所嵌入的其他功德碑碣以及周边云台山摩崖石刻来看，此塔修造的起止年代可能还需要作进一步的深入探讨才能确定，但至少现在的全砖形制的塔在天圣元年已经存在或开始修建。

《高平郡米氏碑记》刻于宋太祖建隆元年(960)，记录"清信女弟子、高平郡米氏，谨舍净财，添修海州东海灵基山阿育王真身舍利塔周回行廊一十二间毕"事，可知在北宋初年此塔已经存在，但是否就是现在的砖质形制，并无信息可资参考。

《游青峰记》摩崖石刻位于花果山三元宫东面的一块天然崖石上，是时任海州判官唐伯元于明万历乙酉年(1585)登花果山游玩时所写，同时代名人顾乾刻印。是时，唐伯元记："日晡至大村，夜宿于老君堂，堂祀老君，在青峰下十余里。其右有破寺，寺前有塔，起梁宋年间。"[②]这里的梁宋，指的是五代十国时期的后梁(907—923)和北宋，不太可能指的是南北朝时期南朝刘宋(420—479)和南朝萧梁(502—557)，因为这两朝之间没有直接的继承关系，中间还隔着一个南朝萧齐(479—502)。

---

① 按：在海清寺塔内回廊西壁嵌有一方刻于北宋仁宗天圣元年(1023)的碑碣《海清寺塔柳峦记碣》记载，"维天圣元年岁次癸亥十月辛酉朔八日戊辰建塔，都维那柳峦"召集同门弟子捐建；嵌在第五层东南面外墙上刻于北宋仁宗天圣九年(1031)的《徐遇纠集助缘记碣》记载："于天圣四年起□至九年镌名于阿欲王塔弟三级，内安佛像并碣之。"详见唐仲冕等修，汪梅鼎等纂：《海州直隶州志》卷二十八《金石录第二》，清嘉庆十六年刊本，台北：成文出版社有限公司，1977 年影印本，第 478 页。

② 唐仲冕等修，汪梅鼎等纂：《海州直隶州志》卷二十八《金石录第二》，清嘉庆十六年刊本，台北：成文出版社有限公司，1977 年影印本，第 492-493 页。

至于落成年代,从这些碑碣中也可以看出端倪。自第一层至第八层均有碑碣,除因风化不可考之外,年代大致上是逐层提升的,从北宋仁宗天圣元年(1023)至明道元年(1032),历年皆有清信弟子捐款捐物修建或添建,可知修塔不易,历时弥久。

出土文物发现于塔内第一层梯级高出地面 2 米左右的塔心柱内,有纪年的银棺、鎏金银棺和铁匣均为"天圣四年(1026)",可知这些物品是当年瘗入的;第三层内的佛像是"天圣九年(1031)"迎入的,由此可知,在天圣九年之前第一至第三层是一定建好了的①。

从碑碣中也可以看出,在宋代,海州地区的佛教发展是很鼎盛的。其中刻于天圣五年(1027)四月的《盛延德等记碣》记载:"天圣二年正月,(海清寺)内设供僧八百五十人;天圣三年,设供僧九百人;天圣五年,设供僧一百人,共计壹仟八百五十人。"海青寺规模之大、香火之盛可见一斑。

---

① 刘洪石:《连云港海清寺阿育王塔文物出土记》,《文物》1981 年第 7 期,第 31-38 页。

人名地名英汉对照

Table of English-Chinese Comparison of Names and Places

A

American Southern Presbyterian Foreign Mission Board	美南长老会海外传教理事会
PS［American Presbyterians（South）］	美南长老会
AB/BA（Bachelor of Arts）	文学学士
abt（about）	大约
AEF（American Expeditionary Force）	美国远征军（一战期间派往德法参战的美军）
Ag/Aug（August）	八月
AL（Alabama）	美国亚拉巴马州
Albe（Albemarle）	北卡罗来纳州阿尔伯马尔
Albe Presbyterian	北卡罗来纳州阿尔伯马尔长老会
American Board of Commissioners for Foreign Missions	美国公理会海外传教差会（美部会）
Andong	安东（韩国庆尚北道安东市）
Anhuei	安徽省
Anson	北卡罗来纳州安森县
Ap（Appoint）	受命、差派
AP/Apr（April）	四月
AR/Ark（Arkansas）	美国阿肯色州
Argyle Southern Highlanders（ASH）Camp	英国在上海驻军,南阿盖尔高地团兵营
Asheville	北卡罗来纳州班康县阿什维尔镇
Assembly's Trs（Assembly's Training School）	长老会护理培训学校（位于弗吉尼亚里士满长老会）
Associated Medical Missions Office	纽约市联合医学传教办公室
asso p（associate pastor）	副牧师
asst p（assistant pastor）	助理牧师
AusC（Austin College）	奥斯汀学院（位于美国得克萨斯州）
AusPTS（Austin Presbyterian Theological Seminary）	奥斯汀长老会神学院（位于美国得克萨斯州）

B

b（born）	出生于
Babylonian	巴比伦人
Bachelor of Arts with Honor	荣誉文学学士
Bei Bao Shan/Bei Bao San/Pei Bao San	白宝山
Battery Park Hotel	北卡罗来纳州班康县阿什维尔镇巴特利公园酒店
BAYON，Le P. Le	在徐州传教的天主教神父雷伯雍

BD（Bachelor of Divinity）	神学学士
BENNETT, Eleanor Campbell	白露德的哥哥拉尔夫·贝内特的儿子埃拉诺
BENNETT, Mary Anna（Campbell）	白露德的母亲玛丽
BENNETT, Mary Belle Burns	白露德的哥哥拉尔夫·贝内特的妻子玛丽
BENNETT, Mary Gay	白露德的哥哥拉尔夫·贝内特的女儿玛丽
BENNETT, Ralph, BS	白露德的哥哥拉尔夫·贝内特
BENNETT, William Sargent	白露德的父亲威廉
Bet	弗吉尼亚州佰特镇
Bevier	肯塔基州比维尔市
Bible	圣经
Bible school	圣经学校
Bible women	圣经妇女
Bible Women School	福临妇女学校
Birmingham	亚拉巴马州伯明翰
Birmingham Kindergarten Training School	伯明翰幼儿园培训学校
BISSETT, Miss Mary Stuart, RN	注册护士白玛丽小姐 牧师米德安夫人毕雅模的妹妹
Black Mountain	北卡罗来纳州的黑山
Bob JC（Bob Jones College）	鲍勃约翰学院（位于美国田纳西州）
Bowling Green	美国肯塔基州的鲍灵格林镇
boys' HS（boys' high school）	男子高中
boys' school	男子学校（男校）
BRACKEN, Ruth A., RN	注册护士露丝·布拉肯
Bradenton, Manatee Co., FL	佛罗里达州海牛县布拉登顿镇
BRADLEY, Rev. John Wilson, DD	牧师闻声夫人任妮的十姐夫,在宿迁传教的牧师鲍达理
BROWN, Robert E.	包让
BROWN, Frank A.	在徐州传教的牧师彭永恩
BS（Bachelor of Science）	理学学士学位
BUCK, Pearl Sydenstricker	赛珍珠,美国作家,诺贝尔文学奖得主,牧师赛兆祥博士的女儿
Buncornbe County	北卡罗来纳州班康县
Burlington	北卡罗来纳州伯灵顿
bus（business）	商务活动、生意

C

calomel	汞（药品,曾用于治疗寄生虫病）

Camperdown	南卡罗来纳州坎普顿镇
Carney	密歇根州卡尼镇
Catawba County	北卡罗来纳州卡托巴县
ch (church)	教堂/教会
Chang No. 6/Chang Six	张六（旧时很多中国人没有名字，按排行称呼；即使有，也是一种昵称）
Chap (Chapel)	小教堂
chaplain US Army	美军随军牧师
Charlotte	南卡罗来纳州夏洛特镇
Charlottesville	弗吉尼亚州夏洛茨维尔
Cheeloo University (Qualifications), Tsinan	济南齐鲁大学
Chestnut	阿什维尔镇栗木路
Chester	南卡罗来纳州切斯特镇
Chiang Kai-Shek	蒋介石
Chicago Presbyterian Hosptial Training School	伊利诺伊州芝加哥长老会医院护理学校
CHILDREY, Emily Wade Saunders	芮义德夫人萨莉的母亲埃米莉
CHILDREY, Roland Hill	芮义德夫人萨莉的父亲罗兰
China Grove	北卡罗来纳州中国林
the China Inland Mission	中国内地会
the China Medical Journal	中华医学会杂志《博医会报》
the Chinese Christian Intelligencer	《通问报：耶稣教家庭新闻》
the Chinese Medical Directory	中华医学会杂志《中国医学指南》
Chingkeo	青口（今江苏省连云港市赣榆区青口镇）
Chinkiang	镇江（江苏省镇江市）
Chin Si Un	秦思恩医生
Christ church	基督教堂，亦称耶稣堂
Christian Herald	《基督教先驱报》
Christian Observer	《基督教观察者报》
Christian Medical Council for Overseas Work	基督教医学理事会海外分会
Chung Djeng Middle School (boys)	崇真（男子）中学（原位于海州西门外）
CHUNG P. M., MD	钟品梅医生
Church Hill, Hawkins Co., TN	田纳西州霍金斯县教堂山
Cincinnati	俄亥俄州辛辛那提市
CLARK, Miss Laura	劳拉·克拉克小姐
CntlUKy (Central University of Kentucky)	肯塔基州中央大学
Co (County)	美国的县
ColTS (Columbia Theological Seminary)	哥伦比亚神学院

Columbia Bible College	哥伦比亚圣经学院
Communion services	圣餐仪式
the Community of the Trans-figuration	易容显光修女会
Cooling	庐山的顶峰牯岭
Cumberland	北卡罗来纳州坎伯兰县
CUNNINGHAM, Rev. Dr. Thomas McHutchin	牧师坎宁安博士
CURRIE, David	牧师戈锐义的次子戴维
CURRIE, Edward	牧师戈锐义的长子爱德华
CURRIE, J. C. Anne	牧师戈锐义的次女安妮
CURRIE, Joe Gay	牧师戈锐义的长女乔伊
CURRIE, Rev. Edward Smith, DD	牧师戈锐义博士
CURRIE, John Henry	牧师戈锐义的父亲约翰
CURRIE, Gay Vaughan Wilson	牧师戈锐义博士夫人、牧师明乐林夫人伊丽莎白的妹妹盖伊
CURRIE, Lucy Worth Jackson	牧师戈锐义的母亲露茜

D

d. (died)	去世于
DD (Doctor of Divinity)	神学博士
Daniel	但以理（《圣经》的一位先知）
Darlington	南卡罗来纳州达令敦县
Dav. C (Davidson College)	戴维森学院（位于美国北卡罗来纳州）
The Davidsonian	《戴维森人报》
Davis and Elkins College	戴维斯和埃尔金斯学院（位于西弗吉尼亚州）
D/Dec (December)	十二月
Decatur	亚拉巴马州迪凯特镇
the Department of State	美国国务院
DEWEY, Thomas Edmund	杜威
Dillon	南卡罗来纳州狄龙镇
Domniguez Land Co.	多美尼兹·兰德公司
Donabate	亚拉巴马州多纳贝特
Dzwang	庄护士，即庄耀华
Dzu I Un	朱以恩医生

E

Easley	南卡罗来纳州伊斯利镇
Eastminister Church	北卡罗来纳州夏洛特伊斯敏斯特教堂

Edison Elec. Co.	洛杉矶的艾迪逊电气公司
Edmond	俄克拉荷马州埃德蒙
Ellen Lavine Graham Hospital	爱伦·丽芬医院,即义德医院
Ellis	得克萨斯州埃利斯县
Elmwood Cemetery	亚拉巴马州杰斐逊县伯明翰镇埃牧伍德公墓
Enoree	南卡罗来纳州埃诺里镇
the Enoree Presbyterian	埃诺里长老会(位于南卡罗来纳州)
ErskTS (Erskine Theological Seminary)	厄斯金神学院(位于南卡罗来纳州)
E Tex Pby (East Texas Presbyterian)	得克萨斯州东部长老会
ev (evangelist)	福音传道者
Evanston	伊利诺伊州埃文斯顿县
the Executive Committee of Foreign Missions	海外传教执委会

F

f (father)	父亲
Fairfield	南卡罗来纳州费尔菲尔德县
Famine Relief Committee de Shanghai	上海饥荒赈济委员会
Fan	范(音译,中国姓氏)
Fan Suchi	范素奇(音译)
Fayetteville	北卡罗来纳州费耶特维尔
Feb/F(February)	二月
Feng	前商人传道人封先生
Ferris	得克萨斯州埃利斯县费里斯镇
Fifty Years in China	吴板桥著《在华传教50年》
the Firm Hunter Manufacturing and Commission	嘉尔翰收购的纽约翰特生产和销售棉纺织公司
FL (Florida)	美国佛罗里达州
fm (foreign missionary)	海外传教士
foreign devils	洋鬼子(新中国成立前老百姓对西方人的称呼)
Fountain Inn Manufacturing Co.	嘉尔翰创建的喷泉酒店制造公司
Fredericksburg	弗吉尼亚州弗雷德里克斯堡

G

GA (Georgia)	美国佐治亚州
Galatia	北卡罗来纳州坎伯兰县加拉提亚教堂
Galva	伊利诺伊州亨利县加尔瓦镇
Gastonia	北卡罗来纳州加斯通里亚

Gen. White (General White)	白宝山将军
Ginter Park	弗吉尼亚州里士满金特公园
girls' school	女子学校（女校）
Glendale	北卡罗来纳州格伦代尔
Goldsby King Memorial Hospital	基督医院（即戈德斯巴尔·金纪念医院，位于江苏镇江）
Gracelawn Cemetery	俄克拉何马埃德蒙格里斯兰公墓
GRAFTON，Arthur	牧师顾多马的三子亚瑟
GRAFTON，Cornelius	牧师顾多马的次子康尼，昵称 Corny
GRAFTON，Rev. Cornelius Washington	牧师顾多马的父亲康烈思
GRAFTON，Letitia Taylor	牧师顾多马长子托马斯的长女莱缇娅
GRAFTON，Mrs. Letty Taylor	牧师顾多马夫人莱蒂·泰勒
GRAFTON，Marguerite Stackhouse	牧师顾多马长子托马斯的小女玛格丽特
GRAFTON，Martha Catherine Stackhouse	牧师顾多马长子托马斯的妻子马飒
GRAFTON，Martha Elizabeth	牧师顾多马长子托马斯的次女伊丽莎白
GRAFTON，Mrs. Mary Barclay Woods	牧师顾多马继室、医学传教士林嘉善博士之女林玛丽
GRAFTON，Sue Webb Doak	牧师顾多马的母亲苏娥
GRAFTON，Rev. Thomas Buie	牧师顾多马
GRAFTON，Thomas Hancock	牧师顾多马的长子托马斯
GRAHAM，Ada Goster	嘉尔翰的六妹艾达
GRAHAM，Allen Jordan	爱伦·丽芬的大哥埃伦
GRAHAM，Anna Cowan	爱伦·丽芬的曾祖母安娜
GRAHAM，Charles Edgar	爱伦·丽芬的父亲实业家嘉尔翰
GRAHAM，Ellen Lavine	爱伦·丽芬
GRAHAM，James Robert Ⅱ	牧师家雅各
GRAHAM，John	爱伦·丽芬的高祖父约翰
GRAHAM，Martha	爱伦·丽芬的妹妹玛莎
the Graham Memorial Hospital	韩国光州嘉尔翰纪念医院
GRAHAM，Moses	爱伦·丽芬的曾祖父摩西
GRAHAM，Mrs. Sophie M. Peck	牧师家雅各夫人
GRAHAM，Miss Sophie Peck	教育传教士贾淑斐小姐，牧师家雅各之女
GRAHAM，Robert Lee	嘉尔翰的七弟罗伯特
GRAHAM，Sarah Wood	爱伦·丽芬的高祖母
GRAHAM，Susan Jordan	爱伦·丽芬的母亲苏姗，大姐苏珊
GRAHAM，Thomas Cowan	爱伦·丽芬的爷爷托马斯
GRAHAM，William Jefferson	嘉尔翰的五弟威廉
Grand Canal/Canal	大运河

Granville	北卡罗来纳州格兰维尔
Great Northern Line	大北方航线
Great West Power Co.	大西电力公司
Greenville County	南卡罗来纳州格林维尔县
Gulfport	密西西比州的格尔夫波特港
Gwangju	光州（今韩国光州广域市）

H

Haichow	海州（今江苏省连云港市海州古城）
HAMILTON, Rev. E. H.	在徐州传教的牧师海俸登
Han Dynasty	汉代（中国的一个王朝，公元前202—220年）
Hangchow	杭州（浙江省杭州市）
Hangchow University	之江大学（民国时期位于杭州）
Hankow	汉口（今湖北省武汉市汉口）
Haywood Park	阿什维尔镇海伍德公园
Henry County	伊利诺伊州亨利县
HERMAND, Pere Louis, SJ	海州天主教天主堂总本堂神父双国英（法国耶稣会神父）
Hickory	阿什维尔镇希克里
Hoge Fellowship	霍格团契（一个青年基督教组织）
home trained	家庭（布道）训练
Hopeh Province	河北省
HOPKINS, Rev. Martin A., DD	牧师何赓诗博士
Hsiao Hsien	萧县（原江苏省徐州专区萧县，1955年2月划归安徽省宿州市）
Hsi Lien Tao Island	西连岛（今江苏省连云港市连云区西连岛）
Hsin Ba	新坝 江苏省连云港市海州区新坝镇，位于海州古城南12公里处
HSC (Hampden-Sydney College)	汉普顿-悉尼学院（位于美国弗吉尼亚州）
Hsiang	相（音译，中国姓氏）
Hsinpu	新浦（今连云港市海州区新浦）
Hsu	徐医师/许姓男护士
Mrs. Hsu	许太太
Hsuchowfu	徐州府（今江苏省徐州市）
Hsu Hsien-min, MB	徐宪明医生
Huaian	淮安（今江苏省淮安市淮安区）
Huguenot	南卡罗来纳州休格内特镇
Hurt National Bank Building	佛罗里达州赫特国际银行大楼
Hwaianfu	淮安府（今江苏省淮安市）

hymn		赞美诗

I

IA（Iowa）	美国艾奥瓦州
Iredell County	北卡罗来纳州艾尔德尔县
IL（Illinois）	美国伊利诺伊州
Immanuel	以马内利（出自基督宗教《圣经》，意思是"天主与我们同在"）
IN（Indiana）	美国印第安纳州
ins bus（insurance business）	保险业务
interne	实习医生

J

Jacksonville	佛罗里达州杰克逊维尔市
JAMA（the Journal of the American Medical Association）	《美国医学协会月刊》
Jan（January）	一月
Jehovah	耶和华（《圣经》中的上帝）
Jefferson County	亚拉巴马州杰斐逊县
JHU（Johns Hopkins University）	约翰斯·霍普金斯大学
Jl/Jul（July）	七月
Johnson City，Washington Co.，TN	田纳西州华盛顿县约翰逊市
Je/Jun（June）	六月
JUNKIN，Agnes Tinsley	牧师闻声夫人任妮的十姐阿格尼丝
JUNKIN，Rev. Ebenezer Dickey	牧师闻声夫人任妮的父亲牧师迪基
JUNKIN，Maria Elizabeth	牧师闻声夫人任妮的七姐莉拉
JUNKIN，Nettie Lambeth DuBose	牧师闻声夫人任妮的八嫂莱迪
JUNKIN，Rev. William Francis，DD	牧师闻声夫人任妮的八哥，在宿迁传教的牧师任恩庚

K

Kans（Kansas）	美国堪萨斯州
KERR，John Glasgow，MD	美国长老会来华医学传教士嘉约翰
Kiangsi	江西省
Kiangyin	江阴（今江苏省无锡市管辖的一个县级市）
Kin	金氏
Kiukiang	江西省九江市

Knox College	诺克斯学院
Kobe, Hyogo	日本兵库县神户
Ku (Kiangsu)	江苏省
Kuan yunh sien	灌云县（江苏省连云港市灌云县）
Kuling	牯岭（位于江西庐山）
KY (Kentucky)	美国肯塔基州

L

L & O (Licensed and Ordained)	注册并按立（为牧师）
LA (Louisiana)	美国路易斯安那州
Mr. Lanphear	拉菲尔先生
Lao Yiao	老窑（今连云港港口一号码头处）
Lee	弗吉尼亚州李镇
Pby (Lexington Presbyterian)	列克星敦长老会（位于弗吉尼亚州）
Lieu (Liu Hsiu-ting)	传道人刘秀庭（音译）
Lieut (Lieutenant)	海军上尉
life ins bus (life insurance business)	人寿保险业务
Little Pretty	小美丫，中国旧时对女孩子的爱称
Little Ugly	小丑丫，中国旧时对女孩子的爱称
Liu	刘氏/刘姓女护士
LLD (Doctor of Laws)	法学博士
Loadei Girls' School	乐德女子学校，简称乐德女校
Lo Ma Dzuang	老马庄（今徐州市新沂市瓦窑镇马庄）
Long Hsu/Lung Hsu	龙苴（灌云县龙苴镇，在海州正南20公里处）
LouisvPTS (Louisville Presbyterian Theological Seminary)	路易斯维尔长老会神学院（位于肯塔基州）
Love and Mercy Hospital	淮安清江浦仁慈医院
LSM (Lorenzo Seymour Morgan)	慕赓扬名字的缩写
Luke's Gospel	《路加福音》

M

m (mother)	母亲
Ma	马吉人医师
MA (Master of Arts)	文学硕士
MA/Mass. (Massachusetts)	美国马萨诸塞州

Manchuria	满洲（中国东北）
Mangum	俄克拉何马州曼格姆
May	五月
Mayers	纽约大学迈耶斯医学院
Ma Yu Kwei	马玉魁
MBC（Mary Baldwin College）	玛丽·鲍德温学院
MBS（Mary Baldwin Seminary）	玛丽·鲍德温神学院
McKINNY，Mary	医学传教士慕赓扬博士的母亲玛丽
Mr/Mar（March）	三月
McLAUCHLIN，Annie	牧师明乐林的长女安妮
McLAUCHLIN，Catherine	牧师明乐林的次女凯瑟琳
McLAUCHLIN，Elizabeth Wilson	牧师明乐林夫人、牧师戈锐义夫人盖伊的姐姐伊丽莎白
McLAUCHLIN，Rev. Wilfred Campbell	牧师明乐林
MD（Doctor of Medicine）	医学博士
MDiv（Master of Divinity）	神学硕士
MD（Maryland）	美国马里兰州
Meck（Mecklenburg）	北卡罗来纳州梅克伦堡县
Meridian	密西西比州默里迪恩市
the Methodist Episcopal Church	美以美会（后改为卫理公会）
MI/Mich.（Michigan）	美国密歇根州
Milbridge	北卡罗来纳州罗文县米尔桥镇
the Ministry of Foreign Affairs	美国驻南京使领馆（民国时期）
Minnesota	航行在大北方航线上的"明尼苏达"号轮船
Minor Prophets	小先知（《圣经·旧约全书》的《小先知书》）
the Missionary Survey	《传教士调查报》
MN（Minnesota）	美国明尼苏达州
MO（Missouri）	美国密苏里州
mod（moderator）	教会理事会主席
moderator of the Synod of Mississippi	密西西比州宗教大会主席
Montgomery	亚拉巴马州首府蒙哥马利
Montreat	北卡罗来纳州蒙特利特
Moore County	北卡罗来纳州摩尔县
MOORE，Linford L.	在徐州的医学传教士莫医生开办男科医院博济医院，后易名基督医院

MORGAN, Blanche Juliana	慕赓扬博士的大姐布兰奇
MORGAN, Carrel Bennett	慕赓扬博士的儿子卡雷尔
MORGAN, Fannie	慕赓扬博士的二姐范妮
MORGAN, Harold	慕赓扬博士的三弟哈罗德
MORGAN, Jennie	慕赓扬博士的三妹珍妮
MORGAN, John Norris	慕赓扬博士的父亲约翰
MORGAN, Juliana Louise	慕赓扬博士的次女朱莉安娜
MORGAN, Lorenzo Seymour, MD	慕赓扬博士，昵称 Loren
MORGAN, Mery	慕赓扬博士的四妹莫莉
MORGAN, Ruth Bennett, MD	慕赓扬夫人白露德博士
MORGAN, Norris	慕赓扬博士的大哥诺里斯
MORGAN, Ruth Pearce	慕赓扬博士的长女露丝
MORGAN, Willis	慕赓扬博士的二哥威利斯
Morton	伊利诺伊州塔兹韦尔县莫顿镇
MS/Miss.（Mississippi）	美国密西西比州
MT（Montana）	美国蒙大拿州
Murdocks-Mordahs	默多克家族
MURDOEH, Ellen Lavine	爱伦·丽芬的奶奶艾伦

N

NAC（Nurses Association of China）	中国护士协会
Nagoya	日本名古屋
Nanking	南京
Nashville	田纳西州纳什维尔镇
National Council of Churches	美国基督教理事会
NC（North Carolina）	美国北卡罗来纳州
N China TS（North China Theological Seminary）	滕县华北神学院（原位于今山东滕州市）
ND（North Dakota）	美国北达科他州
New Providence	弗吉尼亚州的新普罗维登斯郡
New Testament	《新约》
Newton	北卡罗来纳州卡托巴县牛顿镇
NJ（New Jersey）	美国新泽西州
N. Ku（North Kiangsu）	苏北
NOLAN, Dr. J. W.	在光州的医学传教士纳兰博士

the North-China Herald	《北华捷报社》
North Jiangsu Mission	苏北传教中心（美南长老会苏北传教总站，位于镇江）
N/Nov (November)	十一月
Nucjasea	爱伦·丽芬的父亲嘉尔翰创建的恩加西棉麻制造公司
NWU (Northwestern University)	西北大学（位于伊利诺伊州）
NY (New York)	美国纽约州
NYU (New York University)	纽约大学

O

o (ordained)	任命（按立）
Oct/O (October)	十月
OgdC (Ogden College)	奥格登学院（位于肯塔基州）
Okla/Ok (Oklahoma)	美国俄克拉何马州
Old Testament	《旧约》
Orlando	佛罗里达州奥兰多市
Osaka	日本大阪
out station	（在传教站外围的）布道点

P

p (pastor)	牧师
PA (Pennsylvania)	美国宾夕法尼亚州
Pasaic County	新泽西州帕赛克县
Paterson	新泽西州帕特森镇
Pby (Presbyterian)	长老会
PCSC (Presbyterian College of South Carolina)	南卡罗来纳州长老会学院
PECK, Willys R.	美国驻南京使领馆（民国时期）总领事裴克
Peking	北京
PETERSON, Alma Elvira Nelson	明乐林夫妇次女的丈夫帕特森的母亲阿尔玛
PETERSON, Charles Leonard	明乐林夫妇次女的丈夫帕特森的父亲查尔斯
PETERSON, Lyle Warren	明乐林夫妇次女的丈夫帕特森
p g (post graduate)	研究生
PhD (Doctor of Philosophy)	哲学博士/博士学位
Picayune	密西西比州皮卡尤恩
Peiping	北平（今北京）
Pith Helmet	木髓遮阳帽，19世纪西方殖民者标配的遮阳帽

Pittsboro	北卡罗来纳州的皮茨伯勒
PC (Presbyterian College)	长老会学院
the Presbyterian Foreign Mission Board	长老会海外传教理事会
the Presbyterian Hospital Bulletin	《长老会医院公告》
Presbyterian Survey	《长老会调查报》
PTS (Princeton Theological Seminary)	普林斯顿神学院（位于新泽西州）
Pusan	釜山（韩国釜山广域市）

R

Raleigh	北卡罗来纳州罗利市
Randolph-Macon Woman's College	美国弗吉尼亚州伦道夫·梅康女子学院
RBM (Ruth Bennett Morgan)	白露德名字的缩写
REED, Jennie Larus Baldwin	医学传教士芮义德的母亲珍妮
REED, John Hobart, Jr., MD	医学传教士芮义德
REED, John Hobart	医学传教士芮义德的父亲约翰
REED, Sallie Belle Childrey	医学传教士芮义德夫人萨莉
REEVES, Rechard Early	嘉尔翰的大女婿里夫斯
res (residence)	居住，当地人
ret (retired)	退休
Rev (Reverend)	牧师
RICE, Amziah Washington	牧师米德安的父亲阿姆西亚
RICE, Rev. Archie Dean	牧师米德安
RICE, Mrs. A. W. (Kate)	牧师米德安的母亲凯特
RICE, Billy	牧师米德安的二子比利
RICE, Mrs. Emma Bissett	牧师米德安夫人毕雅模
RICE, Esther	牧师米德安的小女艾飒
RICE, John	牧师米德安的大哥约翰，三子约翰
RICE, Mary	牧师米德安的长女玛丽
RICE, William	牧师米德安的长子威廉
Richmond	弗吉尼亚州首府里士满
RN (Register Nurse)	注册护士
Roane County	田纳西州罗恩县
Robbers' Cave	吴板桥与《通学报》主笔陈春生合译的小说《强盗洞》
Rowan County	北卡罗来纳州罗文县

S

s (son)	儿子
sabbath service	安息日礼拜仪式
Salem College	塞勒姆学院
SAS (Shanghai American School)	上海美国学校（民国时期）
santonin	散道宁（药品，曾用为驱虫剂，因毒性大，现已少用）
sc (stated clerk)	（基督教长老会）会议执事
SC (South Carolina)	美国南卡罗来纳州
SD (South Dakota)	美国南达科他州
SELLS, Alpha Leona Richardson	教育传教士宋美珠女士的母亲阿尔法
SELLS, George C., Jr.	教育传教士宋美珠女士的弟弟小乔治
SELLS, George Caldwell	教育传教士宋美珠女士的父亲乔治
SELLS, Miss Margaret	教育传教士宋美珠女士
SELLS, William	教育传教士宋美珠女士的哥哥威廉姆
Shanghai Civil Assembly Center	上海盟国侨民集中营（抗日战争时期日军在上海设立，日文名称"上海敌国人集团生活所"）
Sherman	得克萨斯州谢尔曼县
Shuai Chung-wen, MD	帅崇文医生
Sister Constance	康斯坦丝修女
Slidell	路易斯安那州斯莱德尔市
Sterling College	斯特林大学（位于堪萨斯州）
St. James' Hospital	圣公会安庆同仁医院（今海军116医院）
St. Lioba's Church	安徽芜湖易容显光修女会的圣利奥巴教堂
STUART, John Leighton	司徒雷登
STUART, John Linton	司徒雷登的父亲
Soochow	苏州
S/Sep/Sept (September)	九月
Spencer	田纳西州斯宾塞
Springwood Cemetery	南卡罗来纳州格林维尔县格林维尔镇斯普林伍德公墓
ss (stated supply)	代理牧师
SATC (Student' Army Training Corps)	学生军事训练营
stu p (student pastor)	实习牧师
stu s (student supply)	实习助理牧师

Suchow	徐州
Suchowfu	徐州府（今徐州市）
Student Volunteer Movement for Foreign Mission	美国学生志愿海外传教运动
Suiking	水晶
Sullivan Co., TN	田纳西州沙利文县
summer resort	避暑胜地
Summitt County	新泽西州萨米特县
Sunday school	主日学校
Sung Dynasty	宋代（中国的一个王朝，960—1279年）
Shantung/Shantong	山东
supply p (supply pastor/preacher)	助理牧师
Sutsien	宿迁（江苏省宿迁市）
SWPU (Southwestern Presbyterian University)	西南长老会大学（位于田纳西州）
SYDENSTRICKER, Rev. Absalom, DD	牧师赛兆祥博士
SYDENSTRICKER, Mrs. Caroline Stuling	牧师赛兆祥博士夫人卡罗琳
Syn C (Synodical College)	教会学院

T

Taegu	大邱（韩国大邱广域市）
Taichow	泰州（江苏省泰州市）
TALBOT, Rev. Addison Alexander	在淮安清江浦传教的牧师戴德明
TALBOT, Addison Alexander	牧师戴德明的长子艾迪逊
TALBOT, George Bird	牧师戴德明的次子戴伯德
TAYLOR, Harry B., MD	医学传教士戴世璜博士
TAYLOR, Rev. James Hudson	早期来华传教士牧师戴德生
TAYLOR, Zachary	美国第十二任总统扎卡里·泰勒 牧师顾多马首任夫人莱蒂·泰勒的先祖
Tazewell County	伊利诺伊州塔兹韦尔县
tea c (teachers' college)	师范学院
Tenghsien	滕县（今山东省滕州市）
Testament	《新约》
TH (Theology)	神学
Thanks No. 3	谢三（旧时很多中国人没有名字，按排行称呼；即使有，也是一种昵称）
Thanksgiving	感恩节

THOMPSON, Mary	在徐州传教的教育传教士陶美丽
TKP/Tsing-kiang-pu	清江浦（今江苏省淮安市清江浦区）
TN/Tenn. (Tennessee)	美国田纳西州
TX/Tex. (Texas)	美国得克萨斯州
Toyo Kisen Kaisha Line	日本东森株式会社跨洋航线
TranC (Transylvania College)	特兰西瓦尼亚学院（位于肯塔基州列克星敦）
TRUMAN, Harry S.	杜鲁门
Tsaili	佛教禅理宗（音译）
Mr. Tseng	曾先生
Tseu Gin Go	护士陈经古
TS/ts (theological seminary)	神学院
Tsinan	济南（山东省济南市）
Tsingtao/Tsing dan	青岛（山东省青岛市）
Tunghaihsian/Tonghai	东海县（今江苏省连云港市东海县、海州古城、灌云县西部地区）

U

URQUHART, Robert Cameron	牧师闻声夫妇的小女儿甄妮的丈夫，牧师罗伯特
UMo (University of Missouri)	密苏里大学
UNC (University of North Carolina)	北卡罗来纳大学
Union Girls' School	杭州弘道女中
UPTS (United Presbyterian Theological Seminary)	长老会联合神学院（位于弗吉尼亚州匹兹堡）
US Ch (Presbyterian Church in the United State)	美国长老会
USC (University of South Carolina)	南卡罗来纳大学
USMC (United States Marine Corps)	美国海军陆战队
UTSVa (United Theological Seminary of Virginia)	弗吉尼亚州联合神学院
UVa (University of Virginia)	弗吉尼亚大学

V

VA/Va. (Virginia)	美国弗吉尼亚州
the Vanguard Class (the Vanguard Bible Class)	先锋圣经班
the Vanguard Missionary	先锋传教士
Vardy	南卡罗来纳州瓦迪镇

Vicksburg	密西西比州维克斯堡
VICTORY	"胜利"牌（美国产 100 毫安 X 射线机）
VINSON, Ebenezer Junkin	牧师闻声长子埃比尼泽，昵称 Eben
VINSON, Edward Dixon	牧师闻声三子爱德华·狄克逊，昵称 Dick
VINSON, Elaine Faucett	牧师闻声双胞胎四子杰克第二任妻子伊莱恩
VINSON, Jean deForest	牧师闻声小女甄妮
VINSON, Mrs. Jeanie deForest Junkin	牧师闻声夫人、牧师鲍达理博士的妻妹任妮
VINSON, John	牧师闻声的父亲约翰
VINSON, Rev. John Walker	在宿迁传道的牧师闻声
VINSON, Rev. John Walker, Jr	牧师闻声双胞胎四子约翰，昵称 Jack
VINSON, Lucy Boone	牧师闻声双胞胎四子约翰首任妻子露茜
VINSON, Mary Elizabeth Brice	牧师闻声的母亲玛丽
VINSON, William Francis	牧师闻声次子威廉
VINSON, Olivert Castile	牧师闻声双胞胎五子卡尔的妻子奥莉芙
VINSON, Thomas Chalmers	牧师闻声双胞胎五子卡尔，昵称 Chal

W

w（wife）	妻子
W & LU（Washington & Lee University）	华盛顿和李大学（弗吉尼亚州列克星敦）
Wa	万医师
Wadesboro	北卡罗来纳州韦兹伯勒市
WADE, Thomas Francis E.	威妥玛
WALLACE, Henry Agard	华莱士
Wang	王姓女护士/王医师
Dr. Wang Deh Kin	王德金博士
Wang Dei Jue（Helen Djang）	护士王健之
WashCPa（Washington College of Philadelphia）	宾夕法尼亚州华盛顿学院
Washington County	田纳西州华盛顿县
Waxahachie High School	得克萨斯州费里斯市沃克西哈奇中学
Waynesboro	佐治亚州韦恩斯伯勒市
Wayne	新泽西州帕赛克县韦恩镇
wc（without charge）	免费
Weatherford	俄克拉何马州韦瑟福德市
WestCMo（Westminster College of Missouri）	密苏里州威斯敏斯特学院

West Gate	西门（指海州古城西门）
WestKy TeaC（West Kentucky Teachers' College）	西肯塔基州师范学院
Westminster School for Girls	弗吉尼亚州里士满威斯敏斯特女子中学
W. G. H.（Wuhu General Hospital）	安徽芜湖综合医院
WheaC（Wheaton College）	伊利诺伊州惠顿学院
WHITE, Mrs. Augusta T. Graves	牧师白秀生的夫人奥古斯塔
WHITE, Hugh Watt	在中国盐城、徐州传教的牧师白秀生
WILSON, Annie Randolph Vaughan	牧师戈锐义的岳母安妮
WILSON, John Calvin	牧师戈锐义的岳父凯文
WILSON, Kerr	嘉尔翰的六妹夫克尔
WILSON, Thomas Woodrow	托马斯·伍德罗·威尔逊 美国第28任总统，吴板桥夫人珍妮的堂哥
Winnsboro	南卡罗来纳州费尔菲尔德县温斯伯勒镇
Women's Christian Medical College（Qualifications），Shanghai	上海基督教女子医学院
WOODBRIDGE, Charlotte Louise	医学传教士吴凯利的大姐夏洛特
WOODBRIDGE, Caspar Ligon, MD	牧师吴板桥博士之子医学传教士吴凯利博士
WOODBRIDGE, Elizaberth Wilson	医学传教士吴凯利夫人伊丽莎白
WOODBRIDGE, Jeanie Woodrow	医学传教士吴凯利的小妹珍妮
WOODBRIDGE, Jennie Woodrow Wilson	医学传教士吴凯利的母亲珍妮
WOODBRIDGE, Rev. Samuel Isett, DD	牧师吴板桥博士
WOODS, Mrs. Bessie Smith	医学传教士林嘉美博士夫人贝茜
WOODS, Rev. Edgar	林亨理、林嘉善、林嘉美三兄弟的父亲埃德加·伍兹
WOODS, Dr. Edgar Archibald Jr.	医学传教士林嘉善博士
WOODS, Mrs. Frances Anne Smith	医学传教士林嘉善博士夫人弗朗西丝
WOODS, Mrs. Grace W. Taylor	牧师林亨理博士继室格蕾丝
WOODS, Rev. Henry Mckee, DD	牧师林亨理博士
WOODS, James Baker Sr., MD	医学传教士林嘉美博士
WOODS, Rev. John Russell	医学传教士林嘉美博士的儿子牧师约翰·伍兹
WOODS, Mrs. Josephine Underwood	牧师林亨理博士夫人约瑟芬
WOODS, Miss Josephine Underwood	牧师林亨理博士之长女林乐喜
WOODS, Miss Lily Underwood	牧师林亨理博士之小女林爱莲
WOODS, Maria Cooper Baker	林亨理、林嘉善、林嘉美三兄弟的母亲玛利亚

Y

Yale University Law School	耶鲁大学法学院

Yangchiachi	杨家集（今江苏省连云港市灌云县杨集镇）
Yangchow	江苏省扬州市
Yencheng	江苏省盐城市
YMCA (Young Men's Christian Association)	美国基督教男青年会
YWCA (Young Women's Christian Association)	美国基督教女青年会
Young People's Societies	青年社团
Yukiang	余江（今江西省鹰潭市余江区）

主要参考文献
References

一、古代典籍、志书及史料汇编

[1] 司马迁.史记.北京：中华书局，1959
[2] 清实录.北京：中华书局，1985
[3] 续修四库全书：史部·政书类大明会典.上海：上海古籍出版社，1995
[4] 李贤，等.大明一统志（上、下）.西安：三秦出版社，1990
[5] 顾炎武.日知录.北京：中国文史出版社，1999
[6] 顾炎武.天下郡国利病书.上海：上海古籍出版社，2012
[7] 顾祖禹.读史方舆纪要.上海：上海书店出版社，1998
[8] 段玉裁，注.说文解字注.2版.上海：上海古籍出版社，1988
[9] 杨慎.升庵集.上海：上海古籍出版社，1993
[10] 林荣华.石刻史料新编.台北：新文丰出版公司，1977
[11] 宋史全文.北京：中华书局，2016
[12] 赵尔巽，等.清史稿.北京：中华书局，1977
[13] 崔尔平.明清书论集.上海：上海辞书出版社，2011
[14] 毛远明.碑刻文献学通论.北京：中华书局，2009
[15] 张峰，郑复亨.天一阁藏明代方志选刊：（隆庆）海州志.影印版.上海：上海古籍出版社，1962
[16] 高金吉，张卫怀，汤兆成.康熙海州志.标点本.北京：中国科学技术出版社，1994
[17] 唐仲冕，等修；汪梅鼎，等纂.海州直隶州志.嘉庆十六年刊本影印.台北：成文出版社有限公司，1970
[18] 朐阳纪略：标点注释本.张卫怀，汤兆成，标点注释.北京：五洲传播出版社，2000
[19] 续修四库全书：史部·政书类重修两淮盐法志.上海：上海古籍出版社，2005
[20] 谢元淮，许乔林.云台新志.道光丙申（1836）秋镌郁洲书院藏版.台北：成文出版社有限公司，1974
[21] 许绍蘧.连云一瞥.无锡：无锡协成印务局，1936
[22] 中共江苏省委组织部，中共江苏省委党史工作办公室.中国共产党江苏省组织史资料（1987.10—2012.12）.北京：中共党史出版社，2015
[23] 上海市政协文史资料委员会.上海文史资料存稿汇编：政治军事.上海：上海古籍出版社，2001
[24]《上海宗教志》编纂委员会.上海宗教志.上海：上海社会科学院出版社，2001
[25] 云南省地方志编纂委员会.云南省志（卷69）·卫生志.昆明：云南人民出版社，2002
[26] 云南省卫生厅.云南卫生通志.昆明：云南科技出版社，1999
[27] 中国方志丛书：郯县志.影印本.台北：成文出版社有限公司，1975
[28] 福建省长汀县第一中学《百年汀中》编委会.百年汀中（1904—2004）.厦门：厦门大学

出版社,2004

[29] 新疆维吾尔自治区地方志编纂委员会,《新疆通志·卫生志》编纂委员会.新疆通志：卷八十二　卫生志.乌鲁木齐：新疆人民出版社,1996

[30] 宁河县地方史志编纂委员会.宁河县志.天津：天津社会科学院出版社,1991

[31] 内政部年鉴编纂委员会.内政年鉴.上海：商务印书馆,1936

[32] 淮安盐业志编撰委员会.淮安盐业志.北京：方志出版社,2013

[33] 徐州市地方志编纂委员会.徐州市志.北京：中华书局,1994

[34] 赵明奇.全本徐州府志.北京：中华书局,2001

[35] 徐州市水利局.徐州市水利志.徐州：中国矿业大学出版社,2004

[36] 淮阴市地方志编纂委员会.淮阴市志.上海：上海社会科学院出版社,1995

[37] 连云港市地方志编纂委员会.连云港市志.北京：方志出版社,2000

[38] 史爱荣.连云港市教育志.徐州：中国矿业大学出版社,1995

[39] 连云港市地方志办公室.连云港人物志.北京：燕山出版社,1996

[40] 《连云港市人民代表大会志》编纂委员会.连云港市人民代表大会志.北京：方志出版社,2014

[41] 连云港市海州区地方志编纂委员会.海州区志.北京：方志出版社,1999

[42] 连云港市新浦区地方志编纂委员会.新浦区志.北京：方志出版社,2000

[43] 江苏省灌云县地方志编纂委员会.灌云县志.北京：方志出版社,1999

[44] 连云港市花果山风景区管理处.花果山志.北京：中华书局,2005

[45] 朝阳镇志编纂委员会.朝阳镇志.北京：方志出版社,2005

[46] 中国第二历史档案馆.中华民国史档案资料汇编（第一辑）.南京：江苏人民出版社,1979

[47] 中国第二历史档案馆.中华民国史档案资料汇编（第二辑）.南京：江苏人民出版社,1981

[48] 江苏档案精品选编纂委员会.江苏省明清以来档案精品选·连云港卷.南京：江苏人民出版社,2013

二、档案及未刊稿

[1] 耶鲁大学神学院图书馆馆藏档案"The Lorenzo and Ruth Bennett Morgan Papers (Record Group No. 126)"

[2] 内务总长钱能训呈.大总统办理防疫出力之各国医员拟请分别给予勋章文（附单）.政府公报第 937 号,1918-09-03

[3] 国民政府令.派张振汉为江苏省连云市市长.国民政府公报,1945 渝字 904

[4] 中华民国行政院公报第 309 号.训令第 5927 号,1931-11-21

[5] 中华民国史事纪要（初稿）.中华民国四年（1915）六至十二月份.台北："国史馆",1997

[6] 准咨转送世界红卍字会新浦分会立案文件已备案复请查照:咨江苏省政府.内政公报,1936,9(11)
[7] 华北交通写真.藏日本京都大学人文科学研究所
[8] 中国人民政治协商会议江苏省连云港市委员会.连云港市政协志.内部资料,1997
[9] 松原市扶余区政协文史资料委员会.扶余文史资料(第13辑):献给伯都讷新城建置三百周年专辑.内部资料,1993
[10] 王星聚,刘继增,张福才.郏县文史资料第七辑:苏东坡与郏县.内部资料,1999
[11] 徐州市民族宗教事务局.徐州民族宗教志.内部资料,1991
[12] 政协江苏省连云港市委员会文史资料委员会.连云港市文史资料(第1-17辑).内部资料,1983—2004
[13] 江苏省政协文史资料委员会,连云港市政协文史资料委员会,连云港市卫生局,等.一代名医刘一麟.内部资料,1995
[14] 云台区地方志编纂委员会.云台区志.内部资料,1995
[15] 中国人民政治协商会议福建省长汀县委员会文史资料委员会.长汀文史资料第二十二辑.内部资料,1993
[16] 济宁市精神病防治院.济宁市精神病防治院志:1952—1989.内部资料,1992
[17] 中国人民政治协商会议江苏省连云港市委员会.连云港市政协志.内部资料,1997
[18] 张建华,嘉定区地方志办公室.练川古今谈(第五辑).内部资料,2010

三、主要报刊

[1]《申报》,1908—1935
[2]《东方杂志》,1905—1910
[3]《通问报:耶稣教家庭新闻》,1910—1926年
[4] [日]《中国事变画报》,1939年,第28—56辑
[5] [日]《中国战线写真》,1939年,第87—88报
[6]《中华护士报》1941年
[7]《芜湖日报》2008年4月25日
[8]《苍梧晚报》2008年12月28日
[9]《连云港日报》2014年12月31日
[10]《中国档案报》2003年4月4日
[11]《金陵晚报》2016年08月05日
[12]《淮海晚报》2017年12月24日

四、学术期刊论文

[1] 蔡青.叩之有声断之无孔:"登峰造极"的墙体材料:明代北京城墙砖的工艺与"质量控

制".混凝土世界,2010(11):74-76

[2] 蔡青.明代北京城砖的职责制度、制造技艺与检验标准.装饰,2015(12):90-91

[3] 陈从周.海州古建筑海清寺塔园林寺正殿勘查记.同济大学学报,1956(1)

[4] 冯怀金,邢卫锋.衣带渐宽终不悔:记农工党全国党史工作先进个人、农工党党员樊振.前进论坛,2015(11):45-46

[5] 郭金海.明代南京城墙砖铭文略论.东南文化,2001(1):75-78

[6] 李克文.江苏赣榆发现宋代大宗货币银铤.西安金融,1995(2):70-71

[7] 李克文.江苏赣榆县出土宋代银铤.考古,1997(9):84

[8] 梁楠楠.河南郏县三苏墓祠书法石刻浅论.贵阳:贵州师范大学,2016

[9] 刘凤桂,丁义珍.连云港市西汉界域刻石的发现.东南文化,1991(1):232-236

[10] 刘洪石.连云港海清寺阿育王塔文物出土记.文物,1981(7):31-38

[11] 刘洪石.汉代东海郡朐县的海盐生产和管理机构.盐业史研究,2002(1):43-44

[12] 刘玲.析晚清徐州社会的新陈代谢.徐州工程学院学报(社会科学版),2015,30(5):41-47

[13] 刘西三.风雨同路忠心事主.天风,1999(7):33-34

[14] 卢斌.阜阳市博物馆藏封泥印章选介.文物鉴定与鉴赏,2019(3):34-35

[15] 徐军.连云港新石器时代人类聚居遗址分布与海岸线变迁关系的剖析.第四纪研究,2006,26(3):353-360

[16] 严后军,黄菁菁,陈君.蔷薇河送清水工程现状及发展分析.治淮,2017(11):45-47

[17] 杨辉.王尚絅年谱.西安:西北大学,2016

[18] 游杰.福康医院与民国绍兴医疗卫生事业研究.杭州:杭州师范大学,2018

[19] 尤振尧.江苏灌云县板浦出土"提控之印".考古,1988(2):188

[20] 张传藻.云台山的海陆变迁.海洋科学,1980,4(2):36-38

[21] 张传藻,葛殿铭.海州湾岸线变化特征.海洋科学,1982,6(3):11-17

[22] 张福通.民国时期电报日期代用字考察.浙江万里学院学报,2007,20(6):22-24

[23] 张家超."海州义德医院英文记事碑"考证.档案与建设,2013(4):46-49

[24] 张家超,石荣伦.西方传教士与海州地区近代教育.连云港师范高等专科学校学报,2017,34(3):91-96

[25] 张家超.一份档案揭示百年前海州与飞机的首次接触.江苏地方志,2017(5):82-86

[26] 张家超.明代"淮安府海州"铭文城砖探析.江苏地方志,2019(2):82-86

[27] 张家超,石荣伦,刘凤桂.义德医院创办与近代连云港地区西医的传入与发展.连云港职业技术学院学报,2019,32(4):15-19

五、论著

[1] 陈果夫.江苏省政述要:地政编.台北:文海出版社,1983

[2] 戴世璜.戴世璜自传.李应青,译.合肥:合肥工业大学出版社,2018
[3] 封其灿.连云港金石图鉴.北京:中国文史出版社,2018
[4] 冯祖贻,曹维琼,敖以深.辛亥革命贵州事典.贵阳:贵州人民出版社,2011
[5] 葛剑雄.中国人口史(第三卷):辽宋金元时期.上海:复旦大学出版社,2005
[6] 顾卫民.基督教与近代中国社会.上海:上海人民出版社,1996
[7] 顾长声.传教士与近代中国.上海:上海人民出版社,1981
[8] 郭预衡.唐宋八大家散文总集.修订版.石家庄:河北人民出版社,2013
[9] 胡卫清.普遍主义的挑战:近代中国基督教教育研究(1877—1927).上海:上海人民出版社,2000
[10] 黄马金.客家妇女.北京:中国妇女出版社,1995
[11] 姜长英.中国航空史.北京:清华大学出版社,2000
[12] 蒋维乔.蒋维乔谈哲学.北京:中国工人出版社,2015
[13] 琼斯.1914:青岛的陷落.秦俊峰,译.福州:福建教育出版社,2016
[14] 李洪甫.连云港地方史稿.上海:上海社会科学出版社,1990
[15] 李明勋,尤世玮,《张謇全集》编委会.张謇全集.上海:上海辞书出版社,2012
[16] 李盛平.中国近现代人名大辞典.北京:中国国际广播出版社,1989
[17] 李文海.民国时期社会调查丛编.二编.医疗卫生与社会保障卷.福州:福建教育出版社,2014
[18] 李文海.近代中国灾荒纪年.长沙:湖南教育出版社,1990
[19] 连云港市重点文物保护研究所.石上墨韵:连云港石刻拓片精选.上海:上海古籍出版社,2013
[20] 连云港市重点文物保护研究所.连云港石刻调查与研究.上海:上海古籍出版社,2015
[21] 连云港市重点文物保护研究所编委会.连云港文物研究:第一辑.北京:中国文史出版社,2013
[22] 连云港市重点文物保护研究所编委会.连云港文物研究:第二辑.北京:中国文史出版社,2014
[23] 连云港市重点文物保护研究所编委会.连云港文物研究:第三辑.北京:中国文史出版社,2015
[24] 连云港市重点文物保护研究所编委会.连云港文物研究:第四辑.北京:中国文史出版社,2016
[25] 连云港市重点文物保护研究所编委会.连云港文物研究:第五辑.北京:中国文史出版社,2017
[26] 连云港市重点文物保护研究所编委会.连云港文物研究:第六辑.北京:中国文史出版社,2018

［27］刘国铭.中国国民党百年人物全书（上、下册）.北京：团结出版社，2005

［28］刘亚洲，姚峻.中国航空史.2版.长沙：湖南科学技术出版社，2007

［29］骆宝善，刘路生.袁世凯全集.开封：河南大学出版社，2013

［30］罗时叙.人类文化交响乐：庐山别墅大观.北京：中国建筑工业出版社，2005

［31］庐山博物馆.庐山别墅.北京：文物出版社，2007

［32］禄是遒.中国民间崇拜.卷10，道教仙话.王惠庆，译.上海：上海科学技术文献出版社，2014

［33］路遥.义和团运动文献资料汇编法译文卷.济南：山东大学出版社，2012

［34］吕超.东方帝都：西方文化视野中的北京形象.济南：山东画报出版社，2008

［35］马保超，李梅，徐立群，等.河北古今编著人物小传续.石家庄：河北人民出版社，1994

［36］穆藕初，等.穆藕初文集.上海：上海古籍出版社，2011

［37］南京市明城垣史博物馆.南京城墙砖文.南京：南京师范大学出版社，2008

［38］钱钟书.宋诗选注.北京：人民文学出版社，1958

［39］邱树森.中国历代人名辞典（增订本）.南昌：江西教育出版社，1989

［40］人民教育出版社历史室.世界近代现代史.2版.北京：人民教育出版社，2000

［41］松本俊一，安东义良.日本外交史：22.鹿岛研究所出版会，1973

［42］唐更生，阚绪杭，凤阳县文物管理所.凤阳明中都字砖.北京：文物出版社，2016

［43］万毅.万毅将军回忆录.北京：中共党史出版社，1998

［44］王俯民.民国军人志.北京：中国广播电视出版社，1992

［45］王剑英.明中都研究.北京：中国青年出版社，2005

［46］王佩良.江苏辛亥革命研究.长沙：国防科技大学出版社，2008

［47］王奇生.中国近代通史（第7卷）.南京：江苏人民出版社，2006

［48］王先谦.王先谦诗文集.梅季，点校.长沙：岳麓书社，2008

［49］司惠国，张爱军，王玉孝.楷书通鉴.北京：蓝天出版社，2012

［50］邵雍.中国近代贩毒史.上海：上海社会科学院出版社，2016

［51］熊寥.中国陶瓷古籍集成：注释本.南昌：江西科学技术出版社，2000

［52］徐德济.连云港港史（古、近代部分）.北京：人民交通出版社，1987

［53］杨保森.西北军人物志.北京：中国文史出版社，2015

［54］张胜友，张惟.中国汀州客家名人录.北京：作家出版社，1998

［55］章用秀.弘一大师的精神境界.天津：天津教育出版社，2015

［56］赵阳.军事知识和常识百科全书.北京：北京联合出版公司，2015

［57］浙江省湘湖师范学校.金海观教育文选.杭州：浙江教育出版社，1990

六、外文资源

［1］BROWN G T. Earthen vessels and transcendent power：American Presbyterians in

China, 1837—1952. New York: Orbis Books, 1997

[2] COBBS A T. Presbyterian women of the Synod of Alabama, U. S. Richmond: Presbyterian Committee of Publication, 1935

[3] DIETRICK R B. Modern medicine and the missions mandate. Woodville: Medical Benevolence Foundation, 1999

[4] FLYNT W, BERKLY G W. Taking Christianity to China: Alabama Missionaries in the Middle Kingdom. Tuscaloosa: University of Alabama Press, 1997

[5] GRAHAM R L. Grahams of Rowan & Iredell Counties, North Carolina. Authorhouse Press, 2011

[6] GREENAWALT B S. Missionary intelligence from China: American protestant reports, 1930—1950. University of North Carolina, 1974

[7] The history of First Presbyterian Church Raleigh, North Carolina 1816—1991. Raleigh: Commercial Printing Co., 1991

[8] IRVINE M D, ESATWOOD A L. Pioneer women of the Presbyterian Church, United States. Richmond: Presbyterian Committee of Publication, 1923

[9] 季啸风, SHEN Y Y. Supplements to the historical materials of the Republic of China. 末次研究所, 1997

[10] LITVACHKES R. Gunther Plüchow: a life full of dreams, adventures and challenges for an impossible love: Patagonia. s. l.: Serie del Sur Press, 2006

[11] PEPPER C M. Life-work of Louis Klopsch: romance of a modern knight of mercy. The Christian Herald. New York Copyright, 1910

[12] RIPPON A. Gunther Pluschow: airman, escaper and explorer. Pen & Sword Military, 2009

[13] SAMPSON Mr and Mrs J R. Kith and Kin. Richmond: the William Byrd Press Inc., 1922

[14] SCOTT E C. Ministerial directory of the Presbyterian Church, U.S., 1861—1941. Atlanta: Hubbard Print. Co., 1950

[15] SCOTT F W. The semi-centennial alumni record of the University of Illinois. Forgotten Books, 2018

[16] WHITTAKER R E. Dragon Master: the Kaiser's one-man air force in Tsingtau, China, 1914: a non-fiction book of military aviation history. Compass Books, 1994

[17] WOODBRIDGE S I. Fifty years in China: being an account of the history and conditions in China and of the Missions of the Presbyterian Church in the United States there from 1867 to the present day. Richmond: Presbyterian Committee of Publication, 1919

[18] PLüSCHOW G. Die abenteuer des fliegers von Tsingtau. Berlin：Ullstein，1916

[19] PLüSCHOW G. My escape from Donington Hall：preceded by an account of the siege of Kiao-Chow in 1915. John Lane，1922

[20] PLüSCHOW G. Escape from England. Ripping Yarns，2004

[21] PLüSCHOW G. The only one who got away：the adventures of a German aviator during the Great War. s. l.；Leonaur Ltd，2011

[22] Annals of surgery，1940，111(6)

[23] the Journal of the American Medical Association，1916，67(1-14)

[24] Johns Hopkins University. University register（1919/20—1921/22）. Baltimore：Johns Hopkins University，1921

[25] Presbyterian Survey，1911—1923

[26] The Missionary Survey，1911—1923

[27] The Davidsonian，1930-05-08

[28] China Medical Journal，1931，1933

[29] The Chinese Medical Directory，1932，1937

[30] The Presbyterian Hospital Bulletin，1922—1925

[31] North China Herald，1910—1932

[32] The Christian Herald，1910—1921

[33] Weekly Corpus Christi Caller（Corpus Christi，Tex.），1908-05-01

[34] Elpaso Morning Times（Elpaso，Tex.），1916-05-03

[35] The Eagle，1916-06-17

[36] Catholic herald，1939-05-12

[37] The Washington Post，1918-06-16

[38] 美国耶鲁大学神学院图书馆网站 https：//web. library. yale. edu/building/divinity-library

[39] 美国哈佛大学数字图书馆 http：//library.harvard.edu/

[40] 美国华盛顿大学图书馆网站 https：//www. lib.washington.edu/

[41] 美国南加州大学图书馆网站 https：//libraries.usc.edu

[42] 美国普林斯顿大学图书馆网站 http：//library.princeton.edu/

[43] 美国印第安纳大学数字图书馆网站 https：//www. iupui. edu/academics/libraries.html

[44] 美南长老会蒙特利特遗产中心网站 http：//www. phcmontreat. org/bios/Bios-Missionaries-China-1900-1920-PCUS

[45] 光州基督医院网站 http：//kch. or. kr/eng/

[46] 寻找墓地网站 http：//www.findagrave.com/

[47] 美国家族网站 http：//www.frontierfamilies.net/family/junkin/family/E11JJ.htm

七、图片来源

本书图片除署名外，皆来自美国耶鲁大学神学院图书馆特藏馆（Special Collections, Yale Divinity School Library），并获得刊行授权

后记
Postscript

2011年秋天，笔者受邀去连云港市博物馆参加一位朋友摄影展的开幕式，结束之后来到博物馆东广场，看到地面上散落着许多石像、石碑、画像石等物件。经询问得知，这是近年来市博物馆陆续从海州及周边地区收集来的石刻件，准备分门别类在此整理展示。经博物馆同仁近一年的努力，这批石刻文物终于以"连云港市博物馆碑林景观广场"的形式展示出来，并于2012年7月27日举办了开展仪式。

碑林景观广场占地约3 000平方米，展出石像、石碑、画像石等文物278件(套)，其中馆藏石刻就有83件。据广场前言交代，在内容设计上，以突出石质文物为特色，充分展示、挖掘连云港市的碑刻等石质文物文化，使之具有文化鉴赏和大众休闲的功能。在形式设计上，运用现代设计理念和设计手法，融合古今连云港石质文物元素，将陈列艺术、景观艺术融为一体，展现山海文脉，进行历史解读。

广场自南至北分为民俗区、景观艺术区和碑廊区三个区域。在这里既可以听街巷市声，又能够阅石雕百艺，还可以觅楚风汉韵。石质文物是最为真实的历史资料之一，它们以其自身的形象，记忆着某个历史时期我们祖先曾经参与过的种种生活。这些文物涉及文化的社会流程、沧桑变迁，需要钩隐抉微。

在碑廊区北面靠近路边的一块石碑吸引了笔者的目光。该碑(图2-9g)上下断为两截，上部有十字架刻符，碑面遭刻画，认读困难，碑额四字损毁尤为严重，当时难以认读。碑文竖刻繁体，自上而下、自右而左。碑右上款有"东海县耶稣堂美国南长老会牧师米公实□纪念碑"，碑左下款有"中华民国九年岁次庚□□□二月谷旦"等字样，显然这是一块民国时期美国基督教南长老会传教士的墓碑。但为什么墓碑断为两截，是天灾还是人祸；碑面惨遭胡乱刻画，又是什么原因；墓碑原来在什么地方；墓碑的主人又有何来历……这些疑问，让笔者陷入了沉思，也激发起深入研究的浓厚兴趣。

自此，经过多年的学习、探索、访谈、田野调查、文献档案资料查询和网络检索等，基本摸清了以上这些问题的来龙去脉，纠正了因时间久远当事人记忆失实、传说错讹、记录不当、档案缺失等引起的某些误传，也发现了一些过去未能公开的新材料。

在本书写作过程中得到了众多亲朋好友、专家学者的大力支持，没有他们的帮助，完成本书是难以想象的，真挚感谢他们中的每一位。

特别要感谢笔者挚爱美丽的妻子盖莉，因为孩子外出读书，笔者的写作几乎占用了全部的业余时间，很难有机会陪伴她。她作为一家发电国企用煤质检中心(实验室)的技术/质量负责人，工作异常繁忙，在管理和业务方面都取得了一定的成绩。她带领的团队连续多年获得国家、省电力行业"质量信得过班组"；个人除了先后获得"实验室高级质量管理师""测量不确定度评估及测量结果评价师""实验室资质认定计量管理员""实验室技术/质量负责人"等实验室专业资质以及高级工程师任职资格外，还获得"江苏省文明职工""江苏省电力行业技术能手""江苏省省部属企业'五一巾帼标兵'""连云港市第三届'连云港市首席员工'""港城工匠""连云港市第二届'最美港城人'之'十大最美职工'提名奖"等荣誉称号；不仅如此，她还一人包揽了全部的家务，还时刻不忘照顾笔者这个大男孩并侍奉已过鲐背之年的两位老人。是她一人独自承受了心灵上的孤独，但仍然默默地鼓励支持笔者。一句感谢难以倾诉笔者对她的挚爱。

还要感谢的是美国印第安纳大学与普渡大学印第安纳波利斯联合分校文学院医学人文与卫生研究中心的鲁大伟博士(David Luesink，PhD)，是他和北京大学医学人文研究院院长助理陈琦博士邀请笔者参加了2013年6月21日至24日在北京大学举办的"西医在中国"(Western Medicine in China)国际学术研讨会，会上获益匪浅，重要的是让笔者对本领域有了继续深入研究的动力。会上笔者得以认识来自耶鲁大学人类关系领域档案室(Human Relations Area Files)的人类学教授(Research Anthropologist)苏怡恩博士(Ian Skoggard，PhD，MDiv.)，会议结束当晚受邀来到苏教授房间，进行了广泛而深入的交流，之后两人成了莫逆之交。他回国后亲自到美国耶鲁大学神学院图书馆海外传教特藏馆给笔者复印了慕赓扬博士与家人的通信，并把特藏馆馆长安德森博士(Dr. Christopher J. Anderson)介绍给笔者，为笔者提供了丰富的慕赓扬的原始档案材料，并授权笔者使用这些馆藏图片和资料。经苏博士牵线，安德森博士于2019年2月给笔者发了学术研究邀请函，邀请笔者去耶鲁大学神学院图书馆做进一步研究，但适逢中美贸易摩擦处于高度对抗时期，美国驻上海总领事馆分别于4月15日和7月1日两次拒签，使笔者丧失了亲自检视这些原始档案资料的机会，也丧失了当面聆听苏博士和安德森博士学术见解的机会。

当然，衷心感谢的还有连云港市政协副主席鲁林先生，是他直接推动了连云港市政协十二届四次会议第4201号提案《加强海州义德医院遗址保护的建议》的办理，并亲自带队实地调研和座谈；感谢连云港市委副秘书长、市档案馆馆长段东先生，他适时地为笔者颁发了"连云港市档案馆特邀专家"的证书，为笔者查阅海州义德医院的原始档案资料并核对有关数据提供了方便；感谢笔者担任副院长兼秘书长的连云港市朐海书院和首届会长的连云港市宗教学会这两个机构的同仁们，他们对书中有关地方历史文化和宗教语言术语方面的表述都提出了中肯、宝贵的意见和建议。

还要感谢江苏省教育厅，他们给笔者"2018年度江苏高校哲学社会科学研究重点项目"的资助，使笔者有机会与美国有关大学图书馆和教会档案室共享资料，这极大地丰富了本书的内容。感谢连云港职业技术学院的领导和同事，他们在项目申报、管理、验收、财务审计等诸环节都给予了大力的支持和帮助。

读者不难发现，本书是带着发现者的喜悦而写成的。拙著杀青之时也清醒地认识到，拙著只能起到拓荒者抛砖引玉的作用，诚邀专家能够一起深入探讨这个领域的话题。

但因笔者学识水平有限，初次涉猎此类研究领域，不当之处在所难免；况且文献资料浩如烟海，新档案、新研究成果不断涌现，一时也难以一一举证，望广大读者海涵，并批评指正。

张家超
2020年6月12日于海州晨光苑

2018年度江苏高校哲学社会科学研究重点项目资助

一本近代海州的影像画卷

一本海州的简明历史读物